《基础会计学》国家级精品课程教材

基础会计学

Fundamental Accounting Principle

罗其安　主编

暨南大学出版社
JINAN UNIVERSITY PRESS
中国·广州

图书在版编目（CIP）数据

基础会计学/ 罗其安主编. —广州：暨南大学出版社，2011.3（2017.8 重印）
ISBN 978-7-81135-736-3

Ⅰ.①基…　Ⅱ.①罗…　Ⅲ.①会计学—高等学校—教材　Ⅳ.①F230

中国版本图书馆 CIP 数据核字（2011）第 011821 号

基础会计学
JICHU KUAIJIXUE
主　编：罗其安

出 版 人： 徐义雄
责任编辑： 潘雅琴　黄海燕
责任校对： 吴彩珍　苏倩欣
责任印制： 汤慧君　周一丹

出版发行： 暨南大学出版社（510630）
电　　话： 总编室（8620）85221601
营销部（8620）85225284　85228291　85228292（邮购）
传　　真：（8620）85221583（办公室）　85223774（营销部）
网　　址： http://www.jnupress.com　http://press.jnu.edu.cn
排　　版： 广州市天河星辰文化发展部照排中心
印　　刷： 佛山市浩文彩色印刷有限公司
开　　本： 787mm×1092mm　1/16
印　　张： 23.25
字　　数： 549 千
版　　次： 2011 年 3 月第 1 版
印　　次： 2017 年 8 月第 4 次
印　　数： 7001—8000 册
定　　价： 39.80 元

前　言
Preface

会计是一种商业语言（the language of business）。对于许多经济决策而言，信息是非常重要的，会计就是会计主体用来将其财务信息真实、完整、及时地传递给所有者（业主）、债权人、公司管理者、职工和其他社会公众等，并满足其决策需要的一种经济信息系统。会计学基础课本应该是一本向学生表明如何明确表达财务会计信息、如何在商业活动中利用财务会计信息的助学教材。它应该详细解释和举例说明如何记录、分类、概括、报告和说明商业事务，详细解释和举例说明会计技术的基本理论、基本知识和基本技能，从而使学生理解会计，并成功追求其已选择的职业，无论这些职业属于会计领域或其他相关领域，这也是本教材的编写目标。

本教材是暨南大学会计学系“基础会计学”国家级精品课程系列教材之一。我们相信它以独特的方式基本上完成了其编写目标：通过提供各种助学材料说明会计目的、表明这些目的是如何实现的；各章都含有特别设计的学习目的、需要掌握的内容，并独特地分解学生学完每一章后应该能够回答的问题和能够执行的会计职能；各章后面都附有小结与练习思考题，并提供各学习阶段学生自我评估手段。此外，本教材还具有以下特点：

（1）采取问题导读法，组织课程内容的教与学。如书中第一章在突出会计是一种商业语言和社会不可或缺的财务信息来源概念的基础上，按下列顺序逐步讨论与说明课程教学内容：①什么是会计？②谁需要会计信息？为什么需要会计信息？③谁提供会计信息？如何提供会计信息？④会计信息必须满足什么标准才有用？

（2）利用会计实务的简化案例和会计报表，生动形象地说明会计要素和会计等式。如书中第二章采用下列方法和顺序展开其内容：①利用罗生独资创立的一家小型华景零售店，说明“利润表包含哪些内容”、“利润表假设”；②利用“华景零售店 2017 年 10 月 31 日的资产负债表”，说明“资产负债表包含哪些内容”、“资产负债表体现哪些主要核算原则和会计假设”；③利用华景零售店 2017 年 10 月发生的经济业务、会计等式简明图和资产负债表，说明企业无论发生什么经济业务，均不会破坏会计等式的恒等性。

（3）针对外招生和双语教学的特点和可能存在的问题，本教材附上了会计专业术语的英汉对照，并在每章末简要地补充了相关英文内容。

（4）各章均概括了其关键要点，并且附有简单而又不失实质内容的与叙述性解释紧密相关的图表、例题或实物展示。

学生使用本书时，他们会获得全面的、富有图表实例的、易读的助学内容。这些内容能够使学生：确定各章的学习目的；跟随章节材料学习并确定其学习目的如何实现；通过广泛多样的小结、练习和思考题，评估其学习进步情况。

该教材也适用于会计学专业外招生。

本书由暨南大学罗其安主编。具体写作分工如下：第一、二、三、五章由罗其安编写；第四章由潘敏虹编写；第六、七、八章由毛铮编写；第九、十章由邬励军编写；第十一、十二、十三章由王丹舟编写；各章专业术语的英文翻译和英文编写内容由罗其安负责。暨南大学博士生导师宋献中教授审阅了全书内容，并提出了修改意见。最后，由罗其安总纂定稿。

本书借此次重印之际，修订、更新了书中的内容，以适应该学科教与学的需要。

编　者

二○一七年八月

目　录

Contents

第一章 绪 论
Chapter 1 Introduction

学习目的（Learning Objectives）

会计是因人类社会生产实践的发展和经济管理的客观需要而产生的，最早产生于原始社会末期，其标志就是古代的结绳记事、刻木记事、刻石记事等。现代会计是以货币为主要计量单位，运用一系列专门方法，对企业、事业、机关等单位的经济活动进行连续、系统、全面和综合的核算与监督的经济信息系统和经济管理活动。通过本章的学习，应掌握会计的基本概念、基本职能、对象、目标和会计的基本核算方法。读完本章后，要求能够回答下列问题：

（1）什么是会计？

（2）谁需要会计信息？为什么需要会计信息？

（3）谁提供会计信息？如何提供会计信息？

（4）会计核算和监督的基本内容是什么？

（5）会计具有哪些内在的基本功能？

（6）会计工作所要达到的最终目的是什么？

（7）会计核算包括哪些基本方法？

第一节 会计概念
Conception of Accounting

一、会计的定义

> 会计是一种提供一个可确认的经济实体的有用财务信息的系统。

会计是确认、计量、处理和传递一个可确认经济实体（identifiable entity）的有助于会计信息使用者进行经济决策的财务信息（financial information）系统。它是一种特殊的“照相艺术”，是以货币为主要计量单位，运用专门的方法，对企业、事业和机关等单位的资金运动（或可以用货币计量的经济活动）进行全面、系统和连续的核算和监督的一种经济信息系统和管理活动[①]。通过会计这种特殊的“照相艺术”，可以利用会计凭证、会计账簿将各单位（即会计主体）的各项经济业务过程和结果清晰地呈现在人们的眼前，利用资产负债表（快照）将各单位某一日期的财务状况、利用利润表和现金流量表（录相）将各单位某一时期的经营成果和财务状况变动情况简明扼要地报告给利益相关者，以便其及时、全面地了解该单位的“过去”，把握该单位的“现在”，并据此预测该单位的“未来”。会计具有以下四个特点：

（1）会计是以货币为主要计量单位的。

（2）会计在反映经济活动时具有完整性、连续性和系统性。

（3）会计在对经济活动进行核算时形成了一套专门的方法和特定的程序。

（4）会计是一个为会计报告使用者服务的信息系统，是一种商业语言，是一项财务资源（a source of financial information）。

会计提供的信息，必须是会计信息使用者能够在决策中使用的有用信息。那么，谁需要会计信息？为什么需要会计信息呢？

二、会计信息使用者

> 面对财务冲突进行决策的人们需要会计信息。

谁需要会计信息？任何在发生财务冲突（financial impact）的情况下进行决策的人，都需要会计信息。财务冲突是指利益相关方在财务目标、资金管理（包括资金筹集、资金运用、资金分配等）、投融资权力配置、资产管理和成本费用管理，以及财务资源的现有存量与其需要量等方面的不一致性和矛盾。会计信息使用者可分为内部会计信息使用者和外部会计信息使用者两大类。

（一）外部会计信息使用者

以企业为例，外部会计信息使用者主要包括：

1. 企业所有者（投资者或业主）和潜在投资者

投资者希望达到其保值增值的投资目的。

企业投资者和潜在投资者非常关注其投资收益状况，并尽可能地避免投资损失。他们需要有用的会计信息以评价公司过去的经营业绩和现在的财务状况，以便预测公司未来的经营业绩和财务状况。

---

① 中国会计学家葛家澍（1980）认为：“会计是主要运用货币形式，连续、系统、全面、综合地核算各企业各单位的资金运动，并在此基础上进行分析和检查，借以反映和监督经济过程及其成果。”

美国会计原则委员会（APB）发布的《企业财务报告编报的基本概念与会计原则》（1970）认为：“会计是一项服务活动，它的职能在于提供有关经济主体的数量信息（主要是财务性质的信息），以便于决策；在各种可供选择的行动方案中作出合理的选择。”

美国财务会计准则委员会（FASB）发布的《论财务会计概念——第1号》（1978）认为：“财务会计并不是设计用于直接计量一个企业的价值，而是提供对那些期望预测企业价值的人有所帮助的信息。”

2. 银行、供货商等债权人

债权银行家、供货商等债权人需要利用企业提供的会计信息，以评估借出的贷款或授予信用的风险程度。在这里，债权人利用会计信息进行关于企业偿债能力的商业决策。

债权银行和其他债权人关注其资金的安全性，并尽力使损失风险最小化。

3. 政府税务、证券监管等经济管理部门

政府税务部门要求企业每年提交所得税申报表和其他有关纳税资料，以便监督其纳税义务的履行状况。企业税务信息与其会计信息是紧密相连的，完整和规范的企业会计系统能够提供系统、完整和全面的企业纳税资料。政府证券监管部门等经济管理部门需要利用企业提供的会计信息，监督和管理资本市场的宏观经济运行，监督和检查各经济主体是否遵循《中华人民共和国公司法》（以下简称《公司法》）、《中华人民共和国证券法》（以下简称《证券法》）等相关法律、法规和规章制度。

政府税务、证券监管部门等需要适当的信息，评判企业的纳税状况、经营活动的合法合规性。

4. 会计师事务所等外部审计单位

会计师事务所的职能通常可概括地描述为：鉴证（attesting）、报告（reporting）、咨询（advising）。这些主要职能体现在会计师事务所提供的财务审计（financial auditing）、纳税服务（如纳税申报单的准备，preparation of tax returns）和管理咨询（advice to management）等特殊服务之中。

会计师事务所通过鉴证、报告和咨询为公众提供服务。

（1）审计（鉴证）。

会计师事务所提供的主要服务是财务审计。审计是由独立于被审计公司的会计师事务所所有者（合伙人、业主）及其雇用的执业人员实施的。财务审计的目的是收集充分、可靠的证据，对企业财务报告的公正性（包括会计信息的真实性、完整性、合法合规性和公允性等）表达审计意见。在实施财务审计的过程中，审计人员审核企业的会计系统，从公司会计记录中收集证据，从公司内外信息来源获得信息。审计通过提高企业财务报告的可信度来为社会服务。

会计师事务所审计（鉴证）企业财务报告的公正性。

（2）税务服务（报告）。

会计师事务所注册会计师常常受企业委托为其编制纳税申报单（如所得税申报表等）。有时，注册会计师也为企业进行复杂的税务筹划，保证企业未来纳税额最低但又不违反法律。由于复杂的税法和税务筹划的税负差异，常常需要注册会计师在税务筹划中予以帮助。税务筹划的目的是测定未来业务决策的纳税效应。税务筹划者能够设定业务决策的时间，以便实现企业最有利的纳税效应（the most favorable tax effect）。

通过提供税务服务（报告），努力使客户的税款最低化。

（3）管理顾问服务（咨询）。

会计师事务所提供的管理顾问服务项目包括：①设计和安装会计系统；②设计

和帮助运行预算管理制度；③现金流量分析；④存货水平的建议；⑤成本控制的建议；⑥统计调查；⑦财务计划；⑧关于企业合并、分拆或整体业务出售的建议等。大型会计师事务所大都有其管理顾问服务部门。目前，在一些国家或地区还允许企业聘用同一家会计师事务所提供审计和管理咨询服务，但是在另一些国家已经不允许这样做。

> 管理咨询帮助企业管理人员建立会计系统、预算等。

（二）内部会计信息使用者

内部会计信息使用者包括公司董事会成员、企业各层经营管理人员、工会等。管理和具体指挥企业商业运作的企业各层管理者需要会计信息来帮助其处理一些较复杂的特殊问题，包括回答和解决下列各项问题：

（1）企业拥有或控制的经济资源状况如何？应该怎样合理配置和有效利用企业的各项经济资源？

> 管理者需要回答有关公司活动和状况的特殊问题。

（2）企业目前可利用的货币资金是多少？应该怎样组织企业未来一定期间的现金流量以满足企业的投资需要，并使企业的资金成本和风险最低化？

（3）客户欠公司多少钱？客户欠款是否能及时收款入账？

（4）公司现有哪些财产物资？应该购买什么材料或生产哪种产品更有利？

（5）公司欠外部（个人或单位）多少钱？供货款能否及时支付？

（6）公司盈利多少？企业报告的收益是否符合《企业会计准则》和公允性的要求？

（7）产品销售价格是否适当？产品是否需要涨价或降价？

总之，所有发生财务冲突从而需要进行决策者（企业、单位、部门或个人等）都需要会计信息。

三、三类会计人员提供会计信息

企业的内部会计信息使用者和外部会计信息使用者为了有效决策，需要会计信息。那么，谁提供会计信息？如何提供会计信息呢？作为平民，当我们提交一份纳税申报单、申请贷款或信用卡进行资本预算时，我们都在提供小规模的会计信息。许多经营小规模企业的人保存自己的账簿，并因此提供其会计信息。

然而，当企业的财务和经营状况变得更为复杂时，企业开始求助于职业会计师。专业会计人员主要有三类：企业会计人员、提供收费服务的执业会计人员（包括会计师事务所的注册会计师、代理记账机构的会计师等）、政府及非营利组织中的会计人员。

> 提供会计信息的专业会计人员包括企业会计人员、提供收费服务的执业会计人员、政府及非营利组织中的会计人员。

1. 企业会计人员

企业会计人员受聘于单个企业。在欧美国家，受聘于单个企业的会计师，也被称为私用会计师（private accountant）或实业会计师（industrial accountant）。一家小企业也许仅雇用一个或少数几个会计人员（不包括出纳员），而一家大企业也许雇用几百个会计师在总会计师、财务总监或首席高级会计职员（chief accounting officer）的监管下工作。某些企业会计师也是非执业注册会计师，他们选择在实业工作而不是在会计师事务所从事提供收费服务的执业会计。

在中国大陆，从事企业财务会计工作需要取得会计从业资格，主管企业会计业务的负责人通常应具有会计师以上专业技术职务资格；会计从业资格和会计师资格的取得，实行考试制度。会计从业资格考试科目为财经法规与会计职业道德、会计基础、初级会计电算化（或者珠算五级）。申请人具备国家教育行政主管部门认可的中专以上（含中专）会计类专业（会计学、会计电算化、注册会计师专门化、审计学、财务管理、理财学）学历（或学位）的，自毕业之日起两年内（含两年），免试会计基础、初级会计电算化（或者珠算五级）。会计师资格考试科目为初级会计实务、中级会计实务、经济法基础、财务管理、经济法。

在欧美和其他国家，取得企业会计师资格需要通过政府财政部或会计师职业团体组织的相关考试。如美国全国会计师协会（national association of accountants，NAA）下属的管理会计学会（institute of management accounting，IMA）组织严格的注册管理会计师（certified management accountants，CMAs）考试，这是一个在私营实业公司工作的会计师组织。

受聘于大型工业企业的会计师从事各种不同的工作，并且常常擅长会计的某些特殊方面，如普通会计应该履行包括记录公司交易和事项、定期编制其财务报告的全部职责。

> 大型企业会计师常常擅长会计的某些特殊方面。

成本会计从事收集和评价一定产品制造过程或服务的成本资料，计算各期完工产品的总成本和单位成本。其目的就是计算确定和控制生产特殊产品和服务的成本。

内部审计是一个审查和评价过程。多数大公司均有内部审计职员，其主要职责包括证实有效运作程序得到利用、已建立的管理政策正在得到遵循。在一些国家，内部审计人员可以通过考试和提供经验证据，获得由政府财政部或国内审计师协会（institute of internal auditors）授予的注册内部审计师（certified internal auditor，CIA）称号。

2. 提供收费服务的执业会计人员

在欧美国家，通常将提供收费服务的执业会计师称为公共会计师（public accountant，PA）或注册会计师（certified public accountant，CPA）。对于公共会计师，一些国家或省（州）只要求具有高中毕业文凭；而另一些国家则要求至少具有两年高等专科学院学历。对于注册公共会计师，大多数国家要求具有两年或更长的大学学历（通常是四年大学学历），在某些情况下还需加上多少年的公共会计实践要求。所有报考注册会计师的人，必须参加由政府财政部或注册公共会计师协会（如美国的AICPA）准备和安排的注册会计师（CPA）考试。

在中国大陆，实行注册会计师全国统一考试制度。2009 年开始，考试分两个阶段进行：第一阶段为专业阶段，主要测试考生是否具备注册会计师执业所需的专业知识、基本技能和职业道德。第一阶段考试科目为六门，即在原会计、审计、财务成本管理、经济法、税法五门科目的基础上，增加一门公司战略与风险管理。第二阶段为综合阶段（高级阶段），主要测试考生是否具备在注册会计师执业环境中运用专业知识，保持职业价值观、职业态度与职业道德，有效解决实务问题的能力。第二阶段的考试科目为一门，即职业能力综合测试（分试卷一和试卷二两段考试）。考生在通过第一阶段的全部考试科目后，才能参加第二阶段的考试。两个阶段的考试，每年各举行一次。

《中华人民共和国注册会计师法》规定，具有高等专科以上学校毕业的学历或者具有会计（或者相关专业）中级以上技术职称的中国公民，均可以申请参加注册会计师全国统一考试；具有会计（或者相关专业）高级技术职称的人员，可以申请免试一门专长科目的考试。参加注册会计师全国统一考试成绩合格，并从事审计业务工作两年以上的，可以向省、自治区、直辖市注册会计师协会申请注册。

中国大陆代理记账机构中的专职从业人员，也需要持有会计从业资格证书，主管代理记账业务的负责人应具有会计师以上专业技术职务资格。

3. 政府及非营利组织中的会计人员

> 会计人员受雇于政府和其他非营利组织。

政府及非营利组织机构中的会计人员提供类似于企业会计人员和注册会计师的服务。如受雇于各级政府的会计人员确认、计量、记录政府受托管理国家（或地方）公共事务和政府资源、国有资产的情况，报告政府公共财务资源管理业绩及履行受托责任情况，复核和审计每年入档的薪酬账单、销售、所得税申报表。

政府税务管理等机构聘用会计师复核和审计由个人和公司提出的所得税申报表。政府证券监管机构或证券交易委员会（the securities and exchange commission, SEC）利用会计师核对与复查向公众公开发行有价证券的公司财务报告。政府审计机构利用会计师为其提供有关政府财政收支、公共资金运动的审计（鉴证）等服务。

许多非营利组织（如医院、慈善基金和公共教育机构）也需要聘用会计人员。虽然这些机构不是以利润为目的运作的，但是它们也涉及资源的有效配置问题，它们可以利用会计信息优化资源配置决策。

四、会计信息质量必须符合一定的标准与条件

> 会计信息的主要质量特征为有用性、可靠性和及时性等。

作为决策的有用手段，会计信息必须按一致的和可接受的标准披露。高质量会计信息的基本特征为有用性、可靠性和及时性。其中，有用性（也称相关性）是指会计主体提供的会计信息应当与财务报告使用者的经济决策需要相关，有助于财务报告使用者对会计主体过去、现在或未来的情况作出评价和预测，即会计信息应该具有“反馈价值”和

"预测价值"。可靠性是指会计主体应当以实际发生的交易或事项为依据进行会计确认、计量和报告，如实反映符合确认和计量要求的各项会计要素及其他相关信息，保证会计信息真实可靠、内容完整，即会计信息应该具有"真实性"、"中立性"和"可核实性"[①]。及时性是指会计主体对于已经发生的交易或事项，应当及时进行会计确认、计量和报告，不得提前或延后。

为此，企业、事业和机关等会计人员必须在其执业过程中，严格遵循中华人民共和国《企业会计准则》（以下简称《企业会计准则》）等会计法规。

我们将在第三章具体讲述《企业会计准则》中有关会计信息的质量要求。

第二节 会计对象
Accounting Object

一、会计对象的一般内容

会计是一个确认、计量、记录和总结经济信息并将其报告给决策者的过程。会计对象是企业、事业、机关等特定经济主体的资金运动。

> 会计对象是特定经济主体的资金运动。

企业作为独立的经济实体，必然有自己的经营目标。为了实现企业的经营目标，并反映企业财务目标的实现情况，企业会计必须对日常发生的经济业务及其所体现的资金运动进行连续、系统、全面的核算，反映企业某一时点的财务状况和某一期间的经营成果和现金流量情况。企业会计的对象就是企业生产经营过程中的资金运动或所从事的各项经济业务（传统会计尤其强调其中的可用货币计量的经济业务）。

企业的资金运动包括资金的筹集、资金的运用、资金的耗费、资金的收回与分配等方面。其中，企业的资金运用和资金耗费，主要发生在企业的财产物资采购和保管过程（简称为财产物资供应过程）、产品生产过程、商品销售过程之中。

> 资金的运动包括资金的筹集、资金的运用、资金的耗费、资金的收回与分配等方面。

资金的筹集是企业资金运动的前提和条件。作为独立从事经营活动的经济实体，企业首先必须采取灵活有效的方式，从一定的资金来源渠道筹集其经营所必须的资金量。否则，难免出现"巧妇难为无米之炊"的尴尬。

在企业的财产物资供应过程中，企业以需求者的身份在市场上购置其生产经营所必需的房屋、建筑物、设备、原材料等生产资料，并与供货单位发生购货款的结

① 会计信息的可靠性是各国会计准则制定机构普遍认可的基本特征，但是，对可靠性标准的理解却不同。美国财务会计准则委员会将可靠性定为"如实反映"、"可验证性"和"中立性"；中国也将可靠性分解为三个相对具体的质量要求：真实性、完整性和可验证性，比较强调其"可验证性"。但是，目前国际会计准则委员会将可靠性定义为"如实反映"、"实质重于形式"、"中立性"和"谨慎和完整性"；英国会计准则委员会于20世纪90年代之后所陆续发布的会计概念结构也认为：可靠性包括如实表述、实质性、中立性、谨慎、完整性等。

算关系；同时，还会发生与支付有关的采购费用，并需要计算和确定物资的采购成本。通过财产物资的供应过程，企业的资金形态由货币资金转化为储备资金。

在企业的产品生产过程中，一方面，企业职工借助劳动资料对劳动对象进行加工，制造出能够满足社会需要的各种产品；另一方面，企业必然会发生各种材料费用、人工费用、固定资产折旧费用、修理费用及其他费用。为了计算产品的生产成本，需要按照一定的成本计算方法，通过各种生产费用的归集和分配，确定一定种类和数量完工产品的总成本和单位成本。通过产品的生产过程，企业的资金形态由储备资金转化为生产资金，并随着产品的完工入库，生产资金又转化为成品资金。

在企业的商品销售过程中，企业将商品销售给购买者，并与其发生销货款的结算关系；同时，还会发生和支付各种商品销售费用，如包装费、装卸搬运费、广告费、专设销售机构的经费等。通过商品的销售过程，企业的资金形态由成品资金转化为应收账款或货币资金等。

资金的收回与分配是商品销售过程的结果及后续工作。企业商品销售过程结束后，不仅需要及时收回销货款，还需要计算盈亏、依法向政府缴纳各种税金、对税后利润进行分配等。

制造行业的企业资金运动过程可用图 1－1 表示：

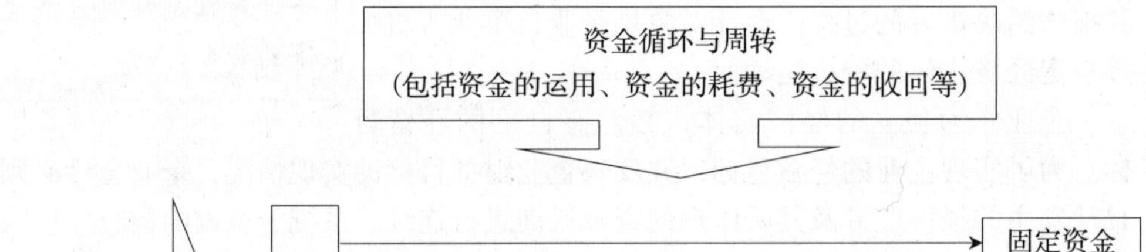

图 1－1　制造行业的企业资金运动过程

图 1－1 具体表明了制造业的会计对象，即制造业再生产过程中的资金运动，

包括资金的取得、资金的循环与周转、资金的退出三部分，其中资金的循环与周转是企业资金运动的重点和核心。

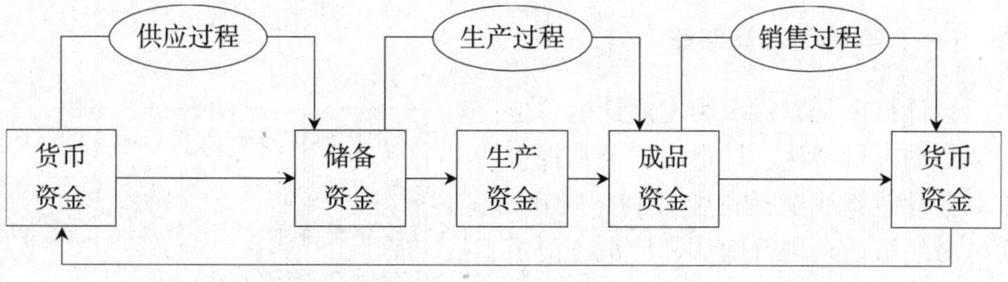

图 1－2　制造企业资金循环与周转图

商业企业的会计对象（即商业企业的资金运动）比较简单，包括资金投入、资金使用（包括商品采购过程、商品库存过程、商品销售过程）和资金退出三个方面。

二、会计对象的具体内容

> 中国大陆将会计对象的具体内容分为六个会计要素，即资产、负债、所有者权益、收入、费用和利润。

会计对象是特定经济主体的资金运动。而资金运动所涉及的内容非常广泛，因而有必要对它从不同侧面进行考察和分类。《企业会计准则》将会计对象的具体内容分为六个会计要素，即资产、负债、所有者权益、收入、费用和利润。其实，将中国大陆企业会计要素分为七个可能更好，即资产、负债、所有者权益、收入（不含利得）、费用（不含损失）、利得、损失。其中，利得和损失不包括不在当期损益中确认的、直接计入所有者权益的其他综合收益，以免重复。我们将在第二章具体讲述会计要素的概念、特点及其相互的关系等。

第三节　会计职能
Accounting Function

一、会计的基本职能

> 会计的基本职能是会计核算与会计监督。

会计职能是指会计作为一种提供一个可确认经济实体的有用财务信息的管理服务活动所具有的内在功能。会计职能的外在表现就是人们所说的会计作用。综合会计学界的各种观点，会计具有众多内在功能，如反映经济信息（会计核算）、监督经济活动

（事后监督）、控制经济过程（事中监督）、考核经济成果、分析经济情况、预测经济前景、参与经济决策等。但是，根据《会计法》（第五条）和会计学界的普遍观点，会计的基本职能为会计核算与会计监督①。

（一）会计的核算职能

> 利用货币形式，通过对经济活动进行确认、计量、记录、报告，反映各会计主体的财务状况、经营成果和现金流量情况。

会计核算是以货币为主要计量单位，对经济活动进行确认、计量、记录和报告的工作。会计核算职能是指会计利用货币形式，通过对经济活动进行确认、计量、记录、报告，从数量上反映各会计主体经济活动的发生及完成情况，为有关会计信息使用者提供完整的、系统的、综合的财务信息的内在功能。它以价值形式反映会计主体的资产、负债、所有者权益（或净资产）、收入、支出及其成果的经济信息等。会计核算是会计的首要职能，也是全部会计管理服务工作的基础。

会计核算职能的基本特点包括：

（1）会计核算主要是事后记账、算账、报账。它从数量上综合反映各单位正在发生或已经完成的各项经济活动（事后核算）。会计核算事项包括：①款项和有价证券的收付；②财物的收发、增减和使用；③债权、债务的发生和结算；④基金的增减和经费的收支（预算会计）；⑤收入、费用、成本的计算；⑥财务成果的计算和处理；⑦其他需要办理的会计事项。

（2）会计核算主要是从价值方面反映各单位（经济实体）的经济活动的过程及其结果。虽然会计核算时，需要同时使用实物、劳动时间和货币三种量度从数量上反映经济活动状况，但是它是以具有综合性特点的货币量度为主，以实物量度（如千克、米、台、件等）和劳动时间量度（如月、天、小时等）为辅。

其原因是实物量度和劳动时间量度不能综合反映经济活动及其结果。货币量度是以一定的货币单位为统一计量标准，对经营活动进行综合反映。近代会计的重要特点就是以货币为主要计量单位，对经营活动进行确认、计量、记录、计算、加工整理，综合反映经济活动的过程及其结果，为各有关会计信息使用者提供对其决策有用的财务信息（financial information that is useful in making decisions）。

（3）会计核算具有完整性、连续性和系统性。会计核算是通过采用一整套科学的方法，对会计对象进行全面、系统、连续、综合的确认、计量、记录和报告的。会计核算的完整性是指会计核算人员必须对所有可以用货币计量的经济业务进行及时的确认、计量、记录和报告，不能有任何隐瞒或遗漏；会计核算的连续性是指会计的确认、计量、记录和报告必须按照会计准则的要求连续不断地进行，不得任意重复或中断；会计核算的系统性是指会计核算人员必须按照会计准则的要求，采用科学的核算方法对经济活动进行确认、计量、记录和报告，不能记混账，不能

---

① 美国 John R. Cerepak（Fairleigh Dickinson University）和 Donald H. Taylor（University of Arkansas）（1987）在《会计原理》（*Principles of Accounting*）中认为："会计活动具有四项基本职能：①观察和选择商业交易；②记录交易；③为报告分类和概括；④解释报告。"

对外报送容易引起会计信息使用者误解的财务报告。

（二）会计的监督职能

会计监督是指由各单位的会计人员通过会计工作对经济活动所进行的检查与督导。会计的监督职能就是会计按照一定的业绩评价目的和要求，利用会计核算所取得的会计信息，对会计主体的经济活动进行事前、事中和事后的检查与控制，使之达到预期目的的内在功能。

> 按照业绩评价目的和要求，对会计主体的经济活动进行事前、事中和事后的检查与控制，使之达到预期目的。

会计监督的核心是干预会计主体的经济活动，使之符合一定的目的和要求；同时，考核其经济活动的合理性、有效性及其经营成果，以达到预期的经济效益。

会计监督的主要内容包括：

（1）真实性监督。会计以实际发生的交易或事项为依据，如实反映符合确认和计量要求的各项会计要素及其他相关信息，保证企业各项经济活动的真实可靠性和内容完整性。

（2）合理性和合法合规性监督。会计根据企业的业绩评价标准和政府的相关财经法规，对即将进行（或已经进行）的经济活动的合理性、合法性进行监督。通过监督，达到查错防弊的目的，保护单位财产的安全、完整。

（3）有效性监督。会计通过对企事业单位经济活动的全过程进行事前、事中、事后监督，以评价各项活动是否符合经济效益原则、有无损失或浪费现象。

会计监督的特点包括：

（1）会计监督贯穿于各单位经济活动的全过程（即进行事前监督、事中监督、事后监督），具有经常性和连续性。

（2）它主要利用各种价值指标进行监督。

（3）它是一种双重性的经济监督（包括各单位内部会计监督和外部会计监督两部分）。

会计监督的主要形式包括：

（1）核对凭证和账目。通过对会计凭证的审核，监督单位经济活动的真实性、合理性、合法合规性、有效性。

（2）财产清查。通过定期或不定期的盘点和财产清查，检查账实是否相符，借以保证财产的安全、完整。

会计核算和会计监督两种职能的关系十分密切，是相辅相成的。一方面，会计核算是会计监督的基础。没有会计核算，就无法进行会计监督（只有正确的核算，监督才有真实、可靠的依据）。另一方面，会计监督是会计核算的保证。如果只有会计核算而不进行会计监督，就不能发挥会计工作的应有作用。

但是，在一些西方国家，从会计信息有用性视角特别强调会计的下列两大职能：积累并向利益相关者（包括管理者、股东、银行和其他贷款人、政府部门、投资顾问和公众）提供表明会计主体财务状况和经营成果的财务信息；为公司管理者进行内部决策（包括预算、计划、控制和公司评价等）提供所需的会计信息。产生前者财务信息的过程通常称为财务会计，其提供的会计信息称为对外财务报告；产生后者会计信息的过程通常称为管理会计，其提供的会计信息称为内部管理报告。财务会计信息系统每年至少对外提供一次财务报告。同时，为了及时满足各利益相关者的决策需求，确保对外财务报告的真实性和完整性，财务会计信息系统必须受公认会计准则的约束。但是，管理会计信息系统不同于财务会计信息系统，管理会计信息系统提供大量的历史数据和决策所需的预计信息，且不受公认会计准则的约束。

二、会计的任务

会计的根本任务是按照政府的财经法规、会计准则、制度进行会计核算和会计监督，为外部和内部的会计信息使用者提供以财务数据为主的对决策有用的财务信息。具体来说，会计的主要任务包括：

（1）反映和监督各单位经济活动和财务收支，提供会计信息，加强经济核算。

（2）反映和监督各单位对财经政策、法令制度的执行情况，维护财经纪律。

（3）充分利用会计信息资料及其他有关资料，预测经济前景，参与经济决策。

第四节 财务会计目标

Financial Accounting Objectives

> 财务会计目标是为财务信息使用者提供对其决策有用的信息，并向资源的提供者报告企业管理当局受托责任的履行情况。

财务会计目标是指会计人员从事会计工作期望达到的目的①。它是连接会计理论与会计实践的纽带和桥梁。

会计目标源于财务信息使用者的需要。企业财务信息使用者所需要的财务信息及其用途，直接决定了会计目标。因此，会计目标是为财务信息使用者提供对其决策有用的关于财务状况、经营成果和现金流量等的财务信息，并向资源的提供者报告企业管理当局资源受托管理的情况②。

总体来看，财务信息使用者所需要的财务信息包括反映企业特定日期财务状况的信息、反映企业一定期间经营成果的信息、反映企业一定期间现金流量的信息、企业管理当局受托责任履行情况的信息等。但是，企业各种财务信息使用者（包

① 在会计目标理论上，目前存在三种主要的会计目标论（观点）：受托责任观、决策有用观、契约成本观。受托责任观认为，由于企业所有权和经营权的分离，会计目标是向股东提供反映企业经营管理者对受托资源的管理和使用情况的财务信息。决策有用观认为，会计目标是向会计信息的使用者（主要包括现有的和潜在的投资者、信贷者、政府和企业管理当局等）提供对其进行决策有用的信息（主要是关于现金流量、经营业绩和资源变动等信息）。契约成本观认为，会计目标是降低企业的契约成本（包括交易成本、代理成本、信息成本、再谈判成本等）。

② 《企业会计准则——基本准则》（2006）第四条规定，财务会计报告的目标是向财务会计报告使用者提供与企业财务状况、经营成果和现金流量等有关的会计信息，反映企业管理层受托责任履行情况，有助于财务会计报告使用者作出经济决策。它容纳了决策有用观和受托责任观两种观点。

括企业内部管理者、所有者、债权人、政府税务部门、银行、主要供货商、会计师事务所等）虽然都需要企业及时、真实和完整地提供其决策所必须的财务信息，然而其信息需求的侧重点并不完全一致。

（1）企业所有者的财务信息需求。企业所有者期待企业能够持续不断地保值增值、利润分配或因股市上涨而获得持有收益。从投资股东视角看，他们期望企业通过经营活动确保长期稳定的获益能力，为此要求企业会计如实地计量经营业绩和财务状况。从投机股东视角看，除非他们拥有企业非公开（或隐藏）的内部信息，通常也要求企业提供的财务报告能够如实反映企业经营业绩和收益能力，并尽可能地避免投资损失。然而，在特定的不成熟的市场环境中或当投机股东拥有企业隐藏的内部信息（通常是不合法的）时，他们或许并不考虑企业的实际经营业绩，甚至希望企业通过盈余管理和操作来影响其特定时点股市的涨落，从而获得资产变卖的收益。

（2）债权人（主要是银行）的财务信息需求。债权人要求企业在保全其基本资产的基础上，具有完全的偿债能力。债权人为了保障其合法权益不被侵害，非常关注企业资产负债表中预付费用、资产贬值等所形成的虚拟资产，关注企业是否存在因虚增利润而引起的税金支付、利润（现金股利）分派等形式的资金外流。因此，债权人要求企业采用稳健原则处理其经济交易和会计事项。

（3）企业内部经营管理者的财务信息需求。企业经营管理者作为企业所有者（或业主）的受托者，应该尽力保护企业资产的安全性和完整性，不断提高企业经济效益，有效履行其受托责任。因此，经营管理者也需要会计及时提供真实、完整的财务信息，以便其能及时了解企业过去经营与决策的效果，把握企业目前的资源状况和潜能，预测企业的未来变化趋势（尤其是需要会计提供相关信息，以利于其制定企业未来的发展战略与经营决策），并接受股东大会就经营决策的科学性和效果、经营目标的达成状况、经营管理水平等方面的评判。

（4）其他外部利益相关者的财务信息需求。政府审计部门和会计师事务所需要企业提供的各种财务信息，并就其是否符合会计准则及有关财经法规提出审计意见。税务部门也需要企业提供的财务信息，以便监管企业按照税法规定及时、足额地上交各种税金等。

可见，企业财务信息拥有众多的使用者，会计应尽可能满足他们对信息的需要。但是，不同会计信息使用者的需要并不完全相同，投资人主要关心企业的长期盈利能力或投资报酬率，信贷者主要关心企业长短期的资产变现能力或偿还能力。因此，会计在提供信息时应遵守两条原则：①根据重要性提供企业的财务信息；②提供信息使用者共同需要的信息。

第五节 会计核算的基本方法
Basic Method of Accounting

会计方法是指对会计主体的资金运动进行完整、连续、系统的核算和监督所运用的技术方法。会计方法是随着会计本身的发展而不断丰富和完善的，并构成一个完整的方法体系，包括会计核算方法、会计分析方法、会计检查方法。会计核算方法是用以反映和监督经济活动的方法；会计分析方法是利用会计核算资料，对经济活动的效果进行分析和评价的方法；会计监督检查方法（也称审计）是检查经济活动的真实性、完整性、合法合规性、公允性的方法。此外，广义的会计方法还包括会计预测决策方法。由于在会计学、财务管理学等专业课程体系中，通常将会计分析方法纳入有关财务管理课程，而将会计监督检查方法纳入有关审计课程，所以本节重点讲述会计核算方法。

会计核算的基本方法有设置会计科目和账户、复式记账、填制和审核会计凭证、登记会计账簿、成本计算、财产清查、编制会计报表。

会计核算方法是对会计主体的资金运动，进行连续、系统和综合的会计确认、计量和记录，提供真实、完整的会计资料的一系列手段。会计核算的基本方法有：设置会计科目和账户（set up accounting subject & account）、复式记账（double entry）、填制和审核会计凭证（fill in and audit accounting voucher）、登记会计账簿（posting of account）、成本计算（cost calculation）、财产清查（property check）、编制会计报表（prepare accounting statements）。

1. 设置会计科目和账户

会计科目是对会计对象（具体表现为会计要素）的具体内容进行分类核算的项目。会计要素是对会计对象的基本分类。但是，会计要素的基本分类过于粗略，难以满足各有关方面对会计信息的具体要求。为此，必须对会计要素按其用途或性质等作进一步分类。

账户是根据会计科目所开设的账页。账户的名称为会计科目。通过账户，可以分类、连续地记录各项经济业务，取得会计报表使用者所需要的数据资料。

设置会计科目和账户就是根据会计对象的特点和经济管理的要求，科学地确定会计对象（即会计要素）的具体分类项目，以便分类核算和监督会计对象的专门方法。

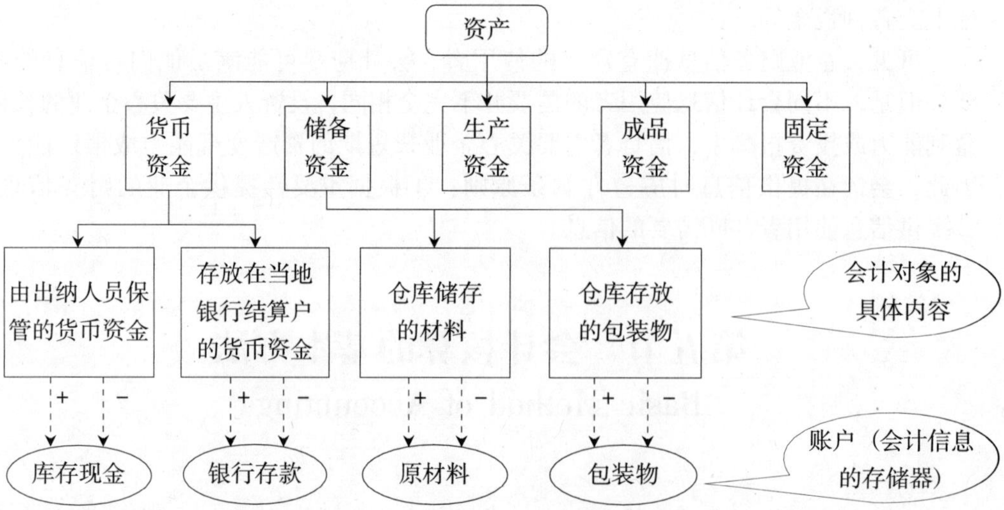

图1-3 资产要素的具体分类之举例

2. 复式记账

复式记账是对会计主体发生的每一项经济业务，以相等的金额在相互联系的两个（或两个以上的）账户中进行登记的一种专门方法。从会计史角度看，记录经济业务的方法有两种，即单式记账法、复式记账法。

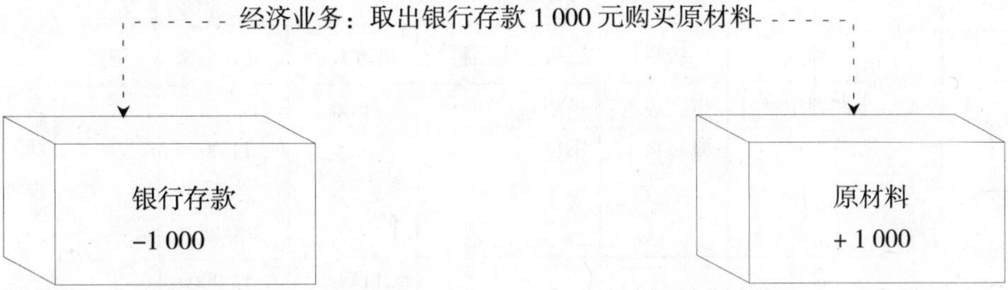

单式记账法是对每一项经济业务所引起的资金增减变化只在一个账户中孤立地进行登记的方法。它是一种初始简单的、不完整的记账方法。

3. 填制和审核会计凭证

会计凭证是指记录经济业务、明确经济责任的书面证明，是记账的依据。

领 料 单

领料单位：第一车间　　　　　　　　　　　　　　　　凭证编号：0010

用　　途：生产甲产品　　　　20× ×年 2 月 3 日　　　　仓　　库：1 号

材料类别	材料编号	材料名称	规格	计量单位	数量		单价	金额
					请领	实领		
型钢	0345	圆钢	25 mm	千克	1 500	1 500	4.40	6 600
型钢	0348	圆钢	10 mm	千克	1 000	1 000	4.40	4 400
合计					2 500	2 500	4.40	11 000

发料 刘英　　　　领料单位负责人 刘宁　　领料 王立

收款凭证

借方科目：银行存款　　20××年2月5日　　收字第3号

付款凭证

贷方科目：银行存款　　20××年2月12日　　付字第10号

转账凭证

20××年2月15日　　转字第8号

摘要	一级科目	二级或明细科目	借方金额	贷方金额	记账
生产领用材料	生产成本	甲产品	11 000		
	原材料	钢材		11 000	
合计			11 000	11 000	

附件壹张

会计主管　宋六　记账　王五　稽核　李四　填制　张三

图1－4　会计凭证

会计主体发生的每一项经济业务，都应取得或填制会计凭证（原始凭证）；经过审核后，应用复式记账方法，将经济业务记录在记账凭证上，作为登账的依据。通过凭证的填制和审核，可以提供既真实可靠又合理合法的原始数据，从而保证会计核算的质量。

图1－5　会计凭证处理过程简图

4. 登记会计账簿

登记账簿是根据审核过的会计凭证，在账簿中连续、完整、系统地记录经济业务，并定期结算、核对账目（结账、对账）的方法。

账簿是由印有账户格式的账页所组成的记录经济业务的簿籍。

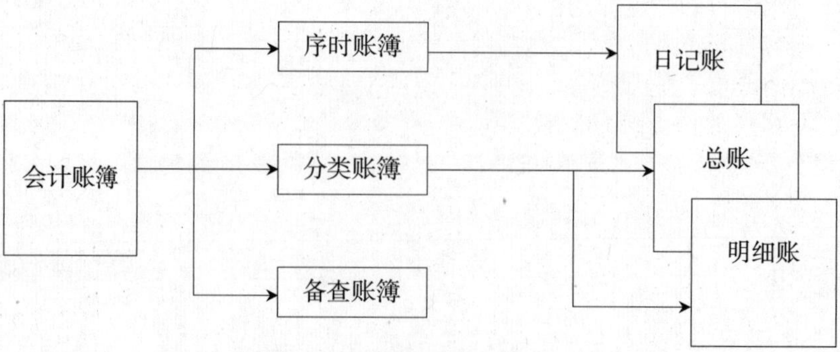

图1－6　账簿的分类

5. 成本计算

成本计算是按照一定对象归集和分配与生产经营过程有关的费用，以确定其总成本和单位成本的一种专门方法。通过成本计算，可以确定原材料采购成本、产品生产成本、产品销售成本。

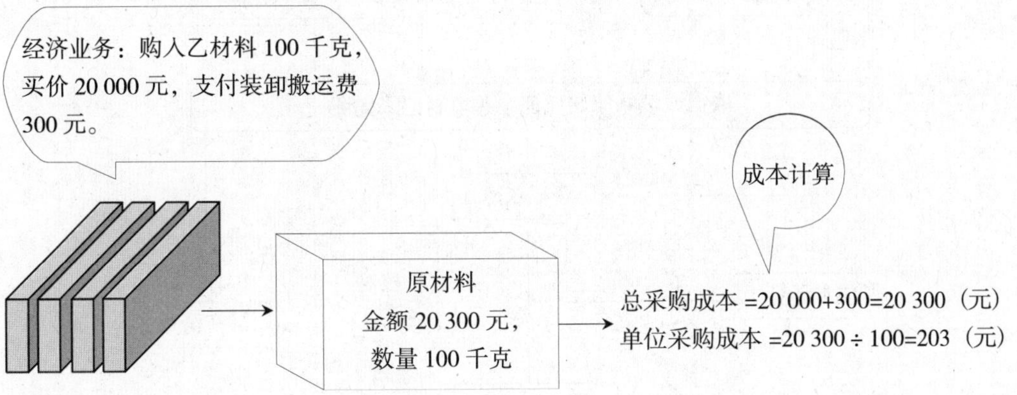

6. 财产清查

财产清查是通过定期（或不定期）的实物盘点，核对往来款项，以查明各项财产物资和往来款项是否账实相符的专门方法。

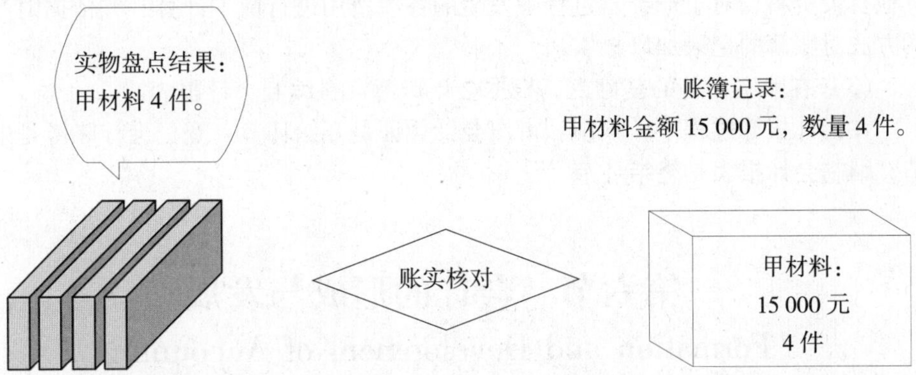

7. 编制会计报表

编制会计报表是定期总括反映会计主体财务状况、经营成果和现金流量情况等的一种专门方法。它以账簿记录为主要依据，按照会计准则、会计制度等规定和要求，将财务数据填入各种会计报表格式之中。

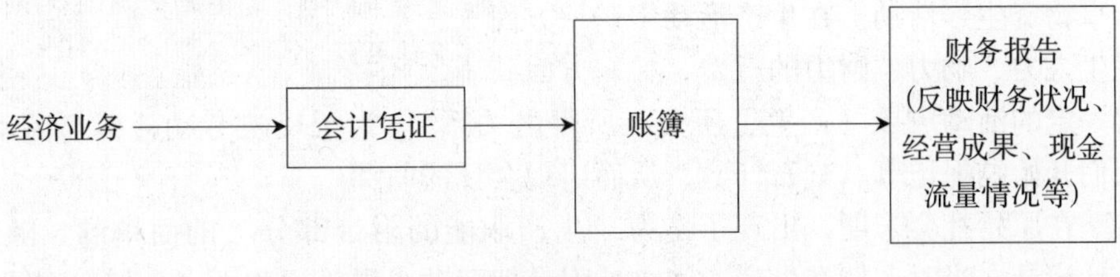

图 1 – 7 财务报告的形成过程

在会计核算过程中，各种会计核算方法之间相互联系，密不可分：

（1）经济业务发生后，首先应该填制或取得合法原始凭证。其次，在审核原始凭证的基础上，按照设置的会计科目和账户，运用复式记账法，编制记账凭证。

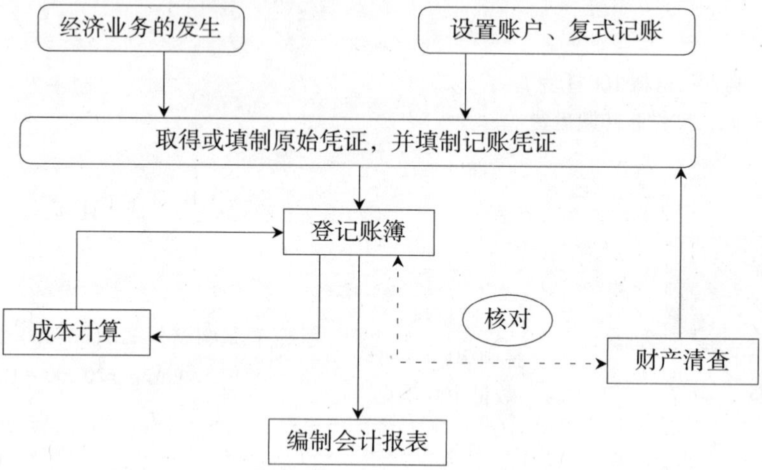

图1－8　会计核算过程

（2）根据设置的账户，根据会计凭证登记会计账簿。然后，根据会计账簿和其他有关资料，对生产经营过程中发生的各项费用进行成本计算，并依据财产清查的方法对账簿的记录加以核实。

（3）在账实相符的基础上，根据会计账簿资料编制会计报表。

在会计核算过程中，填制和审核会计凭证是开始环节，登记会计账簿是中间环节，编制会计报表是终结环节。

第六节　会计的形成与发展

Formation and Development of Accounting

一、会计的产生

> 会计是由于人类社会生产实践及其管理的客观需要而产生、不断发展完善的。

会计是由于人类社会生产实践及其管理的客观需要而产生的。人类要生存，就必须从事物资生产活动。在生产活动中，一方面发生人力、物力、财力的耗费，另一方面获得一定的活动成果（产生了所费与所得之关系）。为了反映劳动耗费与劳动成果，人们开始结绳记事、刻石计数，从而出现会计的萌芽。

在原始社会末期，出现了作为“生产职能的附带部分”的简单的、随意性的会计记录，当时人们在生产时间之外附带把劳动成果等记载下来。如在中国出现刻木记事、结绳记事、书契；在埃及出现刻石记事；在巴比伦出现泥板记事等。

二、会计的发展

会计是随着人类社会生产的发展和经济管理的需要，而不断发展和完善起来的。

（一）古代会计阶段（原始社会末期至15世纪）

> 古代会计的标志：会计名词的产生、采用单式记账法、会计专职人员和官厅会计机构的出现。

随着人类生产活动的发展和管理要求的提高，产生了对生产活动进行专门计量与记录的古代会计。古代会计以会计名词的产生、采用单式记账法、会计专职人员和官厅会计机构的出现为标志。剩余产品的出现是专职会计产生的前提条件，它使会计从生产职能中分离出来，成为一种专门职能。

随着经济活动的不断扩大和经济关系的日益复杂化，会计的核算内容和核算方法也日臻复杂和完善，逐步由简单的计量与记录行为发展成为以货币为主要计量单位，综合反映和监督一个单位经济活动的一种经济管理工作。

在中国周朝时期，由于有了剩余产品，出现了社会分工现象，会计也逐渐从生产职能中分离出来，成为特殊的、专门委托的当事人的独立的职能。在中国，“会计”一词最早出现于西周的《周礼·天官》一书。《周礼·天官》中记载：“司会掌邦之六典、八法、八则……而听其会计。”当时朝廷的财计机构分为两大系统：①地官大司徒系统，掌管王朝的财政收入；②天官冢宰系统，掌管王朝的财政支出。据《周礼·天官》记载，天官所属的中大夫“司会，为计官之长，主天下之大计”，掌管王朝财政收支的核算与审核监督之大权；“……司会，以参互考日成，以月要考月成，以岁会考岁成”，即司会每旬、每月、每年都要对地方官吏报送上来的会计报告加以考核，以判断其是否真实、可靠，再交由周王据此赏罚。“参互”、“月要”、“岁会”三种报告形式概念的出现，标志着我国古老的会计制度已初见端倪。

在中国春秋战国时期，产生了“三柱结算法”，根据“收入”、“支出”、“结余”三大结算要素之间的关系（即“收入－支出＝结余”），结算一定时期财产物资的增减变动过程及结果。战国时期的《孟子·万章下》中记录了孔子对会计之评说：“会计当而已矣。”

秦朝时期，全国统一度量衡，为货币逐步成为会计核算的主要计量工具提供了坚实的基础。

唐宋时期，由流水账（相当于日记账）和誊清账（总清账，相当于分类账）组成的账簿体系已初步形成。如唐宋时期流行的“四柱清册法”（或称“四柱结算法”），这是中国当时记账、算账的基本模式。所谓“四柱清册法”，是指将财政收支分为“旧管”（期初结存）、“新收”（本期收入）、“开除”（本期支出）、“实在”（期末结存）四个部分，并根据平衡公式“旧管 ＋ 新收 － 开除 ＝ 实在”进行结账，以便分类记录和汇总日常赋税收入、支出及其结存情况，检查日常记录的正确性。根据四柱结算法编造的账簿称为“四柱清册”。在唐朝的官厅会计中，出现了“国计簿”的报告形式。它通常分为三个部分：第一部分说明赋税的预算收入；第二部分按财政收入项目分别反映实际收入额；第三部分是财政收入的实际金额与历史数据的对比分析。

在古代会计阶段，会计以实物和货币共同作为主要计量单位，以“官厅会计”为主，采用单式记账法，反映奴隶主、封建王朝的赋税征收、财务收支和财产监管等情况。

（二）近代会计阶段（1494 年至 20 世纪 40 年代末）

近代会计是以复式借贷记账法、复式收付记账法的产生及应用，并注重财务收支核算为标志。

> 近代会计的标志：复式借贷记账法的产生及应用，并注重财务收支核算。

13 世纪，意大利佛罗伦萨等地中海沿岸商业经济逐渐繁荣起来，并带动城市金融业较快发展，活跃的商业和金融业使意大利北方经济呈现出一派兴旺景象。经济的发展推动了西方会计的进一步发展，从事金融业的经纪人开始以借主和贷主的名字开立资金账户。每一账户都分为上下两方：上方为借，下方为贷，并要求将每笔借贷款项分别记入一个账户的借方和另一个账户的贷方，人们称这种记账方法为佛罗伦萨式簿记法（Florentine system of bookkeeping），这是借贷复式簿记的萌芽。同时，在热那亚的地区也产生了一种独具特色的被后世称为热那亚式簿记（Genoese system of bookkeeping）的簿记法。因此，在 13 至 14 世纪意大利的一些沿海城市，就已经出现了以“借”和“贷”为记账符号的记账方法（称之为“借贷记账法”）。

这种借贷记账法，经过大约三百年的演变，发展成为一种科学、严谨的复式记账方法。1494 年，意大利数学家卢卡·帕乔利（Luca Pacioli）在其出版的《算术、几何、比与比例概要》一书中，总结了当时以复式记账为纽带的自我平衡账户体系的威尼斯式簿记（Ventian system of bookkeeping），并对“借贷记账法”进行了详细介绍，从此“借贷记账法”在世界各国传播，成为各国普遍采用的复式记账方法。卢卡·帕乔利的《算术、几何、比与比例概要》是一部内容丰富的数学著作，它由五部分组成：①算术和代数；②商业算术的运用；③簿记；④货币和兑换；⑤纯粹和应用几何。其中第三部分簿记专门论述了有关复式簿记问题，是最早出版的论述 15 世纪复式簿记发展的总结性文献。它反映了截至 15 世纪末期威尼斯式簿记的先进方法。它的出版发行，不仅是意大利数学乃至欧洲数学发展史上的光辉篇章，而且有力地推动了西式复式簿记的传播和发展，为西方会计科学的建立奠定了坚实的理论基础。

1494 年在意大利出版的《算术、几何、比与比例概要》，标志着近代会计的产生，是近代会计发展史上第一个里程碑。

其后，随着 19 世纪英国工业革命的高涨和工厂制度的确立，尤其是股份公司的不断出现，客观上要求有一套与之相适应的会计方法。产生于商业革命的意大利式簿记，逐步表现出对以广泛使用蒸汽机为主要内容的工业革命的不适应性。由于许多企业采取股份公司组织形式，所有权与经营权分离，企业的股东和债权人等要求企业定期提供有关企业财务状况和经营成果的财务报表，并要求对企业提出的财务报表进行审查。于是以查账为职业的会计师应运而生，并得到社会承认和重视。1854年在英国苏格兰成立的第一个会计师协会——爱丁堡会计师公会，是近代会计发展史上的第二个里程碑。

在中国明末清初时期，民间会计也开始从单式记账向复式记账发展。其标志就是当时山西曲阳富商傅山（1607—1684年）为了改善票号的经营管理，设计了一种具有复式记账特征的“龙门账”（但是它还不是一种成熟的复式记账法）。“龙门账”把全部账册分为“进”（本期收入）、“缴”（本期费用）、“存”（期末资产）、“该”（期末负债及期初业主权益）四大类，各大类再按所包含的内容细分为若干项目；以“进－缴＝存－该”作为其试算平衡公式，采用双轨制的盈亏计算方式，并通过编制“进缴表”（类似利润表）和“存该表”（类似资产负债表）确认盈亏情况：进大于缴的差额为盈余额，进小于缴的差额为亏损额，“进－缴”之差额等于“存－该”之差额称为“合龙门”（表明无错。若“进－缴”≠“存－该”，则表明记账有差错）。龙门账的记账程序为：首先直接在流水账（日记账）中详细记录经济业务；一段时间后，再将流水账中登记的金额汇总过入誊清账（分类账）；在需要结账时，结算出“进”、“缴”、“存”、“该”各类账户的发生额或余额，并根据“进”、“缴”账户发生额编制“进缴表”，根据“存”、“该”账户余额编制“存该表”；如果两表计算的差额相等（即“进－缴”＝“存－该”）则为“合龙门”。“进缴表”和“存该表”已经具备了利润表和资产负债表的雏形。

在“龙门账”的基础上，清代末期又出现了一种比较成熟的复式记账法——“天地合账”，它要求对任何经济业务均在账簿中记录两笔，既登记来账又登记去账，以反映其来龙去脉。因此，它将中国的记账方法进一步发展为一种名副其实的复式记账法，该法一直延续到20世纪上半叶。

在近代会计阶段，会计是以货币为主要计量单位，采用复式记账法，并已经形成了一套比较完整的会计核算方法。

（三）现代会计阶段（20世纪50年代以后）

现代会计以会计准则的制定和实施、财务会计与管理会计的分离及会计电算化的出现为标志。

> 现代会计的标志：会计准则的制定和实施、财务会计与管理会计的分离、会计电算化的出现。

20世纪以来，西方国家生产社会化程度不断提高，经营规模不断扩大，市场竞争也日益加剧，传统会计已不能满足企业经营和发展的需要。为了加强企业内部科学化管理，强化事前决策分析、事中日常控制和事后考核评价的管理职能，会计工作日益向基层单位、管理部门和生产经营技术领域渗透，会计与企业日常管理活动的结合越来越紧密，管理会计应运而生。会计人员不仅必须按会计准则或其他有关规定对外提供财务报表，还应该利用会计信息分析市场行情，预测企业前景，确定企业目标，进行经营预测和决策等，从而使管理会计与财务会计逐步分离。管理会计的出现，使西方会计在分析、预测和决策方面广泛地应用数学方法，进行定量管理；在计算技术方面由手工操作逐步发展到机械化和电子化操作。由于电子计算机在会计中的大量应用，使现代会计在提供信息方面发挥了巨大作用。

管理会计的产生和电子数据系统会计的出现，是会计发展史上的第三个里程碑。

在现代会计阶段，为适应企业内部管理和外部市场竞争的需要，会计逐步分为财务会计和管理会计两大分支；建立在公众公司基础上的会计理论逐步形成并日趋完善，使会计成为一门科学，并使鉴证会计信息质量和管理咨询成为某些人（如注册会计师）的专门职业；会计作为一种财务资源和商业语言，其规范逐步国际化。

Accounting is a service activity designed to measure, process, and communicate financial information about an identifiable entity that is useful in making decisions. The purpose of accounting is to provide information that can be useful for economic decision - making. Accounting provides information that is intended to be useful—information that people can use in making decisions. Accounting is a process of recorded, classifying, summarizing, and interpreting of those business activities that can be in expressed in monetary terms. The field of accounting is divided into three broad divisions: public accounting, private accounting, and governmental accounting. A certified accountant or a CPA, as the term is usually abbreviated, must pass a series of examinations, after which he or she receives a certificate. In China, the Certified Public Accountant examinations are prepared and administered by the Chinese Institute of Certified Public Accountants (CICPA). In the United States, the certification examinations are in the charge of the American Institute of Certified Public Accountants (AICPA). A person who specializes in this field is known as an accountant.

Financial Accounting is a specialized branch of accounting that keeps track of a company's financial transactions. Using standardized guidelines, the transactions are recorded, summarized, and presented in a financial report or financial statement such as an income statement or a balance sheet.

小结、练习与思考
Summarization, Exercises and Review

一、小结（Summarization）

会计是确认、计量、处理和传递一个可确认经济实体的有助于会计信息使用者进行经济决策的财务信息的管理服务活动。

任何发生财务冲突从而需要进行决策者（企业、单位、部门或个人等）都需要会计信息。会计信息使用者包括外部使用者和内部使用者。外部会计信息使用者包括所有者（投资者）、债权人、政府税务部门、政府证券监管部门、会计师事务所等外部审计单位、供货商等；内部会计信息使用者包括董事会成员、经营管理人员、工会等。

提供会计信息的专业会计人员主要包括：企业会计人员、提供收费服务的执业会计人员（包括会计师事务所的注册会计师、代理记账机构的会计师）、政府和非营利组织中的会计人员。

会计对象是特定经济主体的资金运动。企业的资金运动包括资金的筹集、资金的运用、资金的耗费、资金的收回与分配等方面。其中，企业的资金运用和资金耗费，主要发生在企业的财产物资采购和保管过程（简称为财产物资供应过程）、产品生产过程、商品销售过程之中。

会计职能是指会计作为一种提供一个可确认经济实体的有用财务信息的管理服务活动所具有的内在功能。会计的基本职能包括会计核算与会计监督。

会计的核算职能主要是从数量方面反映各单位的经济活动情况，为企业内部和外部单位及个人提供财务信息。它要求所提供的信息必须符合真实性、完整性、及时性等要求。

会计的监督职能是利用会计信息（价值形式和实物形式）对经济活动进行控制。通过控制，使会计主体的经营活动按照企事业、机关等单位的目标进行调整，使之有效达到其预期目的。通过控制所形成的信息，更能符合信息使用者的要求。

财务会计目标是为财务报告使用者提供对其决策有用的关于财务状况、经营成果和现金流量等财务信息，反映管理当局受托责任的履行情况。

会计方法是指对会计主体的资金运动进行完整、连续、系统的核算和监督所运用的技术方法。会计核算方法包括：①设置会计科目和账户；②复式记账；③填制和审核会计凭证；④登记会计账簿；⑤成本计算；⑥财产清查；⑦编制会计报表。

会计是由于人类社会生产实践及其管理的客观需要而产生的，并随着人类社会生产的发展和经济管理的需要不断发展和完善。

古代会计（原始社会末期至15世纪）以会计名词的产生、会计专职人员和官厅会计机构的出现为标志。

近代会计以复式借贷记账法、复式收付记账法的产生及应用，并注重财务收支核算为标志。

现代会计以财务会计与管理会计的分离及会计电算化的出现为标志。

二、练习与思考（Exercises and Review）

（一）单选题

1. 下列会计信息使用者中，（　　）属于内部会计信息使用者。

A. 企业所有者　　B. 企业的债权银行

C. 政府税务部门　　D. 企业经营管理人员

2. 下列会计信息使用者中，（　　）属于外部会计信息使用者。

A. 公司董事会成员　　B. 企业所有者

C. 企业工会组织　　D. 企业经营管理人员

3. 会计核算中使用的主要计量单位是（　　）。

A. 货币量度　　B. 实物量度　　C. 劳动时间量度　　D. 金银量度

4. （　　）属于流动资产。

A. 固定资产　　B. 无形资产　　C. 原材料　　D. 设备

（二）多选题

1. 企业的资金运动包括（　　）等方面。

A. 资金的筹集　　B. 资金的运用

C. 资金的耗费　　D. 资金的收回与分配

E. 货币计量

2. 会计的基本职能包括（　　）。

A. 会计分析　　B. 会计鉴证　　C. 会计核算　　D. 会计监督

E. 会计考核

3. 会计监督的主要内容包括（　　）。

A. 真实性监督　　B. 合理性和合法合规性监督

C. 公开公平监督　　D. 有效性监督

E. 司法监督

4. 下列各项中，属于企业留存收益的是（　　）。

A. 实收资本　　B. 资本公积　　C. 盈余公积　　D. 未分配利润

E. 收入

5. 会计核算方法包括（　　）。

A. 设置会计科目和账户　　B. 登记会计账簿

C. 量本利分析　　D. 成本计算

E. 财产清查

（三）判断题

1. 会计对象是特定经济主体的所有经济活动或经济业务。（　　）

2. 会计核算是以货币为主要计量单位，对经济活动进行确认、计量、记录和报告的工作。（　　）

3. 会计核算的核心是干预会计主体的经济活动，使之符合一定的目的和要求；同时，考核其经济活动的合理性、有效性及其经营成果，以达到预期的经济效益。（　　）

（四）思考题

1. 什么叫会计学？会计具有哪些特点？

2. 会计具有哪些基本职能？

3. 你认为会计的目标是什么？怎样理解会计的目标？

4. 会计包括哪些核算方法？应怎样理解这些会计核算方法？

5. 七种会计核算方法之间的关系如何？

第二章　财务报告概念与会计等式
Chapter 2　Concept of Financial Statements and Accounting Equation

学习目的（Learning Objectives）

通过本章的学习，掌握会计要素、会计等式、主要财务报告的基本概念和内容。读完本章后，要求能够回答下列问题：

（1）静态会计要素与动态会计要素各包括哪些内容？

（2）如何定义资产、负债和所有者权益？其特征和构成内容是什么？

（3）什么叫收入、费用和利润？

（4）会计等式是什么？

（5）损益表、资产负债表包括哪些主要项目？

（6）这些报表中的每一种报表体现什么原则和假设？

同时，要求能够初步分析商业交易并描述其对会计等式要素的影响。

第一节　会计要素
Accounting Elements

> 会计要素是会计对象的具体分类项目，包括资产、负债、所有者权益、收入、费用和利润。

会计要素是指会计核算的具体对象，是会计对象的具体分类项目，也是构成财务报表的基本项目。根据《企业会计准则》的规定，会计要素包括资产（assets）、负债（liabilities）、所有者权益（owner's equity 或 stockholders' equity）、收入（revenues）、费用（expenses）和利润（profits）。这六大会计要素又可以划分为两大类：反映财务状况的会计要素（静态会计要素），即资产、负债、所有者权益；反映经营成果的会计要素（动态会计要素），即收入、费用、利润。

从理论上讲，利润并不是一个真正独立的会计要素，它是收入（指包含利得的广义收入）与费用（指包含损失的广义费用）之差。但是，由于我国企业会计准则定义的收入并不包含利得，费用也不包含损失，因此，将我国企业会计准则定义的“利润”要素，改为计入当期损益的“利得”和“损失”两个要素，可能更完整。

一、反映财务状况的静态会计要素

财务状况（financial status）是指企业一定时期内的资产及权益情况，是资金运动相对静止状态时的表现。反映财务状况的静态会计要素包括资产、负债、所有者权益。

1. 资产

资产是指过去的交易或事项形成的，并由企业拥有或控制的，预期在未来会给企业带来经济利益的经济资源。资产具有以下基本特征：

> 资产：过去的交易或事项形成的，并由企业拥有或控制的，预期在未来会给企业带来经济利益的经济资源。

（1）资产是由过去的交易或事项形成的。它是现实的资产。企业未来交易或事项以及未发生的交易或事项可能形成的资源，不属于资产要素。

（2）资产是企业拥有或可支配的。它必须为一定的会计主体所拥有或控制。

（3）资产预期能直接（或间接）给企业带来经济利益（即流入现金或现金等价物）。从本质上说，资产是一种经济资源，具有交换价值和使用价值，具有直接或间接的增加现金或现金等价物流入企业的潜力，预期能为企业带来经济利益。

企业的资产按其流动性可分为流动资产、长期投资、固定资产、无形资产和其他资产。流动资产是指企业可以在一年内或者超过一年的一个营业周期内变现或耗用的资产，如库存现金、银行存款、应收账款等。

2. 负债

负债是指由企业过去的交易或事项形成的、预期会导致经济利益流出企业的现时义务。现时义务是指企业在现行条件下已承担的义务。未来发生的交易或者事项形成的义务，不属于现时义务，不应当确认为负债。企业确认的负债必须是由过去的交易或事项形成的，需要企业在未来一定期间内用资产（或提供劳务）的方式偿还的债务。负债具有以下基本特征：

> 负债：由企业过去的交易或者事项形成的、需要企业用资产或提供劳务的方式偿还的债务。

（1）负债是由过去的交易或事项形成的。

（2）负债是企业承担的现时义务（即现已承担的义务），如已借入的款项、已赊购形成的负债。

（3）清偿负债时，预期会导致经济利益流出企业。具体表现为交付资产、提供劳务、债转股等。能够回避的义务不能确认为企业的负债。

企业的负债按其偿还期可分为流动负债（偿还期不超过一年）和长期负债（偿还期超过一年）两种，前者如短期借款、应付账款、应付职工薪酬、应交税费等，后者如长期借款、应付长期债券款等。

3. 所有者权益

所有者权益是指所有者在企业资产中享有的经济利益（剩余权益），其金额为资产减去负债后的余额。所有者权益具有以下特征：

（1）它是投资者对企业净资产的所有权。其计算公式为：

所有者权益 = 资产 - 负债

（2）投资者有权按投资比例分享企业利润。

（3）投资者享有直接或委托他人管理企业的法定权利。

在内容上，企业的所有者权益包括实收资本（或股本）、资本公积、其他综合收益、盈余公积和未分配利润等。

> 所有者权益包括实收资本、资本公积、其他综合收益、盈余公积和未分配利润等。

实收资本（paid - up capital）是投资者根据章程或合同约定直接投入企业的资本金。

资本公积（capital surplus）是指投资者的出资额中超出其在注册资本中所占份额的部分等。

其他综合收益（other comprehensive incom）是指企业根据会计准则规定不在当期损益中确认的利得和损失。直接计入所有者权益的利得和损失是指不应计入当期损益、会导致所有者权益发生增减变动的、与所有者投入资本或向所有者分配利润无关的利得或者损失。其中，利得是指由企业非日常活动所形成的、会导致所有者权益增加的、与所有者投入资本无关的经济利益的流入；损失是指由企业非日常活动所发生的、会导致所有者权益减少的、与向所有者分配利润无关的经济利益的流出。

企业获得的“利得”分为二部分，一部分直接计入当期损益（即营业外收入）；另一部分直接计入所有者权益，增加企业的其他综合收益。

企业发生的“损失”也分二部分，一部分直接计入当期损益（即营业外支出）；另一部分直接计入所有者权益，冲减企业的其他综合收益。

盈余公积（capital reserve）是企业按规定比例从实现的利润中留存企业作为资本积累的部分。未分配利润（unallocated problem）是企业已经实现但留待以后年度分配的利润。盈余公积和未分配利润合称为留存收益。

所有者权益与负债（债权人权益）不同，其区别主要在于：

（1）性质不同。对于企业而言，负债有约定的偿还期，需要按期偿还；所有者权益一般不需要归还，是企业的一项可以长期使用的资金来源。

（2）享有的权利不同。企业负债的债权人只有按期收回本息权；企业所有者权益人（即业主或企业所有者）具有参与利润分配和企业经营管理双重权利。

（3）企业清算时所处的求偿权顺序位置不同。企业负债的债权人拥有优先求偿权；企业所有者权益人（即业主或企业所有者）则没有优先求偿权。

资产、负债、所有者权益构成了企业的资产负债表（Balance Sheet），所以这三个会计要素也称为资产负债表要素。

二、反映经营成果的动态会计要素

经营成果是企业在一定时期内从事生产经营活动所取得的最终成果。反映经营成果的会计要素有收入、费用、利润。

1. 收入

> 收入：企业在销售商品、提供劳务及让渡资产使用权等日常活动中所形成的经济利益的总流入，包括主营业务收入、其他业务收入和投资收益等。

收入是指企业在销售商品、提供劳务及让渡资产使用权等日常活动中所形成的经济利益的总流入。如主营业务收入、其他业务收入和投资收益等。注意：在中国大陆《企业会计准则——基本准则》中，"收入"要素不包括利得，即它是不包括利得的狭义收入概念。利得是指由企业非日常活动中形成的、会导致所有者权益增加的、与所有者投入资本无关的经济利益的流入。作为一项会计要素，收入具有以下特征：

(1) 收入是在企业日常活动中产生的，而不是在偶发的交易或事项中获得的。

(2) 收入可增加资产、减少负债（如以销售的产品抵债）或两者兼而有之。

(3) 收入可增加利润，因而增加所有者权益。

(4) 收入仅指属于本企业经济利益的流入，不包括代收款项等。

(5) 收入具有重复性和连续性。

从理论上说，收入概念包括广义收入和狭义收入两种。广义收入包括企业的主营业务收入、其他业务收入、投资收益、补贴收入和营业外收入等；狭义收入仅指企业的主营业务收入、其他业务收入和投资收益等（《企业会计准则》采用狭义收入概念）。

主营业务收入是指企业在为完成其经营目标所从事的经常性活动中取得的收入（如汽车制造企业销售汽车收入等）。工业企业制造并销售产品、商业企业销售商品、保险公司签发保单、咨询公司提供咨询服务、软件企业为客户开发软件、安装公司提供安装服务、商业银行对外贷款、租赁公司出租资产等，均属于企业为完成其经营目标所从事的经常性活动，由此产生的经济利益的总流入构成企业的主营业务收入。

其他业务收入是指企业发生的其他附营业务所产生的收入（如汽车制造企业销售积压材料收入等）。工业企业转让无形资产使用权、出售原材料属于与经常性活动相关的其他附营业务，由此产生的经济利益的总流入也构成企业的其他业务收入。投资收益是指企业对外投资取得的利息收入、股利收入等。

主营业务收入和其他业务收入统称为营业收入。但是，根据《企业会计准则》的规定，工业企业处置固定资产、无形资产等活动，不是企业为完成其经营目标所从事的经常性活动，也不属于与经常性活动相关的其他活动，由此产生的经济利益的总流入不构成收入（指我国《企业会计准则》定义的狭义收入概念），应当确认为营业外收入。在中国大陆《企业会计准则》中，营业外收入属于利润要素范畴。

2. 费用

费用是指企业在生产商品、提供劳务等日常经营活动中发生的经济利益的流出。

费用包括期间费用（包括计入当期损益的管理费用、财务费用、销售费用）和已售商品或劳务成本及相关税费等。费用具有以下特征：

费用：企业在生产商品、提供劳务等日常经营活动中发生的经济利益的流出，包括期间费用和成本。

（1）费用是在企业日常经营活动中发生的，而不是偶然或意外的损失。

（2）费用会引起资产减少或负债增加（如预提费用），或两者兼而有之。

（3）费用会减少利润，因而最终会减少所有者权益。

（4）费用具有重复性和连续性。

从理论上说，费用包括广义的费用和狭义的费用。广义的费用包括企业的主营业务成本、主营业务税金及附加、其他业务支出、期间费用（包括销售费用、管理费用、财务费用）、投资损失、营业外支出和所得税费用等；狭义的费用仅指企业的主营业务成本、主营业务税金及附加、其他业务支出、期间费用和投资损失（《企业会计准则》采用狭义费用概念）。

注意：在中国大陆《企业会计准则——基本准则》中，作为一项会计要素，“费用”不包括非日常活动中产生的损失，是狭义费用概念。损失（不包含投资损失）是指非日常活动所产生的、会导致所有者权益减少的、与所有者分配利润无关的经济利益的流出。

3. 利润

利润是指企业在一定会计期间的经营成果，包括收入减去费用后的净额、直接计入当期利润的利得和损失等。这里所指的利得是指由企业非日常活动所形成的、应当计入当期损益、会导致所有者权益增加的、与所有者投入资本无关的经济利益的流入。这里所指的损失是指由企业非日常活动所发生的、应当计入当期损益、会导致所有者权益减少的、与向所有者分配利润无关的经济利益的流出。利润概念包括营业利润、利润总额和净利润。计算公式为：

利润：企业在一定会计期间的经营成果，包括收入减去费用后的净额、直接计入当期利润的利得和损失等。

营业利润 = 营业收入 − 营业成本 − 营业税金及附加 − 期间费用 − 资产减值损失 + 公允价值变动收益 + 投资收益

利润总额 = 营业利润 + 营业外收入 − 营业外支出

净利润 = 利润总额 − 所得税费用

其中，营业收入包括主营业务收入和其他业务收入，营业成本包括主营业务成本和其他业务成本。

收入、费用、利润三要素构成了利润表，所以这三个会计要素也称为利润表（income statement）要素。

从上面表述和理论上讲，“利润”并不是一个独立的会计要素，它不仅包括直接计入当期利润的利得（指营业外收入）和损失（指营业外支出），还包括同样作为会计要素的收入（狭义）和费用（狭义）。故，将中国大陆企业会计准则定义的“利润”要素，改为直接计入当期损益的利得和损失（但是，不包括其他综合收益，以免重复），可能更完整。

第二节 基本财务报告概念
Concept of Basic Financial Statements

财务报告：反映企业、事业、机关等单位的财务状况、经营成果和现金流量情况的书面文件。

财务报告是指反映会计主体（企业、事业、机关等单位）特定日期财务状况、一定期间经营成果和现金流量情况的书面文件①。会计人员通过财务报告，将财务信息传达给企业经营管理者和其他利用会计信息进行决策的当事人。目前，《企业会计准则》规定的主要财务报告包括利润表、资产负债表和现金流量表。

一、利润表

利润表表明企业在一定期间内的经营成果。

每一家企业的主要经营目标之一就是获得利润。利润表是反映企业在一定期间内的经营成果（利润的实现情况或亏损的发生情况）的会计报表。表2-1是一家由罗生独资创立的小型零售商店（华景零售店）2017年10月的利润表②。

表2-1 华景零售店（Hua Jing Retail）

利润表（Income Statement）（单步法简表）

2017年10月 For the Month Ended October 31，2017

收入 Revenues：		
商品销售收入 Sales	¥86 000	
利息收入 Interest Earned	200	
总收入 Total Revenues		¥86 200
费用 Expenses：		
职工薪酬费用 Wages Expense	¥43 000	
租金费用 Rent Expenses	8 000	
广告费 Advertising Expenses	7 400	
所得税费用 Taxation Expenses	1 000	
电话费 Telephone Expenses	600	
运输费 Transpotation Expenses	1 200	
费用总额 Total Expenses		¥61 200
净利润 Net Income		¥25 000

① 本节主要是利用利润表和资产负债表，形象且具体地说明会计要素和会计等式，以便强化学生对有关概念的理解和学习兴趣。关于会计报表的编制方法和要求将在本书第十一章具体讲解。

② 注意：华景零售店的利润表是单步法的格式，并且用非常简单的名称表现收入和费用的不同项目，如挣得的营业收入、取得的利息收入、支付的职工薪酬费用等。但是，中国大陆的法定利润表格式是多步法，关于多步法的利润表格式将在本书第十一章讲解。

(一) 利润表的内容

华景零售店的利润表包括三个通常所有利润表都具有的要素:

> 利润表包括三个动态会计要素:收入、费用和利润(净收益或净损失)。

(1) 收入。它是现金流入和其他从消费者或客户手中获得的资源,它产生于商品的销售、提供的劳务或投资。

(2) 费用。它是取得收入过程中消耗的货物和劳务的成本。

(3) 利润(净收入或净损失)。它是总收入超过总费用的差额(或总费用超过总收入的差额)。

利润表的表头应该标明:①公司名称(华景零售店);②报告名称(利润表);③涵盖期间(2017 年 10 月 1 日至 2017 年 10 月 31 日),亦称为会计期间。

涵盖的时间周期是我们分析报表所报告的数量的时间临界点。例如,如果一家小型零售店的报表涵盖一整年,那么 38 000 元的净收入可能太低,但是如果它只涵盖一个月则是可以接受的。

华景零售店的营业收入反映其在销售商品、提供劳务等日常活动中所取得的收入。

取得的利息收入反映华景零售店在当地银行存款的利息收入。该利息收入数字由银行邮寄给华景零售店 10 月份的对账单提供。

职工薪酬费用表示华景零售店聘用一般售货员等所导致的人工费用。

其他费用是除上述各项费用以外的其他经营管理费用等。

(二) 利润表假设(income statement assumptions)①

为了如实和完整地反映某一家企业特定期间的经营成果,利润表必须满足两个明显的基本假设(即会计核算的基本前提):会计主体假设(the business entity assumption)、会计分期假设(the time period assumption)。

> 利润表包含两个假设:会计主体假设和会计分期假设。

1. 会计主体(企业实体、经营实体、营业单位)假设

为了明确会计目标,一家企业被认为是一个独立实体,以区别于它的业主和所有其他实体。

因此,华景零售店的利润表(如表 2-1)仅包括该企业实体(营业单位)的收入、费用事项。其业主(投资人)个人的收入、费用事项不能包括在其中。

企业实体通常由独资企业(sole proprietorship)、合伙企业(partnership)和公司(corporation)所组成。一家独资企业是一家由某个人所有的企业,如华景零售店。一家合伙企业是一家由两人或两人以上共同所有的企业,它依据这些合伙人之

---

① 关于会计假设(或会计核算的基本前提),理论上有许多不同的观点。目前《企业会计准则——基本准则》规定的会计假设主要包括会计主体、持续经营、会计分期和货币计量等,将在下章具体和系统地讲解。本节针对会计报表阐述其体现的会计假设,目的在于使会计假设理论具体化、形象化,从而深刻理解其含义。

间达成的协议经营。公司是根据《公司法》成立的经营实体，其所有者被称为股东，其所有者权益表现为公司股份。

2. 会计分期假设

出于财务报告目的，一个企业实体的经营期可以被分割为通常相等长度的特殊期间，如1个月、3个月（每季）、半年和一年（每年）。

表2-1的华景零售店利润表报告该商店在2017年10月获得的收入和发生的费用。按照有关会计法规和会计惯例的规定，企业应该编制涵盖月度、季度和年度的利润表。

二、资产负债表

资产负债表反映会计主体单位某一时点的财务状况。

资产负债表（即财务状况报表）是反映会计主体单位（企业、事业、机关等）某一时点的财务状况的会计报表。它列示了单位在一定日期的资产、负债和所有者权益（或净资产）情况，其目的是表明在特定日期单位的财务状况。表2-2是华景零售店2017年10月31日的资产负债表。

表2-2 华景零售店（Hua Jing Retail）

资产负债表（Balance Sheet）（**简表**）

2017年10月31日 October 31，2017

资产 Assets		负债 Liabilities	
货币资金 Cash	¥55 000	应付账款 Accounts Payable	¥10 000
应收账款 Accounts Receivable	22 000	应付票据 Notes Payable	200 000
固定资产 Fixed assets	642 000	应付职工薪酬 Salaries Payable	4 000
其中：建筑物 Building	610 000	长期借款 Long-term Loans	400 000
办公设备 Office Equipment	32 000	负债总额 Total Liabilities	¥614 000
无形资产 Intangible assets	60 000	所有者权益 Owner's Equity	
其中：土地使用权 Tenure	60 000	实收资本 Paid-up Capital	165 000
资产总额 Total Assets	¥779 000	负债与所有者权益合计 Total Liabilities and Owner's Equity	¥779 000

资产负债表的表头应该标明：①企业的名称（如华景零售店）；②报表的名称（即资产负债表或财务状况表）；③资产负债表的日期（如2017年10月31日）。

（一）资产负债表的内容

资产负债表由资产、负债和所有者权益三个部分（即三个会计要素）所组成。

> 资产负债表有三个静态会计要素：资产、负债和所有者权益。

1. 资产

资产是一个会计主体单位（如企业）所拥有或控制的经济资源。它是由过去的交易或事项引起的，并预期有利于该企业未来的经营。资产包括库存现金、银行存款、应收账款（由于企业未清账信用赊销商品或劳务给客户所发生的客户所欠款项）、存货（企业所持有待售货物、在产品等）、固定资产（建筑物和设备等）、无形资产（土地使用权、专利、特权或版权等）。

在华景零售店的资产负债表的“资产”项目下，列出的第一个项目是货币资金（￥55 000），它是企业2017年10月31日银行存款余额和库存现金余额之和。

应收账款（￥22 000）是华景零售店已经向客户销售商品但尚未收回的货款总额（即客户欠华景零售店的销售款）。

固定资产是指同时具有两个特征（即为生产商品、提供劳务、出租或经营管理而持有的，使用寿命超过一个会计年度且其单位价值通常在一定标准之上）的有形资产。华景零售店的固定资产包括建筑物（￥610 000）和办公设备（￥32 000）。建筑物是华景零售店外购的营业楼，该商店认为实物资产投资比支付租金更合算。办公设备包括办公桌、椅子、电脑、文件柜和向办公设备经销商购买的类似设备。

无形资产是指企业拥有或控制的没有实物形态的可辨认的非货币性资产，包括专利权、非专利技术、商标权、著作权、土地使用权等。华景零售店的无形资产只有土地使用权（￥60 000）。

2. 负债

负债是企业必须在未来某一时间用货币或劳务偿还的债务（或义务），包括短期借款（向银行或其他金融机构等借入的期限在一年和一年以下的各种借款）、应付账款（由于未清账信用赊购货物和劳务欠个人或公司债权人的款项）、应付票据（由一份书面承诺在未来某一确定时间向另一当事人支付一定数额货币表明的所欠款项）、应付职工薪酬（应付而未付给职工的工资等薪酬）、应交税费（欠政府的税款等）、应付利息、长期借款（向银行或其他金融机构等借入的期限在一年以上的各种借款）等。

在华景零售店的资产负债表“负债”项目下，列出的第一个项目是应付账款（￥10 000）。它是该零售店欠一家经营电脑和文件柜的办公设备经销商的款项。

应付票据（￥200 000）是华景零售店用于赊购建筑物所签发并承兑的商业承兑汇票款。

应付职工薪酬（￥4 000）反映华景零售店应付给两名售货员10月份的薪水，这些职工所得薪酬支票将在11月2日签发并交给雇员。

长期借款（￥400 000）代表华景零售店成功购买土地和建筑物而向银行抵押

贷款（借款期限为两年）的结欠余额。

3. 所有者权益

所有者权益（有时称为资本或剩余权益）代表企业所有者（或业主）对企业净资产的要求权。在价值上，它等于企业资产总额与负债总额之差额。对于企业而言，它的总资产等于其总负债与所有者权益之和。由于债权人的要求权享有法律优先权，故所有者权益被认为是一项资产的剩余要求权。如果公司出售所有资产，公司所有者被授予在债权人要求权得到完全支付后的剩余现金权利。

下面引用一些简单例子，也许能够增进大家理解所有者权益的含义。Peter 决定从事管理咨询活动，并从其个人银行存款中取出 $300 000 创立一家企业（暨南管理咨询事务所），并将该笔资金存入事务所在银行新开立的结算户银行存款中。此时，暨南管理咨询事务所的资产负债表信息如表 2 – 3 所示：

表 2 – 3 资产负债表（Balance Sheet）

资产 Assets		负债 Liabilities	
银行存款 Cash in Banks	$300 000	（无）	
		所有者权益 Owner's Equity	
		彼特投入资本 Peter, Capital	$300 000
资产总额 Total Assets	$300 000	负债与所有者权益之和 Total Liabilities and Owner's Equity	$300 000

暨南管理咨询事务所拥有资产总额 $300 000，并且由于没有负债，故没有债权人对资产的要求权。资产与债权人对资产的要求权（负债）之间的差额，表现为所有者对资产的要求权，这就是所有者权益。

10 日之后，暨南管理咨询事务所从银行借入短期贷款 $100 000，该事务所资产负债表变为如表 2 – 4 所示：

表 2 – 4 资产负债表（Balance Sheet）

资产 Assets		负债 Liabilities	
银行存款 Cash in Banks	$400 000	短期借款 Short-term Borrowing	$100 000
		所有者权益 Owner's Equity	
		彼特投入资本 Peter, Capital	$300 000
资产总额 Total Assets	$400 000	负债与所有者权益之和 Total Liabilities and Owner's Equity	$400 000

显然，从银行借入 \$100 000 后，暨南管理咨询事务所总资产增加了 \$100 000，负债也增加了 \$100 000。但是，暨南管理咨询事务所的所有者权益未变。在企业资产因发生负债而增加时，该事务所的所有者权益不会增加。既然这样，现在贷款银行是一家对该事务所的资产拥有 \$100 000 要求权的债权人。暨南管理咨询事务所总资产（\$400 000）等于债权人（\$100 000）和所有者（\$300 000）对资产的总要求权。

那么所有者权益何时会变化？在下列情况发生时所有者权益都会变化：

（1）所有者用货币资金或其他资产进行追加投资。只要所有者将货币资金或其他个人资产投资于企业，所有者权益就会增加。这种资产转移引起企业资产增加而其负债不变，导致所有者权益增加。

（2）所有者抽回货币资金或其他资产（有时称为业主退股）。独资企业的所有者有权为了其个人耗费从企业收回（或撤回）货币资金或任何其他资产。退股减少企业资产但不减少其负债，导致所有者权益减少。

（3）净收入。在给定的期间内，当挣得的收入超过发生的费用时，其差额就是该期间的净收入。收入导致所有者权益增加，而费用导致所有者权益减少。因此，当收入超过费用时，两者之差额（即净收入）表现为所有者权益的净增加额。

（4）净损失。当一定期间内发生的费用超过同期挣得的收入时，净损失就发生了。净损失表现为所有者权益的减少。

（二）资产负债表所体现的主要核算原则和会计假设

> 资产负债表体现成本原则，其主要依据为客观性原则和持续经营假设。

企业进行日常会计核算，并于期末编制资产负债表时，首先观察到的一个会计核算的初始计量原则，就是成本原则[①]。

1. 成本原则（the cost principle）

企业购买资产和接受劳务时，最初应该以其成本计入会计记录。

成本是进行交易的当事人同意的交易价格。如：华景零售店购买土地使用权花费￥60 000，记录该项交易时就按￥60 000 反映该土地的价值（在中国大陆，它代表该土地使用权价值）。即使企业在购买该土地时认为该块土地价值大于￥60 000，如资产评估师（或税款估价员）估计该块土地的市场价值为￥70 000，企业也只能按￥60 000 记录该土地价值，并反映在当期资产负债表上。除非资产的公允市价能够持续可靠地加以计量或发生减值损失，华景零售店将继续在资产负债表上以其原始购置成本￥60 000（通常被称为历史成本）报告该项资产（关于资产减值问题及其账务处理方法，将在后续的中级财务会计学中介绍）。

从理论上说，以历史成本初始记录和继续报告某项资产（除资产的公允价值能够持续可靠地计量或发生减值损失外）价值的主要理由，包括客观性原则和持

---

① 在后续的中级财务会计学中，将会全面阐述《企业会计准则——基本准则》规定的五种计量属性，包括历史成本、重置成本、可变现净值、现值、公允价值（可简单理解为公允市价）。企业在将符合确认条件的会计要素登记入账并列入会计报表时，应当按照规定的会计计量属性进行计量，确定其金额。企业在对会计要素进行计量时，一般应当采用历史成本。采用重置成本、可变现净值、现值、公允价值计量的，应当保证所确定的会计要素金额能够取得并可靠计量。

续经营假设。

2. 客观性原则（the objectivity principle）

会计信息必须"如实反映"，避免偏见或随意性，且具有可验证性（关于是否具有"可验证性"，目前存在不同的观点），经得起具有丰富会计和相关法规知识的注册会计师的审计和验证。

在资产负债表中，以可变现净值、现行市价、现值或现行重置成本反映土地、建筑物、设备和许多其他资产的价值，需要较复杂地评估、判断或鉴定等过程和方法，从而导致信息可能包含过多的个人主观性（偏见或随意性）以致无用。虽然在编制财务报告时，评估、判断或鉴定必须经常加以使用，但是财务报表使用者相信财务报告信息必须与事实相符且具有客观性。因此，会计要素的计量一般采用历史成本。

3. 持续经营假设（the going concern assumption）

持续经营假设是指除非存在相反的特殊证据，一家企业在可预见的未来将继续无限期地经营下去。各国企业会计准则都要求企业在"假设公司将继续长期地经营下去"的基础上编制公司的资产负债表。

通常，企业的建筑物、设备和土地使用权等资产是为使用而非转卖而获得的。如果企业出售这些资产，公司活动将陷入严重混乱和缩减，因此以其可变现净值、现值或估计市价（包括清算价格）等计量不准备再出售的资产价值，容易引起外部财务报告使用者的误解。对资产负债表使用者而言，以其估计的可变现净值、现值或估计市价反映不用于出售的资产价值，可能与财务报告使用者的决策不相关，且用途不大。因此，对于企业不准备用于出售的房屋建筑物、机器设备和土地使用权等长期资产，除非符合资产减值的定义和认定要求，采用历史成本计量不仅更具有可靠性、可操作性和经济性，而且可能更具有决策相关性。

第三节 会计等式
Accounting Equation

会计等式（也称会计平衡公式或会计恒等式）是运用数学方程原理描述会计要素之间数量关系的数学表达式。会计等式反映了六大会计要素之间的关系，是复式记账法（double entry bookkeeping）和编制资产负债表的理论依据。

> 会计等式：运用数学方程原理描述会计要素之间数量关系的数学表达式。

一、会计等式

会计等式包括静态会计等式（也称为基本会计等式）和动态会计等式。资产负债表是企业基本会计等式的正式表达，其要素有资产、负债和所有者权益；利润表是另一个会计等式的正式表达，其要素有收入、费用和利润。

（一）静态会计等式（基本会计等式）

资产 = 负债 + 所有者权益

无论企业规模大小，也无论企业内部组织结构的复杂程度，企业的任何一笔商业交易都会影响其财务状况。企业的财务状况可用三个项目（即会计要素）加以计量：资产（表明企业拥有或控制的经济资源，包括资产占用总额、形式与结构）、负债（表明企业负债经营的规模，包括负债总额、期限及其结构。可以用两种方式理解负债：它是债权人对企业资产的要求权；它与所有者权益一起共同构成了企业资产的资金来源）和所有者权益（表明企业资产与负债的差额，或企业所有者对企业净资产的要求权）。基本会计等式就是由这三个静态会计要素组合而成的表明企业某一特定时点财务状况的等式：

资产 = 负债 + 所有者权益

在会计专业英语中，独资企业的会计基本等式（basic accounting equation）通常用“assets = liabilities + owner's equity”表示；而公司的会计基本等式通常用“assets = liabilities + stockholders' equity”表示。

下列等式显示在华景零售店的资产负债表（表 2－3）上的资产与负债（即债权人权益）、所有者权益相等性：

资产	=	负债	+	所有者权益
¥779 000	=	¥614 000	+	¥165 000

通过等式中负债项目的置换（置换后的会计等式如下），所有者权益可以被视为剩余权益：

资产	－	负债	=	所有者权益
¥779 000	－	¥614 000	=	¥165 000

基本会计等式表明：①对企业资金可以从两个不同侧面（资金来源渠道与资金存在形态）予以观察；②以货币计量时，会计等式双方数额相等；③资产会随负债、所有者权益增减而成正比例变化，即资产会随着负债或所有者权益的增加而增加，随着负债或所有者权益的减少而减少。

与会计基本等式一样，资产负债表（也称为财务状况表）也反映了企业资产、负债和所有者权益在特定时点的相等性关系，它表明企业的“资产总额（total amount of assets）= 负债总额（total amount of liabilities）+ 所有者权益（owner's or stockholders' equity）”。

（二）动态会计等式

收入 － 费用 = 利润

动态会计等式是由动态会计要素组合而成的反映企业一定会计期间经营成果的等式。

收入 － 费用 = 利润

这里的收入是指广义的收入（包括计入当期损益的利得即营业外收入），费用是指广义的费用（包括计入当期损益的损失即营业外支出）。

动态会计等式表明：①利润的实质是实现的收入减去相关费用以后的差额。收入大于费用时为利润；收入小于费用时为亏损。②利润会随着收入的增减成正比例变化。③利润会随着费用的增减成反比例变化。

由于实现的收入使利润增加，发生的费用使利润减少，而本期实现的利润（或发生的亏损）在未分配之前是所有者权益的组成部分，因此由静态会计等式和动态会计等式，还可得到扩展（综合）会计等式。综合会计等式是由静态会计等式和动态会计等式综合而成的全面反映企业的财务状况和经营成果的等式。其数学表达式如下：

资产 = 负债 + 所有者权益 + （收入 − 费用）

或：　　资产 + 费用 = 负债 + 所有者权益 + 收入

二、企业经济业务（或会计事项）对会计等式的影响

企业发生的每一项经济业务或会计事项（如从经销商处购买办公设备、向银行借入资金、发生应付职工薪酬等），都可能影响会计等式中的相关会计要素，从而影响企业的财务状况，因此必须被记录下来。

> 会计等式提供一种分析和记录企业业务的基础。

每一项经济业务或会计事项，无论怎样简单或复杂，都能根据它对这三个要素中的一个或多个的影响加以陈述说明。

下面，我们对企业连续发生的八种常见业务，举例说明它们对会计等式的影响。注意：虽然经济业务会影响一个或多个会计等式中的相关会计要素，但是每一项经济业务发生后，资产总额仍然等于负债总额与所有者权益之和（即始终保持了会计等式的平衡性和资产负债表的平衡性）。

1. 接受所有者投资业务

【例 1】罗生决定在其家乡吉安市开办一家管理咨询事务所，他利用 ¥250 000 的个人投入资金开始其生意，并以新注册登记号“吉安管理咨询事务所”（简称 JAMCO）的名义存入一个银行账户中。

这项投资业务发生后，JAMCO 的银行存款（资产）增加了 ¥250 000。由于资金来自所有者，所有者权益（记录为“实收资本——罗生”）增加了 ¥250 000（此时的企业没有负债）。

资产	=	负债	+	所有者权益
银行存款		（无）		实收资本——罗生
+250 000				+250 000

记录该项业务后，企业第一张资产负债表如表 2－5 所示（出于简化，我们省略了报表日期）：

表2-5 吉安管理咨询事务所（JAMCO）
资产负债表（Balance Sheet）

资产 Assets		负债 Liabilities	
银行存款 Cash in Banks	¥250 000	（无）	
		所有者权益 Owner's Equity	
		实收资本——罗生 Paid-up Capital—Mr. Luo	¥250 000
资产总额 Total Assets	¥250 000	负债和所有者权益总额 Total Liabilities and Owner's Equity	¥250 000

2. 现购资产业务

【例2】JAMCO发现一处适合办公的场所，并购买这块房地产。协议价格为¥170 000（其中土地¥50 000、建筑物 ¥120 000）。JAMCO签发一张¥170 000的支票，完全支付该笔交易货款。

该笔业务发生后，银行存款减少了¥170 000，无形资产（土地使用权）增加了¥50 000，固定资产（建筑物）增加了¥120 000。

资产			=	负债	+	所有者权益
银行存款	无形资产	固定资产				
−170 000	+50 000	+120 000				

注意：该笔业务改变了企业资产的组成，但是资产总额不变。

记录该笔业务之后，资产负债表如表2-6所示（这笔业务改变的数量用斜体显示）：

表2-6 吉安管理咨询事务所（JAMCO）
资产负债表（Balance Sheet）

资产 Assets		负债 Liabilities	
银行存款 Cash in Banks	¥80 000	（无）	
固定资产（建筑物） Fixed Assets（Buildings）	120 000		
无形资产（土地使用权） Intangible Assets（land usage right）	50 000	所有者权益 Owner's Equity	
		实收资本——罗生 Paid-up Capital—Mr. Luo	¥250 000
资产总额 Total Assets	¥250 000	负债和所有者权益总额 Total Liabilities and Owner's Equity	¥250 000

3. 购买资产并发生负债的业务

【例3】JAMCO从一家清算资源企业买到一些已用过的办公设备，这些设备的成本为￥100 000。JAMCO承诺在1周内支付￥20 000，余额￥80 000在120日内支付。

该笔业务发生后，固定资产（办公设备）增加了￥100 000，应付账款负债增加了￥100 000。

资产	=	负债	+	所有者权益
固定资产		应付账款		
+100 000		+100 000		

记录该笔业务之后，资产负债表如表2－7所示：

表2－7 吉安管理咨询事务所（JAMCO）

资产负债表（Balance Sheet）

资产 Assets		负债 Liabilities	
银行存款 Cash in Banks	￥80 000	应付账款 Accounts Payable	￥100 000
固定资产 Fixed Assets	220 000		
其中：办公设备 Thereinto，Office Equipment	100 000		
建筑物 Buildings	120 000		
无形资产（土地使用权） Intangible Assets（land usage right）	50 000	所有者权益 Owner's Equity	
		实收资本——罗生 Paid－up Capital—Mr. Luo	￥250 000
资产总额 Total Assets	￥350 000	负债和所有者权益总额 Total Liabilities and Owner's Equity	￥350 000

4. 现售资产业务

【例4】JAMCO发现外购的土地超过企业运作的需要，因此分割这块土地后将不需要的部分（为总面积的40%）以成本价格￥20 000（￥50 000×40%）售出，并将收取的土地转让款存入银行。

该笔业务发生后，银行存款增加了￥20 000，无形资产（土地使用权）减少了￥20 000。

资产 = 负债 + 所有者权益

银行存款　无形资产（土地）

+20 000　-20 000

记录该笔业务之后，资产负债表如表 2-8 所示：

表 2-8　吉安管理咨询事务所（JAMCO）

资产负债表（Balance Sheet）

资产 Assets		负债 Liabilities	
银行存款 Cash in Banks	¥100 000	应付账款 Accounts Payable	¥100 000
固定资产 Fixed Assets	220 000		
其中：办公设备 Thereinto, Office Equipment	100 000		
建筑物 Buildings	120 000		
无形资产（土地使用权） Intangible Assets (land usage right)	30 000	所有者权益 Owner's Equity	
		实收资本——罗生 Paid-up Capital—Mr. Luo	¥250 000
资产总额 Total Assets	¥350 000	负债和所有者权益总额 Total Liabilities and Owner's Equity	¥350 000

5. 赊销资产业务

【例 5】JAMCO 发现，企业已经不需要原外购办公设备中的摄影机和显示系统，所以决定卖掉它们。该视频系统花费了 JAMCO ¥30 000，在旧设备市场上该视频系统价值为 ¥35 000。但 JAMCO 决定以成本价出售该视频系统给本市公共事务公司。买者同意 5 日内支付货款的一半，90 日内支付余额。

这笔业务发生后，应收账款资产增加了 ¥30 000，固定资产（办公设备）减少了 ¥30 000。

资产 = 负债 + 所有者权益

应收账款　固定资产（办公设备）

+30 000　-30 000

记录该笔业务之后，资产负债表如表 2-9 所示：

表 2-9 吉安管理咨询事务所（JAMCO）

资产负债表（Balance Sheet）

资产 Assets		负债 Liabilities	
银行存款 Cash in Banks	¥100 000	应付账款 Accounts Payable	¥100 000
应收账款 Accounts Receivable	30 000		
固定资产 Fixed Assets	190 000		
其中：办公设备 Thereinto，Office Equipment	70 000		
建筑物 Buildings	120 000	所有者权益 Owner's Equity	
无形资产（土地使用权） Intangible Assets (land usage right)	30 000	实收资本——罗生 Paid-up Capital—Mr. Luo	¥250 000
资产总额 Total Assets	¥350 000	负债和所有者权益总额 Total Liabilities and Owner's Equity	¥350 000

6. 收取应收款项业务

【例6】JAMCO按协议从购买视频系统的公共事务公司收取一张¥15 000的支票。

该笔业务发生后，银行存款增加了¥15 000，应收账款减少了¥15 000。

资产 = 负债 + 所有者权益

资产	
银行存款	应收账款
+15 000	−15 000

记录该笔业务之后，资产负债表如表2-10所示：

表 2-10 吉安管理咨询事务所（JAMCO）

资产负债表（Balance Sheet）

资产 Assets		负债 Liabilities	
银行存款 Cash in Banks	¥115 000	应付账款 Accounts Payable	¥100 000
应收账款 Accounts Receivable	15 000		
固定资产 Fixed Assets	190 000		

（续上表）

其中：办公设备 Thereinto, Office Equipment	70 000		
建筑物 Buildings	120 000	所有者权益 Owner's Equity	
无形资产（土地使用权） Intangible Assets (land usage right)	30 000	实收资本——罗生 Paid - up Capital—Mr. Luo	¥250 000
资产总额 Total Assets	¥350 000	负债和所有者权益总额 Total Liabilities and Owner's Equity	¥350 000

7. 偿还负债业务

【例7】JAMCO 按照承诺支付了例 3 外购办公设备中的欠款 ¥20 000。

这笔业务发生后，银行存款减少了 ¥20 000，应付账款减少了 ¥20 000。

资产	=	负债	+	所有者权益
银行存款		应付账款		
−20 000		−20 000		

记录该笔业务之后，资产负债表如表 2－11 所示：

表 2－11　吉安管理咨询事务所（JAMCO）

资产负债表（Balance Sheet）

资产 Assets		负债 Liabilities	
银行存款 Cash in Banks	¥95 000	应付账款 Accounts Payable	¥80 000
应收账款 Accounts Receivable	15 000		
固定资产 Fixed Assets	190 000		
其中：办公设备 Thereinto, Office Equipment	70 000		
建筑物 Buildings	120 000	所有者权益 Owner's Equity	
无形资产（土地使用权） Intangible Assets (land usage right)	30 000	实收资本——罗生 Paid - up Capital—Mr. Luo	¥250 000
资产总额 Total Assets	¥330 000	负债和所有者权益总额 Total Liabilities and Owner's Equity	¥330 000

8. 所有者收回资本金业务

【例8】罗生从JAMCO的银行账户中抽回资本金￥10 000，用于其个人消费。

这笔业务发生后，银行存款和所有者权益双方以相等的金额（￥10 000）减少。

资产	=	负债	+	所有者权益
银行存款				实收资本
−10 000				−10 000

记录该笔业务之后，资产负债表如表2－12所示：

表2－12　吉安管理咨询事务所（JAMCO）

资产负债表（Balance Sheet）

资产 Assets		负债 Liabilities	
银行存款 Cash in Banks	￥85 000	应付账款 Accounts Payable	￥80 000
应收账款 Accounts Receivable	15 000		
固定资产 Fixed Assets	190 000		
其中：办公设备 Thereinto，Office Equipment	70 000		
建筑物 Buildings	120 000	所有者权益 Owner's Equity	
无形资产（土地使用权） Intangible Assets (land usage right)	30 000	实收资本——罗生 Paid－up Capital—Mr. Luo	￥240 000
资产总额 Total Assets	￥320 000	负债和所有者权益总额 Total Liabilities and Owner's Equity	￥320 000

表2－13总结了上述八笔业务，它进一步强调资产负债表是会计等式的详细说明。它清晰地表明：发生每笔业务后，资产总额始终等于负债总额与所有者权益之和，这种相等关系永远不变。表2－13底部的资产总额与上述JAMCO最后一张资产负债表（表2－12）的资产总额是一致的。

表 2-13　吉安管理咨询事务所业务的概要性分析

序号	业务描述	资产					负债	所有者权益
		银行存款	应收账款	办公设备	建筑物	土地	应付账款	实收资本——罗生
	期初余额	0	0	0	0	0	0	0
1	所有者现金投资	+250 000						+250 000
2	现购土地和建筑物	-170 000			+120 000	+50 000		
3	赊购办公设备			+100 000			+100 000	
4	以成本价现销土地	+20 000				-20 000		
5	要成本价赊销办公设备		+30 000	-30 000				
6	收取赊销款	+15 000	-15 000					
7	支付赊购款	-20 000					-20 000	
8	所有者现金抽回资本	-10 000						-10 000
	期末余额	85 000	15 000	70 000	120 000	30 000	80 000	240 000
		320 000					80 000	240 000

Accounting Elements: Accounting Elements in Chinese Accounting Standards for Business Enterprises is classified into the categories of assets, liabilities, owner's equity, revenues, expenses, and profit (net earnings or net loss).

Assets are the economic resources that are owned or controlled by a business and can be expressed in monetary units. Assets can be classified into current assets and non-current assets. Current assets are the economic resources that would be liquidated within one year or one operating cycle (whichever is longer). Examples of current assets include cash, notes receivable, accounts receivable, inventory, prepaid expenses and marketable securities which can be converted to cash within a single operating cycle. Non-current assets consist of long-term investment and those economic resources that are held for operational purposes. Examples of this type assets include land, buildings, equipment, and intangible assets.

Liabilities are the obligations or debts that a business must pay in money or services at some time in the future. They represent creditores' claim or equity on the firm's assets. Liabilities can be divided into current liabilities and long-term liabilities. Current liabilities are the debts that are due within one year or the normal operating cycle, whichever is longer. Examples of current liabilities include short – term notes payable, short – term accounts payable, salaries and wages payable, interest payable, taxes payable, accrued expenses. Long – term liabilities are the debts whose maturity period is longer than one year, including long – time loan (mortgages), long – term notes payable, and bonds payable.

Owner's equity (or stockholders' equity) represents the owner's interest in or claim upon a business net assets which is the difference between the amount of assets and the amount of liabilities. Owner's equity includes owner's investment in a business and accumulated operating results since the beginning of the operation, such as paid up capital, capital surplus, capital reserve and unallocated problem.

Revenues are the economic resources flowing into a business as a result of operational activities (such as providing goods or services to other economic entities). Sales revenue, service revenue, and investment revenue are subdivisions of revenues. Increase in Revenues will increase Owner's Equity.

Expenses are the outflow of a business's economic resources resulting from the operational acticities (such as purchasing goods or receiving services from other economic entities). They are the cost of doing business actintities. Cost of goods sold, administrative expenses, selling expenses, and financial expenses are special terms of expenses. Increase in expenses will decrease owner's equity. Revenues and expenses are the subdivisions of Owner's Equity.

Profit (Net Earnings or Net Loss) is the result of matching revenues with expenses. When revenues exceed expenses, net income occurs, and visa verse.

The relationship between the accounting elements can be expressed in a simple mathematical form known as the accountin equation: assests = liabilities + owner's equity

On the basis of the accounting equation, the financial position and the operating result of a business can be recorded and reported to the interested users.

Basic Accounting Equation: The financial position of a company is measured by the items of assets (what it owns), liabilities (what it owes to others), stockholders' equity (or owner's equity, the difference between assets and liabilities). The basic accounting equation for a corporation is:

Assets = Liabilities + Stockholders' Equity

This is the same format used in a sole proprietorship's balance sheet. A sole proprietorship's balance sheet will use Owner's Equity instead of Stockholders' Equity.

If a company keeps accurate records, the accounting equation will always be "in balance," meaning the left side should always equal the right side. The balance is maintained because every business transaction affects at least two of a company's accounts. For example, when a company purchases inventory for cash, one inventory asset will increase and one cash asset will decrease by the same amount. When a company borrows money from a bank, the company's assets will increase and its liabilities will increase by the same amount. Because there are two or more accounts affected by every transaction.

The accounting equation will always remain in balance if double – entry accounting is followed accurately.

小结、练习与思考
Summarization, Exercises and Review

一、小结（Summarization）

会计要素是指会计核算的具体对象。它是会计对象的具体分类项目，也是构成会计报表的基本项目。

根据《企业会计准则》的规定，会计要素包括资产、负债、所有者权益、收入、费用和利润。

反映财务状况的会计要素有资产、负债、所有者权益。

资产是指过去的交易或事项形成的并由企业拥有或控制的，预期在未来会给企业带来经济利益的经济资源。

负债是指由企业过去的交易或事项形成的、预期会导致经济利益流出企业的现时义务。

所有者权益是指所有者在企业资产中享有的经济利益（剩余权益），其金额为资产减去负债后的余额。在内容上，企业的所有者权益包括实收资本（或股本）、资本公积、盈余公积和未分配利润等。

反映经营成果的会计要素有收入、费用、利润。

收入是指企业在销售商品、提供劳务及让渡资产使用权等日常活动中所形成的经济利益的总流入，如主营业务收入和其他业务收入。

费用是指企业在生产商品、提供劳务等日常经营活动中发生的经济利益的流出。费用包括期间费用和成本。

财务报告是指反映会计主体特定日期财务状况和一定期间内经营成果、现金流量情况的书面文件。《企业会计准则》规定的主要财务报告包括利润表、资产负债表和现金流量表。

利润表是反映企业一定期间内经营成果（利润实现情况）的会计报表。利润表包括收入、费用和利润（净收益或净损失）三个主要要素。

利润表包含两个明显的基本假设：会计主体假设、会计分期假设。

资产负债表是反映会计主体单位某一时点的财务状况的会计报表。它由资产、负债和所有者权益三个部分（即三个会计要素）组成。

会计等式是描述会计要素之间数量关系的数学表达式。它反映了六大会计要素之间的关系，是复式记账法和编制资产负债表的理论依据。会计等式包括静态会计等式（基本会计等式）和动态会计等式。

基本会计等式是由静态会计要素组合而成的表明企业某一特定时点财务状况的等式。

动态会计等式是由动态会计要素组合而成的反映企业一定会计期间经营成果的等式。

虽然经济业务会影响一个或多个会计等式要素，但是每一项经济业务发生后，总资产仍然等于总负债与所有者权益之和。

附：主要国家（或组织）会计要素之比较表

主要国家（或组织）会计要素之比较表

美国 （FASB）	英国 （ASB）	国际会计准则委员会 （IASC）	中国 （CAS）
资产 负债 权益 业主投资 业主派得 营业收入 费用 利得（狭义） 损失（狭义） 综合收益	资产 负债 所有者权益 所有者投入款 派给所有者款项 利得（收入＋狭义利得） 损失（费用＋狭义损失）	资产 负债 权益 收益（含利得） 费用（含损失）	资产 负债 所有者权益 收入 费用 利润

<table>
<tr><th>CAS</th><th>比较项目</th><th>FASB</th><th>IASC</th></tr>
<tr><td rowspan="2">收入</td><td>主营业务收入</td><td>营业收入</td><td rowspan="5">收益</td></tr>
<tr><td>其他业务收入</td><td rowspan="3">利得</td></tr>
<tr><td rowspan="2">利润</td><td>投资收益</td></tr>
<tr><td>营业外收入</td></tr>
<tr><td>所有者权益</td><td>捐赠收入、持产收益</td><td>综合收益</td></tr>
<tr><td rowspan="6">费用</td><td>主营业务成本</td><td rowspan="4">费用</td><td rowspan="8">费用</td></tr>
<tr><td>税金及附加</td></tr>
<tr><td>营业费用（销售费用）</td></tr>
<tr><td>管理费用</td></tr>
<tr><td>财务费用</td><td rowspan="4">损失</td></tr>
<tr><td>其他业务支出</td></tr>
<tr><td rowspan="2">损失（减：利润）</td><td>投资损失</td></tr>
<tr><td>营业外支出</td></tr>
</table>

二、练习与思考（Exercises and Review）

（一）单选题

1. 发生下列（　　）项经济业务，会计等式两边的总额不会发生变化。

A. 收到应收账款并存入银行　　B. 从银行取得借款并存入银行

C. 收到业主投资转入的设备　　D. 以银行存款偿还应付账款

2. 资产负债表项目包括（　　）。

A. 营业收入　　B. 营业成本　　C. 应收账款　　D. 办公费

3. （　　）应该纳入利润表中反映。

A. 银行存款　　B. 建筑物　　C. 保险费　　D. 应交税费

4. 费用可能表现为资产的减少或负债的增加，同时将引起（　　）。

A. 收入的增加　　B. 收入的减少

C. 所有者权益的增加　　D. 所有者权益的减少

（二）多选题

1. 所有者权益包括（　　）。

A. 实收资本　B. 资本公积　C. 盈余公积　D. 收入

E. 未分配利润

2. 利润表项目包括（　　）。

A. 营业收入　B. 营业成本　C. 应收账款　D. 管理费用

E. 应交税费

3.（　　）应该纳入资产负债表中反映。

A. 房屋建筑物　B. 机器设备　C. 土地使用权　D. 业务费用

E. 职工薪酬费用

4. 收入的取得会引起（　　）。

A. 所有者权益的增加　　B. 资产的增加或负债的减少

C. 负债的增加　　D. 费用的减少

E. 费用的增加

（三）判断题

1. 工程物资属于企业的流动资产。（　　）

2. 会计主体假设明确了会计确认、计量、记录、报告的空间范围。（　　）

3. 可将会计对象概括为能够用货币表现的经济活动，其具体对象是会计要素，即资产、负债、所有者权益、收入、费用、利润。（　　）

4. 费用是从偶发的交易或事项中发生的经济利益的流出。（　　）

（四）思考题

1. 什么是会计要素？它包括哪些内容？

2. 什么是会计等式？有哪些会计等式？

3. 会计要素与会计等式有什么关系？

4. 资产、负债各具有哪些基本特征？

（五）实训题

1. 胡琪拥有暨南图书展览馆，想从银行借入一笔钱以便修复房屋。银行要求胡琪提供暨南图书展览馆2017年8月31日的资产负债表。8月31日暨南图书展览馆有关项目金额如下：

银行存款	¥120 000
应收账款	310 000
固定资产	670 000
其中：建筑物	400 000
设备	270 000
应付账款	180 000
长期借款	250 000

要求：根据上述资料编制 2017 年 8 月 31 日的资产负债表。

2. 根据以下列出的项目，为华景政治咨询公司编制一张利润表。该公司开办于 2017 年 10 月 1 日，下列信息来自该公司 2017 年 10 月 31 日的记录。

职工薪酬费用	¥3 500	利息收入	¥100
咨询收入	9 300	广告费	600
租赁费	800	旅行费	1 700
电话费	200	水电费	300
维修费	350	保险费	150

3. 根据以下列出的项目，为景泰公司编制一张 2017 年 10 月 31 日的资产负债表。

应付账款	¥ 3 400	土地使用权	¥ 7 500
应收账款	1 900	办公设备	6 600
建筑物	46 000	长期借款	19 000
实收资本	39 300	应付票据	8 900
银行存款	8 600		

4. 根据以下列出的项目，为黄埔旅行服务公司编制 2017 年 10 月份的利润表和 2017 年 10 月 31 日的资产负债表。以下列出的利润表项目金额均为 2017 年 10 月的发生额，资产负债表项目金额均为 2017 年 10 月 31 日余额。

保险费	¥180	建筑物	¥27 800
设备	7 390	电话费	250
储备物资费	120	应收账款	8 210
佣金收入	23 200	应付票据	6 400
维修费用	420	土地使用权	2 000
银行存款	9 480	租赁费	900
职工薪酬费	13 600	实收资本 （10 月 1 日余额）	35 850
广告费	770	水电费	360
应付账款	7 680	存货	410
		旅行推销费	1 240

第三章　会计假设与会计信息质量要求
Chapter 3　Accounting Assumptions and Requirement of Accounting Information Quality

学习目的（Learning Objectives）

通过本章的学习，掌握会计假设（会计核算的基本前提）、会计信息质量要求，以及确认、计量收入和费用的会计基础。读完本章后，要求能够回答下列问题：

（1）会计核算需要哪些基本会计假设（即会计核算的基本前提）？

（2）会计信息必须满足什么标准才有用？

（3）在确认、计量和报告收入和费用时，权责发生制的要求是什么？

（4）在确认、计量和报告收入和费用时，收付实现制的要求是什么？

第一节　会计假设
Accounting Assumptions

会计假设也称为会计核算的基本前提。会计核算的基本前提是指组织正常会计核算工作应当具备的前提条件。具体来说，它是为了保证会计工作的正常进行和会计信息质量，对会计核算的空间范围、选择会计程序和处理方法的基本立足点、分期结账报告和会计计量所作的限定。

> 会计假设是对会计核算的空间范围、选择会计程序和处理方法的基本立足点、分期结账报告和会计计量所作的限定。

会计假设要求企业在会计核算过程中，必须明确会计主体、立足持续经营、依法严格划分会计期间、合理选择记账本位币作为主要计量尺度。在《企业会计准则》中，明确规定了四项会计假设（会计核算的基本前提），[①] 即会计主体假设（accounting entity assumption）、持续经营假设（going concern assumption）、会计分期假设（accounting periods assumption）、货币计量假设（monetary measurement assumption）。

一、会计主体假设

> 将会计核算的空间范围严格限制在某个拥有一定资源的特定单位或组织之内。

会计主体假设是指会计核算必须明确会计核算的空间范围和视角。它将会计核算的空间范围严格限制在某个拥有一定资源的特定单位或组织之内，并从该特定单位或组织的视角确认、计量、记录和报告相关会计要素。会计主体（accounting entity，又称为会计实体、会计个体）是指会计信息所反映的特定单位或者组织（即会计人员服务的特定单位）。独立经营、自负盈亏的单位都可以成为一个会计主体。

会计主体假设内含两项要求：①会计记录（accounting records）和会计报表（accounting statements）只能反映特定单位或组织范围内的经济活动。在会计核算中，应该区分自身的经济活动、其他企事业单位的经济活动、投资者和职工个人的经济活动；明确哪些经济活动应当予以确认、计量和报告，哪些经济活动不包括在会计核算的范围内。②应该从本单位或组织的角度来确认相关资产、负债、收入和费用，确认其资金的流入和流出。

请注意会计主体与法律主体（经济上的法人）的区别。一般而言，法律主体（具有独立法人资格）一定是会计主体，但会计主体不一定是法律主体。因为：①会计主体可以是独立法人（法律主体），也可以是非法人（如合伙经营企业）。②会计主体可以是一家企业（法律主体），也可以是企业内部的某一单位（如分支机构）或某项特定业务活动，如企业的分公司、企业设立的事业部都可以成为会计主体。有时，企业的某项特定业务活动（如由企业为补充养老保险金建立的年金基金及其引起的相关投资活动）也可以作为一个独立的会计主体。③会计主体可以是单一企业（法律主体），也可以是由几家企业组成的企业集团（它们都是法律主体）。

会计主体假设限定了会计核算的空间范围，为会计人员的会计核算提供了立场。会计主体假设是持续经营、会计分期和货币计量假设以及全部会计核算原则（会计信息质量要求）建立的基础。

---

① 也可理解为六项会计假设。其他两项会计假设为权责发生制（会计核算基础其实也是会计假设）、按经济特征确认会计要素（包括合理划分资本性支出与收益性支出的界限）。

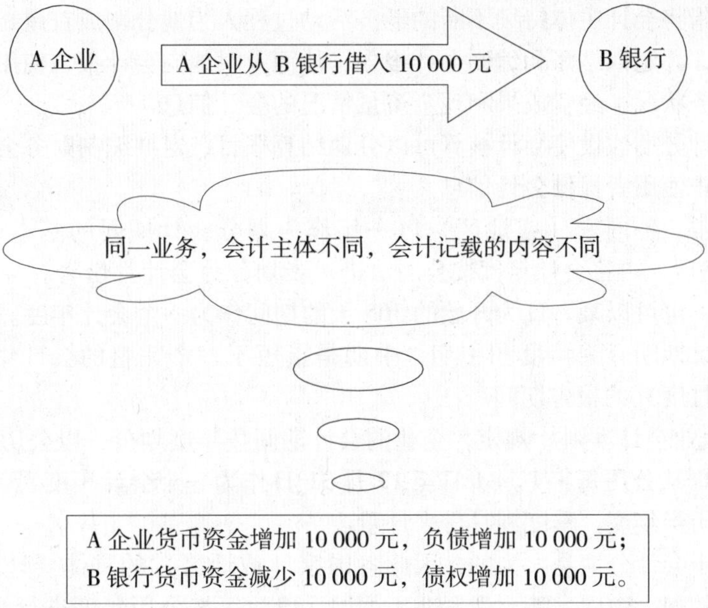

二、持续经营假设

持续经营假设是指会计人员以会计主体持续、正常的生产经营状况为前提，选择会计程序和会计处理方法，进行会计核算。持续经营（going concern）是指会计主体在可以预见的未来，其经济活动将是持续正常进行的，不会面临破产清算。

> 以会计主体持续、正常的生产经营状况为前提，选择会计程序和会计处理方法。

持续经营假设明确了适用企业会计准则规定的资产、负债的正常计量原则的时间范围。企业会计准则所规定的一系列会计政策和会计估计（如固定资产计提折旧准则、无形资产摊销准则、按合约规定的偿债义务计量负债准则等），都是建立在会计主体持续经营假设（前提）的基础上的。

若企业在可预见的未来，将面临清算、解散、倒闭，就不能按企业会计准则规定的资产、负债的正常计量原则进行计量和会计核算，而应该采用其他特种会计规范（如清算会计）进行相关的会计处理。否则，会计信息就不能客观地反映企业的财务状况、经营成本和现金流量情况，就可能会误导会计信息使用者的经济决策。

三、会计分期假设

会计分期（accounting periods）是指把会计主体持续不断的经济活动过程人为地划分为连续的、长短相同的时间段，而每一个时间段称为一个会计期间。

> 将会计主体持续不断的经济活动过程人为地划分为连续的、长短相同的时间段，以便分期结账和报告。

会计分期假设（又称会计期间假设）是会计核算时间范围的规定。会计分期假设是指将会计主体持续不断的经济活动过程人为地分割成首尾相连、等间距的会计期间，并定期结账和编制会计报告，从而及时地向会计报告使用者提供反映会计主体财务状况、经营成果和现金流量情况的会计信息。

会计分期假设使会计核算可以分期结算账目、定期编制财务会计报告，及时向会计报告使用者提供会计信息。

通常，各国家（或地区）以一年作为划分会计期间的基本标准（即会计年度）；然后，再将会计年度按公历法进一步划分为会计月份等。会计年度可以是日历年度，也可以某一日为开始的365天的期间作为一个会计年度。

会计期间分为年度和中期。中期是指短于一个完整的会计年度（如半年度、季度和月度）的报告期间。

《企业会计准则》规定，企业的会计期间按年度划分，以公历年度为一个会计年度（即从公历每年1月1日至12月31日作为一个会计年度）。同样，会计中期均以公历半年度、季度和月份来计量。

由于会计分期是人为的，因此各国家（或地区）的具体会计分期方法可能不一致。例如，中国大陆、俄罗斯、德国、巴西等按公历年度进行会计分期；美国、英国、加拿大、丹麦、印度、日本等按营业年度分期。还有些国家（或地区）由企业自行确定其会计期间（如中国香港地区）。

会计分期对会计核算具有重大的影响。由于有了会计分期，才产生了以下会计概念及其相关的特殊会计方法：本期与非本期的区别、权责发生制和收付实现制、预收预付、应收应付、预提待摊等。

四、货币计量假设

> 采用货币作为统一的计量单位对会计主体的经济活动进行计量。

货币计量假设是指会计主体在会计核算过程中，采用货币作为统一的尺度（计量单位）对其经济活动进行计量。货币是商品的一般等价物，能用以计量所有会计要素，也便于综合。货币计量假设为会计核算指定了统一的计量单位，它隐性地要求币值相对稳定（constant - dollar assumption）。

货币计量假设具有两层含义：①会计以货币作为统一的计量尺度。为了实现会计目的，会计必须综合反映会计主体的各种经济活动，这就要求有一个统一的计量尺度。在市场经济条件下，货币最适合充当这种统一计量尺度。货币计量以货币价值相对稳定为条件。②确定记账本位币（recording currency）。记账本位币是指会计主体在日常会计核算中统一使用的币种（日常登记账簿和编制会计报表时用以计量的货币）。进行会计核算时，必须具体确定记账本位币。《会计法》规定，会计核算以人民币为记账本位币；业务收支以人民币以外的货币为主的单位，也可以选定某种人民币以外的货币为记账本位币，但向国内报送的财务会计报告应当折算为人民币反映。

第二节 会计核算基础

Accounting Foundation

会计核算基础是确认、计量和报告收入、费用及其相关的资产、负债的规则，主要包括权责发生制（accrual basis）和收付实现制（cash basis）。所有会计主体的收入和费用，均应该根据会计准则的要求，按权责发生制或收付实现制进行确认和计量。权责发生制以应归属期为标准，确认和计量收入、费用及其相关的资产、负债；收付实现制以是否收到或支出现金为标准，确认和计量收入、费用及其相关的资产、负债。

> 会计核算基础主要包括以下两种：权责发生制和收付实现制。

一、权责发生制

权责发生制（也称应计制或应收应付制）是指收入应该在其确定应收时入账，费用应该在其确定应付时入账的一种记录会计事项的方法。也就是说，在权责发生制会计下，收入应该在其获取的会计期间入账，而不管现金是否收到；取得收入所发生的费用应该在同一会计期间入账，而不管是否支付了现金。

> 凡是当期已经实现的收入和已经发生（或应当负担）的费用，不论款项是否收付，都应当作为当期的收入和费用处理；凡是不属于当期的收入和费用，即使款项已经在当期收付，也不应当作为当期的收入和费用处理。

显然，权责发生制是以收取销货（或提供劳务）款的权力和支付费用（或损失）责任的发生与否为标准来确认收入和费用。对于会计主体在一定期间发生的交易或事项，凡是符合收入确认标准的本期收入（即当期已经实现的收入）和符合费用确认标准的本期费用（即已经发生或应当负担的费用），不论款项是否收付，都应当作为当期的收入和费用处理；凡是不属于当期的收入和费用，即使款项已经在当期收付，也不应当作为当期的收入和费用处理。

权责发生制会计是建立在收入实现原则和配比原则基础上的。收入实现原则是指收入应该在获得的会计期间入账。对收入的确认而言，收到销售商品、提供劳务的现金是不重要的。配比原则是指某一会计期间发生的费用应该与这些费用帮助产生或获得的收入相匹配，并在同一会计期间加以确认和计量。

在权责发生制会计中，收入在其获得时确认，费用在其发生时确认，可以正确反映各个期间所实现的收入和为实现收入所应负担的费用，从而可以把各期的收入与其相关的费用、成本相匹配，正确反映各期的经营成果。因此，在会计实务中，各国企业的会计核算均以权责发生制为基础。

二、收付实现制

凡是当期已经收到和支付的款项，均应确认为本期的收入和费用；凡是当期没有收到和支付的款项，均不应当作为当期的收入和费用。

收付实现制是指销售商品、提供劳务的收入应该在其收取现金时入账，取得收入中发生的费用应该在其支付现金时入账的一种记录会计事项的规则。在收付实现制会计下，销售商品、提供劳务的收入，直到收取现金时才入账；同样，在取得收入的过程中所发生的费用，直至用现金支付这些费用时才入账。

显然，收付实现制是按照款项实际收到或付出的时间来确定收益和费用的归属期。凡是当期已经收到和支付的款项，均应确认为本期的收入和费用；凡是当期没有收到和支付的款项，均不应当作为当期的收入和费用。因此，各会计期间的净利润将按照从收入中取得的现金和为费用支付的现金之间的差异计算确定。

企业采用收付实现制确认和计量一定会计期间的经营业绩是不适当的。因为它忽视了从销售商品、提供劳务中取得的收入可以发生在收到现金之前，也可以发生在收取现金之后的事实；它也忽视了有助于产生收入的费用可以发生在一个不同于支付现金的会计期间的事实。

目前许多国家或地区（如中国大陆①等）的政府会计和非营利组织一般采用收付实现制。然而，这种完全以收付实现制为确认基础的规则已显得越来越力不从心，引进权责发生制或修正的权责发生制已成为改革的必然趋势。

权责发生制与收付实现制的区别见表 3－1。

表 3－1　权责发生制与收付实现制的比较

经济业务	权责发生制			收付实现制		
	本月收入（元）	本月费用（元）	说明	本月收入（元）	本月费用（元）	说明
1. 收到上月赊销商品款 10 000 元	0		已在上月确认为收入	10 000		本月收到货款，作为本月收入
2. 现销商品 20 000 元	20 000		已实现销售，作为本月收入	20 000		已收到货款，作为本月收入

① 《企业会计准则》规定：企业应当以权责发生制为基础进行会计确认、计量和报告。而中国大陆的财政总预算会计、行政单位会计的会计核算采用收付实现制；事业单位等非营利组织会计的会计核算一般采用收付实现制，但其经营性收支业务核算也可以采用权责发生制。

（续上表）

经济业务	权责发生制			收付实现制		
	本月收入（元）	本月费用（元）	说明	本月收入（元）	本月费用（元）	说明
3. 赊销商品 8 000 元	8 000		已实现销售，作为本月收入	0		未收到货款，不能作为本月收入（应在未来收到款项时确认其收入）
4. 预付下月保险费 6 000 元		0	应作为下月费用		6 000	已付出款，应作为本月费用
5. 支付本月外购办公用品费 2 000 元		2 000	将本月费用列入本月利润表		2 000	已付出款，应作为本月费用
6. 本月分摊上月已预付的房租费 1 000 元		1 000	本月费用，应由本月承担		0	已作为上月费用
合计	28 000	3 000		30 000	8 000	

第三节　会计信息质量要求

Requirement of Accounting Information Quality

> 会计信息质量要求包括客观性、相关性、明晰性、可比性、实质重于形式、重要性、谨慎性和及时性。

会计信息质量要求是对财务报告中所提供的会计信息质量的基本要求，是保证会计信息对财务报告使用者决策有用所应具备的基本特征。财政部于 2006 年 2 月 15 日发布的《企业会计准则——基本准则》规定的会计信息质量要求包括客观性、相关性、明晰性、可比性、实质重于形式、重要性、谨慎性和及时性八项。

一、客观性（objectivity）

> 企业应当以实际发生的交易或事项为依据进行会计确认、计量和报告，保证会计信息真实可靠、内容完整。

会计信息的客观性是指会计主体应当以实际发生的交易或事项为依据进行会计确认、计量和报告，如实反映符合确认和计量要求的各项会计要素及其相关信息，保证会计信息真实可靠、内容完整。它包括以下四方面的含义：

（1）数据真实（真实反映）：会计反映的结果应当与企业实际的财务状况和经营状况一致。

（2）内容完整（披露充分）：会计记录、会计报表及其附注披露的内容均应充分完整，不能随意遗漏或隐瞒。

（3）信息可靠（具有核实性）：对经济业务的记录和报告，应当以客观事实为依据，不能受主观意志的影响，不能有偏见，并且具有可验证性。会计信息具有可验证性是指会计记录和报告数据均具有可靠的凭据以备复查，可以验证会计信息的来源及信息的加工、传递过程。

（4）方法公允（反映的中立性）：企业不仅应该按照企业会计准则的要求选择会计政策和会计估计方法，而且应该对所有企业利益相关者一视同仁，不得为了偏袒取悦某些人（或损害某些人的利益）而随意选择某一会计政策和会计估计方法。

二、相关性（relevance）

> 企业提供的会计信息应当与财务报告使用者的经济决策需要相关。

会计信息的相关性是指会计主体提供的会计信息应当与财务报告使用者的经济决策需要相关，有助于财务报告使用者对会计主体过去、现在或未来的情况作出评价或预测。它包括以下两方面的含义：

（1）会计信息必须具有反馈价值。会计信息使用者利用会计主体提供的会计信息，能够评价会计主体过去的决策效果和经济状况，并有助于证实或修正过去的有关预测。

（2）会计信息必须具有预测价值。会计信息使用者利用会计主体提供的会计信息，能够预测会计主体未来的财务状况、经营成果和现金流量情况等。如按照《企业会计准则》的要求，严格区分流动资产和非流动资产、短期借款和长期借款、收入和利得、费用和损失、适度引入公允价值会计、在资产负债表中按流动性的大小排列资产和负债项目等，均有助于提高会计信息的预测价值。

三、明晰性（clarity）

> 企业提供的会计信息应当清晰明了，便于财务会计报告使用者理解和使用。

会计信息的明晰性是指会计主体提供的会计信息应当清晰明了，便于财务报告使用者理解和使用。它包括以下两方面的含义：

（1）会计信息应当清晰明了，易于理解。它是提高会计信息的有用性，实现财务报告目标的前提。否则，会计信息就无法满足财务报告使用者的决策需要。

（2）财务信息使用者具有基本的财务与会计知识。会计信息的可理解性是建立在财务报告使用者具有一定经营管理和财务会计方面的基本知识的基础上的。会计信息的明晰性要求，并不是确保会计信息能被任何没有经济学、管理学、财务会计学知识背景的人士理解和利用。

四、可比性（comparability）

会计信息的可比性是指会计主体提供的会计信息应当具有同一企业不同时期会计信息的可比性和不同企业相同会计期间会计信息的可比性。它包括以下两方面的含义：

> 企业提供的会计信息应当具有可比性。

（1）同一企业不同时期发生的相同或者相似的交易或事项，应当采用一致的会计政策，不得随意变更。如果确实需要变更，应当在附注中说明变更的情况、变更的原因及其对企业财务状况和经营成果的影响。

（2）不同企业发生的相同或者相似的交易或事项，应当采用规定的会计政策，确保会计信息口径一致、相互可比。不同的企业都必须按照统一规定的会计核算方法与程序进行，以便于会计信息使用者进行比较。

五、实质重于形式（substance over form）

> 企业应当按照交易或者事项的经济实质进行会计确认、计量和报告。

会计信息的实质重于形式是指企业应当按照交易或事项的经济实质进行会计确认、计量和报告，不应仅以交易或事项的法律形式为依据。

在实际工作中，交易或事项的外在形式并不能完全真实地反映其实质内容。所以会计信息拟反映的交易或事项，必须根据交易或事项的实质和经济现实，而非根据它们的法律形式进行核算和反映。如企业资产的售后回购业务（企业按照销售合同销售商品，同时签订了售后回购协议），虽然在法律形式上已经实现了收入，但是由于该商品所有权上的主要风险和报酬并没有转移给购货方，未满足收入的确认条件，即使签订了商品销售合同（或已将商品交付给购买方）也不应当确认为销售收入。

六、重要性（materiality）

> 企业提供的会计信息应当反映所有重要交易或事项。

会计信息的重要性是指企业提供的会计信息应当反映与企业财务状况、经营成果和现金流量等有关的所有重要交易或事项。但是，在保证会计信息质量的前提下，为了提高会计工作效率、降低会计核算成本，对于非重要的交易或事项，企业可以在不影响会计信息使用者决策的前提下简化核算，概括性披露。它包括以下两方面的含义：

（1）对于重要交易或事项，应该单独核算、重点披露。对资产、负债、损益等有较大影响，并可能影响财务报告使用者作出合理判断的重要会计事项，会计主体必须按照规定的会计方法和程序进行处理，并在财务会计报告中予以充分、公允地披露。

（2）对于次要交易或事项，可以适当简化核算、概括性披露。对于不会误导会计信息使用者决策的非重要交易或事项，在不影响会计信息真实性和完整性的前提下，企业可适当简化其核算和披露，以便提高会计核算工作效率，降低会计核算成本。

运用重要性原则，一方面可使会计人员适当简化核算程序，减少核算工作量；另一方面也可使会计信息使用者抓住重点和关键，从而更好地利用会计信息。

七、谨慎性（conservatism or prudence）

> 企业应该谨慎地对交易或者事项进行会计确认、计量和报告，不应高估资产或收益、低估负债或费用。

会计信息的谨慎性（也称为保守性、稳健性）是指企业对交易或事项进行会计确认、计量和报告应当保持应有的谨慎，不应高估资产或收益、低估负债或费用。在会计核算中，谨慎性要求的应用是多方面的，如资产发生减值损失时，应该计提资产减值准备；采用加速折旧法计提固定资产折旧等。它包括以下两方面的含义：

（1）企业在面临风险和不确定性因素情况下作出职业判断时，应当保持应有的职业谨慎，充分估计各种风险和损失，既不高估资产或收益，也不低估负债或费用。如对合理估计的坏账损失，计提坏账准备；对售出商品很可能发生的保修义务，确认预计负债等。

（2）不允许设置秘密准备，人为操纵各期盈余。谨慎性要求并不意味着企业可以任意设置各种秘密准备，否则，就属于滥用谨慎性原则，将视为重大会计差错。如果企业故意低估资产或收益，或者高估负债或费用，也不符合会计信息的客观性（可靠性）和相关性要求，并将会扭曲企业的实际财务状况、经营成果，从而可能误导会计信息使用者的决策。

谨慎性原则充分考虑了可能发生的损失和费用，而不考虑可能取得的收入或收益，就使得会计信息比较稳健，有利于保护会计信息使用者的利益。

八、及时性（timeliness）

> 企业对于已经发生的交易或事项，应当及时进行会计确认、计量和报告。

会计信息的及时性是指企业对于已经发生的交易或事项应当及时进行会计确认、计量和报告，不得提前或延后。企业只有及时进行会计核算，才能确保会计信息的时效性。它包括以下三重含义：

（1）及时收集原始凭证。企业应该在经济业务发生（或完成）时，及时收集各种原始单据或凭证。

（2）及时处理会计信息。会计主体应该按照会计准则和其他有关会计法规的要求，及时对经济交易或事项进行确认、计量和编制财务报告。对会计主体发生的各项经济业务，应及时在当期（会计期间）进行会计处理，不能延至下期。

（3）及时报送财务报告。会计主体应该在会计准则和有关会计法规所规定的时限内，及时将财务报告传递给财务报告使用者。

Accrual Basis of Accounting: The term "accrual basis" means that income is recorded when it becomes receivable and ascertained and expenses are recorded when they become payable and ascertained. The accounting method under which revenues are recognized on the income statement when they are earned (rather than when the cash is received). The balance sheet is also affected at the time of the revenues by either an increase in Cash (if the service or sale was for cash), an increase in Accounts Receivable (if the service was performed on credit), or a decrease in Unearned Revenues (if the service was performed after the customer had paid in advance for the service). The accounting method under the accrual basis of accounting, expenses are matched with revenues on the income statement when the expenses expire or title has transferred to the buyer, rather than at the time when expenses are paid. The balance sheet is also affected at the time of the expense by a decrease in Cash (if the expense was paid at the time the expense was incurred), an increase in Accounts Payable (if the expense will be paid in the future), or a decrease in Prepaid Expenses (if the expense was paid in advance).

The accrual basis of accounting shall be adopted in accounting records and financial reports. The company shall implement double entry and accrual basis in Accounting. The computation of taxable income of an enterprise shall, in principle, be on an accrual basis.

Cash Basis of Accounting: An accounting method wherein revenues are recognized when cash is received and expenses are recognized when paid. The term "cash basis" means that income is recorded when cash is received and expenses are recorded when cash is paid. This method is inferior to the accrual basis of accounting where revenues are recognized when they are earned and expenses are matched to revenues or the accounting period when they are incurred (rather than paid). The cash basis of accounting is usually followed by individuals and small companies, but is not in compliance with accounting's matching principle.

In Non – Profit Entity, revenues and expenses may be measured either on cash basis or accrual basis.

Government accounting which completely based on cash basis has not been adapted to times, for this reason, introduce accounting on accrual basis or amendatory accrual basis is necessary to economic reform.

The quality requirements for accounting information included in Chinese Accounting Standard (CAS, 2006) are the objectivity, relevance, Clarity, comparability, substance over form, Materiality, Conservatism, timeliness.

Major principles included in GAAP are the objective principle, the materiality principle, the consistency principle, the conservatism principle, the accrual – basis accounting principle, the adequate disclosure principle, the matching principle, the realization principle, and the cost principle.

小结、练习与思考
Summarization, Exercises and Review

一、小结（Summarization）

会计假设是指组织正常会计核算工作应当具备的前提条件。《企业会计准则》规定的会计假设包括会计主体、持续经营、会计分期、货币计量。

会计主体假设是指会计核算必须明确会计核算的空间范围和视角。它将会计核算的空间范围严格限制在某个拥有一定资源的特定单位或组织之内。

持续经营假设是指会计人员是以会计主体持续、正常的生产经营状况为前提，选择会计程序和会计处理方法，进行会计核算。

会计分期假设是指把会计主体的持续不断的经济活动过程人为地划分为连续的、长短相同的时间段，而每一个时间段称为一个会计期间。

货币计量假设是指会计主体在会计核算过程中，采用货币作为统一的计量尺度（计量单位）对其经济活动进行计量。

会计核算基础包括权责发生制和收付实现制。

在权责发生制会计下，对于会计主体在一定期间发生的交易或事项，凡是符合收入确认标准的本期收入和符合费用确认标准的本期费用，不论款项是否收付，都应当作为当期的收入和费用处理；凡是不属于当期的收入和费用，即使款项已经在当期收付，也不应当作为当期的收入和费用处理。在会计实务中，各国企业的会计核算均以权责发生制为基础。

在收付实现制会计下，销售商品、提供劳务的收入，直到收取现金时才入账；同样，在取得收入的过程中所发生的费用，直至用现金支付这些费用时才入账。凡是当期已经收到和支付的款项，均应确认为本期的收入和费用处理；凡是当期没有收到和支付的款项，均不应当作为当期的收入和费用处理。

《企业会计准则》规定的会计信息质量要求包括客观性、相关性、明晰性、可比性、实质重于形式、重要性、谨慎性和及时性八项。

客观性：企业应当以实际发生的交易或事项为依据进行会计确认、计量和报告，如实反映符合确认和计量要求的各项会计要素及其他相关信息，保证会计信息真实可靠、内容完整。

相关性：企业提供的会计信息应当与财务报告使用者的经济决策需要相关，有助于财务报告使用者对企业过去、现在或未来的情况作出评价（或者预测）。会计信息应具有反馈价值和预测价值。

明晰性：企业提供的会计信息应当清晰明了，便于财务会计报告使用者理解和使用。

可比性：企业提供的会计信息应当具有可比性。同一企业不同时期发生的相同或者相似的交易或事项，应当采用一致的会计政策，不得随意变更。确需变更的，应当在附注中说明。不同企业发生的相同或者相似的交易或事项，应当采用规定的会计政策，确保会计信息口径一致、相互可比。

实质重于形式：企业应当按照交易或事项的经济实质进行会计确认、计量和报告，不应仅以交易或事项的法律形式为依据。

重要性：企业提供的会计信息应当反映与企业财务状况、经营成果和现金流量等有关的所有重要交易或事项。

谨慎性：企业对交易或事项进行会计确认、计量和报告时应当保持应有的谨慎，不应高估资产或收益、低估负债或费用，也不允许企业设置秘密准备。

及时性：企业对于已经发生的交易或事项，应当及时进行会计确认、计量和报告，不得提前或延后。

会计信息质量要求

项目	要求
1. 客观性	记账有据，过账有凭；真实、无偏见、可验证
2. 相关性	会计信息要与财务报告使用人的决策相关
3. 明晰性	简单明了、易于理解和应用
4. 可比性	不同企业的会计信息要具有可比性；采用的会计政策应该保持相对稳定性
5. 实质重于形式	企业应当按交易或事项的经济实质进行会计核算，而不应当仅仅按法律形式作为会计核算的依据
6. 重要性	重要的经济业务，应选择较为详细的会计方法处理，并单独反映；不重要的经济业务，可以适当简化核算，合并反映
7. 谨慎性	在存在不确定因素的情况下，应该保持必要的谨慎；尽可能不高估资产和收益，不低估负债和费用
8. 及时性	及时收集、处理、披露会计信息

二、练习与思考（Exercises and Review）

（一）单选题

1. 会计信息质量要求中的相关性通常也称为（　　）。

A. 重要性　B. 清晰性　C. 有用性　D. 可靠性

2. 谨慎性要求是指会计主体在存在风险和不确定因素的情况下进行职业判断时，应该保持必要的职业谨慎，尽可能不高估（　　）。

A. 资产和收益　B. 负债和费用　C. 资产和负债　D. 收益和费用

3. 会计主体在存在不确定因素的情况下进行职业判断时，应该保持必要的职业谨慎，尽可能不低估（　　）。

A. 资产和收益　B. 负债和费用　C. 资产和负债　D. 收益和费用

4. 会计记录和会计报表反映下列（　　）范围内的经济活动。

A. 会计主体　B. 业主（企业所有者）

C. 债权人　D. 交易双方

（二）多选题

1. 下列（　　）单位，均可以作为会计主体进行会计核算。

A. 企业　B. 事业　C. 机关　D. 社区

E. 自然人

2. 会计核算基本前提（即会计假设）包括（　　）。

A. 决策有用性　　B. 会计主体　　C. 持续经营　　D. 会计分期

E. 货币计量

3.《企业会计准则——基本准则》（2006 年）规定的会计信息质量要求包括（　　）。

A. 有用性　　B. 清晰性　　C. 可比性　　D. 重要性

E. 及时性

4. 下列（　　）单位或组织，都可以作为会计主体单位。

A. 一个非法人的合伙经营企业　　B. 母子公司组成的企业集团

C. 企业内部的某一分支机构　　D. 一个独立法人企业

E. 债权与债务单位组成的关联组织

（三）判断题

1. 会计核算基本前提只适用于企业。（　　）

2. 会计主体假设规定了会计核算的空间范围。（　　）

3. 按照会计信息质量重要性的要求，所有交易或事项均应该详细核算和报告。（　　）

4. 费用的发生将导致资产减少（或负债增加），并将引起所有者权益的减少。（　　）

5. 无论发生什么经济业务，它都可以影响会计要素的增减变动，但不会影响会计等式的恒等关系。（　　）

6. 会计信息质量要求是使会计信息对其使用者决策有用所应具备的基本特征，包括客观性、相关性、清晰性、可比性、实质重于形式、重要性、谨慎性、及时性和科学性。（　　）

7. 会计主体一定是法律主体。（　　）

（四）思考题

1. 为什么需要设置会计核算的基本前提（即会计假设）？

2.《企业会计准则——基本准则》（2006 年）规定了哪些会计核算的基本前提？

3. 利润表假设主要有哪些？

4. 会计主体假设的含义及其作用是什么？

5. 持续经营假设的含义及其作用是什么？

6. 会计分期假设的含义及其作用是什么？

7. 货币计量假设的含义及其作用是什么？

8. 什么是权责发生制和收付实现制？

9.《企业会计准则——基本准则》（2006 年）规定了哪几项会计信息质量要求？

第四章　账户与复式记账
Chapter 4　Account and Double Entry Accounting

学习目的（Learning Objectives）

通过本章的学习，掌握会计账户的结构、会计科目与会计账户的关系和借贷记账法的基本原理。读完本章后，要求能够回答下列问题：

（1）什么是会计科目?

（2）会计科目按其经济内容的不同，可以分为哪几类?

（3）会计科目按其提供核算指标的详细程度的不同，可以分为哪几类?

（4）什么是会计账户？会计科目与会计账户有什么联系?

（5）记账方法的含义及种类有哪些?

（6）复式记账法具有哪些特点?

（7）借贷记账法的记账规则是什么?

（8）借贷记账法具有哪些优点?

第一节　会计科目与账户
Accounting Subject and Account

一、会计科目

（一）会计科目的定义

> 会计科目：按照各会计要素特点及经济管理要求对会计要素进行的具体分类项目。

会计要素（即资产、负债、所有者权益、收入、费用、利润）是对会计对象最基本的分类。有了会计要素（accounting elements）就能对企业的经济活动作总括的反映。但是，如果直接利用这些会计要素来反映经济活动，还是太粗略了，很多详细的信息无法反映出来。为了连续、系统、全面地核算和监督经济活动所引起的各会计要素的具体增减变化，就需要对会计要素的具体内容作进一步的细分。

按照各会计要素特点及经济管理要求对会计要素进行的具体分类项目即会计科目（account title）。通过这种分类，赋予会计要素的每个具体分类项目一个简明扼要、含义明确的名称（即会计科目）。每一个会计科目都代表着特定的经济内容，各会计科目之间都是既相互独立又相互联系的。

（二）设置会计科目的意义

> 账户的开设、会计凭证的填制、会计账簿的设置、会计报表的编制等日常账务处理都要应用会计科目。

各项资产既有共同性又有不同点。例如，企业的房屋建筑物、机器设备、运输工具等劳动资料，能较长时间参与企业的经营活动而不改变其实物形态，其价值随着损耗逐渐地转移到产品成本或期间费用中，具有固定的性质。为了核算和监督该类资产的增减变动和结果，设置了“固定资产”科目，凡有与此相同的资产项目，都通过“固定资产”科目核算。又如，各种劳动对象虽然具体形态不同，但都具有只经过一次的生产过程就完全改变其实物形态，其价值一次性、全部地转移到所生产的产品中的性质。为了核算和监督该类资产的增减变动和结果，设置了“原材料”科目，所有与此相同的资产项目，都通过“原材料”科目核算。

同样的道理，为了核算和监督负债类要素的增减变动及其结果，需要设置“短期借款”、“应付账款”、“长期借款”等科目。为了核算和监督所有者权益要素的增减变动，需要设置“实收资本”、“资本公积”、“盈余公积”等会计科目。为了核算和监督收入及利润的增减变动，需要设置“主营业务收入”、“主营业务成本”、“本年利润”和“利润分配”等会计科目。为了核算和监督成本、费用类项目的增减变动，需要设置“生产成本”、“制造费用”、“管理费用”、“财务费用”等会计科目。

因此，会计科目是企业进行会计核算的基础，在整个会计核算和经济管理中具有重要的意义：

（1）会计科目的设置是进行会计核算的基本依据。因为任何企业、行政事业单位账户的开设、会计凭证的填制、会计账簿的设置、会计报表的编制等日常账务处理都要运用会计科目。因此，为了全面、系统地核算和监督各项经济活动的发生情况，以及由此引起的各项会计要素的增减变化情况，各单位都要合理地设置会计科目。

（2）会计科目是复式记账得以进行的基础。复式记账要求每一笔经济业务都要在两个或两个以上相互关联的账户中进行反映，如果对会计对象的分类只进行到会计要素，仍会出现一笔业务只涉及一个要素内部此增彼减而无法进行复式记账的情况。将会计对象具体化为会计科目后，每个会计科目的核算内容很单一，任何一笔经济业务的发生必然涉及两个或两个以上会计科目的变化，这正是复式记账所要求的。

（三）设置会计科目的原则

会计科目的设置是会计核算方法之一。为了更好地发挥会计核算和监督的作用，设置会计科目时一般应遵循以下原则：

> 会计科目是根据会计要素来设置的，是账户的名称。

1. 必须结合会计对象的特点，全面反映会计对象的内容

会计科目的设置是对会计对象进行分类管理的需要，因此会计科目必须能够全面反映会计对象的内容（即企业各项经济业务所引起的资产、负债、所有者权益、收入、费用、利润的增减变化情况）。因此，所有会计科目必须形成一个科学完整的体系，既不能有任何遗漏，也不能有任何重叠。同时，会计科目必须性质明确，即归属于某一会计科目的事项与归属于另一会计科目的事项，要能够明确划分，不可重复和含糊，以便分门别类地反映经济业务的发生情况和完成情况。

2. 既要满足内部经营管理的需要，又要符合对外报告的要求

会计核算是为不同的信息使用者提供有用信息的，设置会计科目应充分考虑有关各方对会计信息的需求。会计核算资料既要满足政府部门加强宏观调控、制定方针政策的需要；也要满足投资人、债权人等有关方面了解企业财务状况、经营成果等信息的需要；同时，还应满足企业内部经营管理者的管理需要。因此，在设置会计科目时要兼顾对外报告信息和企业内部经营管理的需要；并且，应该按照企业会计准则和企业内部经营管理的要求，根据各有关会计信息使用者了解会计信息详细程度的共同性需要，分别设置总分类科目和明细分类科目。

3. 统一性与灵活性相结合

为了满足国家或地方宏观经济管理的需要，保证对外提供的会计指标口径一致，使会计信息具有可比性，企业应该按照其适用的《企业会计准则》和其他相关规定，合理设置和使用会计科目。在中国大陆，各企业应该按照《企业会计准则》和《企业会计制度》的有关会计科目的设置规则及其核算内容的规定要求来设置和使用。企业在不影响会计核算要求、会计报表指标汇总及对外提供的财务报告信息质量的前提下，可以根据本企业的实际情况和经济管理要求，对财政部统一规定的会计科目进行必要的增设、分拆或合并。

4. 相对稳定性

为了保证会计信息在前后各期具有可比性，要求所设置的会计科目除非确有变更必要，一般应保持相对稳定，不得随意变动会计科目的名称、核算方式和核算内容。

5. 会计科目名称应简明扼要，并将其分类和编号

为了便于理解和实际运用，会计科目的名称应该含义明确、通俗易懂。会计科目的名称应与其核算内容一致。在不影响会计核算质量的前提下，设置的会计科目数量，要尽可能简化，做到繁简适度。为方便管理和适应电算化的需要，会计科目还应该按类别进行编码。

（四）会计科目的内容和级次

1. 会计科目按经济内容的分类

> 在中国大陆，企业使用的一级会计科目基本上是由财政部统一制定的。

在中国大陆，企业会计科目按其反映的经济内容的不同，可分为资产类、负债类、所有者权益类、损益类和成本类（在一些国家或地区，企业也可以根据需要，将会计科目分为七大类或九大类等）。为了便于掌握和运用会计科目，使记账工作正常进行，同时便于计算机处理，还应对会计科目进行分类和编号（会计电算化下称为会计科目代码），并编成会计科目表。

目前，中国大陆企业使用的一级会计科目（总分类会计科目）大多数是在财政部发布的《企业会计准则——应用指南》的“附录”或《企业会计制度》中统一规定的。它包括两方面的内容：一是规定了科目名称、分类、编号及其核算内容；二是明确了科目的使用方法。同时，在目前中国大陆《企业会计准则——应用指南》（2006）的“附录：会计科目和主要账务处理”中，将企业设置的基本会计科目按其经济内容分为资产、负债、所有者权益、共同、成本和损益六大类，并设置了156个会计科目。

在中国大陆，随着会计核算制度改革的进一步深化，会计核算工作将逐步实行在会计准则统一规范下由各单位自行组织的模式，企业对会计科目的选择和使用有较大的自主权和灵活性。但是，各单位自行设置和使用的会计科目，必须符合以下条件：一是会计科目的核算内容应当符合《企业会计准则》的要求和国家统一的会计制度的规定；二是所使用的会计科目应当能够满足编制财务会计报告的要求，保证财务会计报告数据的真实、完整。

2. 会计科目的级次

> 会计科目按其提供核算指标的详细程度可以分为总分类科目和明细分类科目。

通常，政府及监管部门、投资人、债权人等外部财务报告使用者需要总括的会计数据，而企业内部经营管理者需要具体详细的会计资料。因此，为了满足企业内外财务报告使用者对会计信息的不同要求，必须对会计科目进行分级。会计科目按其反映信息的详细程度，可以分为以下两类：

（1）总分类科目（也称总账科目或一级科目）。它是对会计对象具体内容进行总括分类的科目，如“应收账款”、“应付账款”、“原材料”、“实收资本”等。

（2）明细分类科目。它是对总账科目反映的会计要素作进一步分类核算的科目。如“应收账款”总分类科目下按具体客户（承销商）名称分设明细分类科目，具体反映各客户（承销商）货款结算时间、金额等的明细情况。我国现行会计制度规定，总分类科目一般由财政部或企业主管部门统一制定，明细分类科目除统一会计制度中规定设置的以外，各企业可根据经济管理的实际需要自行设置（参见表4－1）。

表 4－1 原材料会计科目表

总分类科目（一级科目） General Ledger Title	明细分类科目 Subsidiary Ledger Title	
	二级科目（子目）	三级科目（细目）
原材料 Raw Material	原料及主要材料 Raw Material and Main Material	圆钢（圆钢）
		角钢（碳钢）
		钢板（硅钢）
	辅助材料 Ancillary Materials	油漆
		润滑油
	燃料 Fuel	汽油
		柴油

在实际工作中，除少数总分类科目（如“库存现金”、“累计折旧”、“累计摊销”）不必设置明细分类科目外，大多数要设置明细分类科目。

会计科目分级设置的级次不宜太多太细，如果某一总账科目下设的明细科目级次太多，可将相应的二级科目上升为一级科目，或通过设置多栏式的账簿格式以减少科目级次。

二、会计账户及其基本结构

（一）会计账户的定义

账户（accounts）是指由一定格式和相互联系的账页所组成的、用来连续、分类地记录和反映经济业务内容的簿籍（也可以将账户简单地定义为反映资产、负债、所有者权益、收入、费用和利润各项目的增加、减少和结余情况的记录）。它是根据会计科目所开设的、用以分类记录会计要素（资产、负债、所有者权益、收入、费用、利润）增减变化及其结果的、具有一定格式的账页（即记账载体）。每个会计科目均应开设一个账户。

每一个账户既要有明确的内容（这个内容是由会计科目决定的），又要有一定的结构和便于记载的格式。如果将性质相同或相近的经济内容归纳为一个项目，每一个项目设置一个账户来记载，则每一个账户就代表某一类的经济内容。每一个账户都是根据企业经济管理的要求按照会计要素分类的项目所设置的。

设置账户（set up account）就是根据会计科目和企业经济管理的要求，对企业不断发生的经济业务进行日常归类，从而反映、监督会计要素各个具体类别增减变化的动态、静态情况的一种专门方法。设置账户是会计核算的一种专门方法。

企业日常发生的大量经济业务都要按照会计科目（会计要素的分类标志）分门别类地记载在各个账户之中，并在账户之间进行清理结算。企业的财务状况和生产经营成果需要通过各个账户来反映。企业的债权、债务及所有者权益需要通过有关账户来监督以保证财产的安全与完整。所以，设置账户是做好会计工作、完成会计目标、实现会计目标的重要环节。

一家企业应该怎样设置账户，设置多少账户，是由企业会计科目决定的。会计科目的设置取决于会计要素分类的大小。会计要素分类的大小最终取决于企业的管理要求、管理水平、生产经营规模大小、经济业务的繁简等。既不可过分复杂烦琐，增加不必要的工作量，又不可过分简单粗糙，使各项会计要素混淆不清，不能满足会计信息使用者的需要。

（二）会计账户与会计科目的关系

账户是根据会计科目开设的，按每一个会计科目相应地设置一个账户。在实际工作中，人们有时将会计账户与会计科目混为一谈。但是，账户与会计科目是既有联系又有区别的两个概念。

1. 联系

会计科目和账户的联系主要表现为：账户是根据会计科目设置的。会计科目是账户的名称，没有会计科目，就没有办法设置账户。即使设置了很多账页，如果没有冠上相应的会计科目，会计人员也无法按经济业务分门别类地进行记录和反映。就像图书馆有了许多书架，而书架上未标明应放和所放书籍的标志，图书管理人员将无法分门别类地将书摆在书架上，更难查到所要的书籍。但是，只有会计科目而没有账户，会计人员也无法把所发生的经济业务记录下来。就像图书馆有了各种分门别类的书种标志，但没有书架，图书管理人员无法将购回的大量书籍分类存放起来。因此，会计科目和账户是相互依存、密切联系的，只有把会计科目和账户有机地结合起来，才能完成记账的任务。

2. 区别

会计科目和账户虽有密切的联系，但两者有着本质的区别，主要表现在：①两者的概念不同。会计科目是对会计要素进行分类的标志；账户是记录由于发生经济业务而引起会计要素的各项目增减变化的载体（空间场地）。它们就像门牌号码与房子的区别一样。②两者的形态不同。会计科目仅仅是一个分类的标志，它没有结构，不能记录和反映经济业务内容。账户有借方、贷方和余额，账户能记录和反映经济业务的增减变动情况及结果。除此之外，账户与会计科目的区别还表现在设置账户是会计核算的重要方法之一；会计科目的设置则是会计制度的组成部分。

总之，账户是根据会计科目在账簿中开设的，具有一定的结构，是用来分类、连续、系统地反映经济业务内容的一种手段。

（三）账户的基本结构

> 账户应该提供以下内容：期初余额、本期增加额、本期减少额、期末余额。

为了连续、系统地反映各项经济业务的来龙去脉，必须首先了解账户的结构。它是指账户的组成要素、格式，以及如何在账户中记录会计要素的增减变化及其结余情况。由于经济业务所引起的各会计要素的变动，从数量上看不外乎是增加和减少两种情况。因此，作为分类记录经济业务的账户，在结构上也应相应地划分为两个部分，分别登记各会计要素的增加金额和减少金额。

无论哪种记账方法、哪种性质的账户，同一账户的左右两方其增减意义都是相反的，也就是说，如果左方记增加，右方必然记减少；反之，如果右方记增加，则左方必须记减少。

一个完整的账户一般应包括以下内容：①账户的名称（即会计科目）；②日期和摘要（用来概括说明经济业务的内容）；③记账凭证的种类和编号（即登账的依据，账簿是根据审核无误的记账凭证来登记的）；④增加和减少的金额及结余。账户的一般格式如表 4－2 所示。

表 4－2 账户的基本结构

账户名称（会计科目）

××年		凭证号数	摘要	增加金额	减少金额	余额
月	日					
1	1		期初余额			
			本期发生额			
1	31		期末余额			

为了便于教学和研究，在教学实践和教材中常用简化的账户格式。这种简化的格式被形象地称为 T 形账户。T 形账户由三部分组成：①账户名称；②左方（借方）；③右方（贷方）。增加记入一边，减少记入另一边，结余（一边总额超过另一边总额的数）被插记在数额大的那一边的最后一个数字下面。其结构如图 4－1、图 4－2 所示：

左方	××账户 右方
期初余额	
本期增加	本期减少
期末余额	

图 4－1 教学用 T 形账户（一）

左方 ××账户	右方
	期初余额
本期减少	本期增加
	期末余额

图 4－2 教学用 T 形账户（二）

上述 T 形账户分为左右两方，每个账户的本期增加发生额和本期减少发生额都应分别计入该账户左右两方的金额栏内。至于哪方记金额增加，哪方记金额减少，视账户性质不同而不同。本期发生额结合期初余额，就可得出期末余额。账户的一般项目（general items of accounts）如下：

（1）账户的名称（account title，即会计科目）。给账户冠上名称后，就为账户所登记的经济内容作了规定，即只能登记规定范围以内的经济内容，不能登记规定范围以外的任何经济内容。只有这样，才能分门别类地、清晰地记录和归类反映企业发生的经济业务，提供有用的会计信息。这就像为一栋房屋的每一个房间贴上房间号码一样。如果一栋房屋的所有房间没有房号，就很难找到你所要找的房间；如果每个房间都有房号，则很容易找到你所要找的房间。

（2）日期（date）。记录经济业务的日期。

（3）凭证号数（voucher no.）。说明账户记录的依据、来源。

（4）摘要（summary / description）。简要说明经济业务的内容。

（5）账户的记账方向（account direction）。它是指在账户的什么地方记录经济业务增加数额和减少数额，即在账户中怎样反映经济业务的增加数额和减少数额。会计教学的T形账户一般分为左方和右方。在借贷记账法下，账户的左方为借方（debit or Dr），账户的右方为贷方（credit or Cr）。究竟哪一方记录经济内容的减少，哪一方记录经济内容的增加，这要取决于账户的经济性质。

账户按其经济性质或会计要素一般分为资产类、负债类、所有者权益类、收入类、费用类、利润类六大类。

（6）增加、减少金额及余额（increase amount, decrease amount and balance）。包括期初余额、本期增加发生额、本期减少发生额、期末余额。期末余额的计算公式为：

期末余额 = 期初余额 + 本期增加发生额 − 本期减少发生额

上期的期末余额就是下期的期初余额。如表4－3的“应收账款”账户（该账户专门反映和监督企业采用未清账信用赊销时所发生的应收销货款、收回款和结欠款），1月31日的余额250 000元（1月的期末余额）就是2月1日的余额（2月的期初余额）。

表4－3 应收账款（Account Receivable）

2017年 Date		凭证号数 Voucher No.	摘要 Summary	借方 Debit	贷方 Credit	借/贷 Dr or Cr	余额 Balance
月	日						
1	1	（略）	上年结转			借	210 000
	5		向A公司赊销产品	300 000		借	510 000
	10		收回B公司欠款		270 000	借	240 000
	20		收回C公司欠款		40 000	借	200 000
	30		向D公司赊销产品	50 000		借	250 000
1	31		本期发生额及期末余额	350 000	310 000	借	250 000
2	1		期初余额			借	250 000
	3		收到E公司的欠款		160 000	借	90 000

第二节　复式记账原理
Principles of Double Entry Accounting

一、记账方法的定义和种类

（一）记账方法的定义

> 记账方法是将企业发生的经济业务运用记账符号和记账规则在账户中予以登记的方法。

设置账户是会计核算过程的基本环节，在设置账户的基础上，将企业日常发生的经济业务全面、系统地记入各有关账户中，则是由记账方法完成的。因此，要正确地记录经济业务，除设置账户以外，还应该采用科学的记账方法。记账方法（bookkeeping methods）是指在经济业务发生后，根据一定的原理，运用一定的记账符号和记账规则，将经济业务记录在有关账户中的方法。记账方法按其记录是否完整分为单式记账法和复式记账法。

（二）记账方法的种类

1. 单式记账法

单式记账法（single entry bookkeeping）是对每一笔经济业务所引起的会计要素的增减变化，只在一个账户中单方面地（或孤立地）进行登记的方法。它不要求对发生的每一笔经济业务作全面、相互联系的登记。例如，企业发生“销售一批商品并取得1 000元现金的现金销售业务”后，只在“库存现金”账户中记录增加1 000元，不要求同时反映收入的实现金额；企业发生“以银行存款5 000元购入一批材料并验收入库的经济业务”后，只在“银行存款”账户中记录减少5 000元，不要求同时记录库存材料的增加金额。

在会计史上，单式记账法最初主要用于记录库存现金或银行存款等的人欠我、我欠人的增减变动情况。对于存货的增减、费用的增减、收入的实现等通常不作记录（或不要求作全面、系统的记录）。因此，单式记账法的记录结果，不可能提供比较全面、完整的会计信息，并且其记录的正确性难以保证。由于单式记账法不能全面、完整地反映企业每项经济业务，因而它不适应经济活动比较复杂的企业要求，也难以满足企业不断提高经营管理水平的需要。

单式记账法是一种简单、不完整的记账方法。其缺点有：①不能全面、系统地反映经济业务所引起的资金的来龙去脉；②不便于检查账户记录的正确性和完整性。

2. 复式记账法

复式记账法（double entry bookkeeping）是对会计主体发生的每一项经济业务，以相等的金额在相互联系的两个或两个以上的账户中进行登记的一种记账方法。它是与单式记账法相对应的一种记账方式。例如，企业发生“销售一批商品并取得1 000元现金的现金销售业务”后，不仅在“库存现金”账户中记录增加1 000元，还应该同时在“主营业务收入”账户中登记增加 1 000 元（即反映收入的实现金额）；对“以银行存款 5 000 元购入一批材料并验收入库的经济业务”，不仅在“银行存款”账户中记录减少 5 000 元，还应该同时在“原材料”账户中记录增加 5 000 元（即反映外购材料的采购成本的发生情况）。

采用复式记账法，能够把企业发生的每笔经济业务，相互联系、全面地记入有关的账户中，从而能够完整、系统地反映企业经济活动的全貌及资金的来龙去脉。与单式记账法相比，复式记账法的主要优点有：①通过凭证记录，可以了解每一项经济业务的全貌及其所引起的资金运动的来龙去脉，能够清晰地反映经济业务所引起的各项会计要素（资产、负债、所有者权益、收入、费用等）的增减变化情况；②可以通过账户记录，完整、系统地反映经济活动的过程和结果，便于正确核算经营成本和盈亏；③对记录的结果可以进行试算平衡，因此可以检查账户记录的正确性和完整性。

复式记账法是在长期的会计实践中逐步形成的。其中借贷复式记账法是目前国际通用的比较科学、严密和完善的一种复式记账法。

二、复式记账法的基本原理

任何一项经济业务的发生，必然在会计等式中导致双重影响，但是不会改变会计等式的恒等特征。复式记账法的基本原理就是：将经济业务引起的各会计要素项目的变动同时在相互联系的多个账户中进行双重记录，并保持其资金运动数额的相等性（在借贷记账法下，这种资金运动数额的相等性具体表现为记入借方的金额等于记入贷方的金额），以便反映经济业务的全貌（即真实、完整地反映经济业务所引起的各会计要素的增减变化）和资金运动的来龙去脉（包括反映会计等式的恒等特征）。

三、复式记账法的种类

在历史上，曾经出现过三种主要的复式记账方法，即借贷记账法（debit - credit bookkeeping）、收付记账法（receipts - payment bookkeeping）、增减记账法（increase - decrease bookkeeping）。其中，借贷记账法是以“借”和“贷”作为记账符号（entry mark or symbol）来反映各会计要素增减变化情况的一种复式记账方法。早在十三四世纪意大利的一些沿海城市，就已经出现了以“借”和“贷”为记账符号的记账方法。这种借贷记账法，经过大约三百年的演变，发展成为一种科学、严谨的复式记账方法。1494 年，意大利数学家卢卡·帕乔利（Luca Pacioli）在其出版的《算术、几何、比与比例概要》一书中，总结了当时以复式记账为纽带的自我平衡账户体系的威尼斯式簿记（Ventian system of bookkeeping），并对“借贷记账法”进行了详细介绍。从此“借贷记账法”在世界各国传播，成为各国普遍采用的复式记账方法。

收付记账法是以“收”和“付”为记账符号的一种复式记账方法。它是在我国传统的单式收付记账法基础上发展而来的，可分为财产收付记账法（即钱物收付记账法）、现金收付记账法和资金收付记账法。在1993年之前，财产收付记账法曾经被中国大陆的农村社队采用；现金收付记账法曾经被中国大陆的金融业采用。1998年之前，资金收付记账法曾经在中国大陆的政府及非营利组织会计（财政总预算会计、行政单位会计和事业单位会计）中使用。

增减记账法是以“增”和“减”为记账符号的一种复式记账方法。早在20世纪40年代，就有人主张用“收付”或“增减”为记账符号，改革从西方引入的借贷记账方法。1947年8月15日，梁润身在上海出版的《公信会计月刊》上发表了《以增减分录法代替借贷分录法之商榷》一文，并阐明了关于账户按正负资产进行分类的观点。它与1993年前中国大陆按资金占用和资金来源进行会计科目（即账户的名称）分类大致相同，其阐述的记账规则和试算平恒等也与后来（1964—1998年）的提法没有什么大的区别。20世纪60年代，人们已经在复式记账原理的基础上，逐步完善了简单易懂的“增减记账法”。1964年，“增减记账法”首先在北京商业企业试点成功，1965年随之在全国商业系统全面推广应用。

在中国大陆，随着改革开放的深入发展和发挥会计商业语言功能的迫切需要，20世纪90年代对当时三种记账方法并存的会计制度模式进行了彻底改革，并逐步、全面地采取国际通用的借贷记账方法。1992年11月30日财政部颁布的《企业会计准则》规定“会计记账采用借贷记账法”（第八条），并于1993年7月1日起施行；自1998年1月1日起所有政府及非营利组织也必须采用借贷记账法。从此，借贷记账法成为中国大陆唯一法定的记账方法，而收付记账法和增减记账法则不再使用。

四、复式记账的特点

企业经济活动中发生的各项经济业务会引起资产、负债、所有者权益、收入、费用及利润等会计要素项目的增减变化。但是，不论发生何种经济业务，都不会破坏会计恒等式。复式记账法的理论依据就是“资产 = 负债 + 所有者权益”所表现出来的数量上的平衡关系。它是以记账内容之间所表现出来的数量上的平衡关系作为记账技术方法的基础的。

复式记账能全面反映经济业务的发生所引起的资金运动及各相关账户之间的对应关系，便于检查经济业务是否合法合规，是否系统地反映资金运动。因此，复式记账法与单式记账法相比有以下几个明显的特点：

（1）需要设置完整的账户体系。设置完整的账户体系可以全面记录和反映所有的经济业务。

（2）必须对每一笔经济业务都作双重记录。对每项经济业务都在至少两个账户上作双重记录，反映它的来龙去脉，并全面、系统地反映经济过程和结果。

（3）可以对一定时期所发生的全部经济业务的会计记录，进行全面的综合试算平衡。对每项经济业务都以相等的金额在有关账户中进行记录，可以对记录的结果进行试算平衡。

第三节 借贷记账法

Debit - credit Bookkeeping System

一、借贷记账法的概念

借贷记账法是借贷复式记账法（debit - credit double entry bookkeeping system）的简称。它是以“借”和“贷”为记账符号，运用复式记账原理登记经济业务的一种记账方法。

（一）借贷记账法的特征

借贷记账法的基本特征表现在以下几个方面：

1. 以“借”和“贷”为记账符号

记账符号（entry mark or symbol）是指用来确定发生的经济业务应当记入某一账户的特定方向的标志。只有按照记账符号的方向去记账，才能避免差错，保证会计记录的正确性。借贷记账法采用的记账符号是“借”（debit，简写为 Dr）、“贷”（credit，简写为 Cr）两字。“借”、“贷”两字最初表示借贷资本家与借贷人之间的债权、债务关系及其增减变化，分别从借贷资本家的视角反映借入（债务）、贷出（债权）之实际意义。但随着物名账户和资本、费用、收入账户的出现，“借”、“贷”已失去原有意义，仅仅作为符号或标志而已。

2. 会计平衡公式简单明了

会计平衡公式（accounting equation）是设置账户、复式记账和编制财务报表的重要依据。不同记账方法对客观存在的平衡有不同的认识，借贷记账法的平衡公式为：

资产 = 负债 + 所有者权益

利润 = 收入 - 费用

3. 可以设置双重性质的账户

借贷记账法可以设置资产、负债双重性质的账户。例如，将“应收证券清算款”（资产）和“应付证券清算款”（负债）合并设置为一个资产、负债共同类账户“证券清算款”，并在期末结账时根据该账户的期末余额决定其账户性质（资产类或负债类）。

借贷记账法的账户设置与“平衡公式”有着内在联系。按照平衡公式左边资产的有关具体项目设置的账户，一般都属于借方余额型账户；按照平衡公式右边负债和所有者权益的有关具体项目设置的账户，一般都属于贷方余额型账户。除此之外，为了核算企业的收益，还要设置损益类账户。损益类账户年末一般没有余额，所以称之为虚账户（nominal account）或临时性账户（temporary account）。资产、负债、所有者权益类账户一般都有余额，所以称之为实账户（real account）或永久性账户（permanent account）。

（二）借贷记账法的产生与演进

13 世纪意大利的银行账簿中已经开始用“借主”、“贷主”的符号来登记其债权债务项目。随着社会的发展，经济业务的内容日趋复杂，记录的经济业务已经不限于资金借贷业务，而逐渐发展到财产物资、经营损益等。14 世纪左右，在意大利的热那亚，为适应商业记账的需要，出现了另一种借贷记账法的形式，即左方记借、右方记贷，记账范围由原来的债权债务扩大到商品物资，在记账形式上由原来的上下分开叙述式发展为左右两方相互对应的账户式，称之为“热那亚”记账法。14 世纪末，威尼斯商人在“热那亚”记账法的基础上，又进一步充实了有关账户，增设了损益、资本、余额等账户，使所有的业务都能通过两个账户进行记录，这种方法叫“威尼斯”记账法。至此，已初步形成了借贷复式记账法，“借”、“贷”两字就失去了原来的含义，而发展成为单纯的记账符号，即“左方”和“右方”的代名词。为了使账簿记录的内容统一，对于这些业务，也逐步开始采用“借”、“贷”符号来进行记录，“借”、“贷”两字逐渐失去其原有的含义，而成为纯粹的记账符号，用以标明记账的方向。由于借贷记账法成为世界通用的记账方法，“借”、“贷”记账符号也成为世界通行的“会计语言”。

二、借贷记账法的基本内容

（一）账户的结构

> “借”、“贷”作为记账符号，表示记账的方向；哪一方记录增加额，哪一方记录减少额取决于账户的性质；余额方向与增加额方向一致。

1. 资产类账户的结构

资产类账户的借方记录资产的增加额，贷方记录资产的减少额；期末余额通常在借方，借方余额表示资产的期末结存额。在每一会计期间，借方记录的金额合计称为本期借方发生额，贷方记录的金额合计为本期贷方发生额。资产类账户的期末余额的计算公式为：

期末借方余额 = 期初借方余额 + 本期借方发生额 − 本期贷方发生额

资产类账户结构如表 4 − 4 所示：

表 4 − 4　资产类账户结构

银行存款

2017 年		凭证号数	摘要	借方金额	贷方金额	借或贷	余额
月	日						
1	1		期初余额			借	50 000
1	8	银收 1	销售商品收到存款	200 000		借	250 000
1	10	银付 1	购买材料支出存款		180 000	借	70 000

（续上表）

2017 年		凭证号数	摘要	借方金额	贷方金额	借或贷	余额
月	日						
		⋮					
		⋮					
1	31		期末余额			借	68 000

教学上采用的 T 形账（T－account）如图 4－3 所示：

借方		贷方	
期初余额	××××		
本期增加	××××	本期减少	××××
本期发生额	××××	本期发生额	××××
期末余额	××××		

图 4－3　资产类账户结构

2. 负债类账户的结构

负债类账户的贷方记录负债的增加额，借方记录负债的减少额；期末余额通常在贷方，贷方余额表示负债的期末结欠额。负债类账户的期末余额的计算公式为：

期末贷方余额＝期初贷方余额＋本期贷方发生额－本期借方发生额

负债类账户结构如图 4－4 所示：

借方		贷方	
		期初余额	××××
本期减少	××××	本期增加	××××
	××××		××××
	××××		××××
本期发生额	××××	本期发生额	××××
		期末余额	××××

图 4－4　负债类账户结构

3. 所有者权益类账户的结构

所有者权益类账户与负债类账户结构相同，即贷方记录所有者权益的增加额，借方记录所有者权益的减少额；期末余额通常在贷方，贷方余额表示所有者权益的期末金额。所有者权益类账户的期末余额的计算公式为：

期末贷方余额 = 期初贷方余额 + 本期贷方发生额 - 本期借方发生额

所有者权益类账户结构如图 4 - 5 所示：

借方		贷方	
		期初余额	××××
本期减少	××××	本期增加	××××
	××××		××××
	××××		××××
本期发生额	××××	本期发生额	××××
		期末余额	××××

图 4 - 5　所有者权益类账户结构

4. 成本类账户的结构

成本类账户是反映产品生产成本或劳务成本形成情况的账户，包括“生产成本”、“ 制造费用”、“ 劳务成本” 等。成本类账户的借方记录成本的增加额，贷方记录成本的结转额；期末余额通常在借方，借方余额表示期末尚未验收入库的在产品成本额。成本类账户期末余额的计算方法与资产类账户相同，其计算公式为：

期末借方余额 = 期初借方余额 + 本期借方发生额 - 本期贷方发生额

成本类账户结构如图 4 - 6 所示：

借方		贷方	
期初余额	××××		
本期增加	××××	本期减少	××××
	××××		××××
	××××		××××
本期发生额	××××	本期发生额	××××
期末余额	××××		

图 4 - 6　成本类账户结构

5. 损益类账户的结构

损益类账户又可分为两类：收入类账户和费用类账户。

（1）收入类账户的结构。收入类账户反映会计主体在某一会计期间内取得的各项收入的情况。收入的取得将引起所有者权益增加，因此收入账户记账方向与所有者权益类账户类似：收入的增加记录在贷方，收入的减少或结转记录在借方；会计期末，应将本期收入的增加额减去减少额后的差额，转入“本年利润” 账户的贷方（所有者权益类），结转后收入类账户没有余额。收入类账户结构如图 4 - 7 所示：

借方		贷方	
本期减少或转出	××××	本期增加	××××
	××××		××××
	××××		××××
本期发生额	××××	本期发生额	××××

图 4－7　收入类账户结构

（2）费用类账户的结构。费用类账户反映会计主体在某一会计期间内为取得各项收入而发生的各项资金消耗。费用的发生将引起所有者权益减少，因此费用账户记账方向与所有者权益类账户相反：费用的增加记录在借方，费用的减少或结转记录在贷方；会计期末，应将本期费用的增加额减去减少额后的差额，转入“本年利润”账户的借方，结转后费用类账户也没有余额。费用类账户结构如图 4－8 所示：

借方		贷方	
本期增加	××××	本期减少或转出	××××
	××××		××××
	××××		××××
本期发生额	××××	本期发生额	××××

图 4－8　费用类账户结构

由上述内容总结如下：借贷记账法下各账户的余额都在记录增加额的那一方，即资产类账户的余额在借方，负债和所有者权益类账户的余额在贷方。资产账户与负债、所有者权益账户的结构是相反的。因此，在借贷记账法下，对共同类账户（即具有双重性质的账户，如资产负债共同类账户）可利用账户余额的方向表明账户的性质，即余额在借方的是资产类账户，余额在贷方的是负债类账户。所谓双重性质账户，是指账户性质并不确定，它既可以用来核算资产又可以用来核算负债，或既可以用来核算费用又可以用来核算收入。这些账户的性质必须根据其期末余额来判断。例如，企业设置“应收账款——A 公司”明细账户专门集中核算与 A 公司之间的债权、债务的结算关系，当该账户期末余额在借方时，表明本企业拥有对方的债权（向 A 公司赊销商品时发生的应收销货款），属于资产；当该账户期末余额在贷方时，则表明本企业承担一项债务（向 A 公司预收销货款），属于负债。

（二）记账规则

记账规则（recording rules）是记账方法的内在要求，即记账方法各组成要素有机结合所构成的

有借必有贷，借贷必相等。

方法体系及其内在要求。记账规则既可以作为记录经济业务的基本要求，也可以作为事后试算平衡（检查日常记账、算账是否正确）的依据。借贷记账法的记账规则是“有借必有贷，借贷必相等”。

从资产、负债、所有者权益、费用和收入五个要素考察，可将企业的经济业务归纳为25类。由于收入减去费用等于利润，从资产、负债、所有者权益和利润四个要素考察，则可将企业的经济业务归纳为16类。利润也就是所有者的权益，因此从资产、负债、权益三个要素考察，又可将企业的经济业务归纳为九类。按九类归纳的企业经济业务如图4－9所示。

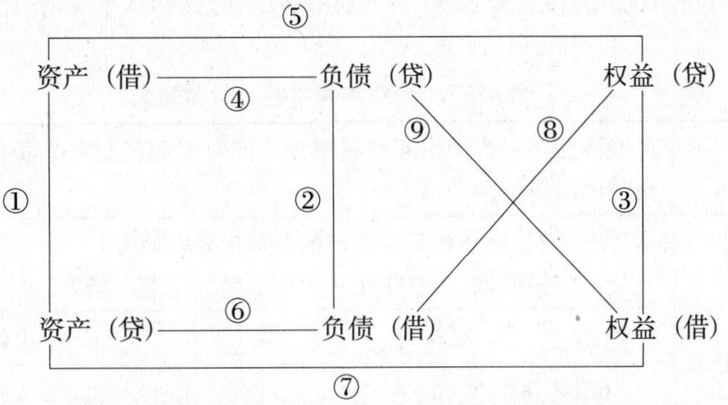

①资产内部一增一减　　⑥资产与负债同减
②负债内部一增一减　　⑦资产与权益同减
③权益内部一增一减　　⑧权益增加负债减少
④负债与资产同增　　⑨负债增加权益减少
⑤资产与权益同增

图4－9　九类企业经济业务

下面我们举例说明借贷记账法的记账规则：

【例1】2017年1月1日，企业收到投资者投入的货币资金200 000元。

表4－5　所有者以现金进行投资

<table>
<tr><td>分析</td><td colspan="4">货币资金资产增加200 000元，同时，所有者权益增加相同的数额，即资产与权益同时增加。</td></tr>
<tr><td>借贷规则</td><td colspan="4">借：银行存款　200 000元（资产的增加记录在借方）
　贷：实收资本　200 000元（所有者权益增加记录在贷方）</td></tr>
<tr><td rowspan="2">分类账中的记录</td><td colspan="2">银行存款</td><td colspan="2">实收资本</td></tr>
<tr><td>1/1 200 000</td><td></td><td></td><td>1/1 200 000</td></tr>
</table>

【例2】1月4日企业以银行存款4 000元购入设备一台。

表4-6　企业以货币资金购买固定资产

分析	固定资产增加4 000元，同时，银行存款减少相同的数额，即资产内部一增一减。			
借贷规则	借：固定资产　4 000元（资产的增加记录在借方） 　贷：银行存款　4 000元（资产的减少记录在贷方）			
分类账中的记录	银行存款		固定资产	
		4/1 4 000	4/1 4 000	

【例3】1月6日，企业购买材料8 000元，货款暂欠，材料已验收入库。

表4-7　企业购买材料，货款暂欠

分析	此经济业务一方面引起材料增加，同时引起应付账款负债增加，即资产与负债同时增加。			
借贷规则	借：原材料　8 000元（资产的增加记录在借方） 　贷：应付账款　8 000元（负债的增加记录在贷方）			
分类账中的记录	原材料		应付账款	
	6/1 8 000			6/1 8 000

【例4】1月10日，企业从银行取得短期借款5 000元偿还应付账款。

表4-8　企业以银行借款偿还应付账款

分析	此经济业务一方面引起短期借款增加，同时，引起应付账款减少，即负债内部一增一减。			
借贷规则	借：应付账款　5 000元（负债的减少记录在借方） 　贷：短期借款　5 000元（负债的增加记录在贷方）			
分类账中的记录	应付账款		短期借款	
	10/1 5 000			10/1 5 000

【例5】1月13日，企业以银行存款3 000元偿还银行短期借款。

表4-9　企业以存款偿还借款

分析	此经济业务一方面引起现金减少，同时引起短期借款减少，即资产与负债同时减少。			
借贷规则	借：短期借款　3 000元（负债的减少记录在借方） 　贷：银行存款　3 000元（资产的减少记录在贷方）			
分类账中的记录	短期借款		银行存款	
	13/1 3 000			13/1 3 000

【例6】1月20日，经批准并办理相关手续，企业以货币资金20 000元退还某投资者的投入资本。

表4－10 企业退还所有者投资

<table>
<tr><td>分析</td><td colspan="4">此经济业务一方面引起货币资金减少，另一方面引起实收资本减少，资产与权益同时减少。</td></tr>
<tr><td>借贷规则</td><td colspan="4">借：实收资本 20 000元（所有者权益的减少记录在借方）
贷：银行存款 20 000元（资产的减少记录在贷方）</td></tr>
<tr><td rowspan="2">分类账中的记录</td><td colspan="2">实收资本</td><td colspan="2">银行存款</td></tr>
<tr><td>20/1 20 000</td><td></td><td></td><td>20/1 20 000</td></tr>
</table>

【例7】1月31日，企业宣布发放股利6 000元，尚未发放。

表4－11 企业宣布发放股利

<table>
<tr><td>分析</td><td colspan="4">此经济业务一方面引起应付股利负债增加，另一方面引起利润分配增加（权益减少），即负债增加，权益减少。</td></tr>
<tr><td>借贷规则</td><td colspan="4">借：利润分配 6 000元（所有者权益的减少记录在借方）
贷：应付股利 6 000元（负债的增加记录在贷方）</td></tr>
<tr><td rowspan="2">分类账中的记录</td><td colspan="2">利润分配</td><td colspan="2">应付股利</td></tr>
<tr><td>31/1 6 000</td><td></td><td></td><td>31/1 6 000</td></tr>
</table>

【例8】1月31日，甲企业愿意将持有本企业发行的长期债券3 000元转化为对本企业的投资。

表4－12 债权人以债权转为投资

<table>
<tr><td>分析</td><td colspan="4">此经济业务一方面引起实收资本增加，另一方面引起应付长期债券（本金和利息）减少，即负债减少，权益增加。</td></tr>
<tr><td>借贷规则</td><td colspan="4">借：应付债券 3 000元（负债的减少记录在借方）
贷：实收资本 3 000元（所有者权益的增加记录在贷方）</td></tr>
<tr><td rowspan="2">分类账中的记录</td><td colspan="2">应付债券</td><td colspan="2">实收资本</td></tr>
<tr><td>31/1 3 000</td><td></td><td></td><td>31/1 3 000</td></tr>
</table>

【例9】1月31日，企业提取盈余公积1 600元。

表 4-13 企业提取盈余公积

<table>
<tr><td>分析</td><td colspan="4">此经济业务一方面引起盈余公积增加，另一方面引起利润分配增加（未分配利润减少），即所有者权益内部一增一减。</td></tr>
<tr><td>借贷规则</td><td colspan="4">借：利润分配 1 600 元（所有者权益的减少记录在借方）
贷：盈余公积 1 600 元（所有者权益的增加记录在贷方）</td></tr>
<tr><td rowspan="2">分类账中的记录</td><td colspan="2">利润分配</td><td colspan="2">盈余公积</td></tr>
<tr><td>31/1 1 600</td><td></td><td></td><td>20/1 1 600</td></tr>
</table>

上述九项经济业务，可用综合方式列表如表 4-14 所示。

表 4-14

经济业务	资产		负债		所有者权益	
	借（+）	贷（-）	借（-）	贷（+）	借（-）	贷（+）
①	200 000					200 000
②	4 000	4 000				
③	8 000			8 000		
④			5 000	5 000		
⑤		3 000	3 000			
⑥		20 000			20 000	
⑦				6 000	6 000	
⑧			3 000			3 000
⑨					1 600	1 600
合计	212 000	27 000	11 000	19 000	27 600	204 600
余额	185 000			8 000		177 000
会计等式：185 000（资产）=8 000（负债）+177 000（所有者权益）						

由以上九项经济业务的记录情况可见，按借贷记账法记录任何一笔经济业务时，必须同时记入一个账户（或几个账户）的借方和另一个账户（或几个账户）的贷方。不允许将企业发生的任何一笔经济业务只记入某个账户（或几个账户）的借方，而不记入其他账户（或几个账户）的贷方；也不允许将企业发生的任何一笔经济业务只记入某个账户（或几个账户）的贷方，而不记入其他账户（或几个账户）的借方。因此，人们将这一借贷记账法的记账规则归纳为“有借必有贷，借贷必相等”。借贷记账法的记账规则，已成为借贷记账法完整的科学方法体系的一个重要因素，它与借贷记账法的其他内容（平衡公式、记账符号、账户设置和试算平恒等）相互依存、相互制约、相互协调，构成完整的、科学的借贷记账法的方法体系。

（三）账户的对应关系和会计分录

1. 账户的对应关系（debit - credit relationship）

> 账户的对应关系就是经济业务发生时所形成的账户之间的应借、应贷关系。

运用借贷记账法记账时，在有关账户之间形成了应借、应贷关系，这种关系叫做账户的对应关系（又叫对照关系）；发生对应关系的账户叫做对应账户（corresponding accounts）。通过账户的对应关系，既可以了解经济业务的内容，也有利于发现记录的经济业务是否真实，其处理是否合理、合法。在日常工作中，为了保证账户对照关系的正确性，登记账簿之前应先根据经济业务所涉及的账户及其应记借贷方向和金额编制会计分录，然后，据以登记总账和明细账。

2. 会计分录（accounting entry）

会计分录是运用复式记账原理标明某项经济业务或会计事项应借、应贷账户的名称及金额的记录。编制任何一笔经济业务或会计事项的会计分录时，必须在保证账户对应关系正确性的基础上，注意以下三点：

（1）依据会计准则和会计制度的规定，确定各笔经济业务或会计事项所涉及的会计科目（即账户的名称）。

（2）确定每个会计科目的应记借贷方向。

（3）确定每个会计科目的应记金额。

因此，一项经济业务或会计事项发生后，首先，应分析这项经济业务或会计事项所涉及的会计要素，并根据会计科目表分析和确定其涉及的会计科目；其次，应分析涉及的会计要素的性质，明确其增减方向，并根据账户结构及记账规律，确定每一个会计科目应记借方还是贷方；最后，确定每个会计科目的应记金额，并根据“有借必有贷，借贷必相等”的记账规则检查会计分录的正确性。

【例10】把库存现金1 000元存入银行。其会计分录为：

借：银行存款	1 000	
贷：库存现金		1 000

会计分录的一般格式为先借后贷。即应借记的账户排列在上，应贷记的账户排列在下，同时，贷记账户的书写位置比借记账户后退适当的字节；如果存在多借多贷，借方或贷方的文字应左对齐，借方或贷方的金额应右对齐。

编制会计分录是会计核算工作的第一步，应尽可能做到正确无误。因为会计分录是登记账簿的依据，其正确与否，直接影响账簿记录的正确性，进而影响会计信息的质量。

企业日常发生的经济业务有简单的，也有复杂的。反映经济业务的会计分录有两种：简单会计分录（single entry）和复合会计分录（compound entry）。

简单会计分录，是指一项业务只涉及两个账户的会计分录，即一借一贷的会计分录。

【例11】用支票购买办公用品2 000元。这项业务只涉及银行存款和管理费用两个账户发生变化，其会计分录为：

借：管理费用　　2 000
　贷：银行存款　　2 000

复合会计分录（亦称复杂会计分录）是指一项业务涉及三个或三个以上账户的会计分录，即一借多贷、多借一贷或多借多贷的会计分录。

【例12】销售商品收入（不考虑增值税）30 000元，收到一张转账支票20 000元，其余未收回。这项业务的发生，涉及三个账户发生变化，其会计分录为：

借：银行存款　　20 000
　　应收账款　　10 000
　贷：主营业务收入　　30 000

仅仅从形式上看，复合会计分录是由几个简单会计分录合并而成的，或可以将复合分录分解为几个简单分录（但是，复合分录的分解将使其不能完整地反映经济业务的全貌，从而降低会计信息质量），如上例销售商品的会计分录，可以编制成两个简单分录：

借：应收账款　　10 000
　贷：主营业务收入　　10 000
借：银行存款　　20 000
　贷：主营业务收入　　20 000

（四）试算平衡

试算平衡（trial balance）也是借贷记账法完整方法体系的重要因素。在记账的过程中不可避免地会出现某些错误或舞弊，因此需要寻找某些方法，用以及时发现和纠正可能出现的各种错误或舞弊，其方法之一就是会计试算平衡。

企业会计事项发生时，均是根据复式记账原理在两个或两个以上的账户中，以借方、贷方相等的金额进行记录；过入分类账户后，其账户的借、贷方向与金额没有丝毫变化，故借、贷两方数额也应相等。但是，事实上，会计事项由编制会计分录到过账，借方金额与贷方金额究竟是否相等，仍需经过测试和验算方可确定。此种测试和验算会计记录的过程称为试算平衡。试算平衡是指以试算的结果是否相等（包括某一时点所有总分类账户的借方余额与贷方余额是否相等，某一期间所有总分类账户的借方发生额合计数与贷方发生额合计数是否相等），验证和检查会计记录和过账是否有错误。在会计实务中，会计记录和过账的试算平衡主要是通过编制试算平衡表进行的。

（五）借贷记账法的优点

自1905年借贷记账法传入中国，逐步在中国大陆得到了广泛运用。实践证明，借贷记账法的方法体系严密完整，能够系统、全面地反映经济活动变化情况，是一种比较科学的记账方法。其优点主要有：

1. 记账规则科学

借贷记账法的记账规则以“有借必有贷，借贷必相等”十个字高度概括，言简意赅，含义明确，易记易用，运用方便。根据“有借必有贷，借贷必相等”的规则进行记账，可以实现记账结果的“自动平衡”，做到时时平衡，处处平衡。而且这种自动平衡方法简便易行，有利于防止或减少差错，从而有利于保证会计信息的真实性和完整性。

2. 对应关系清楚

由于借贷记账法的记账规则是“有借必有贷，借贷必相等”，按照此规则将经济业务记入账户后，能清楚地反映账户之间的对应关系，并能体现出经济活动中价值运动的来龙去脉。

3. 试算平衡简便

每一项经济业务发生，都是按照一方面记入有关账户的借方，另一方面记入有关账户的贷方，并且借方与贷方以相等金额进行登记的，其结果是所有账户的借方发生额之和必定等于所有账户的贷方发生额之和。按照这一平衡原理进行试算时，方法极为简便，且易于发现错误。

除此之外，采用借贷记账法有利于会计电算化的普及和发展；有利于贯彻对外开放，引进外资，加强国际经济合作；有利于我国会计与国际会计惯例接轨。

借贷记账法的不足是，对于初学者来说难以理解资产和费用的增加应记入账户的借方，而负债、权益、收入的增加要记入其账户的贷方。

Double Entry System: At the heart of financial accounting is the system known as double entry bookkeeping or double entry accounting. Each financial transaction that a company makes is recorded by using this system.

The term "double entry" means that every transaction affects at least two accounts. For example, if a company borrows $500,000 from its bank, the company's Cash in Bank account increases by $500,000, and the company's Short – time Borrowing (or Long – time Loan, or Notes Payable) account increases by the same accounts. Double entry also means that one of the accounts must have an amount entered as a debit, and one of the accounts must have an amount entered as a credit. For any given transaction, the debit amount must equal the credit amount.

Both the older manual accounting systems and today's basic accounting software are based on double entry. Double entry is a simple yet powerful concept: each and every one of a company's transactions will result in an amount recorded into at least two of the accounts in the accounting system. In double – entry accounting, there are equal debit and credit entries for every transaction.

Debits and Credits: After you have identified the two or more accounts involved in a business transaction, you must debit at least one account and credit at least one account. To debit an account means to enter an amount on the left side of the account (Debit means left). To credit an account means to enter an amount on the right side of an account (Credit means right). For example, when a company receives cash, the Cash account is debited. When the company pays cash, the Cash account is credited.

For example: On January 1, 2010 company A received stockholder's personal investment of $ 50,000 in exchange for 10,000 shares of company's common stock. company's accounting system will show an increase in its account Cash in bank by $ 50,000, and an increase in its stockholders' equity account Common Stock by $ 50,000. Both of these accounts are balance sheet accounts.

Since company received $50,000 in cash from stockholder in exchange for 10 000 shares of common stock, one of the accounts for this transaction is Cash in bank. Since cash was received, the Cash in bank account will be debited. In keeping with double entry, two (or more) accounts need to be involved. Because the first account (Cash in bank) was debited, the second account needs to be credited. In this case, the second account is Common Stock. Common stock is part of stockholders' equity, which is on the right side of the accounting equation. As a result, it should have a credit balance, and to increase its balance the account needs to be credited. So, in this case the entry is: Debit: Cash in Bank 50,000 Credit: Common Stock 50,000

小结、练习与思考
Summarization, Exercises and Review

一、小结（Summarization）

1. 会计科目与账户

为了连续、系统、全面地核算和监督经济活动所引起的各会计要素的增减变化，有必要对会计要素的具体内容作进一步的细分。会计科目是进行会计核算的基础。账户的开设、会计凭证的填制、会计账簿的设置、会计报表的编制等日常账务处理都要运用会计科目。

会计的首要任务是正确地记录经济业务和反映经济活动情况，为经济管理运作提供系统的核算资料和经济信息。核算资料和经济信息主要来源于各个账户，为此，企业必须设置账户。设置账户，首先要确定会计科目，因为账户是根据会计科目开设的。

会计科目是对会计对象的具体内容即会计要素进行分类核算的项目。会计科目是设置账户、处理账务所必须遵守的规则和依据，是正确组织会计核算的重要条件。

会计科目必须根据会计准则，并按照会计制度的规定设置和使用。在设置会计科目时，应遵循合法性、相关性及实用性的原则。我国使用的一级会计科目（总分类会计科目）是在国家财政部发布的《企业会计制度》中统一规定的，它包括两方面的内容：一是规定了科目名称、编号及其核算内容，二是明确了科目的使用方法。

会计科目是进行会计核算的基础，在会计工作中具有重要意义：

（1）会计科目的设置是进行会计核算的基本依据。

（2）会计科目是复式记账得以进行的基础。

会计科目按其反映信息的详细程度，可以分为以下三类：

（1）总分类科目（也称总账科目或一级科目）。

（2）二级科目。

（3）明细分类科目。

账户是根据会计科目开设的，具有一定的格式和结构，用于分类反映会计要素增减变动及其结果的一种工具。设置账户是会计核算的一种专门方法。

会计科目和账户在会计学中是两个不同的概念，两者既有联系又有区别。它们的联系在于账户和会计科目都是按照相同的经济内容来设置的，账户是根据会计科目开设的，会计科目是账户的名称，账户是会计科目的具体运用。但两者有着本质的区别，主要表现在：①两者的概念不同。会计科目是对会计要素进行分类的标志；账户是记录由于发生经济业务而引起会计要素的各项目增减变化的空间场所。②两者的形态不同。会计科目仅是账户的名称，是对账户核算内容的概括，没有结构之说；而账户是具有一定结构和格式的记账实体，可以对会计对象进行连续、系统的记录，以反映各项经济内容的增减变动情况及其结果。由于两者关系密切，在实际工作中经常不作区分而加以混用。

账户的结构是指账户的组成部分。账户分为左、右两个方向，分别登记增加额和减少额。一定时期内账户登记的增加额和减少额，统称为账户的本期发生额，它表示这一时期价值运动的动态变化。增减相抵后的差额，称为账户的余额，它表示该期末某项价值增加、减少变化后的结果，是价值运动在期末的静态反映。余额按照表示的时间不同，分为期初余额和期末余额。账户四项金额的关系可以用下列公式表示：

期末余额 = 期初余额 + 本期增加发生额 − 本期减少发生额

2. 复式记账

记账方法是根据一定的记账原理，运用一定的记账符号和记账规则，对经济业务在有关账户中进行记录的专门方法。记账方法一般由记账符号、记账规则、试算平恒等内容构成。随着经济的发展，记账方法经历了由单式记账法向复式记账法的演变。

单式记账法是最早出现的一种记账方法，即对发生的每一项经济业务只从一个方面进行记录的一种记账方法。复式记账法是对发生的每一项经济业务，都以相等的金额，在两个或两个以上相互联系的账户中进行记录的一种记账方法。

复式记账法的理论依据是“资产 = 负债 + 所有者权益”的会计等式所反映的资金平衡关系。与单式记账法相比，复式记账法的要点在于，对发生的各项经济业务，都必须：①在两个或两个以上账户记录；②记录的金额相等；③同时记录。正因为如此，复式记账法不但完整反映了经济业务的来龙去脉及所涉及各个会计要素之间的内在联系，便于正确核算成本和盈亏，而且使得记账的结果便于核对和检查。

3. 借贷记账法

借贷记账法是以“借”和“贷”为记账符号的一种复式记账方法。

（1）借贷记账法的特点。

借贷记账法具有以下特点：①以“借”和“贷”作为记账符号；②以“有借必有贷，借贷必相等”作为记账规则；③对账户不要求固定分类；④以“借方金额等于贷方金额”作为试算平衡公式。

在借贷记账法下，账户的左方称为“借方”，右方称为“贷方”。在账户的基本结构中，登记在借方的数额称为“借方发生额”，登记在贷方的数额称为“贷方发生额”。两方发生额相减后的差额称为“余额”。如果借方发生额大于贷方发生额，其余额称为借方余额；如果贷方发生额大于借方发生额，其余额称为贷方余额。全部账户的结构如下所示：

资产的增加	资产的减少
成本的增加	成本的减少
损益费用的增加	损益费用的减少
负债的减少	负债的增加
所有者权益的减少	所有者权益的增加
损益收入的转销	损益费用的转销
资产、成本类账户的期末余额	负债、所有者权益类账户的期末余额

账户的结构（会计科目）

（2）账户的对应关系和会计分录。

运用借贷记账法进行记账时，在有关账户之间形成了应借、应贷关系，这种关系叫做账户的对应关系，又叫对照关系。发生对应关系的账户叫做对应账户。

会计分录（accounting entry）就是运用复式记账原理标明某项业务应借、应贷账户的名称及金额的记录。对任何一笔经济业务来说，要正确地进行会计记录，就必须保证账户对应关系的正确性，包括以下三点：

①确定正确无误的记账金额。

②遵循严格的记账规则。

③合理确定合适的、正确的账户。

编制会计分录一般按以下步骤进行：①确定会计科目；②确定记账方向；③确定应记金额。会计分录有简单分录和复合分录两种。简单分录是指只涉及两个账户的分录，一个记借方，另一个记贷方，即“一借一贷”的会计分录。复合分录是指涉及三个或三个以上账户的会计分录，这种分录在一个账户中记借方，在另外几个账户中记贷方；或者在一个账户中记贷方，在另外几个账户中记借方：即“一借多贷”或“一贷多借”的会计分录。复合分录有利于集中反映整个经济业务的全貌，但为了保持账户对应关系清晰，一般不编制“多借多贷”的会计分录。

会计分录的一般格式为先借后贷，即应借记的账户排列在上，应贷记的账户排列在下，同时，贷记账户的书写位置比借记账户后退适当的字节；如果存在多借多贷，借方或贷方的文字应左对齐，借方或贷方的金额应右对齐。

各项经济业务编制会计分录以后，即应记入有关账户，这个记账步骤通常称为“过账”。过账后一般要在月末进行结账，即结算出各账户的本期借方发生额合计和贷方发生额合计，最后计算出期末余额。

（3）试算平衡。

试算平衡是根据资产、权益之间的平衡关系和记账规则来检查账户记录是否正确、完整的一种验证方法。在借贷记账法下，对每一项经济业务都是用借、贷相等的金额来记录，因此全部账户的借方发生额和贷方发生额也必然相等，从而全部账户的借方余额与贷方余额也必然相等。因此为了检查和验证账户记录是否正确，以便及时找出差错及其原因，并予以更正，就必须进行试算平衡。借贷记账法的试算平衡有发生额的试算平衡和余额的试算平衡。平衡公式如下：

全部账户借方本期发生额合计 = 全部账户贷方本期发生额合计

全部账户借方期末余额合计 = 全部账户贷方期末余额合计

编制试算平衡表有利于及时检查和发现记账过程中的错误。但应该指出，试算平衡能够核查出账户记录的错误，但不能发现记账过程中的所有错误。因为平衡只能说明记入借贷两方的金额相等，而诸如用错账户、记错方向、记错金额等错误，并不影响借贷平衡，所以在实际工作中，还需要对全部会计记录进行日常或定期复核，以保证账簿记录的正确性。

（4）借贷记账法的优点。

借贷记账法的方法体系严密完整，能够系统、全面地反映经济活动变化情况，是一种比较科学的记账方法。其优点主要有：①记账规则科学；②对应关系清楚；③试算平衡简便。

二、练习与思考（Exercises and Review）

（一）单选题

1. 复式记账法对每项经济业务都以借贷相等的金额在（　　）相关账户中进行记录。

A. 一个　　B. 两个或两个以上

C. 两个　　D. 有关

2. 借贷记账法下的记账符号，“借”可以表示（　　）。

A. 资产增加、权益增加　　B. 资产减少、权益减少

C. 资产减少、权益增加　　D. 资产增加、权益减少

3. 某企业本期期初资产总额为100万元，本期期末负债总额比期初增加20万元，所有者权益总额比期初减少10万元，该企业期末资产总额为（　　）万元。

A. 100　　B. 110　　C. 120　　D. 130

提示：期末资产总额 = 期初资产总额 + 本期资产增加额 - 本期资产减少额

= 期初资产总额 + 本期资产净增加额

= 期初资产总额 +（本期负债净增加额 + 本期所有者权益净增加额）

4. 某企业的“应收账款”账户期初借方余额3 000元，本期增加5 000元，减少1 000元，则该账户期末余额为（　　）。

A. 借方7 000元　　B. 贷方7 000元　　C. 借方1 000元　　D. 贷方1 000元

5. 与资产类账户具有相同结构的账户是（　　）。

A. 负债类账户　　B. 所有者权益类账户

C. 成本类账户　　D. 收入类账户

6. 负债类账户的借方登记（　　）。

A. 收入的增加　　B. 费用的增加　　C. 负债的增加　　D. 负债的减少

7. 会计科目是（　　）的名称。

A. 会计要素　　B. 账簿　　C. 账户　　D. 会计报表

8. 账户的哪一方记增加，哪一方记减少，主要取决于（　　）。

A. 账户的结构　　B. 账户的经济内容

C. 账户的性质　　D. 账户的格式

9. 下列各项中不属于会计科目的是（　　）。

A. 所有者权益　　B. 所得税　　C. 坏账准备　　D. 应收票据

10. （　　）会计分录，属于简单会计分录。

A. 一借多贷　　B. 一贷多借　　C. 一借一贷　　D. 多借多贷

11. 企业可以根据（　　）的基本原理，对账户记录进行试算平衡。

A. 会计要素划分的类别　　B. 所发生经济业务的内容

C. 账户结构　　D. 会计等式和记账规则

12. 总分类账户和明细分类账户，是对账户按其（　　）进行分类的结果。

A. 经济内容　　B. 经济用途

C. 结构　　D. 信息的详细程度

13. 采用借贷记账法时，发生额平衡法是由（　　）决定的。

A. “有借必有贷，借贷必相等”规则　B. 平行登记要点

C. “资产 = 负债 + 所有者权益”等式　D. 账户的结构

14. 一般而言，一个账户的增加发生额与该账户的期末余额应该记在账户的（　　）。

A. 借方　　B. 相同方向　　C. 贷方　　D. 相反方向

15. 借贷记账法下，期末结账后一般没有余额的账户是（　　）。

A. 资产类账户　　B. 损益类账户

C. 负债类账户　　D. 所有者权益类账户

（二）多选题

1. 下列各项中属于会计科目的是（　　）。

A. 流动资产　　B. 固定资产　　C. 应付利润　　D. 库存商品

E. 在产品

2. 下列账户中与资产类账户结构相反的账户是（　　）。

A. 负债　　B. 费用　　C. 收入　　D. 所有者权益

E. 成本

3. 下列账户中属于损益类账户的是（　　）。

A. 所得税费用　　B. 应收账款　　C. 制造费用　　D. 生产成本

E. 管理费用

4. 下列账户中属于所有者权益账户的是（　　）。

A. 短期投资　　B. 实收资本　　C. 资本公积　　D. 盈余公积

E. 利润分配

5. 每一个账户都可以提供的要素为（　　）。

A. 期初余额　　B. 期末余额

C. 本期借方发生额　　D. 本期贷方发生额

E. 增加和减少的差额

6. 下列各项属于资产类会计科目的是（ ）。

A. 预提费用 B. 累计折旧 C. 本年利润 D. 应付账款

E. 无形资产

7. 下列账户中，用贷方登记增加数的账户有（ ）。

A. 应付账款 B. 实收资本 C. 累计折旧 D. 应收账款

E. 盈余公积

8. 总分类账户与明细分类账户平行登记的要点包括登账的（ ）。

A. 依据相同 B. 会计期间相同 C. 记账的方向相同 D. 金额相等

E. 登账的人员相同

9. 借贷记账法下的试算平衡方法主要有（ ）法。

A. 发生额试算平衡 B. 记账规则试算平衡

C. 总账和明细账试算平衡 D. 余额试算平衡

E. 会计分录试算平衡

10. 一般情况下，期末余额在借方的账户有（ ）。

A. 资产类账户 B. 负债类账户 C. 所有者权益类账户 D. 损益类账户

E. 成本类账户

（三）判断题

1. 预收款属于资产，预付款属于负债。（ ）

2. 会计科目是会计对象分类核算的项目。（ ）

3. 账户是根据会计科目开设的，具有一定的结构，用来系统、连续地记载各项经济业务的手段。（ ）

4. 复式记账是对每一项经济业务都要两次进行记录的一种专门的记账方法。（ ）

5. 在借贷记账法下，账户可以划分为两部分，借方登记增加额，贷方登记减少额。（ ）

6. 复合分录可由多个简单分录复合而成。（ ）

7. 根据账户记录编制试算平衡表后，如果所有账户的借方发生额与所有账户的贷方发生额相等，说明会计分录的编制和账户的登记基本是正确的。但是，不能保证绝对无错。（ ）

8. 会计分录中的账户之间的应借、应贷的相互依存关系称为账户的对应关系。（ ）

9. 复式记账法可以反映经济业务的来龙去脉。（ ）

10. 企业接受投资者以固定资产进行投资，该业务会引起资产与负债同时增加。（ ）

（四）思考题

1. 简述会计科目与账户的关系。

2. 什么是复式记账法？简述复式记账法的优点。

3. 什么是借贷记账法？简述借贷记账法的特点。

4. 借贷记账法的账户结构是怎样的？借贷记账法的记账规则是什么？

5. 什么是会计分录？会计分录有哪几种？

6. 什么是借贷记账法试算平衡？

（五）实训题

1. 目的：熟悉借贷记账法下账户的基本结构。

资料：

①银行存款	
②制造费用	
③实收资本	A. 期末余额在借方
④主营业务收入	
⑤待摊费用	B. 期末余额在贷方
⑥预提费用	
⑦财务费用	
⑧预付账款	C. 期末一般无余额
⑨应付账款	
⑩管理费用	

要求：用直线连接，说明各项目的归属。

2. 目的：熟悉借贷记账法下账户的基本结构。

华南公司20××年12月有关账户资料如下表所示：

账户名称	期初余额		本期发生额		期末余额	
	借方	贷方	借方	贷方	借方	贷方
实收资本	—	100 000	0	50 000	—	
应付职工薪酬	—		48 000	60 000	—	30 000
银行存款	180 000	—	45 000	70 000		—
其他应收款	20 000	—	5 000		10 000	—
短期借款	—	0	0		—	30 000
资本公积	—		35 000	56 000	—	80 000
待摊费用	6 000	—	2 000		4 800	—
应交税费	—	8 000	6 500	7 400	—	
预付账款	36 000	—		5 000	40 000	—

3. 根据以下资料，编制会计分录，过入总分类账和明细分类账并编制本期发生额及期末余额试算平衡表。

（1）有关账户期初余额如下：

①“原材料”总账余额　　借方　50 000元

其中：	甲材料	10吨	单价	500元/吨	金额5 000元
	乙材料	1 000千克	单价	10元/千克	金额10 000元
	丙材料	500千克	单价	70元/千克	金额35 000元

②“应付购货款”总账余额　　　　　　　　　　　　贷方 10 000 元

其中：红星工厂　　　　　　　　　　　　　　　　　　3 000 元

　　　风华公司　　　　　　　　　　　　　　　　　　7 000 元

③其他总账余额为：“库存现金”1 000 元，“银行存款”200 000 元，“应收账款”2 000元（东风工厂），“库存商品”10 000 元，“生产成本”15 000 元，“固定资产”100 000 元，“累计折旧”20 000 元，“实收资本”318 000 元，“资本公积”12 000 元，“短期借款”18 000 元。

（2）本月发生以下经济业务：

①企业向红星工厂购入甲材料 20 吨，单价 500 元/吨，乙材料 2 000 千克，单价 10 元/千克，合计货款 30 000 元，货款暂欠，材料已验收入库。

②从银行借款 15 000 元，偿还红星工厂欠款 10 000 元、风华公司欠款 5 000元。

③生产用甲材料 15 吨，乙材料 1 500 千克，丙材料 300 千克。

④从风华公司购入乙材料 2 000 千克，单价 10 元/千克，丙材料 1 000 千克，单价 70 元/千克，合计货款 90 000 元，货款以银行存款支付，材料已验收入库。

⑤以存款偿还风华公司欠款 2 000 元、红星工厂欠款 10 000 元。

⑥收到东风工厂上月所欠购货款 2 000 元存入银行。

第五章　会计循环
Chapter 5　Accounting Cycle

学习目的（Learning Objectives）

会计循环是在一定会计期间内，企业重复进行的由全部会计工作程序构成的一个完整的体系。通过本章的学习，了解会计循环的主要工作步骤和内容，掌握会计分录概念、账簿平行登记要点、试算平衡方法、期末账项调整的主要内容、结账方法等。读完本章后，要求能够回答下列问题：

（1）会计事项的特点是什么？

（2）总分类账户与明细分类账户之间存在哪些主要区别？

（3）总分类账户和明细分类账户的平行登记包括哪些要点？

（4）试算平衡包括哪两种主要方法？

（5）期末账项调整是指什么？

（6）什么是权责发生制？什么是现金收付实现制？

（7）期末账项调整包括哪些主要内容？

第一节　会计循环概述
Summarization of Accounting Cycle

会计循环是指企业在一定会计期间内，从取得和审核经济业务的原始凭证到编制财务报告重复进行的由全部会计工作程序构成的一个完整的体系。它是企业会计人员根据会计准则，采取专门的会计方法，将日常经济业务中的零散、复杂的会计资料加工成为满足会计信息使用者所需信息的处理过程，包括从分析和审核原始凭证起，到编制会计报表为止，全面、连续地进行会计处理所必须经历的各个会计工作步骤（见图5-1）。

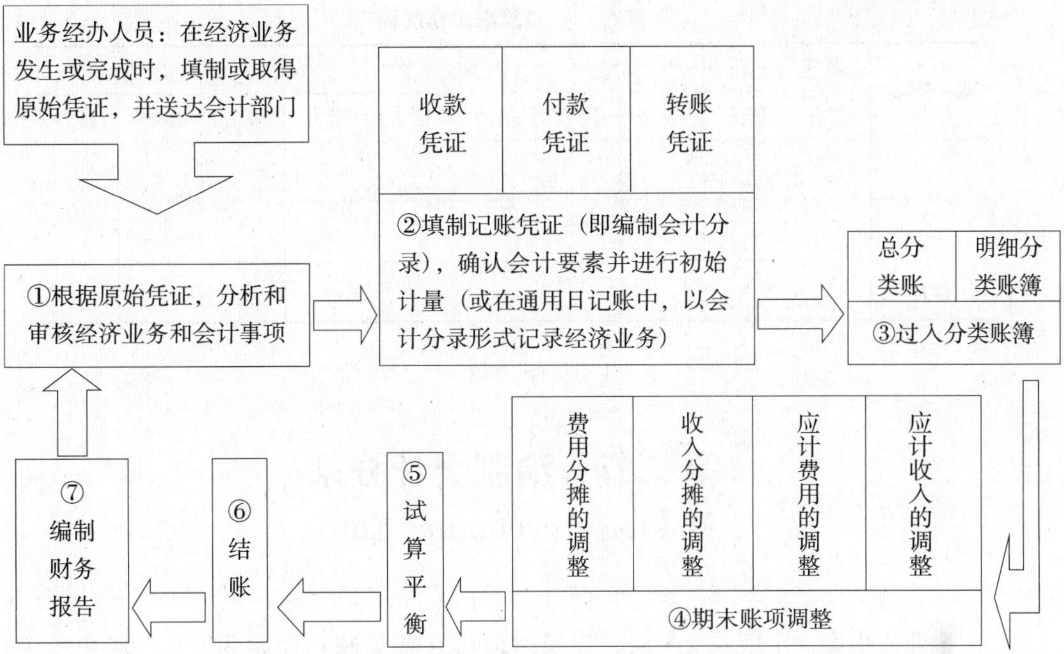

图5－1　会计循环的基本步骤

由图5－1可见，会计循环可分解成七个基本步骤：①根据原始凭证，分析和审核经济业务和会计事项（analyze and review transactions and accounting events from source documents）；②填制记账凭证，即编制会计分录（making accounting entry）；③过入分类账簿（post to general and subsidiary ledger accounts）；④期末账项调整（end－of－period adjustment of account）；⑤试算平衡（trial balancing）；⑥结账（closing accounts）；⑦编制财务报告（prepare financial statements）。但是，会计循环中各步骤的发生频率并不一致。通常，分析和审核原始凭证、填制记账凭证（在会计电算化环境中，可能改为以会计分录形式登记通用日记账）和过账（即前三个步骤），在经营期间的每天都可能发生。然而，只有在企业会计准则或管理要求提供财务报告时（通常每月一次，或每季度一次，但至少每年一次），才进行账项调整、试算平衡和编制财务报告。如果采用表结法，结账（主要是结清虚账户）仅仅发生在会计年度结束时；采用账结法时，则每次编制会计报表时都要结清虚账户。

同时，在各国企业会计实务中（主要是在人工记账的环境中），试算平衡的具体做法也可能有所不同。在一个完整的会计循环过程中，有的企业只进行一次试算平衡；有的企业也许进行两次甚至三次试算平衡，编制三次试算平衡表：①调整前试算平衡（unadjusted trial balance），即在根据有关记账凭证登记分类账后进行的试算平衡；②调整后试算平衡（adjusted trial balance），即在期末调整分录登账以后进行的试算平衡；③结账后试算平衡（trial balance after closing accounts），即在结账后就结清所有虚账户后进行的试算平衡。

在人工记账的会计实务中，试算表通常是通过工作底稿来完成的。常用的工作底稿（worksheet）格式如下：

表 5-1 试算表工作底稿

账户名称	调整前试算		调整		调整后试算		利润表		资产负债表	
	借方	贷方	借方	贷方	借方	贷方	借方	贷方	借方	贷方
⋮										
合计										

第二节 编制会计分录
Making Accounting Entry

企业发生会计事项或交易时，应及时取得（或填制）原始凭证；并经由相关人员审核后，按照复式记账法原理在记账凭证（或通用日记账）中编制会计分录。

一、会计事项或交易

会计事项或交易（accounting event or transaction）是指能够使企业资产、负债、所有者权益、收入、费用、利润等会计要素发生增减变化的经济业务或事项（主要是指能够用货币加以计量的经济业务或事项）。会计人员处理的会计事项，不是企业发生的所有事项，仅仅是能够使会计要素发生变化的经济交易或事项。

因此，会计事项是指具有以下两个特点的经济事项：①能用货币计量；②能引起会计主体（企业、事业和机关等单位）的会计要素增减变动。

会计事项按其发生的地点不同，可分为：①对外处理事项（external transaction）；②对内处理事项（internal transaction）。按其内容的繁简程度不同，可分为：①简单处理事项（simple transaction）；②复杂处理事项（complicated transaction）。

二、会计分录

会计分录（accounting entry）是指会计人员根据所取得的审核无误的原始凭证，按照复式记账规则，指明应借、应贷会计科目及其金额的一种记录。在实际工作中，会计分录是填写在记账凭证（或通用日记账）上的。

会计分录根据其涉及的会计科目数量的不同，可分为：①简单会计分录（single entry）。简单会计分录是指只需要在两个账户中反映会计事项发生情况的记录。②复合会计分录（compound entry）。复合会计分录是指需要在两个以上的账户中反映会计事项发生情况的记录。

在会计实务中，会计分录的具体表现形式有两种：

（1）在具有规定格式的普通日记账（又称会计分录簿）中标明。它是以会计分录的形式序时记录会计事项的一种账簿。

表5－2 普通日记账（两栏式）

20××年		原始凭证	摘要	对应账户	分类账页	借方	贷方
月	日						
3	5	发票	购入材料	物资采购		10 000	
				应交税费		1 700	
					银行存款		11 700

（2）在具有规定格式的记账凭证中标明。在目前中国大陆的企业会计实务中（尤其是在人工记账的会计实务中）通常采用这种形式。

【例】外购不需要安装的设备一台，货款15 000元（其中10 000元已用银行存款支付，尚欠供货企业5 000元）。编制复合会计分录如下：

借：固定资产 15 000
　贷：银行存款 10 000
　　应付账款 5 000

从理论上说，上述复合会计分录可以分解为下列两笔简单会计分录：

借：固定资产 10 000
　贷：银行存款 10 000
借：固定资产 5 000
　贷：应付账款 5 000

通常，对每笔经济业务均需编制一笔会计分录。同时，应尽可能编制一借一贷（或一借多贷，或多借一贷）的会计分录，尽可能不要编制多借多贷的会计分录，因为多借多贷的会计分录难以反映会计账户之间的对应关系和资金的来龙去脉。但是，由于现代企业的经济业务越来越复杂，如果不编制多借多贷的会计分录，很难完整、清晰地反映一笔经济业务的全貌，故尽管多借多贷的会计分录有其缺陷，但多借多贷的会计分录却越来越多。

第三节　过入分类账簿
Post to General and Subsidiary Ledger Accounts

过入分类账簿（简称过账）是指根据记账凭证（或分录簿）及其所附原始凭证，将其标明的会计分录中应借、应贷金额过入相应的分类账户（包括总分类账户和明细分类账户）。

分类账（ledger）是按照会计要素的具体内容（会计科目）分类设置的账户。在采用分户式会计账簿的情况下，企业应该按每一个会计科目设立一个账户，专门记录这一科目之内容的增减数额。汇集账户于一处之账册，称为分类账簿。分类账簿是账户的整体，账户是分类账簿的个体。经济业务发生以后，首先根据原始凭证填制记账凭证（或记入分录簿），然后过入分类账簿。

分类账按照其反映经济业务的详细程度不同，可分为总分类账（general ledger accounts）和明细分类账（subsidiary ledger accounts）。总分类账是按照一级科目设置，提供总括资料的分类账（只采用货币计量）；明细分类账是按照明细科目（二、三、四级科目等）设置，提供详细资料的分类账。

1. 总分类账户与明细分类账户的联系和区别

总分类账户和明细分类账户都是根据同一会计事项说明同一经济指标，相互补充地提供既总括综合又详细具体的会计信息。

总分类账户与明细分类账户的联系包括以下两个方面：

（1）控制与被控制的关系，即总账对其所属明细账起统驭作用，明细账则对其所隶属的总账起辅助作用。总分类账户是其所属明细分类账户的综合反映，对所属明细分类账户起着统驭作用；明细分类账户是有关总分类账户指标的具体化和必要补充，对有关总分类账户起着辅助和补充作用。明细分类账户是有关总分类账户的从属账户。例如，对企业购销业务形成的债权债务关系进行总分类核算时通常设置“应收账款”（反映债权关系）、“应付账款”（反映债务关系）总分类账户，但是通过这两个总分类账户，无法确切地得知与本企业形成债权债务关系的具体单位和各单位的具体金额；又如，由于“原材料”等总分类账户没有实物指标，不能提供企业原材料的具体类别、品名、规格及价格等信息。因此，在设置总分类账户的同时，还必须根据会计准则和单位内部的具体管理需要设置明细分类账户，进行明细分类核算。

（2）相互配合的关系，即其核算内容相同，它们提供的核算资料相互补充。

由于总分类账户和明细分类账户提供的指标详细程度不同，采用的量度单位不同，因而，两种账户的格式也有差别。总分类账户与明细分类账户的区别包括以下两方面：①总分类账户是按照一级会计科目设置的，主要提供综合总括资料，因此，主要采用货币量度，只反映金额，不反映数量。总分类账户一般采用借、贷、余三栏式格式。②明细分类账户是按照明细科目设置的，主要提供详细具体资料，因此，除了采用货币量度外，还可能需要采用实物量度。如在“原材料”总账账户下按类别、品种、规格设置明细分类账户，既要反映金额又要反映数量，以提供详细具体的有关各种库存材料数量与成本等核算资料。明细分类账户的格式，既有借、贷、余三栏式，又有数量金额式等多种不同格式。

2. 总分类账户和明细分类账户的平行登记

总账与明细账之间的平行登记（parallel recording）是指会计核算中对发生的每项经济业务，既在有关的总账账户中进行登记，又在其所属的明细分类账户中登记。企业根据记账凭证或分录簿登记账簿时，应该采用平行登记法进行登记。过入总账与过入明细账没有先后之分，既不是先过总分类账户，后过明细分类账户，也不是先过明细分类户，后过总分类账户。

总分类账户和明细分类账户平行登记的要点，可以归纳为四个方面：

（1）登记的依据和经济内容相同。依据和内容相同是指过入总账及明细账的交易或会计事项必须相同，登账的依据必须一致。

（2）登账的会计期间相同。同时登账是指对于企业发生的经济业务（如果该笔业务涉及明细分类账户），一方面应该过入有关总分类账户，另一方面应该在同一会计期间过入该总分类账户的所属明细分类账户中。

（3）登账的方向一致。方向相同是指对于企业发生的与总分类账户和明细分类账户有关的经济业务，在过入总分类账户和明细分类账户时，所过入账户的方向应保持一致，即总分类账户过入借方，其所属明细分类账户也应过入借方；总分类账户过入贷方，其所属明细分类账户也应过入贷方。

（4）总账与明细账的登账金额相等。金额相等是指对于企业发生的与总分类账户和明细分类账户有关的经济业务，在过入总分类账户和明细分类账户时，过入总分类账户的金额应该与过入其所属明细分类账户的金额之和相等。

通过平行登记，记入总分类账户的金额与记入明细分类账户的金额之间就形成了下列平衡关系：

总分类账户的期初余额 = 其所属明细分类账户的期初余额之和

总分类账户的本期借方发生额 = 其所属明细分类账户本期借方发生额之和

总分类账户的本期贷方发生额 = 其所属明细分类账户本期贷方发生额之和

总分类账户的期末余额 = 其所属明细分类账户的期末余额之和

以上这种金额上的关系也称为总分类账户与明细分类账户的钩稽关系。这一钩稽关系也是总分类账户与明细分类账户相互核对的理论依据。利用这种相等的钩稽关系，可以核对总分类账户和明细分类账户的登记是否正确。

【例1】企业用银行存款60 000元购入甲材料10 000元、乙材料20 000元、丙材料30 000元。

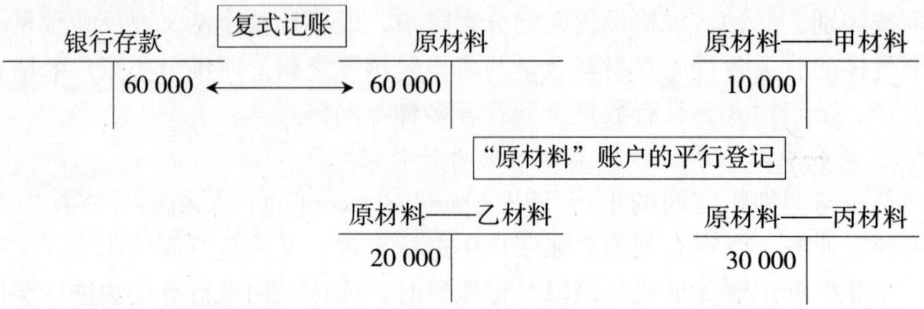

【例2】A 企业 2017 年 5 月 31 日资产负债表如表 5－3 所示。

表 5－3 资产负债表

2017 年 5 月 31 日 （单元：元）

资产项目	金额	负债及所有者权益项目	金额
资产		负债	
库存现金	13 000	短期借款	13 600
银行存款	88 600	应付账款	3 000
应收账款	15 000		
存货	300 000	所有者权益	
固定资产	1 000 000	实收资本	1 200 000
减：累计折旧	100 000	资本公积	100 000
资产合计	1 316 600	负债及所有者权益合计	1 316 600

存货中包括在产品 20 000 元，产成品（库存商品）10 000 元，原材料 270 000 元。其中“原材料”账户的明细资料如下：

甲材料	400 吨	单价 100 元/吨	金额 40 000 元
乙材料	5 000 千克	单价 40 元/千克	金额 200 000 元
丙材料	3 000 件	单价 10 元/件	金额 30 000 元
合计			270 000 元

“应付账款”明细资料如下：

景泰公司	贷方余额	1 000 元
下塘公司	贷方余额	2 000 元
合计		3 000 元

“应收账款”明细资料如下：

环市公司	借方余额	12 000 元
华景公司	借方余额	3 000 元
合计		15 000 元

2017年6月发生以下经济业务：

（1）6月2日从景泰公司购入材料一批，共计货款12 000元，材料已入库，货款尚未支付。其中：

乙材料　250千克×单价40元/千克=10 000元

丙材料　200件×单价10元/件=2 000元

（2）6月5日生产车间为了生产产品到仓库领用材料一批，价值48 000元。其中：

甲材料　20吨×单价100元/吨=2 000元

乙材料　1 000千克×单价40元/千克=40 000元

丙材料　600件×单价10元/件=6 000元

（3）6月8日以银行存款偿还景泰公司和下塘公司的欠款5 000元，其中：景泰公司3 000元，下塘公司2 000元。

（4）6月10日以银行存款从下塘公司购进甲材料30吨，单价100元，共计3 000元，材料已验收入库。

（5）6月20日，生产车间从仓库领取材料5 000元用于生产产品。其中：

甲材料　40吨×单位100元/吨=4 000元

丙材料　100件×单位10元/件=1 000元

（6）6月23日收回购买单位应收账款8 000元存入银行，其中华景公司2 000元，环市公司6 000元。

（7）6月28日，以银行存款偿还短期借款3 600元。

根据以上业务设置各有关账户，编制会计分录，记入分录簿，总分类账户与明细分类账户平行过入并进行核对。

首先，应根据经济业务和管理需要设置有关总分类账户和明细分类账户，并登记其期初余额。其中，总分类账户包括“现金”、“银行存款”、“应收账款”、“原材料”、“产成品”、“生产成本”、“固定资产”、“累计折旧”、“短期借款”、“应付账款”、“实收资本”、“资本公积”；明细分类账户包括“原材料”明细账户（“甲材料”、“乙材料”、“丙材料”）、“应收账款”明细账户（“华景公司”和“环市公司”）、“应付账款”明细账（“景泰公司”和“下塘公司”）。

其次，根据上述业务编制会计分录如下：

（1）采购材料，货款尚未支付：

借：原材料——乙材料　　10 000
　　　　　——丙材料　　2 000
　贷：应付账款——景泰公司　　12 000

（2）生产车间为生产产品到仓库领用材料：

借：生产成本　　48 000
　贷：原材料——甲材料　　2 000
　　　　　　——乙材料　　40 000
　　　　　　——丙材料　　6 000

（3）以银行存款偿还景泰公司和下塘公司的欠款：

借：应付账款——景泰公司　　3 000
　　　　　　——下塘公司　　2 000

贷：银行存款　　　　　　　　　　　　　　　　5 000

（4）以银行存款购进甲材料：

借：原材料——甲材料　　　　　　　　　　3 000

贷：银行存款　　　　　　　　　　　　　　　　3 000

（5）生产车间从仓库领取材料：

借：生产成本　　　　　　　　　　　　　　5 000

贷：原材料——甲材料　　　　　　　　　　　　4 000

——丙材料　　　　　　　　　　　　1 000

（6）收回购买单位应收账款：

借：银行存款　　　　　　　　　　　　　　8 000

贷：应收账款——华景公司　　　　　　　　　　2 000

——环市公司　　　　　　　6 000

（7）以银行存款偿还短期借款：

借：短期借款　　　　　　　　　　　　　　3 600

贷：银行存款　　　　　　　　　　　　　　　　3 600

最后，过账，包括平行过入总账和明细账。由于总分类账户的格式一般为借、贷、余三栏式，为了减少篇幅，采用 T 形账代替总账，明细分类账按规定格式设置。总分类账户见图 5－2。

借	库存现金		贷
期初余额	13 000		
发生额	–	发生额	–
期末余额	13 000		

借	银行存款		贷
期初余额	88 600	③	13 000
⑥	10 000	④	3 000
		⑦	3 600
发生额	10 000	发生额	19 600
期末余额	79 000		

借	应收账款		贷
期初余额	15 000	⑥	10 000
发生额	–	发生额	10 000
期末余额	15 000		

借	原材料		贷
期初余额	270 000		
①	12 000	②	48 000
④	3 000	⑤	5 000
发生额	15 000	发生额	53 000
期末余额	232 000		

借	生产成本		贷
期初余额	20 000		
②	48 000		
⑤	5 000		
发生额	53 000	发生额	–
期末余额	73 000		

借	库存商品		贷
期初余额	10 000		
发生额	–	发生额	–
期末余额	10 000		

借	固定资产		贷
期初余额	1 000 000		
发生额	–	发生额	–
期末余额	1 000 000		

借	累计折旧		贷
		期初余额	100 000
发生额	–	发生额	–
		期末余额	100 000

借	短期借款		贷
		期初余额	13 600
⑦	3 600		
发生额	3 600	发生额	–
		期末余额	10 000

借	应付账款		贷
		期初余额	3 000
③	13 000	①	12 000
发生额	13 000	发生额	12 000
		期末余额	2 000

借	实收资本		贷
		期初余额	1 200 000
发生额	–	发生额	–
		期末余额	1 200 000

借	资本公积		贷
		期初余额	100 000
发生额	–	发生额	–
		期末余额	100 000

图 5－2　总分类账户

原材料明细账分别见表 5－4、5－5、5－6，应付账款明细账分别见表 5－7、5－8，应收账款明细账分别见表 5－9、5－10。

表 5－4　原材料明细分类账

明细科目名称：甲材料

2017 年		凭证	摘要	收入			发出			结存		
月	日			数量	单价	金额	数量	单价	金额	数量	单价	金额
6	1		期初结存							400	100	40 000
	5	2	生产领用				20	100	2 000	380	100	36 000
	10	4	购入材料	30	100	3 000				410	100	41 000
	20	5	生产领用				40	100	4 000	370	100	37 000
			本期发生额及余额	30		3 000	60		6 000	60	100	37 000

表 5-5 原材料明细分类账

明细科目名称：乙材料

2017 年		凭证	摘要	收入			发出			结存		
月	日			数量	单价	金额	数量	单价	金额	数量	单价	金额
6	1		期初结存							5 000	40	200 000
	2	1	购入材料	250	40	10 000				5 250	40	210 000
	5	2	生产领用				1 000	40	40 000	4 250	40	170 000
			本期发生额及余额	250	40	10 000	1 000	40	40 000	4 250	40	170 000

表 5-6 原材料明细分类账

明细科目名称：丙材料

2017 年		凭证	摘要	收入			发出			结存		
月	日			数量	单价	金额	数量	单价	金额	数量	单价	金额
6	1		期初结存							3 000	10	30 000
	2	1	购入材料	200	10	2 000				3 200	10	32 000
	5	2	生产领用				600	10	6 000	2 600	10	26 000
	20	5	生产领用				100	10	1 000	2 500	10	25 000
			本期发生额及余额	200	10	2 000	700	10	7 000	2 500	10	25 000

表 5-7 应付账款明细分类账

明细科目名称：景泰公司

2017 年		凭证	摘要	借方金额	贷方金额	借或贷	余额
月	日						
6	1		期初结存			贷	1 000
	2	1	购料欠款		12 000	贷	13 000
	8	3	偿还欠款	3 000		贷	10 000
			本期发生额及余额	3 000	12 000	贷	10 000

表 5-8 应付账款明细分类账

明细科目名称：下塘公司

2017 年		凭证	摘要	借方金额	贷方金额	借或贷	余额
月	日						
6	1		期初结存			贷	2 000
	8	3	偿还欠款	2 000			
			本期发生额及余额	2 000		平	0

表 5-9 应收账款明细分类账

明细科目名称：华景公司

2017 年		凭证	摘要	借方金额	贷方金额	借或贷	余额
月	日						
6	1		期初结存			借	3 000
	23	6	收回应收账款		2 000	借	1 000
			本期发生额及余额		2 000	借	1 000

表 5-10 应收账款明细分类账

明细科目名称：环市公司

2017 年		凭证	摘要	借方金额	贷方金额	借或贷	余额
月	日						
6	1		期初结存			借	12 000
	23	3	收回应收款		6 000	借	6 000
			本期发生额及余额		6 000	借	6 000

第四节 试算平衡

Trial Balancing

试算平衡（trial balancing）是指根据会计恒等式和记账规则的要求，来检查各类账户的记录是否正确的一种方法。如根据总分类账簿记录编制本期发生额或余额试算平衡表，检验账户记录是否正确。在借贷记账法下，试算平衡就是根据“资产＝负债＋所有者权益”和“有借必有贷，借贷必相等”的记账规则来进行的。

一、试算平衡的作用

依据“有借必有贷，借贷必相等”的记账规则来记账，要求每一笔会计分录借贷两方的发生额必须相等。据此，平时作分录时，就可以检查每一笔经济业务的会计分录是否正确。将一定时期内（如一个月）全部经济业务的会计分录都记入有关账户后，所有账户的“借方本期发生额合计数”与“贷方本期发生额合计数”必然相等（见表5－11），所有账户的“借方期末余额合计数”与“贷方期末余额合计数”也必然相等。

表5－11 试算平衡经济业务举例

经济业务	会计分录
（1）收到投资者的追加投资500 000元，存入银行。	借：银行存款 500 000 贷：实收资本 500 000
（2）用银行存款偿还前欠A公司赊购货款10 000元。	借：应付账款 10 000 贷：银行存款 10 000
（3）用银行存款外购不需要安装的设备一台，金额为50 000元。	借：固定资产 50 000 贷：银行存款 50 000
（4）根据董事会决议，将盈余公积140 000元转增资本。	借：盈余公积 140 000 贷：实收资本 140 000
（5）用商业汇票抵付原向B公司的赊购款20 000元。	借：应付账款 20 000 贷：应付票据 20 000
（6）向C公司赊购材料一批，金额为40 000元，该批材料已入库。	借：原材料 40 000 贷：应付账款 40 000
（7）用转账支票外购办公用品，金额为10 000元。	借：管理费用 10 000 贷：银行存款 10 000
金额合计	770 000 770 000

试算平衡的主要作用有：

（1）通过试算平衡，检查分类账的过账工作和记录是否正确和完备。试算平衡表是根据借贷记账法则和会计恒等公式，将各分类账户借贷数额汇列一起，查明借贷双方是否平衡，确定会计记录和过账是否错误的一种方法。如果试算结果不平衡，那么，过账或会计记录肯定有错误；但是，如果试算结果平衡了，只能说过账和会计记录基本上是正确的，而不能保证过账和记录绝对无误。因为借贷双方平衡只能表示分类账户的借贷双方曾经记入了相等的金额。但是，记入的金额即使相等，也不一定是正确、完整的。有许多错误对借贷双方的平衡并不产生影响，因而不能通过试算表发现这类问题。这类错误通常有如下几种：

①漏记或重记某一项会计事项。一笔会计事项的记录整体遗漏，或一笔会计事项的记录完全重复，其结果仍然平衡。

②借贷双方同时多记或少记相同金额。在编制会计分录时，一笔会计事项的借

贷双方都少记相同金额或都多记相同金额，其结果仍然平衡。

③会计科目的借贷方向同时记反。在编制会计分录时，将某笔会计事项的应借应贷的会计科目互相颠倒，对试算平衡并无影响。如对于将库存现金100 000元送存银行的存款业务，错误地编制会计分录为：

借：库存现金　　100 000

　贷：银行存款　　100 000

④用错会计科目或过错账户。在编制会计分录时，误用会计事项应借应贷的会计科目名称，对试算平衡无影响。如对于某笔通过银行转账结算的10 000元的商品销售业务，错误地编制会计分录为：

借：库存现金　　10 000

　贷：主营业务收入　　10 000

同时，在过入分类账时，会计分录的借贷双方或一方，误记入同类账户，对试算平衡并无影响。如应过入"短期借款"账户，而错误地过入"长期借款"账户，这种错误并不会影响试算平衡关系。

⑤一项错误与另一项错误正好抵消。在编制会计分录或过账时，借方或贷方的各项金额偶然一多一少，其金额恰好相互抵消。如某笔会计事项中资产类账户少记（或多记）的金额恰好等于另一笔会计事项中资产类账户多记（或少记）的金额。

由于会计账簿记录中可能出现这些不能由试算平衡法发现的错误，所以，会计人员在处理所有会计事项时必须注意日常或定期进行复核以求数据之正确。

（2）通过试算平衡表所汇列的资料，为会计人员定期编制财务报表提供方便。试算平衡表除了可以检查分类账的过账和记录是否正确外，在会计上还可以作为编制资产负债表和其他报表的依据。虽然，会计人员可以直接根据分类账的记录来编制财务报表，但试算表已经集中了各账户的期末余额或本期发生额，可以不须翻阅分类账的记录，便可达到事半功倍的效果。

二、试算平衡的方法

试算平衡的基本方法包括本期发生额试算平衡法（trial balance of total）和期末余额试算平衡法（trial balance of balances）两种。

1. 总分类账户本期发生额试算平衡法（亦称"总额式试算表法"）

它是以"有借必有贷，借贷必相等"的记账规则为依据进行试算平衡的。由于按照借贷记账法的记账规则记账后，每一笔经济业务的账簿记录都有借方发生额和贷方发生额，且借贷金额相等。那么，在一定时期内无论企业发生多少笔经济业务，都能保证所有账户的借方发生额合计数等于所有账户的贷方发生额合计数，这就叫做本期发生额试算平衡。其试算平衡公式为：

所有账户本期借方发生额之和 = 所有账户本期贷方发生额之和

采用本期发生额试算平衡法需要编制"本期发生额试算平衡表"。

2. 总分类账户期末余额试算平衡法（亦称"余额式试算表法"）

它是以会计基本等式"资产 = 负债 + 所有者权益"为依据进行试算平衡的。无论企业发生多少笔经济业务，这一会计等式总是成立的，这就为试算平衡提供了理论依据。其试算平衡公式为：

所有账户借方余额之和 = 所有账户贷方余额之和

采用期末余额试算平衡法需要编制“期末余额试算平衡表”。

三、试算平衡表的格式和编制

试算平衡表的格式有以下两种：

1. 总分类账户期末余额试算平衡表（trial balance of balances）

它是根据各分类账户在试算时得出的借方余额之和、贷方余额之和编制而成的。其格式见表 5－12。

表 5－12 总分类账户期末余额试算平衡表

年 月 日 金额单位：元

会计科目	期末余额	
	借方	贷方
合计		

在期末结账之后，根据各个总分类账户的期末余额，编制“总分类账户期末余额试算平衡表”，进行试算平衡。

借	银行存款		贷
期初余额	600 000	（业务登记略）	…
（业务登记略）	…		
本期增加发生额	800 000	本期减少发生额	380 000
期末余额	1 020 000		

总分类账户余额试算平衡表

账户名称	期末余额	
	借方	贷方
银行存款	1 020 000	
应付账款		10 000
（其余账户略）	…	…
合计	2 250 000	2 250 000

＊可以与发生额试算平衡表合并为一张表格。

借	应付账款		贷
（业务登记略）	…	期初余额	160 000
		（业务登记略）	…
本期减少发生额	80 000	本期增加发生额	10 000
		期末余额	10 000

2. *总分类账户本期发生额试算平衡表*（trial balance of total）

它是根据各分类账户借方、贷方本期发生额合计数编制而成的。其格式见表5－13。

表5－13　总分类账户本期发生额试算平衡表

年　月　日　　　　　　　　　　　　　　单位：元

会计科目	本期发生额	
	借方	贷方
合计		

对于各项经济业务的会计分录全部登记入账之后，根据各个总账的本期发生额，编制"总分类账户本期发生额试算平衡表"，进行定期试算平衡。

四、试算不平衡的原因

编制试算平衡表后，如果借贷相等，通常说明账簿记录无错（但是并不能保证肯定没错）；如果借贷不平衡，说明账簿记录肯定有错。

一般而言，试算平衡表不平衡的原因主要包括下列三种情况：

（1）记账凭证错误或过账错误。如根据会计分录（记账凭证）过入分类账时，将某会计科目的借贷方向（或金额）记错了；漏记了某笔分录中的部分账户金额；重记了某笔分录中的部分账户金额。

（2）分类账户的余额计算错误。

（3）试算平衡表的编制错误。例如，编表时，写错数字、错记借贷方向、漏列某一账户的发生额（或余额），试算平衡表中合计数栏的加总错误。

五、试算不平衡时查找错误之步骤

（1）重新加总试算平衡表中借、贷发生额栏（或余额栏）的金额，并复核合计数，以检查是否存在试算平衡表的加总错误。

（2）按照试算平衡表中所列账户的名称和金额，逐一与分类账户所记的本期发生额（或余额）核对。重点注意是否抄错数字（或漏列金额），是否填错借贷方向。如资产账户的余额是否填入表中的贷方，负债和所有者权益账户余额是否填入表中的借方。

（3）将分类账户所列的期初余额和上期资产负债表相核对。重点注意是否抄错数字（或漏记账户余额）；检查各账户借贷方本期发生额的汇总及其余额是否错误。

（4）按分类账户的记录，逐笔与会计凭证（主要是记账凭证）或分录簿相核对。重点检查各账项或借、贷方向是否存在过账错误；过账时是否遗记（或重记）账项。

第五节 期末账项调整

End - of - period Adjustment of Accounts

期末账项调整是指在会计期末编制财务报表之前，根据权责发生制的要求对有关账项所进行的必要调整，以确定各期收入、费用的账务处理行为。在各个国家或地区，企业会计核算均要求以权责发生制为基础。按权责发生制的要求，凡属于当期的收入和费用，无论款项是否已经收付，均应作为当期的收入和费用处理；凡不属于当期的收入和费用，即使款项已经收付，也不能作为当期的收入和费用处理。因此，企业在编制会计报表之前，必须进行有关账项调整。期末按照权责发生制的要求，对跨期收入和费用进行调整所作的会计分录，称为调整分录（adjusting entry）。

一、期末调账的理论依据

企业期末账项调账的理论依据是“权责发生制”会计核算基础。

会计基础（accounting basis）是指企业会计人员确认和编报一定会计期间的收入和费用等会计事项的基本原则和方法。会计基础包括权责发生制（accrual basis）和收付实现制（cash basis）。各国家或地区的企业会计准则均要求以营利为目的的企业采用“权责发生制”会计核算基础；但是，有些国家或地区的政府及非营利组织会计采用“收付实现制”会计核算基础（如中国），有些国家或地区政府及非营利组织采用“权责发生制”会计核算基础（如美国、英国、新西兰等）。

1. 权责发生制

权责发生制（亦称应计基础）是指以取得收取现金的权利或支付现金的责任的发生期间为标志来确认本期收入和费用（以及相关的债权和债务），从而计算本期盈亏的会计处理基础。按照权责发生制要求，凡是当期已经实现的收入、已经发生（或应当负担）的费用，不论款项是否收付，均应作为当期的收入和费用处理，计入利润表；凡是不属于当期的收入和费用，即使款项已在当期收付，也不应作为当期的收入和费用处理。因此，权责发生制属于会计要素确认计量方面的要求，它解决收入和费用何时予以确认及确认多少的问题。

2. 收付实现制

收付实现制（即现金收付实现制，又称现金制或实收实付制）是以款项的实际收付为标准来处理经济业务，确定本期收入和费用，计算本期盈亏的会计处理基础。在现金收付实现制的会计基础上，凡在本期实际用现款付出的费用，不论其应否在本期收入中获得补偿，均应作为本期应计费用处理；凡在本期实际收到的现款收入，不论其是否属于本期均应作为本期应计收入处理；反之，凡本期还没有以现款收到的收入和没有用现款支付的费用，即使它归属于本期，也不作为本期的收入和费用处理。例如，华景公司 2012 年 10 月收到 2011 年 3 月赊销商品时发生的应收销货款 90 000 元，并存入银行，尽管该项收入在 2011 年 3 月就已经实现了，但因为该笔销货款是在 2012 年 10 月收到的，所以在现金收付实现制基础上应作为 2012 年 10 月的收入（而在权责发生制基础上，应作为 2011 年 3 月的收入）。现金收付实现制的优点是计算方法比较简单，也符合人们的生活习惯；但是，按照这种方法计算的盈亏不合理、不准确，所以《企业会计准则》规定企业不予采用，它主要应用于政府会计。

在现金收付实现制基础上，在处理经济业务时不考虑预收收入、预付费用、应计收入和应计费用的问题，故会计期末不需要进行账项调整，因为实际收到的款项和付出的款项均已登记入账，所以可以根据账簿记录来直接确定本期的收入和费用，并通过收入与费用的对比确定本期盈亏。

二、期末账项调整的内容

期末结账之前，需要进行账项调整的会计事项主要包括费用分摊的调整、收入分摊的调整（特指预收账款的调整）、应计费用的调整、应计收入的调整等。

（一）费用分摊的调整事项

费用分摊的调整（apportioning recorded costs to periods benefited，即预付费用的调整）是以前会计期间已经支付，但是按规定应由本期负担的费用调整事项（即摊配已记录的支出于各受益期），包括固定资产折旧费用的计提、预付费用（包括待摊费用和长期待摊费用）的摊销、无形资产的摊销等。为了按权责发生制信息质量要求正确计算各期盈亏，切合实际地在利润表中列示当期赚取的所有收入和发生的所有费用，并实现收入与相关成本费用的恰当配比，对于多个会计期间共同受益的支出，不能将其全部作为支出当期的成本费用，而应按受益原则在各受益期内进行分摊。

【例1】华景公司2016年12月预付下一年度的财产保险费60 000元（当月的会计分录为：借记“待摊费用”60 000元，贷记“银行存款”60 000元）。因此，华景公司在2017年度的每一个月的月末，均应分别编制以下调整分录，以分摊各月应负担该项保险费5 000元（60 000 ÷ 12）。

借：管理费用　　　　5 000
　贷：待摊费用　　　　5 000

（二）收入分摊的调整事项

收入分摊的调整（apportioning recorded revenue to periods in which it is earned，即预收收入的分摊）是将已经满足收入确认条件的预收销货款，按规定转作本期营业收入的调整事项（即摊配已记录的预收销货款于各赚取期）。在会计期末，应按本期应确认的相关收入，冲减预收账款，同时增加主营业务收入（或其他业务收入）和应交税金（增值税的销项税额）。

【例2】景泰租赁公司向A企业出租仓库一间，2017年1月2日预收了上半年的租金120 000元，并存入银行（收到租金的当月，编制的分录为：借记“银行存款”120 000元，贷记“预收账款”120 000元）。因此，景泰租赁公司在2017年1至6月的月末，均应分别编制以下调整分录，以分摊各月应确认的租金收入20 000元（120 000 ÷ 6）：

借：预收账款　　　　20 000
　贷：主营业务收入　　　　20 000

（三）应计费用的调整事项

应计费用的调整（accruing unrecorded expenses）是本期虽然尚未支付，但是本期已经受益，按规定应由本期负担的费用调整事项，包括借款利息、应付债券的利息、带息应付票据的利息、借入固定资产或包装物的租金、所得税费用等。为了按权责发生制原则正确计算各期盈亏，对于本期已经受益但尚未支付的费用，应按受益原则在本期预提或确认。

【例3】2017 年 1 月末，华景公司按银行短期借款本金 200 000 元，年利率为 6%，计算本月应负担的利息费用为 1 000 元。因此，其调整分录如下：

借：财务费用　　1 000

　贷：预提费用　　1 000

此外，应计费用的调整事项还包括期末各项资产减值准备的调整。期末资产减值准备的调整（adjustment of impairment provisions for assets）是企业按谨慎性会计信息质量要求，定期（至少每年年末）对各项资产（包括应收票据、应收账款、预付账款、其他应收款、存货、持有至到期投资、长期股权投资、固定资产、在建工程、无形资产等）进行全面检查和减值测试，合理预计各项资产可能发生的减值损失，并相应调整有关资产的减值准备账面余额的会计调整事项。其目的为：使各项资产（除按公允价值计量，并且其公允价值变动计入当期损益的资产外）在会计报表中按成本与市价（或可收回的金额、可变现净值）孰低计量。

【例4】华景公司 2016 年年初应收款项余额为 400 万元，“坏账准备”账户贷方余额为 20 万元（该公司按应收款项余额的 5% 计提坏账准备，即估计坏账损失率为 5%）。2016 年年末应收款项余额为 500 万元，估计坏账损失额为 25 万元。因此，华景公司在 2016 年年末，应编制以下调整分录，以便真实地反映该公司 2016 年年末的应收账款价值，并调整当年损益：

借：资产减值损失　　50 000

　贷：坏账准备　　50 000

（四）应计收入的调整事项

应计收入的调整（accruing unrecorded revenue）是本期虽然尚未收到有关款项，但已经符合收入确认条件的、按规定应归于本期收入的会计调整事项，包括出租各种资产的租金、带息应收票据的利息、采用权益法核算长期股权投资时的投资收益（即被投资企业本期实现的净利润乘以企业的持股比例之积）等。

【例5】景泰租赁公司向 B 企业出租仓库一间，租赁合同约定每个季度末支付本季的租金 90 000 元。

因此，景泰租赁公司在每个季度的前 2 个月的月末，均应分别编制以下调整分录，以确认当月已实现的租金收入 30 000 元（90 000 ÷ 3）：

借：其他应收款　　30 000

　贷：主营业务收入　　30 000

每个季度的第 3 个月的月末收到租金时，应编制以下会计分录：

借：银行存款　　90 000

　贷：其他应收款　　60 000

　　　主营业务收入　　30 000

此外，在结账前，还应根据单位或部门负责人的批准意见，对“待处理财产损溢”及时进行处理；应及时归集和分配车间或分厂的制造费用（非季节性生产的企业，应将当期发生的制造费用全部分配、转入该车间或分厂所生产的各种产品成本之中，分配完毕后，“制造费用”账户应无余额）；根据产品成本计算单和产成品验收入库单，结转完工入库产品的成本；及时办理车间或分厂多余材料和边角材料的退材手续，以及尚未使用材料（下期还需使用）的假退材手续，并进行有关账务处理等。

第六节 结账

Closing Accounts

结账是企业在将某会计期间内所发生的经济业务全部登记入账并核对无误的基础上，定期将其会计账簿记录按照一定的程序和方法进行汇总与结转，结算出有关账户的本期发生额合计数和期末余额，并根据账户的不同性质分别将其余额结清或结转下期（或者转入新账）的工作。

一、实账户和虚账户

在结账时，由于各账户的性质和作用不同，其余额的处理方法也有所不同。为此，基于管理的需要和账户的特点，通常根据结账后账户是否还有余额的不同，将账户分为实账户（real accounts）和虚账户（nominal accounts）两类。

1. 实账户

实账户（也称为永久性账户，即资产负债表账户）包括资产、负债和所有者权益类账户。其特点是：这类账户反映企业的资产分布状态及其相应的资金来源（即负债和所有者权益）；这类账户一般有期末余额，并且期末余额将随着经营的持续进行而转入下一会计期间，作为下一会计期间的期初余额；在编制会计报表时，这类账户的期末余额应该编入资产负债表。

2. 虚账户

虚账户（也称为临时性账户，即利润表账户）包括收入、费用等损益类账户。其特点是：这类账户反映企业某一期间内实现的各项收入（包括主营业务收入、其他业务收入、投资收益、营业外收入等）和发生的各种费用（包括营业成本、营业税金、期间费用、营业外支出等）；这类账户主要是用于计算每一会计期间实现的利润（或发生的亏损），结账后无期末余额；在编制会计报表时，这类账户的本期发生额应该编入利润表。

在会计期末，应该通过编制结账分录将收入、费用等损益类账户结平，使其余额为0；下一会计期间，这类账户从0开始，重新反映属于下一期的经营成果。

二、结账的内容

结账前，企业应该做好各项准备工作，同时检查是否所有经济业务均已入账，检查是否已进行期末账项调整，检查是否账账相符、账证相符、账实相符。

期末结账的主要内容包括：

（1）结算各种收入、费用等损益类账户，以便据以计算确定本期损益（利润），揭示本期经营成果。为此，在会计期末，应该编制有关结账分录（closing entry），以结平（account balanced）所有损益类账户。

（2）结算各种资产（包含成本）、负债和所有者权益类账户，分别结算出本期发生额和余额，确定本期期末的资产负债及所有者权益。为此，企业应该在所有会计分录已经过账的基础上，结计出全部资产负债表账户的发生额和期末余额。

企业结账的主要目的是计算确定当期实现的利润或发生的亏损、各项资产和负债的本期发生额和期末余额，以便编制各种财务报告，及时为财务报告使用者提供会计信息。因此，企业应按照有关规定和要求，把一定时期内所发生的经济业务全部登记入账，并将各种账簿结算清楚，以便进一步根据账簿记录编制会计报表。

三、结账工作的具体程序与方法

企业期末结账的工作程序包括：

1. 结账前，检查所有经济业务是否均已入账，并进行账项调整

在结账前，必须确保已经完成了以下两项工作：

（1）将本期发生的经济业务全部登记入账，并保证其真实性和完整性。但是，既不能提前结账也不能推后结账，且应该通过对账保证账簿记录的真实性和完整性。

（2）按照权责发生制的要求，进行期末账项调整，以便合理确定本期的收入和费用。

2. 结账时，利用“本年利润”账户，结平所有损益类账户

在会计期末，应该将损益类账户的本期发生额全部转入“本年利润”账户（即结清虚账户），以便计算本期的损益。

结清虚账户是指编制损益类账户的结账分录，并将这类结账分录过入相应分类账户。其具体步骤如下：

（1）编制损益类账户的结账分录。

损益类账户的结账方法通常有两种：账结法（即每月月末结账一次）和表结法（即每年年末结账一次）。

账结法是指每月月末将损益类账户的有关数据（主要是有关账簿本期借贷发生额之差）一次性地结转到“本年利润”账户（结账后，损益类账户的余额为0）的一种结账方法。

表结法是指每年年末将损益类账户的有关数据（有关账簿本期借贷发生额之差）一次性地结转到“本年利润”账户的一种结账方法。采用表结法时，各月月末无须办理损益类账户的结账手续，不用每月结清损益类账户。因此，年内各月的月末损益类账户有余额，其余额表示年内累计数（即年初至本月末止的累计数）；而本期数则为本期末余额与上期末余额之差。这种方法可以清晰地反映年初至本期末止的各损益项目的累计发生情况，有利于检查有关项目的计划执行情况。

因此，各企业在每个会计期末（账结法为月末，表结法为年末），应该将所有

收入类账户的本期发生额结转到"本年利润"账户的贷方；将所有费用类账户的本期发生额结转到"本年利润"账户的借方；然后，再把"本年利润"账户的借贷方之差额结转到"利润分配——未分配利润"账户。经过上述结账后，收入、费用类账户和"本年利润"账户被结平，而"利润分配——未分配利润"账户的余额表示累计实现且尚未分配的盈利（或累计发生且尚未弥补的亏损）。

期末损益类账户的结账分录为：

借：主营业务收入
　　其他业务收入
　　投资收益
　　营业外收入
　贷：本年利润

借：本年利润
　贷：主营业务成本
　　　营业税金及附加
　　　其他业务成本
　　　销售费用
　　　管理费用
　　　财务费用
　　　营业外支出
　　　所得税费用

同时，年终还应将本期实现的利润（或发生的亏损）从"本年利润"账户的借方（或贷方）结转到"利润分配——未分配利润"账户的贷方（或借方）。如果"本年利润"账户出现贷方余额，其贷方余额表示本期实现的利润总额，其结账分录为：

借：本年利润
　贷：利润分配

如果"本年利润"账户出现借方余额，说明本年发生亏损，其结账分录则为：

借：利润分配
　贷：本年利润

（2）将损益类账户的结账分录过入各相应分类账户。

根据上述期末损益类账户的结账分录登记到相关损益类账户后，这类账户结账后期末无余额。

企业采用账结法时，各月末结账时应在最后一笔经济业务（即转入"本年利润"账户这一行）下画一条通栏单红线；然后，在单红线下的"摘要"栏内注明"本期发生额"，在结出本期借、贷方发生额后，再在"本期发生额"一行下画一条通栏单红线，以表示本期的账簿记录已经结束。

表 5-14　费用类账户结账示意表

账户名称：销售费用

2017 年		凭证号数	摘要	借方	贷方	借或贷	余额
月	日						
3	4	（略）	付运输费	2 000		借	2 000
	10		付装卸费	8 000		借	10 000
	20		付××费	10 000		借	20 000
	⋮					借	119 500
	30		付××费	500		借	120 000
3	31		转入本年利润账户		120 000	平	0
3	31		本期发生额及期末余额	120 000	120 000	平	0
4	1		付××费	1 400		借	1 400
	3		付××费	350		借	1 750

年末结账时（无论账结法或表结法）应在最后一笔经济业务（即转入“本年利润”账户这一行）下画一条通栏单红线；然后，在单红线下的“摘要”栏内注明“本期发生额”，在结出本期借、贷方发生额后，再在“本期发生额”一行下画一条通栏双红线，表示年末封账。

3. 计算各实账户的本期发生额和余额，并将其余额结转下期

在各会计期末，必须计算出各实账户（资产、负债和所有者权益类账户）的本期发生额和期末余额，并将期末余额结转下期（即结转实账户）。同时，作出结账标志（月结画单红线，年结画双红线）。

结转实账户是指在所有会计分录已经过账的基础上，结计出全部实账户的发生额和期末余额，且年终时把各账户的期末余额结转到下一会计年度。按结账时间的不同，可将实账户的结账分为月度结账和年度结账。

（1）月度结账。

月度结账是指在月末结计出各实账户的本期发生额及期末余额，并将期末余额转入下月，作为下月的期初余额。结账时，应在最后一笔经济业务下画一条通栏单红线；然后，在单红线下的“摘要”栏内注明“本期发生额及余额”；在结出本期借、贷方发生额和期末余额后，再在“本期发生额及余额”一行下画一条通栏单红线，以表示本期的账簿记录已经结束（还可以紧接下一行，在“摘要”栏内注明“期初余额”，并在“余额”栏将上期期末余额转为本期的期初余额）。

对于需要结计本年累计发生额的账户，每月结账时，应在“本期发生额及余额”栏下结出自年初至本月末的累计发生额，登记在月份发生额下面，在摘要栏写明“本年累计”字样，在栏下再画一条通栏单红线。12 月末的“本年累计”就是全年累计发生额，应在全年累计发生额下面画通栏双红线。

（2）年度结账。

年度结账是指结计出各实账户 12 月的本期发生额及期末余额，并将期末余额

转入下一会计年度的新账户，作为下一会计年度新账户的期初余额。会计实务中，年末结转实账户有以下两种方法：

①首先将资产、负债、所有者权益账户结平，并将各账户余额结转到下一年度新开的账户。

结转时，可在各账户“本期发生额及余额”一行的下面，在“摘要”栏注明“结转下年”字样，并以与期末余额相反的方向、相同的金额记入“借方”或“贷方”栏内，使本年余额变为0；然后，在其下面画一条通栏双红线，以表示“年末封账”。在下一会计年度的新开账户第一行的“摘要”栏注明“上年结转”字样，并填入余额，方向与上年余额的方向一致。

②将所有有余额的账户余额直接过入下一会计年度的新账余额栏内，不需要使本年余额为0，以凸显实账户（有余额账户）和虚账户（无余额账户）之间的区别。

第七节　编制财务报告

Preparing Financial Statements

企业会计报表是总括反映企业某一时点的财务状况和一定期间经营成果和现金流量情况的书面报告文件。它由资产负债表、利润表和现金流量表等组成，是根据有关账簿资料编制的。

企业必须根据各分类账户的有关资料，及时编制和报送财务报告，以满足各财务报告使用者的决策需要，并反映企业管理人员受托责任的履行情况。

Accounting Cycle is termed as the sequence of accounting procedures used to record, classify, and summarize accounting information. It is the process by which the accountants produce the financial statements for a special period of time. The accounting cycle begins with the initial recording of business transactions and concludes with the preparation of formal financial statements summarizing the effects of these transactions upon the assets, liabilities, and owner's equity of the business. The term "cycle" indicates that these procedures must be repeated continuously to enable the business to prepare new, up-to-date financial statements at reasonable intervals. The accounting cycle consists of some specific steps as follows: ①Analyze transactions from source documents; ②Journalize transactions (or make Posting Document); ③Post journal entries (or accounting entry in Posting Document) to general and subsidiary ledger accounts; ④Adjust the general ledger accounts; ⑤Determine account balances and prepare a trial balance; ⑥Make closing entries; ⑦Prepare financial statements. Notice that step ① to ③ take place continuously during the accounting period, whereas step ④ to ⑦ occur only at the end of the accounting period (usually at monthly or quarterly intervals, but at least annually).

Adjusting Entries are accounting journal entries that convert a company's accounting records to the accrual basis of accounting. An adjusting journal entry is typically made just prior to issuing a company's **financial statements.**

To demonstrate the need for an accounting adjusting entry let's assume that a company borrowed money from its bank on December 1, 2009 and that the company's accounting period ends on December 31. The bank loan specifies that the first interest payment on the loan will be due on March 1, 2010. This means that the company's accounting records as of December 31 do not contain any payment to the bank for the interest the company incurred from December 1 through December 31. (Of course the loan is costing the company interest expense every day, but the actual payment for the interest will not occur until March 1.) For the company's December **income statement** to accurately report the company's profitability, it must include all of the company's December expenses—not just the expenses that were paid. Similarly, for the company's **balance sheet** on December 31 to be accurate, it must report a **liability** for the interest owed as of the balance sheet date. An adjusting entry is needed so that December's interest expense is included on December's income statement and the interest due as of December 31 is included on the December 31 balance sheet. The adjusting entry will debit **Interest Expense** and credit **Interest Payable** for the amount of interest from December 1 to December 31.

Another situation requiring an adjusting journal entry arises when an amount has already been recorded in the company's accounting records, but the amount is for more than the current accounting period. To illustrate let's assume that on December 1, 2009 the company paid its insurance agent $2,400 for insurance protection during the period of December 1, 2009 through May 31, 2010. The $2,400 transaction was recorded in the accounting records on December 1, but the amount represents six months of coverage and expense. By December 31, one month of the insurance coverage and cost have been used up or expired. Hence the income statement for December should report just one month of insurance cost of $400 ($2,400 divided by 6 months) in the account Insurance Expense. The balance sheet dated December 31 should report the cost of five months of the insurance coverage that has not yet been used up. (The cost not used up is referred to as the asset **Prepaid Insurance**. The cost that is used up is referred to as the expired cost Insurance Expense.) This means that the balance sheet dated December 31 should report five months of insurance cost or $2,000 ($400 per month times 5 months) in the asset account Prepaid Insurance. Since it is unlikely that the $2,400 transaction on December 1 was recorded this way, an adjusting entry will be needed at December 31, 2009 to get the income statement and balance sheet to report this accurately.

The two examples of adjusting entries have focused on **expenses**, but adjusting entries also involve **revenues**. This will be discussed later when we prepare adjusting journal entries.

小结、练习与思考
Summarization，Exercises and Review

一、小结（Summarization）

会计循环是企业会计人员根据会计准则，采取专门的会计方法，将日常经济业务中零散、复杂的会计资料加工成为满足会计信息使用者需要的信息之处理过程，包括从分析和审核原始凭证起，到编制会计报表为止，全面、连续地进行会计处理所必须经历的各个会计工作步骤。在企业的一个会计循环中，会计核算的主要工作包括以下七项：分析和审核经济业务和会计事项、编制会计分录（即填制记账凭证，确认会计要素并进行初始计量）、过入分类账簿、期末账项调整、试算平衡、结账、编制财务报告。

会计分录（accounting entry）是指会计人员根据所取得的审核无误的原始凭证，按照复式记账规则，指明应借、应贷会计科目及其金额的一种记录。会计分录可分为：①简单会计分录，即只需要在两个账户中反映会计事项发生情况的记录；②复合会计分录，即需要在两个以上的账户中反映会计事项发生情况的记录。

过入分类账簿是指根据记账凭证，将其标明的会计分录中应借、应贷金额过入相应的分类账户。分类账（ledger）是按照会计要素的具体内容（会计科目）分类设置的账户，包括总分类账户和明细分类账户。总分类账户和明细分类账户平行登记的要点包括：①登记的依据和经济内容相同；②登账的会计期间相同；③登账的方向一致；④总账与明细账的登账金额相等。

试算平衡是指根据会计恒等式和记账规则的要求，检查各类账户的记录是否正确的一种方法。试算平衡的基本方法包括本期发生额试算平衡法和期末余额试算平衡法两种。

期末账项调整是指在会计期末将涉及多个会计期间的经济业务，根据权责发生制的要求编制调整收入、费用的转账凭证并据以入账，以确定各期收入和费用的账务处理行为。企业期末账项调账的理论依据是“权责发生制”会计核算基础。按照权责发生制要求，凡当期已经实现的收入、已经发生（或应当负担）的费用，不论款项是否收付，均应作为当期的收入和费用处理，计入利润表；凡不属于当期的收入和费用，即使款项已在当期收付，也不应作为当期的收入和费用处理。结账之前，需要进行账项调整的会计事项主要包括费用分摊的调整、收入分摊的调整、应计费用的调整、应计收入的调整等。

结账是指在会计期末，分别结算出各账户的本期发生额和期末余额，并根据账户的不同性质分别对其余额进行不同处理的过程。

在结账前，必须确保已经完成了以下两项工作：①将本期发生的经济业务全部登记入账，并保证其真实性和完整性。但是，既不能提前结账也不能推后结账，且应该通过对账保证账簿记录的真实性和完整性。②按照权责发生制的要求进行期末账项调整，以便合理确定本期的收入和费用。基于管理的需要和账户的特点，通常将账户分为实账户和虚账户两类。

期末结账时，应该将损益类账户的本期发生额全部转入“本年利润”账户（即结清虚账户），以便计算本期的损益；计算各实账户的本期发生额和余额，并将其余额结转下期。

二、练习与思考（Exercises and Review）

（一）单选题

1. 发生各项会计事项时，企业应及时取得或填制原始凭证，并经由相关人员审核后，按照（　　）原理在记账凭证中编制会计分录。

A. 单式记账法　　B. 复式记账法

C. 单式记账凭证　　D. 复式记账凭证

2. 期末账项调整是在会计期末编制财务报表之前，根据（　　）的要求对有关账项所进行的必要调整，以确定各期收入、费用的账务处理行为。

A. 历史成本计价　　B. 可变现净值

C. 现金收付实现制　　D. 权责发生制

3. 按（　　）的要求，凡属于当期的收入和费用，无论款项是否已经收付，均应作为当期的收入和费用处理；凡不属于当期的收入和费用，即使款项已经收付，也不能作为当期的收入和费用处理。

A. 权责发生制　　B. 收付实现制　　C. 可比性　　D. 清晰性

4. 期末按照权责发生制的要求，对跨期收入和费用进行调整所作的会计分录，称为（　　）。

A. 结账分录　　B. 简单会计分录

C. 调整分录　　D. 复合会计分录

（二）多选题

1. 在企业的一个会计循环中，会计核算工作主要包括（　　）和编制财务报告等各项。

A. 编制会计分录　　B. 过入分类账簿

C. 试算平衡　　D. 期末账项调整

E. 结账

2. 会计事项的特点包括（　　）。

A. 能用货币计量　　B. 简单

C. 能引起会计主体的会计要素变动　　D. 复杂

E. 能引起现金的流入或流出

3. 会计分录根据其涉及的会计科目数量的不同，可分为（　　）。

A. 结账分录　　B. 简单会计分录

C. 调整分录　　D. 复合会计分录

E. 转回分录

4. 分类账按照其反映经济业务的详细程度不同，可分为（　　）。

A. 序时账　　B. 备查账　　C. 总分类账　　D. 明细分类账

E. 通用日记账

（三）判断题

1. 在课堂教学中，通常用“编制会计分录”来代替会计实务中的“填制记账凭证”。（　　）

2. 各级明细分类账户都是根据同一会计事项，为说明同一经济指标，相互补充地提供既总括综合又详细具体的会计信息。（　　）

3. 试算平衡的基本方法包括本期发生额试算平衡法和期末余额试算平衡法两种。（　　）

4. 会计基础包括权责发生制和现金收付实现制，而企业通常采用现金收付实现制进行会计核算。（　　）

5. 在权责发生制的会计基础上，凡在本期实际收到的现款收入，不论其是否属于本期均应作为本期应计收入处理；反之，凡本期还没有以现款收到的收入和没有用

现款支付的费用，即使它归属于本期，也不作为本期的收入和费用处理。（ ）

（四）思考题

1. 总分类账户与明细分类账户之间存在哪些联系？
2. 登记总分类账户和明细分类账户时，应该注意哪些平行登记要点？
3. 试算不平衡的主要原因有哪些？
4. 期末账项调整的会计事项主要有哪些？
5. 期末结账的主要内容有哪些？

第六章　经济业务的核算
Chapter 6　Business Accounting

学习目的（Learning Objectives）

通过本章的学习，了解制造业企业的主要业务活动，明确应设置哪些科目，如何运用借贷记账法和这些科目，以反映和监督有关经济活动的过程和结果。读完本章后，要求能够回答下列问题：

（1）制造业企业的资金运动分为几个过程？

（2）企业筹集资金的主要方式有哪些？应设置哪些主要科目进行核算？

（3）在企业供应过程中资金是如何运动的？应设置哪些主要科目进行核算？

（4）对于企业的生产过程，应设置哪些主要科目进行核算？

（5）企业销售业务的核算具有什么特点？应设置哪些主要科目进行核算？

（6）企业利润是如何构成的？应设置哪些主要科目反映财务成果的形成和分配情况？

第一节　制造业企业主要经济业务概述
Summarization of Primary Business in Manufacturing Enterprise

企业经济业务的发生，源于企业的生产经营活动。工业企业一般分为制造业和采掘业两类。制造业企业是产品的生产单位，其完整的生产经营过程主要由供应过程、生产过程和销售过程所构成。制造业企业的生产经营活动较之商品流通企业更为全面和复杂，因此本章以制造业企业为例说明借贷记账法的综合运用。

一、企业资金运动过程

企业作为独立的经济实体，必然有自己的经营目标。为了实现其经营目标，并反映企业财务目标的实现情况，企业会计必须对日常发生的经济业务及其所体现的资金运动进行连续、系统、全面的核算，以反映企业某一时点的财务状况和某一期间的经营成果及现金流量情况。

> 工业企业资金循环通常是从货币资金形态开始，依次转化为储备资金、生产资金、成品资金、结算资金，又回到货币资金形态。

企业为了开展生产经营活动，生产出适销对路的产品，必须拥有一定数量的经营资金，而这些资金都是从一定渠道取得的。企业经营资金在生产经营活动中表现为不同的占用形态，而且随着生产经营过程的进行，其资金形态不断转化，形成经营资金的循环与周转。

制造企业会计核算的对象是企业生产经营过程中的资金运动及其所表现的各项经济业务。企业的资金运动主要包括资金的筹集、资金的运用、资金的耗费、资金的收回与分配等方面。其中，企业的资金运用和资金耗费，主要发生在企业的财产物资供应过程、产品生产过程和商品销售过程之中。

资金的筹集（raising of funds）是企业资金运动的前提。作为独立从事经营活动的经济实体，企业必须从各种渠道筹集生产经营所需的资金。企业筹资渠道主要包括接受投资者（企业所有者）的投资和向债权人借入各种款项。资金筹集业务的完成意味着资金进入企业，企业可以运用筹集到的资金开展正常的生产经营活动。企业筹集到的资金最初通常表现为货币资金形态，货币资金形态是资金运动的起点。

供应过程（supply process）是企业产品生产的准备过程。在企业的财产物资供应过程中，企业利用货币资金购买机器设备等劳动资料形成固定资产，购买原材料等劳动对象形成储备资金，为生产产品做好物资上的准备。经过财产物资的供应过程，企业的货币资金分别转化为固定资金形态和储备资金形态。

生产过程（production process）是制造企业经营过程的重要环节。在企业的产品生产过程中，一方面，劳动者借助劳动资料对劳动对象进行加工，制造出能够满足社会需要的各种产品；另一方面，企业必然会发生各种材料费用、人工费用、固定资产折旧费用、修理费用和其他费用。经过产品的生产过程，企业的资金形态从固定资金、储备资金和一部分货币资金形态转化为生产资金形态，并随着产品的完工入库，其资金形态又转化为成品资金形态。

销售过程（marketing process）是产品价值的实现过程。在企业的销售过程中，企业将生产出来的产品销售给购买者，并办理销货款的结算，收回货款。同时，销售过程还会发生各种商品销售费用，如包装费、装卸搬运费、广告费、专设销售机构的经费等。经过商品的销售过程，企业的资金形态从成品资金形态转化为货币资金形态或结算资金形态，通过销货款的收回，资金又回到了其运动的起点状态，如此就完成了一次资金的循环。

资金的分配过程（allocation process）包含企业财务成果的形成和利润分配业务。企业在生产经营过程中所获得的各项收入遵循配比原则补偿了各项成本、费用之后的差额，形成企业的经营所得即利润。企业实现的利润，一部分要以所得税形式上缴国家，形成国家的财政收入（但是，从会计主体观来看，企业交纳的所得税是一种费用即所得税费用，是企业为了获得税后利润必须支付的代价）；另一部分即税后利润，需要按照规定的程序在各有关方面进行合理的分配（如果企业出现了亏损，则不需要缴纳所得税，但需要以一定方式予以弥补）。通过利润分配，一部分资金将退出企业，一部分资金将以公积金等形式继续参加企业的资金周转。企业资金运动过程可用图6-1表示：

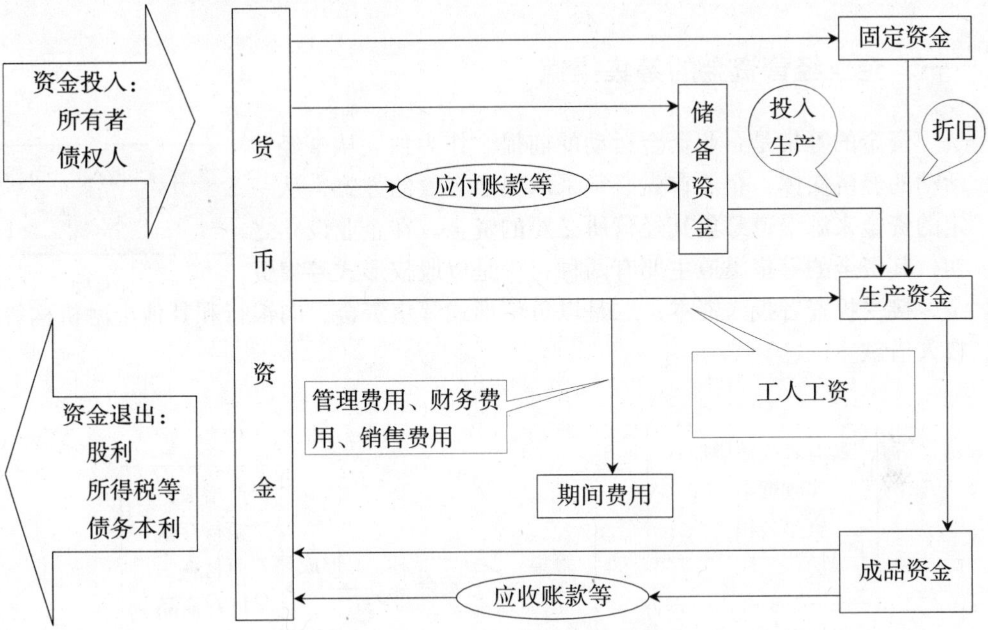

图6-1　制造业企业资金运动过程

二、制造业企业的主要经营业务

从图6-1可以看出，企业的经营业务内容大体上可分为如下几类：①资金筹集业务；②供应过程业务；③生产过程业务；④销售过程业务；⑤财务成果形成和分配业务。

下面以制造业企业的主要经济业务为例，说明在其日常会计核算中，应设置哪些主要会计科目和账户，以及如何运用这些科目和借贷记账法来反映和监督企业的主要经济业务，为会计信息使用者提供有用的财务会计信息。

第二节 资金筹集业务的核算

Financing Business Accounting

一、企业经营资金的筹集渠道

资金的筹集是企业资金运动的前提。作为独立从事经营活动的经济实体，企业首先必须采取灵活有效的方式，从一定的资金来源渠道筹集其经营所必要的资金。在企业设立之初，其资金的筹集渠道主要有两种：一是以股权形式筹集资金，接受投资者投入资本；二是以负债形式筹集资金，向银行和其他金融机构等债权人借款。

投资者投入、向银行等债权人借款。

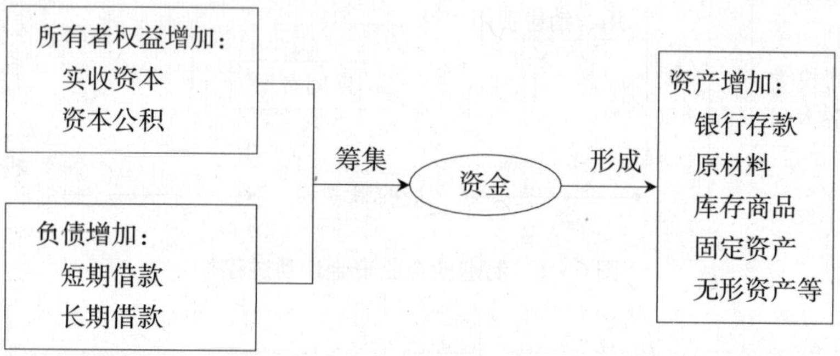

图6－2 资金筹集方式

1. 以股权形式筹集资金

在市场经济条件下，企业为了实现自己的经营目标，完成既定的经营任务，首要条件之一就是必须有“本钱”，否则“巧妇难为无米之炊”。在会计上，开办企业的“本钱”就是我们通常所说的资本金。资本金是指企业在工商行政管理部门登记的注册资金。

根据中国现行法规的规定，企业设立时必须有法定的资本金。所谓法定资本金，是指国家规定的开办企业必须筹集的最低资本金数额，即企业设立时必须具有的最低限额的“本钱”，否则企业将不能获得批准设立。这些资本金通常由企业接受国家、其他企业或个人投入而形成。

企业注册资本金可以是一次性或者分期筹集的。按规定，一次性筹集的资本金应从营业执照签发之日起6个月内筹足；分期筹集的资本金，第一次投资者出资额应在营业执照签发之日起3个月内缴清，且第一次出资额不得低于总注册资本的15%，而最后一期出资应当在营业执照签发之日起3年内缴清。

投资者投入企业的资本形式，可以是货币资金，也可以是固定资产等非货币资金；可以是存货等有形资产，也可以是专利权等无形资产。中国现行法规规定，企业在筹资过程中，吸收投资者的除土地使用权以外的无形资产的比例不得超过注册资本的20%；特殊情况下，该类无形资产的出资比例可以超过注册资本的20%，但不得超过30%。

2. 以负债形式筹集资金

由于注册资本只是公司设立的最低资本额，在企业的实际运行过程中，注册资本往往不能完全满足其需要。因此，企业还必须从债权人（如银行、其他金融机构等）那里获得一定的借入资金。

本章主要介绍企业向银行或其他金融机构举债取得各种借款，形成企业的短期借款和长期借款（其他筹资业务的核算将在《中级财务会计》中介绍）。短期借款是指偿还期不超过一年的借款，借款的目的是要满足生产经营对资金的短期需要；长期借款是指偿还期在一年以上的借款，借款的目的主要是满足企业扩大生产经营规模等的资金需要。

企业股东投入资本和从外部借入资金是企业资金的两大主要来源。因此，企业应加强其筹资的核算，反映和监督企业筹资过程中的业务活动，促使企业合理筹集经营资金并有效地加以利用，以提高企业的资金利用效率。

二、所有者投入资本的核算

在中国，相关法规和制度明确了企业资本金保全要求，即对于企业筹集的资本金，在企业生产经营期间内，投资者除依法转让外，一般不得抽回投资。

（一）应设置的主要会计科目

为了核算和监督企业的资金筹集过程和结果，企业应该设置“实收资本”、“资本公积”等科目。

1. “实收资本（paid－up capital）”科目

这是所有者权益类科目，用来核算企业所有者（投资者）投入到企业的注册资本金增减变动及结存情况。该科目应按所有者（投资者）设置明细账。有时，股份有限公司将该科目改称为“股本（capital stock）”科目。其账户的基本结构如表6－1所示：

表6－1 实收资本

借方：登记企业依法减少的资本金	贷方：登记企业实际收到的资本金，以及由资本公积、盈余公积转增的资本
	余额：表示企业资本金的实际结存额

2. “资本公积（capital reserves）”科目

这是所有者权益类科目，专门用来核算企业所有者实际缴付的出资额超过其资本金的差额（形成的资本溢价或股本溢价），以及由其他方式（法定资产重估增值等）形成的归所有者共同享有的资本。该科目应按资本公积形成的类别设置明细账（如“股本溢价”和“其他资本公积”等）。其账户的基本结构如表6－2所示：

表6－2　资本公积

借方：登记资本公积的减少额	贷方：登记企业资本公积增加的数额
	余额：表示企业资本公积的实际结存数额

（二）接受投资业务之实例

1. 所有者以货币资金投入资本

当企业所有者（投资者）采用货币资金形式投入企业资本金时，应按实际收到的或者存入本企业开户银行的金额借记“库存现金（cash in hand）”、“银行存款（cash in banks）”科目，按其在注册资本中所占的份额或股票面值总额贷记“实收资本”（或“股本”）科目，按其差额贷记“资本公积”科目：

借：库存现金　　　　（接受现金投资）
　　银行存款　　　　（通过银行接受投资）
　贷：实收资本　　　　（按享有的注册资本份额）
　　　资本公积　　　　（资本溢价）

【例1】活力有限责任公司（以下简称“活力公司”）在其设立过程中，收到所有者按其认缴的出资额投入企业的注册资金500万元，其中甲公司投入资本300万元，乙公司投入资本200万元，全部存入本公司的开户银行。

借贷规则分析：对于银行存款增加5 000 000元，应借记“银行存款”科目；同时，实收资本增加相同的数额，应贷记“实收资本”科目。其会计分录为：

借：银行存款　　　　5 000 000
　贷：实收资本——甲公司　　　　3 000 000
　　　　　　　——乙公司　　　　2 000 000

【例2】经投资各方协商确定，活力公司接受新的投资者丙公司投入的资本150万元，占注册资本的份额为20%。此时，该公司注册资本增加为600万元。在丙公司出资的150万元中，120万元形成注册资本，30万元形成公司的资本公积。资金已收到并存入本公司的开户银行。

借贷规则分析：对于银行存款增加1 500 000元，应借记“银行存款”科目；同时，应按享有的注册资本份额调增实收资本1 200 000元，贷记“实收资本”科目；超过注册资本的溢价部分300 000元，应贷记“资本公积”科目。其会计分录为：

借：银行存款　　　　1 500 000
　贷：实收资本——丙公司　　　　1 200 000
　　　资本公积——资本溢价　　　　300 000

2. 所有者以非货币资金投入资本

企业收到所有者以非货币资金投资时，按投资各方确认的价值借记“原材料

(raw materials)”、“固定资产（fixed assets）”（不需要安装时）、“无形资产（intangible assets）”等科目，按其在注册资本中所占的份额贷记“实收资本”或“股本”科目，按其差额贷记“资本公积”科目，即接受非货币资金投资的会计分录为（假设接受投资时未取得增值税专用发票）：

借：原材料　　（以投资各方确认的价值入账）
　　固定资产　　（同上）
　　无形资产　　（同上）
　贷：实收资本 }两账户合计金额为投资各方确认的价值
　　　资本公积 }

【例3】经投资各方协商确定，活力公司接受新的所有者丁公司投入的某专利权，该专利权原账面价值为70万元，投资各方协商确定的价值为50万元，其中注册资本40万元，10万元形成资本公积，已办理有关专利技术的投资手续。

借贷规则分析：专利权属无形资产。对于公司接受所有者专利权投资，应按投资各方确认的价值调增资产500 000元，借记“无形资产”科目；同时，应按享有的注册资本份额调增实收资本400 000元，贷记“实收资本”科目；超过注册资本的溢价部分100 000元，应贷记“资本公积”科目。其会计分录为：

借：无形资产　　500 000
　贷：实收资本——丁公司　　400 000
　　　资本公积——资本溢价　　100 000

三、短期借款的核算

企业在生产经营的过程中，经常需要向银行等金融机构借款以弥补经营资金之不足。借款按其借用期限的长短分为长期借款和短期借款。企业借入的各种借款，必须按规定用途使用，按期还本付息。本书只介绍短期借款的核算业务。

（一）应设置的主要会计科目

为了如实反映企业短期借款的借入、偿还和结欠情况，必须按要求对短期借款进行核算。同时，对于银行短期借款的利息，应该按照银行利息结算办法的有关规定，采用按月计提，按季结算法核算。因此，对于短期借款的业务应该设置“短期借款（short - term loans）”、“财务费用（financial expense）”和“预提费用（drawing expense in advance）”科目。

1.“短期借款”科目

这是负债类科目（流动负债），用来核算企业向银行及其他金融机构借入的期限在一年以内（或者超过一年的一个营业周期以内）的各种借款。该科目应按债权人和借款种类设置明细账，进行明细核算。其账户的基本结构如表6－3所示：

表 6-3 短期借款

借方：登记偿还借款的数额	贷方：登记借入款项的数额
	余额：表示尚未偿还的短期借款余额

企业借入的期限在一年以上的各种借款，在“长期借款”科目核算。

2. “财务费用”科目

这是损益类科目，用来核算企业为筹集生产经营所需资金等而发生的费用，主要包括利息支出（减利息收入）、汇兑损失（减汇兑收益）以及办理银行业务所发生的相关手续费等。该科目应按费用项目设置明细账。其账户的基本结构如表6-4所示：

表 6-4 财务费用

借方：①登记企业发生的财务费用：利息费用、手续费、汇兑损失	贷方：①登记企业的利息收入和汇兑收益 ②期末转入“本年利润”科目的财务费用净额

期末，该科目的余额应转入“本年利润”科目，结转后该科目应无余额。一般企业的理财费用大于理财收入，其“财务费用”科目结账前是借方余额，从贷方转入“本年利润”科目的借方；反之，如果结账前“财务费用”科目是贷方余额，则从该科目的借方转入“本年利润”科目的贷方，反映当期企业理财的净收入。

3. “预提费用”科目

这是负债类科目，用来核算企业各项预提费用的分期预提和实际支付情况。预提费用是指预先从产品成本或期间费用中提取但尚未实际支付的各项费用，包括预提的借款利息、保险费、租金、修理费用等。该科目应按费用种类设置明细账，其账户的基本结构如表6-5所示：

表 6-5 预提费用

借方：登记企业以后实际支付的预提费用	贷方：登记企业按规定预先分期提取的预提费用
	余额：表示企业已经预提但尚未实际支付的预提费用

（二）向银行借款业务实例

企业向银行及其他非银行金融机构借入期限在一年以下或超过一年的一个营业周期以内的各种借款时，一方面形成了一笔负债，使企业的负债增加；另一方面借入的款项通常先存入银行，使企业的银行存款（资产）增加。由于短期借款利息一般是按月计提，按季结算，因此，期末计提借款利息时，一方面确认利息费用增加，另一方面企业欠银行利息（负债）增加。支付银行借款利息时，如利息是按月预提的，则一方面不再欠银行利息，负债减少，另一方面银行存款（资产）减少。借款到期，偿还借款本金时，一方面短期借款（负债）减少，另一方面银行存款（资产）减少。短期借款业务的相关会计分录为：

（1）取得短期借款：

借：银行存款　　　　（借款本金）

　贷：短期借款　　　（借款本金）

（2）按月预提借款利息：

借：财务费用　　　　（估算的月借款利息）

　贷：预提费用　　　（欠银行利息估计数）

（3）每季度末支付当季的借款利息：

借：预提费用　　　　（当季实际利息）

　贷：银行存款

（4）到期归还短期借款：

借：短期借款　　　　（借款本金）

　贷：银行存款　　　（借款本金）

注意：在设置“预提费用”科目的情况下，短期借款的利息不通过“短期借款”科目进行核算，而是通过“预提费用”科目进行核算，并记入“财务费用”科目。

【例4】活力公司于2017年1月1日向银行借款150 000元，期限6个月，年利率6%，款项已存入公司结算户。

借贷规则分析：对于公司结算户存款增加150 000元，应借记“银行存款”科目；同时，短期借款增加150 000元，应贷记“短期借款”科目。其会计分录为：

借：银行存款　　　　150 000

　贷：短期借款　　　　150 000

【例5】承前例，活力公司于1月31日计提短期借款利息750元。根据企业会计准则的要求和银行利息结算制度，公司对短期借款利息采用“按月预提，按季结算”方法。

借贷规则分析：

当月借款利息 $=150\ 000\times6\%\div12=750$（元）

对于利息费用的增加，应借记“财务费用”科目；同时，由于按季度结算，公司欠银行1月份利息，应贷记“预提费用”科目。其会计分录为：

借：财务费用　　　　750

　贷：预提费用　　　　750

【例6】承前例，活力公司于3月31日支付第一季度短期借款利息2 250元，利息已预提。

借贷规则分析：支付已预提的利息，负债减少，应借记“预提费用”科目；同时，银行存款减少，应贷记“银行存款”科目。其会计分录为：

借：预提费用　　2 250

　贷：银行存款　　2 250

【例 7】承前例，活力公司于 7 月 1 日通过银行归还短期借款本金 150 000 元。

借贷规则分析：负债减少，应借记“短期借款”科目；同时，银行存款减少，应贷记“银行存款”科目。其会计分录为：

借：短期借款　　150 000

　贷：银行存款　　150 000

第三节　供应过程业务的核算

Supplying Process Accounting

制造业企业筹集资金后，进入生产准备阶段，包括生产手段的准备和生产对象的准备。一方面要购建厂房、车间、其他建筑物和生产设备等固定资产，另一方面还要为生产准备各种材料物资等劳动对象。因此，企业财产物资的供应过程包括固定资产的购建与原材料的购买。

在财产物资的供应过程中，企业会计主要反映和监督三个方面内容：外购资产（包括固定资产、材料等）的成本发生情况；外购资产的货款结算情况；外购资产的储备及其资金占用情况。

一、固定资产购置业务的核算

> 固定资产特征：①它是为生产商品、提供劳务、出租或经营管理而持有；②其使用寿命超过一个会计年度；③它是有形资产。

固定资产是企业生产经营活动的主要劳动资料，是企业经营过程中使用的长期资产，包括厂房建筑物、机器设备、运输设备、生产工具等。《企业会计准则第 4 号——固定资产》规定，固定资产是指同时具有以下两个特征的有形资产：为生产商品、提供劳务、出租或经营管理而持有；使用寿命超过一个会计年度。从固定资产的定义来看，固定资产是用于企业生产经营活动的，而不是为了出售而持有，这一特征是区别固定资产与库存商品等流动资产的重要标志。固定资产是企业资产中比较重要的组成部分，企业固定资产金额的大小能在一定程度上反映企业的生产规模和生产能力，因此，正确确认和计量固定资产是十分必要的。

（一）固定资产取得时的初始计量

> 固定资产的原始价值是指企业购建固定资产达到预定可使用状态前所发生的一切合理的、必要的支出。

固定资产取得时应按实际成本计量，其实际成本是指企业购建固定资产达到预定可使用状态前所发生的一切合理的、必要的支出，包括为购买固定资产支付的买价、包装费、运杂费、安装费、进口关税等。由于企业取得固定资产的渠道有很多，不同的渠道形成的固定资产，其取得成本的具体内容可能不同，因而应根据具体情况分别确定。

企业购买固定资产涉及增值税问题。在中国境内销售货物或者提供加工修理、修配劳务以及进口货物的单位和个人，是增值税的纳税义务人。增值税是就其取得的货物或应税劳务的销售额计算税款，并实行税款抵扣制的一种价外流转税。由于增值税是对商品生产或流通各个环节的新增价值进行征税，所以称为增值税（value added tax，VAT）。增值税的纳税人分为一般纳税人和小规模纳税人。一般纳税人采用税额抵扣方式，采取两段征收法，分为增值税进项税额（withholdings on VAT）和销项税额（substituted money on VAT）。

当期应纳增值税额（value added tax payable）＝当期销项税额－当期进项税额

其中，销项税额指纳税人销售货物或提供应税劳务，按照销售额和规定的税率计算并向购买方收取的增值税税额。

销项税额＝销售额×增值税税率

进项税额指纳税人购进货物或接受应税劳务所支付或负担的增值税税额。

进项税额＝购进货物或劳务价款×增值税税率

增值税的进项税额和销项税额是相对应的，销售方的销项税额就是购买方的进项税额。增值税采用增值税专用发票管理，企业当期能抵扣的进项税额必须取得增值税专用发票或海关的完税证明，否则不予以抵扣，而计入所购货物或接受应税劳务的成本。

小规模纳税人采用简易征收办法计算应纳税额，不采用税额抵扣方式，其购进商品所支付的进项税额计入商品的采购成本。本书只介绍一般纳税人的增值税会计处理，所举的实例都是一般纳税人企业。

按照1993年颁布的《中华人民共和国增值税暂行条例》的规定，企业购进固定资产的增值税是不可以抵扣的，要计入固定资产成本，也就是实行的是生产型增值税，而这种做法制约了企业固定资产的更新换代。为了改变这种情况，自2004年7月1日起，经国务院批准，东北、中部等部分地区已先后进行了增值税的改革试点，取得了成功经验。为了进一步消除重复征税问题，降低企业设备投资税收负担，鼓励企业技术进步和促进产业结构调整，2008年11月5日修订后的《中华人民共和国增值税暂行条例》规定，自2009年1月1日起，在全国推行增值税转型改革，其核心就是在企业计算应缴增值税时，允许扣除购入机器设备所含的增值税，但是与企业技术更新无关且容易混为个人消费的自用消费品（如小汽车、游艇等）所含的进项税额，不得予以抵扣。

（二）科目的设置及其对应关系

企业购买的固定资产有的可直接投入使用，有的需要安装调试后才能投入使用，因此，为了核算企业购买固定资产的价值变动过程及结果，需要设置以下科目：

1. “固定资产（fixed assets）”科目

这是资产类科目，用来核算企业持有固定资产的原价增减变动及其结余情况。

其账户的基本结构如表6－6所示：

表6－6 固定资产

借方：登记企业增加固定资产的原始价值	贷方：登记企业减少固定资产的原始价值
余额：企业现有固定资产的原始价值	

此外，企业还应设置“固定资产登记簿”和“固定资产卡片”，按固定资产的类别、使用部门和每项固定资产进行明细核算。在使用该科目时必须注意只有固定资产达到预定可使用状态时，其原价才能确定，方可记入“固定资产”科目，否则应在“在建工程”科目核算。

为了分别反映企业现有固定资产的原价、已提折旧额及其折余价值的增减变动情况，企业还应设置“累计折旧”科目。对于“累计折旧”科目，我们将在本章第三节介绍。

2. “在建工程（constructions in process）”科目

这是资产类科目，用来核算企业进行各项工程（包括固定资产安装工程、新建工程、改扩建工程、大修理工程等）所发生的实际支出。企业购入不需要安装的固定资产，不通过“在建工程”科目核算，而是直接通过“固定资产”科目核算。该科目应按工程项目和外购工程物资设置明细账。其账户的基本结构如表6－7所示：

表6－7 在建工程

借方：登记企业某项工程所发生的实际成本	贷方：登记企业工程完工并交付使用的固定资产的实际成本
余额：表示企业尚未完工工程的实际成本	

3. “应交税费——应交增值税（taxes payable—VAT payable）”科目

这是负债类科目，用来核算企业由于销售产品或提供劳务而应缴纳的增值税税额。其账户的基本结构如表6－8所示：

表6－8 应交税费——应交增值税

借方：登记企业购进货物或接受应税劳务而支付的增值税进项税额和实际缴纳的增值税额	贷方：登记企业销售货物或提供应税劳务而收到的增值税销项税额等
余额：表示企业多缴或尚未抵扣的增值税额	余额：表示企业当期应缴但尚未缴纳的增值税额

该科目下设“进项税额（withholdings on VAT）”、“已交税金（VAT paid）”、“销项税额（substituted money on VAT）”等专栏。“进项税额”专栏登记企业购入

货物或接受应税劳务而支付给对方的、准予从销项税额中抵扣的增值税额；“已交税金”专栏登记企业已缴纳的增值税额；“销项税额”专栏登记企业销售货物或提供应税劳务而从购货方或接受劳务方收取的增值税额。

固定资产购置的核算如图6-3所示：

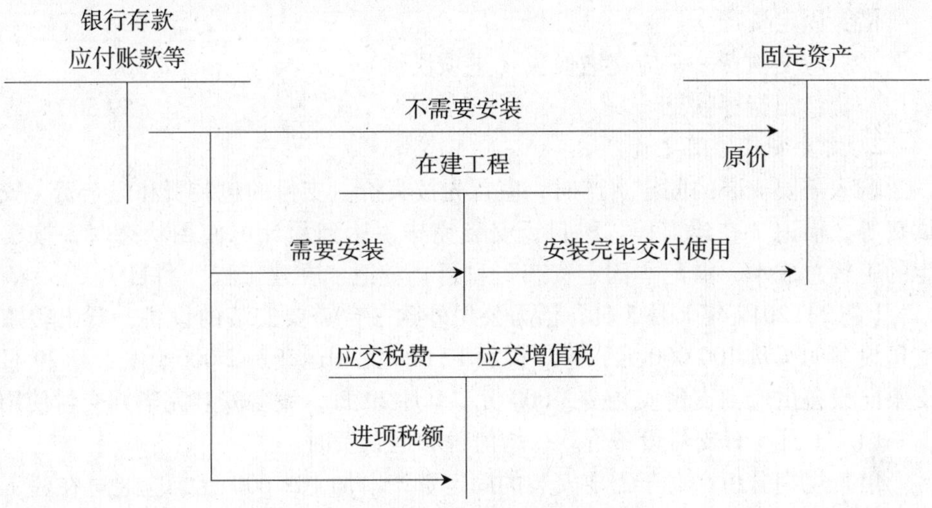

图6-3　固定资产购置核算示意图

固定资产购置业务的会计分录如下：

（1）购置时：

借：固定资产（不需安装）

　　在建工程（需要安装）

　　应交税费——应交增值税（进项税额）

　贷：银行存款/应付账款等

（2）发生安装费用：

借：在建工程

　贷：银行存款/原材料等

（3）安装完毕交付使用：

借：固定资产

　贷：在建工程（将计算的固定资产安装成本转出）

（三）固定资产购置业务核算实例

为了如实反映企业固定资产的增减变动情况和实际占用额，企业应该按要求对固定资产的购入业务进行核算。固定资产购入业务的核算，可分为以下两种情况：

1. 不需要安装的固定资产

购入不需要安装的固定资产，应按买价、支付的包装费、运杂费和相关税费等，借记“固定资产”科目。

【例1】活力公司于2017年1月开出转账支票从供应商外购一台不需要安装的新设备，增值税专用发票中列明设备价款50 000元、进项税额8 500元，并发生包装费等运杂费1 000元。所有款项已开出转账支票支付，设备也已交付使用。

借贷规则分析：对于不需要安装的固定资产增加51 000元，应借记“固定资产”科目；增值税进项税额增加8 500元，冲减企业当期应缴税金（负债减少），应借记“应交税费”科目；同时，银行存款减少59 500元，应贷记“银行存款”科目。其会计分录为：

借：固定资产　　51 000
　　应交税费——应交增值税（进项税额）　　8 500
　贷：银行存款　　59 500

2. *需要安装的固定资产*

购入需要安装的固定资产时，应首先按买价、支付的包装费和运杂费、安装调试费等，借记“在建工程”科目；安装完毕，达到预计可使用状态时，按实际发生的工程总成本，借记“固定资产”科目，贷记“在建工程”科目。

【例2】2017年1月5日，活力公司外购一台需要安装的设备，开出转账支票支付设备的买价100 000元，进项税额17 000元和运杂费2 000元；1月20日，用支票向设备供应商支付安装费3 000元。1月29日，设备安装完毕并交付使用。

（1）1月5日支付设备价款、增值税和运杂费时。

借贷规则分析：对于需要安装的固定资产增加102 000元，应通过在建工程核算，借记“在建工程”科目；增值税进项税额增加17 000元，负债减少，应借记“应交税费”科目；同时，银行存款减少119 000元，应贷记“银行存款”科目。其会计分录为：

借：在建工程　　102 000
　　应交税费——应交增值税（进项税额）　　17 000
　贷：银行存款　　119 000

（2）1月20日支付安装费时。

借贷规则分析：支付安装费3 000元，安装成本增加，应借记“在建工程”科目；同时，银行存款减少3 000元，应贷记“银行存款”科目。其会计分录为：

借：在建工程　　3 000
　贷：银行存款　　3 000

（3）1月29日设备安装完毕并交付使用时。

借贷规则分析：安装工程完毕，将工程全部支出转入固定资产，应按固定资产增加额105 000元（102 000＋3 000），借记“固定资产”科目；同时，应将达到固定资产可使用状态的在建工程成本105 000元转出，贷记“在建工程”科目，由此“在建工程”账户余额为0。其会计分录为：

借：固定资产　　105 000
　贷：在建工程　　105 000

二、材料采购业务的核算

材料物资的供应过程是指企业为生产经营准备材料物资的过程。企业要进行正常的产品生产经营活动，就必须购买和储备一定品种和数量的原材料。原材料通过生产加工过程，构成产品成本的一部分或通过消耗有助于产品的生产，因此，企业要根据生产任务有计划地采购材料物资，既要保证满足生产上的需要，又要避免储备过多，占用过多资金，影响资金使用效率。

> 材料采购业务的核算：①计算和确认材料采购成本；②办理与供应单位的货款结算。

在材料采购过程中，企业以货币资金购买各种材料、支付各种采购费用，形成储备资金，其会计核算业务主要包括两方面：一是企业从供应单位购进各种材料，需要计算和确认外购材料的采购成本；二是企业要按照经济合同和约定的结算办法，支付材料的买价和各种采购费用，并与供应单位发生货款结算关系。在材料采购业务的核算过程中，还涉及增值税进项税额的计算与处理问题。

（一）材料采购成本的确定

> 材料采购成本由买价、采购费用和相关税金组成。

材料的采购成本是指在采购过程中发生的支出，由买价、采购费用和相关税金所组成。材料的买价是指不含增值税的发票价格。各种采购费用包括材料采购过程中发生的运输费、装卸搬运费、运输途中的合理损耗、入库前的挑选整理费。相关税金是指企业进口材料物资应支付的进口关税及小规模纳税人企业购买材料支付的增值税等。对于增值税一般纳税人而言，外购材料支付的增值税不计入外购材料的采购成本，而应该记入“应交税费——应交增值税（进项税额）”科目的借方。

为了简化核算，材料采购过程中发生的市内运杂费（小额）、采购人员的差旅费、专设采购机构的经费可以作为管理费用处理。但是，大宗原材料的市内运杂费，应计入外购材料采购成本。

（二）科目的设置及其对应关系

1. “在途物资（material in transit）”科目

这是资产类科目，用来核算企业已经购入但尚未到达或尚未验收入库的各种材料物资的实际成本。在途物资是指货款已经支付，但是货物还没有运达企业，正在途中，或者已经运达企业，但是还没有办理验收入库手续的材料物资。该科目应按材料的品种或类别设置明细账，进行明细核算。其账户的基本结构如表 6 -9 所示：

表 6 -9　在途物资

借方：登记企业外购的在途物、商品的实际成本	贷方：结转企业验收入库的在途材料、商品的实际成本
余额：表示期末在途材料、商品的实际成本	

在实际工作中，为了核算企业购入材料、商品等的采购成本，也可以不设置“在途物资”科目，但需要设置“材料采购”科目。在按实际成本计价核算时，“材料采购”的账户结构与“在途物资”的账户结构基本相同。对于“材料采购”

科目，将在《中级财务会计》中讲解。

2. “原材料（raw materials）”科目

这是资产类科目，用来核算企业库存材料的收、发及其结存情况。该科目应按材料保管地点、材料的类别（或品种、规格）设置明细账（或材料卡片），进行明细分类核算。其账户的基本结构如表6－10所示：

表6－10 原材料

借方：登记企业入库材料的实际成本	贷方：登记企业发出材料的实际成本
余额：表示期末结存材料的实际成本	

在大中型制造业企业中，材料的核算经常采用计划成本法，从而需要设置“材料成本差异”科目，此时“原材料”科目核算库存材料的计划成本，其具体账户的结构和核算方法将在《中级财务会计》中介绍。

3. “应付账款（account payable）”科目

这是负债类科目，用来核算企业由于购买材料、商品和接受劳务供应等应付给供应单位的款项（即专门用来核算企业采用未清账信用赊购时发生的赊购款、偿还款及其结欠款）。该科目应按供应单位的名称设置明细科目，进行明细分类核算。其账户的基本结构如表6－11所示：

表6－11 应付账款

借方：登记企业偿还应付账款的数额	贷方：登记企业因购入材料、商品等所欠的款项
	余额：尚未偿还的应付账款的数额

4. “应付票据（notes payable）”科目

这是负债类科目，用来核算企业在购买材料、商品和接受相关劳务供应时，所开出、承兑的商业汇票（包括商业承兑汇票和银行承兑汇票）。简而言之，应付票据是用来核算企业采用商业汇票赊购方式时所发生的赊购款、偿还款及其结欠款的。商业汇票是指由销货企业或购货企业签发的，并经购货企业或购货企业委托的开户银行承兑，于票据到期日无条件按票据到期金额向销货企业或被背书人支付款项的结算凭证（即一种债据）。其中，由购货企业自己承兑的商业汇票称为商业承兑汇票；由购货企业委托的开户银行承兑的商业汇票称为银行承兑汇票。该科目应按供应单位的名称设置明细科目，进行明细分类核算。其账户的基本结构如表6－12所示：

表6－12 应付票据

借方：登记企业偿还的应付票据款	贷方：登记企业采用商业汇票赊购方式时所发生的赊购款
	余额：尚未偿还的应付票据款

5. “预付账款（prepayment for purchases）” 科目

这是资产类科目，用来核算企业按照购货合同的规定预付给供货单位的货款。其账户的基本结构如表 6 - 13 所示：

表 6 - 13　预付账款

借方：登记企业预付给供货单位的货款和补付的货款	贷方：登记企业已收货物的结算款和收回多付的货款
余额：表示企业已经预付给供货单位购货款的结存额，或尚未收回的多余货款	

该科目应按供应单位名称设置明细科目，进行明细分类核算。预付款项情况不多的企业，可以不设置“预付账款”科目，将预付的货款直接记入“应付账款”科目的借方。

材料采购业务的核算如图 6 - 4 所示：

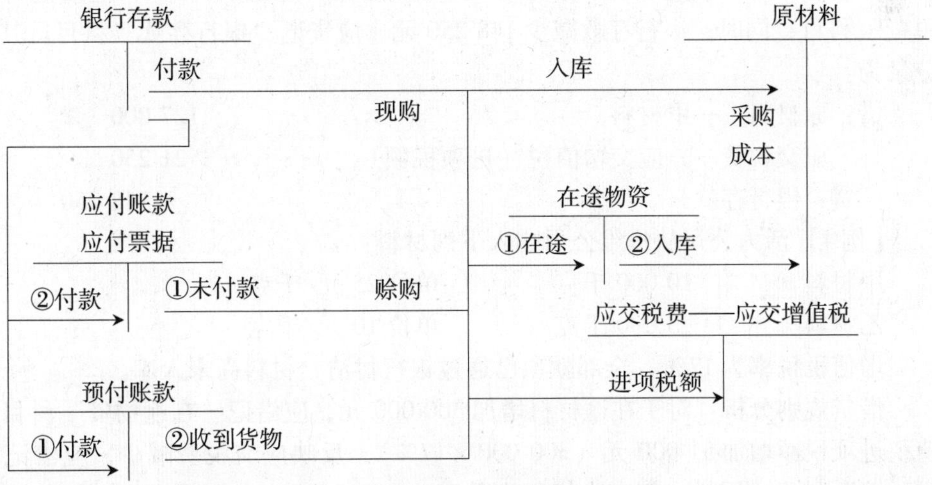

图 6 - 4　材料采购业务核算示意图

材料采购业务的会计分录如下：

（1）预付货款时：

借：预付账款

　贷：银行存款

（2）购买时：

借：原材料（入库）

　　在途物资（未入库）

　　应交税费——应交增值税（进项税额）

　贷：银行存款/应付账款/应付票据/预付账款

（3）材料验收入库：

借：原材料

　贷：在途物资（将计算的材料采购成本转出）

（4）归还所欠货款：

借：应付账款/应付票据

　贷：银行存款

（三）材料采购业务核算实例

在供应过程中，企业通过购买材料，形成生产储备，以保证产品生产的顺利进行。由于材料货款的支付方式不同，原材料的入库时间与付款的时间可能一致，也可能不一致。因此，在会计处理上也有所不同。

【例3】活力公司于2017年1月从兴安公司购入甲材料一批，增值税专用发票注明货款125 000元、增值税进项税额21 250元。该批材料运杂费2 000元。全部款项均已用转账支票支付，材料也已验收入库。

借贷规则分析：对于库存材料增加127 000元（125 000 + 2 000），应借记“原材料”科目；增值税进项税额增加21 250元，反映应交税费减少，应借记“应交税费”科目；同时，银行存款减少148 250元，应贷记“银行存款”科目。其会计分录为：

借：原材料——甲材料	127 000	
应交税费——应交增值税（进项税额）	21 250	
贷：银行存款		148 250

【例4】活力公司从华维公司购入下列材料：

甲材料	10 000千克	单价25元/千克
乙材料	5 000千克	单价10元/千克

增值税税率为17%，全部款项已通过银行付清，材料尚未入库。

借贷规则分析：对于在途材料增加300 000元，应借记“在途物资”科目；增值税进项税额增加51 000元（300 000 × 17%），反映应交税费减少，应借记“应交税费”科目；同时，资产中银行存款减少351 000元，应贷记“银行存款”科目。其会计分录为：

借：在途物资——甲材料	250 000	
——乙材料	50 000	
应交税费——应交增值税（进项税额）	51 000	
贷：银行存款		351 000

【例5】承上例，用现金支票6 000元支付上述材料的外地运杂费，按照材料的重量比例进行分配。

（1）按材料重量比例分配运杂费：

$$分配率 = \frac{6\ 000}{10\ 000 + 5\ 000} = 0.4\ （元/千克）$$

甲材料负担的运杂费 = 10 000 × 0.4 = 4 000（元）

乙材料负担的运杂费 = 5 000 × 0.4 = 2 000（元）

（2）借贷规则分析：对于在途材料采购费用增加6 000元，应借记“在途物资”科目；同时，银行存款减少6 000元，应贷记“银行存款”科目。其会计分录为：

借：在途物资——甲材料　　4 000
　　　　　　——乙材料　　2 000
　贷：银行存款　　6 000

【例6】承上例，上述材料已运到公司，并已验收入库。

借贷规则分析：对于库存材料增加306 000元，应借记“原材料”科目；同时，对于在途材料入库，应结转入库材料的采购成本，贷记“在途物资”科目，表明该批采购业务全部结束。其会计分录为：

借：原材料——甲材料　　254 000
　　　　　——乙材料　　52 000
　贷：在途物资——甲材料　　254 000
　　　　　　　——乙材料　　52 000

【例7】活力公司从兴安公司购入乙材料一批，货款520 000元，增值税进项税额88 400元。材料已验收入库。账单、发票已到，但货款和税款尚未支付。

借贷规则分析：对于库存材料增加520 000元，应借记“原材料”科目；增值税进项税额增加88 400元，反映应交税费减少，应借记“应交税费”科目；同时，对于应付账款增加608 400元，应贷记“应付账款”科目。其会计分录为：

借：原材料——乙材料　　520 000
　　应交税费——应交增值税（进项税额）　　88 400
　贷：应付账款——兴安公司　　608 400

【例8】承上例，上笔欠款于10日后通过银行转账付清。

借贷规则分析：对于应付账款减少608 400元，应借记“应付账款”科目；同时，银行存款减少608 400元，应贷记“银行存款”科目。其会计分录为：

借：应付账款——兴安公司　　608 400
　贷：银行存款　　608 400

【例9】活力公司签发并承兑一张面值为423 500元，期限为3个月的商业汇票，向凤凰公司购进乙材料，货款350 000元，增值税进项税额59 500元，运杂费14 000元。材料已验收入库。

借贷规则分析：对于库存材料增加364 000元（350 000 + 14 000），应借记“原材料”科目；增值税进项税额增加59 500元，反映应交税费减少，应借记“应交税费”科目；同时，应付票据增加423 500元，应贷记“应付票据”科目。其会计分录为：

借：原材料——乙材料　　364 000
　　应交税费——应交增值税（进项税额）　　59 500
　贷：应付票据　　423 500

【例10】采购员李芸预借差旅费3 000元，以现金支票支付。

借贷规则分析：对于职工预借差旅费3 000元，应借记“其他应收款”科目；同时，开出现金支票使银行存款减少，应贷记“银行存款”科目。其会计分录为：

借：其他应收款——李芸　　3 000
　贷：银行存款　　3 000

【例 11】按购销合同规定，活力公司开出转账支票向南方公司预付购买乙材料的货款 40 000 元。

借贷规则分析：对于预付购货款 40 000 元，应借记“预付账款”科目；同时，银行存款减少，应贷记“银行存款”科目。其会计分录为：

借：预付账款——南方公司　　40 000
　贷：银行存款　　40 000

【例 12】承上例，2017 年 1 月末，活力公司收到南方公司发来的乙材料一批，专用发票和有关账单上注明，货款 80 000 元，增值税进项税额 13 600 元，对方代垫运杂费 3 200 元。同时，通过银行补付剩余的货款。该批材料已验收入库。

借贷规则分析：对于库存材料增加 83 200 元，应借记“原材料”科目；增值税进项税额增加 13 600 元，反映应交税费减少，应借记“应交税费”科目；同时，预付款减少 40 000 元，应贷记“预付账款”科目；银行存款减少 56 800 元，应贷记“银行存款”科目。其会计分录为：

借：原材料——乙材料　　83 200
　　应交税费——应交增值税（进项税额）　　13 600
　贷：预付账款——南方公司　　40 000
　　　银行存款　　56 800

【例 13】采购员李芸回公司报销差旅费 3 150 元，以现金补付差额 150 元。

借贷规则分析：对于采购差旅费增加 3 150 元，应借记“管理费用”科目；同时，其他应收款减少 3 000 元，应贷记“其他应收款”科目；库存现金减少 150 元，应贷记“库存现金”科目。其会计分录为：

借：管理费用　　3 150
　贷：其他应收款——李芸　　3 000
　　　库存现金　　150

第四节　生产过程业务的核算

Producing Process Accounting

在生产过程中，劳动者借助劳动资料对劳动对象进行加工，生产出各种各样适销对路的产品，以满足社会的需要。生产过程既是产品的制造过程，又是物化劳动和活劳动的耗费过程，即费用的发生和成本的形成过程。产品生产过程的主要经济业务（即会计事项）包括以下四个方面：

> 产品生产过程的核算主要包括直接生产费用的核算、间接生产费用的归集与分配核算、产品生产成本的计算。

第一，将材料物资投入生产过程，企业的储备资金转化为生产资金。随着材料物资进入生产过程，其价值将随着实物形态的改变而一次性地全部转移到所生产的产品成本中去，构成产品的材料费用。因此，会计既要反映储备材料数量和价值的减少情况，又要等量地反映在产品成本中材料费用的增加情况。

第二，在生产过程中发生的人工成本。企业在生产过程中耗费的劳动创造了产品的新价值，其中一部分以工资形式支付给劳动者个人，构成产品成本的工资费用。因此，会计既要反映企业工资的结算情况，又要等量地反映在产品成本中职工薪酬费用的增加情况。

第三，企业生产部门为组织和管理产品的生产活动而发生的其他生产费用，包括企业生产部门的办公费、修理费、固定资产折旧费等。

第四，对于生产过程中发生的各项料、工、费，按一定的成本对象进行归集和分配，计算完工产品成本和期末在产品成本。

在会计核算过程中，必须以权责发生制核算为基础，恰当地划分收益性支出和资本性支出，依照《企业会计准则》确认与计量各项费用的发生额及其应归属的期间。因此，按成本对象归集和分配在产品生产过程中发生的各项生产费用，并由此计算完工产品总成本和单位成本，就构成了产品生产过程核算的主要内容。

一、产品生产成本的构成

制造业企业在生产过程中发生的、用货币形式表现的生产耗费叫做生产费用。这些生产费用最终都要归集、分配到一定种类和数量的产品上去，从而形成各种产品的成本。由此可见，生产费用与产品成本有着密切的联系，费用的发生过程也就是成本的形成过程，费用是产品成本形成的基础。但是，费用与产品成本是两个不同的概念。生产费用是资金的耗费，它与一定的会计期间相联系；而成本是生产某一种产品或提供某一劳务所消耗的费用，是生产费用的对象化，即将生产费用按一定的规则和方法归集、分配到成本计算对象（如产品、生产批别、生产步骤等），就形成了产品的成本（简言之，产品成本是对象化了的生产费用）。

生产费用按其计入产品成本的方式不同，可以分为直接费用和间接费用。

> 生产费用按其计入产品成本的方式不同，可以分为直接费用和间接费用。

直接费用（directe expenses）是指企业生产产品过程中，那些在其发生时就能够明确用于哪种产品（或其他成本计算对象），从而可以将其直接计入该种产品的（或其他成本计算对象）成本的直接材料费用和直接人工费用。为了使成本计算更准确，对于直接费用（包括直接材料费用和直接人工费用），应该将其直接计入该种产品的（或其他成本计算对象）成本之中。

间接费用（indirect expenses）是指企业为生产产品和提供劳务而发生的由多种产品（或多种其他成本计算对象）共同负担的费用和企业生产单位（分厂、车间）管理上消耗的一般性费用。也就是说，间接费用是企业生产单位发生的除直接材料费用和直接人工费用之外的其他费用（通常称为制造费用），包括分厂、车间管理人员薪酬、固定资产折旧费、修理费、办公费、机物料消耗、劳动保护费等。对于这些间接费用，一般先通过“制造费用”科目归集，期末再采用一定标准在各受益产品之间分配，并根据分配结果计入各种产品（或其他成本计算对象）的成本。

将费用按其经济用途所进行的分类，称为成本项目。产品的生产成本一般由直接材料费用、直接人工费用和制造费用构成。

二、科目的设置及其对应关系

为了核算企业在生产过程中发生的各项经济业务，企业应设置下列科目：

1. “生产成本（cost of production)”科目

这是成本类科目，用来核算企业在产品生产过程中所发生的一切产品费用的发生及其结转情况。该科目应按成本计算对象，如产品品种、生产批别或生产步骤等设置明细科目，按照成本项目设置专栏，进行明细分类核算。该科目如有期末余额，表示期末在产品成本，在资产负债表中“存货”项目反映。其账户的基本结构如表 6－14 所示：

表 6－14 生产成本

借方：登记发生的生产费用：①直接材料；②直接人工；③月末转入的制造费用	贷方：登记月末转入“库存商品”科目的完工入库产品的实际制造成本
余额：表示期末尚未完工的在产品成本	

2. “制造费用（production overhead)”科目

这是成本类科目，用来核算企业的生产部门（生产车间或分厂）为组织和管理产品的生产活动而发生的各项间接生产费用。除季节性生产企业外，该科目的本期发生额应于月末分配，计入有关产品成本中。月末结账后，该科目一般无余额。该科目应按车间或分厂等部门设置明细账。其账户的基本结构如表 6－15 所示：

表 6－15 制造费用

借方：登记生产车间发生的各项间接生产费用	贷方：登记月末分配转入“生产成本”科目的制造费用

3. “库存商品（finished goods)”科目

这是资产类科目，用来核算企业生产完工并验收入库产品的实际成本、因销售或其他原因转出产品的实际成本及期末结存的库存商品的实际成本。该科目应按产品的种类、品种或规格设置明细账。其账户的基本结构如表 6－16 所示：

表 6-16　库存商品

借方：登记完工入库产品的实际成本	贷方：登记企业转出（销售）产品的实际成本
余额：表示期末库存产品的实际成本	

4. "应付职工薪酬（accrued payroll）" 科目

职工薪酬是指企业为获得职工提供的服务而给予职工的各种形式的报酬及其他相关支出。职工薪酬从性质上说是企业为获得职工提供的服务而支付或放弃的所有对价，主要包括职工工资（含奖金、津贴、补贴等）、职工福利费、住房公积金、社会保险费和其他与获得职工服务相关的支出。

企业为获得职工服务支付的职工薪酬，一方面作为一种耗费构成人工成本，计入产品成本或期间费用；另一方面构成企业对职工的现时义务，会导致企业未来经济利益的流出，从而形成企业的一项负债。因此，需要专门设置一个负债科目，反映企业与职工的薪酬结算关系。

"应付职工薪酬" 科目是负债类科目，用来核算企业应付给职工的各种薪酬总额以及实际发放情况，并反映和监督企业与职工薪酬的结算情况。企业应根据具体情况，按工资、职工福利、社会保险费等分别设置明细账，进行明细核算。其账户的基本结构如表 6-17 所示：

表 6-17　应付职工薪酬

借方：登记企业实际支付给职工的薪酬总额	贷方：登记计算企业应付给职工的薪酬总额
	余额：表示应付而未付的职工薪酬

5. "累计折旧（accumulated depreciation）" 科目

在生产过程中，劳动者运用劳动资料（如固定资产）对劳动对象（如原材料）进行加工，生产社会所需要的劳动产品（如库存商品），因此，在产品生产成本的计算中要考虑劳动资料的耗费。

劳动资料，如房屋及其他建筑物、机器设备等固定资产，其使用年限在一年以上，能够参加多个生产周期，可以在较长的时期内加以使用。因此，固定资产的价值随着资产的使用而逐渐减少，固定资产由于损耗而减少的价值称为固定资产的折旧。根据收入与费用的配比原则，期末采用一定方法确定本期固定资产的折旧额，作为折旧费用计入产品成本或期间费用；同时，反映固定资产价值的减少。由于固定资产管理要求原价与实物口径相一致，以考核固定资产的原始投资规模，并便于计算固定资产的账面净值（折余价值），因而需要设置一个专门科目，用以反映固定资产损耗价值。

"累计折旧" 科目是资产类科目（即 "固定资产" 科目的备抵调整科目），用来核算企业固定资产累计折旧数额。通常，该科目不设置明细账。需要查明某项固定资产的已提折旧额，可以根据固定资产卡片所记载的该项固定资产原价、折旧率和实际使用年数等资料进行计算。其账户的基本结构如表 6-18 所示：

表 6-18 累计折旧

借方：登记企业注销固定资产原值相应转销的累计折旧额	贷方：登记企业本期提取的固定资产折旧额
	余额：表示企业现有固定资产累计折旧额

通过“固定资产”和“累计折旧”两个科目的记录，可以提供企业固定资产的原始价值和累计折旧额的指标，从而得出企业固定资产净值的指标，以便于了解企业固定资产的新旧程度、资金占用状况及固定资产投资收回等方面的数据资料。所以，在会计核算中计提固定资产折旧时，不能直接记入“固定资产”科目贷方冲减“固定资产”科目余额，以保证“固定资产”科目余额反映的是固定资产的取得成本（原始价值）。

6. “待摊费用（prepaid expenses）”科目

这是资产类科目，用来核算企业已经支付，但应分期摊入当期和以后各期产品成本或期间费用的，且摊销期在一年以内的各项预付费用。待摊费用项目主要包括采用分期摊销时领用低值易耗品的价值、出租出借包装物的价值、固定资产修理费及预付保险费等。根据权责发生制的要求，对于这些先付款后摊销的费用应按受益期限的长短，分期进行摊销。该科目应按费用项目或种类设置明细账。其科目的基本结构如表 6-19 所示：

表 6-19 待摊费用

借方：登记预付的各项待摊费用	贷方：登记分期摊入相关成本或期间费用的摊销额
余额：表示已经支付但尚未摊销的待摊费用	

7. “管理费用（administration expenses）”科目

期间费用是指与产品的生产没有直接关系，不能直接归属于某个产品成本，而与企业的整个生产经营管理有关，应直接计入当期损益的各种费用。期间费用包括管理费用、销售费用和财务费用。在企业的生产过程中，也会伴随发生期间费用，需要设置相关科目进行核算。

“管理费用”科目是损益类科目，用来核算企业行政管理部门为组织和管理企业生产经营活动而发生的各项管理费用。具体而言，管理费用项目主要包括公司经费（包括行政管理部门职工工资和福利费、折旧费、修理费、办公费、水电费、差旅费、物料消耗和低值易耗品摊销费等）、工会经费、待业保险费、劳动保护费、董事会费（包括董事会成员津贴、会议费和差旅费等）、聘请中介机构费、咨询费（含顾问费）、诉讼费、业务招待费、房产税、车船使用税、土地使用税、印花税、技术转让费、矿产资源补偿费、无形资产摊销费、职工教育经费、研究与开发费、排污费等。该科目应按费用项目设置明细账。期末，该科目的余额应转入

“本年利润”科目，结转后本科目应无余额。其账户的基本结构如表6－20所示：

表6－20　管理费用

借方：登记企业日常发生的各项管理费用	贷方：登记企业期末转入“本年利润”科目的管理费用

产品生产业务的核算如图6－5所示：

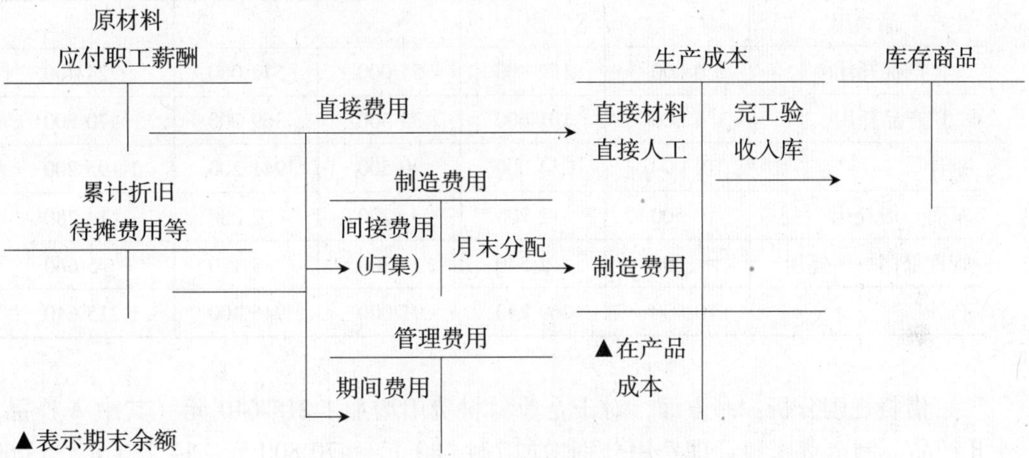

图6－5　产品生产业务核算示意图

企业产品生产主要业务的会计分录如下：

（1）发生直接费用时：

借：生产成本——×产品

　　　　　　——×产品

　贷：原材料/应付职工薪酬/银行存款等

（2）发生间接费用或期间费用时：

借：制造费用

　　管理费用

　贷：累计折旧/待摊费用/原材料/应付职工薪酬/银行存款等

（3）月末分配本月制造费用时：

借：生产成本——×产品

　　　　　　——×产品

　贷：制造费用

（4）月末结转本月完工入库产品的制造成本时：

借：库存商品——×产品

　　　　　　——×产品

　贷：生产成本——×产品

　　　　　　　——×产品

三、产品生产业务核算实例

【例1】2017年1月活力公司仓库“发出材料汇总表”如下：

表6-21 材料发出汇总表

用途	甲材料		乙材料		材料耗用合计（元）
	数量（千克）	金额（元）	数量（千克）	金额（元）	
生产产品领用					
A产品耗用	6 000	152 400	55 000	572 000	724 400
B产品耗用	4 000	101 600	35 500	369 200	470 800
小计	10 000	254 000	90 500	941 200	1 195 200
车间一般耗用	500	12 700	200	2 080	14 780
管理部门一般耗用	100	2 540	300	3 120	5 660
合计	10 600	269 240	91 000	946 400	1 215 640

借贷规则分析：一方面，对于企业材料费用增加1 215 640元（其中A产品、B产品、制造费用和管理费用分别增加724 400元、470 800元、14 780元、5 660元），应分别借记“生产成本”、“制造费用”和“管理费用”科目；另一方面，企业的库存材料减少了1 215 640元，应贷记“原材料”科目。因此，根据上述材料发出汇总表，编制会计分录如下：

借：生产成本——A产品　　724 400
　　　　　　——B产品　　470 800
　　制造费用　　14 780
　　管理费用　　5 660
　贷：原材料——甲材料　　269 240
　　　　　　——乙材料　　946 400

【例2】活力公司结算2017年1月应付给职工的工资总额为350 000元，其中：生产A产品的生产工人的工资120 000元，生产B产品的生产工人的工资100 000元，车间管理人员的工资50 000元，企业行政部门人员的工资80 000元。

借贷规则分析：一方面，本月工资费用增加350 000元（其中A产品、B产品、制造费用和管理费用分别增加了120 000元、100 000元、50 000元、80 000元），应分别借记“生产成本”、“制造费用”和“管理费用”科目；另一方面，企业对职工的负债也增加了350 000元，应贷记“应付职工薪酬”科目。其会计分录为：

借：生产成本——A产品　　120 000
　　　　　　——B产品　　100 000
　　制造费用　　50 000
　　管理费用　　80 000

贷：应付职工薪酬——工资 350 000

【例3】活力公司开出转账支票350 000元，发放职工工资。

借贷规则分析：发放工资使企业对职工的负债减少350 000元，应借记“应付职工薪酬”科目；同时，银行存款减少350 000元，应贷记“银行存款”科目。其会计分录为：

借：应付职工薪酬——工资 350 000

贷：银行存款 350 000

【例4】承上例，按工资总额的14%计提本月的职工福利费。

为了保证职工的身体健康和提高职工的福利待遇，国家规定企业可以按照职工工资总额的14%提取职工福利费，允许在成本费用中列支。职工福利费要按照企业职工的类别分别计入产品成本或期间费用。

借贷规则分析：对于本月职工福利费增加49 000元（350 000×14%），其中A产品、B产品、制造费用和管理费用分别增加16 800元（120 000×14%）、14 000元（100 000×14%）、7 000元（50 000×14%）、11 200元（80 000×14%），应分别借记“生产成本”、“制造费用”和“管理费用”科目；同时，企业对职工的负债也增加了49 000元，应贷记“应付职工薪酬”科目。其会计分录为：

借：生产成本——A产品 16 800

——B产品 14 000

制造费用 7 000

管理费用 11 200

贷：应付职工薪酬——职工福利 49 000

【例5】活力公司开出转账支票，支付公司行政管理部门办公费、水电费等管理费用5 000元和车间水电费15 000元。

借贷规则分析：车间经费和管理部门费用分别增加了15 000元和5 000元，应分别借记“制造费用”和“管理费用”科目；同时，银行存款减少20 000元，应贷记“银行存款”科目。其会计分录为：

借：制造费用 15 000

管理费用 5 000

贷：银行存款 20 000

【例6】活力公司开出转账支票，预付行政管理部门全年的书报杂志订阅费12 000元，车间书报杂志订阅费6 000元。

借贷规则分析：企业预付费用增加了18 000元，该笔书报杂志订阅费是为全年而预付的，不应在支付时全部计入当月成本和费用，而应该在全年各月成本和费用中进行分摊。由于它属于已经支付，但应分期摊入当月和以后各月成本或费用的，并且摊销期在一年以内的待摊费用，应借记“待摊费用”科目；同时，企业银行存款也减少了18 000元，应贷记“银行存款”科目。其会计分录为：

借：待摊费用 18 000

贷：银行存款 18 000

【例7】承上例，2017年1月末，摊销应由本月负担的书报杂志订阅费共1 500元，其中管理部门负担1 000元，生产车间负担500元。

借贷规则分析：车间和管理部门本月负担的书报费分别增加了 500 元和 1 000 元，应分别借记“制造费用”和“管理费用”科目；同时，企业原已支付但是待分摊的费用摊销了 1 500 元，资产减少，应贷记“待摊费用”科目。其会计分录为：

借：制造费用　　500
　　管理费用　　1 000
　贷：待摊费用　　1 500

【例 8】活力公司按规定的固定资产折旧率计算本月应计提固定资产的折旧额 100 000 元，其中行政管理部门应提取折旧 20 000 元，生产车间应提取折旧 80 000 元。

借贷规则分析：车间和管理部门本月固定资产折旧费分别增加了 80 000 元和 20 000 元，应分别借记“制造费用”和“管理费用”科目；同时，固定资产累计折旧增加 100 000 元，反映固定资产价值减少，应贷记“累计折旧”科目。其会计分录为：

借：制造费用　　80 000
　　管理费用　　20 000
　贷：累计折旧　　100 000

【例 9】2017 年 1 月末，活力公司按产品的生产工时比例将本月发生的制造费用分别计入 A、B 产品的生产成本。本月生产 A、B 两种产品，共消耗生产工时 10 000小时，其中 A 产品消耗 6 000 工时，B 产品消耗 4 000 工时。

首先，根据例 1 至例 8 的会计分录，登记有关“制造费用”科目，可以确定本月由 A、B 产品共同负担的制造费用总额为 167 280 元（见表 6 – 22“制造费用”账户记录）：

表 6 – 22　制造费用

借方		贷方
(1)	14 780	
(2)	50 000	
(3)	7 000	
(4)	15 000	
(5)	500	
(6)	80 000	
本期发生额	167 280	

其次，选择适当的分配标准（如产品的生产工时等）分配制造费用，计入产品成本。

制造费用是本期进行产品生产所发生的共同性费用，它最终要转化为产品的生产成本，由本月生产的产品来负担。制造费用可从生产工人工资、生产工人工时（工作时间）、机器工时等为标准进行分配。分配标准不同，则各种产品所负担的制造费用也不相同。选择的分配标准合理与否，直接影响到各种产品所负担的制造费用的多少，从而影响产品成本计算的正确性。因此，应选择合理的分配标准分配制造费用。本例选择生产工人工时为标准分配制造费用，其计算公式为：

$$制造费用分配率=\frac{制造费用总额}{各产品所耗生产工时总数}$$

$$某产品应分摊制造费用=该产品生产工人工时\times制造费用分配率$$

在会计实务中，企业应该编制“制造费用分配表”，反映企业车间或分厂制造费用的分配过程和分配结果。制造费用分配如表6－23所示

表6－23 制造费用分配表

2017年1月 单位：元

产品名称	生产工时	分配率	分配额	
A产品	6 000		100 368	
B产品	4 000		66 912	
合计	10 000	16. 728	167 280	

其中：$制造费用分配率=\frac{167\ 280}{6\ 000+4\ 000}=16.728$

A产品应分配的制造费用 $=6\ 000\times16.728=100\ 368$（元）

B产品应分配的制造费用 $=4\ 000\times16.728=66\ 912$（元）

最后，根据“制造费用分配表”编制会计分录。

借贷规则分析：一方面，本月A、B产品应负担的制造费用分别为100 368元和66 912元，应借记“生产成本”科目；另一方面，制造费用减少了167 280元，应贷记“制造费用”科目，结转后“制造费用”科目无余额。其会计分录为：

借：生产成本——A产品 100 368

——B产品 66 912

贷：制造费用 167 280

【例10】承上例，月末，本月生产的A产品全部完工，B产品全部未完工（假设A、B产品均没有期初余额）。

如前所述，我们已将直接对象化的费用分别记入“生产成本”总账及其所属明细账，如直接材料费用、直接人工费用。期末将制造费用按照生产工人工时分配计入A、B两种产品的生产成本。所以，生产A、B两种产品发生的所有费用，包括直接费用和间接费用，均已记入“生产成本”及其所属的明细账。由于A产品全部完工，且无期初在产品成本，因此，本月A产品的完工成本就是本月A产品实际发生的生产费用。根据例1至例9的会计分录，登记有关“生产成本——A产品”账户（见表6－24），以确定A产品的完工成本为961 568元。

表 6-24 生产成本——A 产品

借方		贷方
(1)	724 400	
(2)	120 000	
(3)	16 800	
(4)	100 368	
本期发生额	961 568	

由于B产品未全部完工，B产品也没有期初在产品成本，因此，本月B产品所发生的生产费用即为B产品期末在产品成本，其金额为651 712元（470 800 + 100 000 + 14 000 + 66 912）。

借贷规则分析：本月完工入库A产品增加961 568元，应借记"库存商品"科目；同时，应结转入库产品的生产成本，贷记"生产成本"科目。其结转完工产品成本的会计分录为：

借：库存商品——A 产品　　961 568
　贷：生产成本——A 产品　　961 568

有关生产费用如何在完工产品和在产品之间进行分配，以及产品成本计算单的编制等成本计算问题，将在本书第六章具体介绍。

第五节　销售过程业务的核算

Marketing Process Accounting

企业经过产品生产过程，制造出合乎规定、可供对外销售的产品，形成商品存货之后，企业经营活动就进入销售过程。商品的销售过程既是产品价值的实现过程，也是成品资金转化为应收账款及货币资金的过程。在这一过程中，企业一方面将生产出来的产品出售给顾客，以满足社会和个人消费的需要；另一方面按照销售价格从顾客那里收回货款，以保证企业再生产和纳税的需要。

企业为取得一定数量的销售收入，必须付出相应数量的产品。为制造这些产品而耗费的材料、人工费等，称为产品的销售成本。企业为销售产品还要消耗包装费、运输费、广告费等，这些耗费与产品营销有关，构成销售费用。销售费用是期间费用，应该由本期的销售收入补偿。此外，企业取得销售收入以后，还必须按照国家税法的规定计算并缴纳销售税金。因此，企业销售过程的主要业务包括确认销售收入，结转销售成本，计提销售税金，核算为销售产品而发生的销售费用，办理应收款项的结算等。

一、销售收入的核算

制造业企业在销售过程中除了发生销售商品、自制半成品和提供工业性劳务外，还可能发生销售材料、出租包装物等其他业务。根据业务占企业的重要程度分为主营业务和其他业务，其收入构成企业的营业收入。这里我们仅以商品销售和材料销售为例说明销售收入的账务处理。

（一）商品销售收入的确认与计量

> 商品销售收入的确认必须符合五个条件。

收入的确认与计量（recognition and measurement）是解决收入在何时入账、以多少金额入账的问题。根据《企业会计准则第14号——收入》中的规定，企业销售商品收入的确认，必须同时符合以下五个条件：①企业已将商品所有权上的主要风险和报酬转移给购买方；②企业既没有保留通常与所有权相联系的继续经营权，也没有对售出的商品实施有效控制；③收入的金额能够可靠计量；④与交易相关的经济利益能够流入企业；⑤相关的已发生或将发生的成本能够可靠计量。

企业销售商品符合上述条件时要确认收入，同时要对其金额进行计量。销售商品收入的计量，一般应当按照从购货方已收或应收的合同或协议价款确定销售商品的收入金额。

（二）科目的设置及其对应关系

1.“主营业务收入（sales 或 prime operating revenue）”科目

这是损益类科目，用来核算企业在销售商品、提供工业性劳务等日常活动中所实现的收入。期末，该科目的余额应全部转入“本年利润”科目，结转后该科目应无余额。“主营业务收入”科目应按主营业务的种类设置明细账，进行明细核算。其账户的基本结构如表6-25所示：

表6-25　主营业务收入

借方：登记企业销货退回冲减的销售收入；期末转入“本年利润”科目的金额	贷方：登记企业本期实现的主营业务收入

2.“其他业务收入（other operating revenue 或 other business revenue）”科目

这是损益类科目，用来反映企业非主营业务如材料销售、资产出租等实现的收入。期末，该科目的余额应全部转入“本年利润”科目，结转后应无余额。其账户的基本结构如表6-26所示：

表 6－26 其他业务收入

借方：期末转入“本年利润”科目的金额	贷方：登记企业本期实现的其他业务收入

3. “应收账款（accounts receivable）”科目

这是资产类科目，用来核算企业因销售商品、提供劳务等，应向购货单位或接受劳务单位收取的款项（即核算企业采用未清账信用销售方式所发生的赊销款、收回款和结欠款）。企业已收回的应收账款包括收回的货款和代垫运杂费，以及债务人以其他资产抵付的应收款项等。该科目应按债务单位设置明细账，进行明细核算。其账户的基本结构如表 6－27 所示：

表 6－27 应收账款

借方：应收账款增加	贷方：应收账款的收回
余额：表示企业尚未收回的应收账款	

期末，如果该科目的某个（或某些）明细科目为贷方余额，表示企业预收或多收购货单位的货款，此时它的实质已暂时转变为负债，编制“资产负债表”时，应该将其（即“应收账款”所属明细账的贷方余额）填入资产负债表中的“预收账款”项目。

4. “应收票据（notes receivable）”科目

这是资产类科目，用来核算企业因销售商品、提供劳务等所收到的商业汇票（即核算企业采用商业汇票债据销售方式所发生的赊销款、收回款和结欠款）。该科目通常不设置明细账。但是，企业应设置“应收票据备查簿”，以加强应收票据的日常管理。其账户的基本结构如表 6－28 所示：

表 6－28 应收票据

借方：登记企业采用商业汇票赊销方式时所发生的赊销款	贷方：登记企业已收回的应收票据款和到期未收回而转入“应收账款”科目的票据款
余额：表示企业尚未收回的应收票据款	

5. “预收账款（receipt in advance）”科目

这是负债类科目，用来核算企业按合同规定向购货方预收的销货款。当企业按合同规定向购买单位预收货款时，尽管已经取得了货币性资产，但是产品的销售并未实现，不能作为产品的销售收入。由于预收了购买单位的货款，企业就承担了到期为其提供产品的义务，所以预收账款是企业的一种负债。其账户的基本结构如表 6－29 所示：

表 6 – 29　预收账款

借方	贷方
借方：登记企业将商品交付给购货单位的商品结算款和退回的多余款	贷方：登记企业向购货单位预收的货款和补收的欠款
	余额：表示企业尚未实际交付商品的预收货款

期末，如果该科目的某个（或某些）明细科目为借方余额，则表示企业应向购货单位补收货款。此时它的实质已暂时转变为资产性质，编制“资产负债表”时，应该将其（即“预收账款”所属明细账的借方余额）填入资产负债表中的“应收账款”项目。

该科目应按购货单位或接受劳务的单位设置明细账，进行明细核算。如果企业预收货款业务不多，也可不设该科目，将偶尔收到的预收销货款记入“应收账款”科目的贷方。

增值税销项税额是企业在销售增值税应税货物或提供应税劳务时向购买方收取的税款，销项税额与进项税额抵扣后，确定增值税的应交额，上缴税务部门。因此，企业销售商品收到的销项税额不能确认为收入，要作为负债处理。

商品销售收入业务的核算如图 6 – 6 所示：

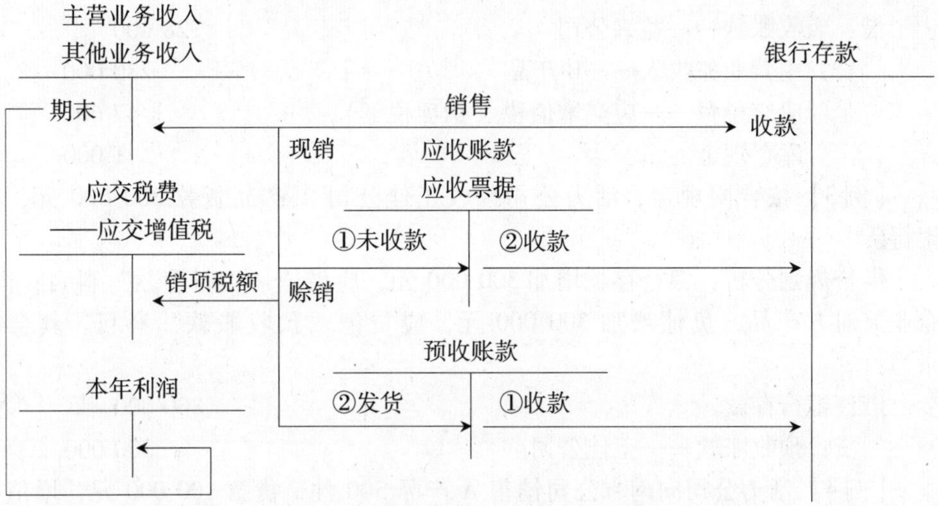

图 6 – 6　商品销售收入业务核算示意图

企业商品销售收入业务的会计分录如下：

（1）销售商品确认收入时：

借：银行存款/应收账款/应收票据/预收账款等

　贷：主营业务收入/其他业务收入

　　　应交税费——应交增值税（销项税额）

（2）预收货款，或收回货款时：

借：银行存款

　贷：预收账款/应收账款/应收票据

（三）商品销售收入核算实例

【例1】活力公司于2017年1月向王府井公司销售A产品5 000件，货款1 000 000元，增值税销项税额170 000元，款项全部收到并存入银行。

借贷规则分析：银行存款增加1 170 000元，应借记“银行存款”科目；产品销售收入增加1 000 000元，应贷记“主营业务收入”科目；同时，企业还应确认增值税销项税额170 000元，负债增加，应贷记“应交税费”科目。其会计分录为：

借：银行存款　　1 170 000
　贷：主营业务收入——A产品　　1 000 000
　　应交税费——应交增值税（销项税额）　　170 000

【例2】活力公司向益兴公司销售B产品2 000件，货款280 000元，增值税销项税额47 600元，款项尚未收到，已向银行办妥托收手续。同时，以现金代垫产品运杂费1 000元。

借贷规则分析：应收销货款增加328 600元，应借记“应收账款”科目；产品销售收入增加280 000元，应贷记“主营业务收入”科目；同时，企业还应确认增值税销项税额47 600元，负债增加，应贷记“应交税费”科目；资产中现金减少1 000元，应贷记“库存现金”科目。其会计分录为：

借：应收账款——益兴公司　　328 600
　贷：主营业务收入——B产品　　280 000
　　应交税费——应交增值税（销项税额）　　47 600
　　库存现金　　1 000

【例3】按合同规定，活力公司预收正佳公司A产品货款300 000元，存入银行。

借贷规则分析：银行存款增加300 000元，应借记“银行存款”科目；同时，企业欠对方产品，负债增加300 000元，应贷记“预收账款”科目。其会计分录为：

借：银行存款　　300 000
　贷：预收账款——正佳公司　　300 000

【例4】活力公司向南方公司销售A产品500件，货款100 000元，增值税销项税额17 000元，款项尚未收到，但收到南方公司签发并承兑的商业汇票一张，期限为2个月，票面金额为117 000元。

借贷规则分析：商业汇票债据赊销款增加117 000元，应借记“应收票据”科目；产品销售收入增加100 000元，应贷记“主营业务收入”科目；同时，企业还应确认增值税销项税额17 000元，负债增加，应贷记“应交税费”科目。其会计分录为：

借：应收票据　　117 000
　贷：主营业务收入——A产品　　100 000
　　应交税费——应交增值税（销项税额）　　17 000

【例5】活力公司将已预收货款的A产品2 500件交付正佳公司，该批商品的货款 500 000 元，增值税销项税额 85 000 元，余款尚未收到。

借贷规则分析：交付已预收货款的产品，公司负债减少，应借记“预收账款”科目（注意：对于尚未收到的部分货款一般不通过“应收账款”科目核算，而在“预收账款”科目中集中反映，使该科目能提供预收货款、销售商品及余款结算的完整记录，在这种情况下，“预收账款”科目会出现借方余额，表示债权）；产品销售收入增加 500 000 元，应贷记“主营业务收入”科目；同时，企业还应确认增值税销项税额 85 000 元，负债增加，应贷记“应交税费”科目。其会计分录为：

借：预收账款——正佳公司　585 000
　贷：主营业务收入——A 产品　500 000
　　应交税费——应交增值税（销项税额）　85 000

【例 6】活力公司通过银行收到益兴公司前欠货税款 328 600 元。

借贷规则分析：银行存款增加 328 600 元，应借记“银行存款”科目；同时，债权减少 328 600 元，应贷记“应收账款”科目。其会计分录为：

借：银行存款　328 600
　贷：应收账款——益兴公司　328 600

【例 7】2017 年 1 月，活力公司售给王府井公司的 A 产品由于产品质量原因而退回 20 件，应退货款 4 000 元，应退增值税销项税额 680 元，款项已通过银行付讫。

借贷规则分析：根据冲账规则“原来做了什么账，就冲掉什么账”（可以采用“反方向冲账法”，也可以采用“同方向红字冲账法”。注意：对于无法收回的代垫运杂费等，应作为管理费用处理），冲销原已确认的产品销售收入 4 000 元，应借记“主营业务收入”科目；冲销原已确认的企业增值税销项税额 680 元，应借记“应交税费”科目；同时，银行存款减少 4 680 元，应贷记“银行存款”科目。其会计分录为：

借：主营业务收入——A 产品　4 000
　应交税费——应交增值税（销项税额）　680
　贷：银行存款　4 680

【例 8】活力公司将不需要的丙材料 1 000 千克销售给益兴公司，售价 55 000 元，增值税销项税额 9 350 元，款项已通过银行收讫。

借贷规则分析：银行存款增加 64 350 元，应借记“银行存款”科目；材料销售收入增加 55 000 元，应贷记“其他业务收入”科目；同时，企业还应确认已经收取的增值税销项税额 9 350 元，负债增加，应贷记“应交税费”科目。其会计分录为：

借：银行存款　64 350
　贷：其他业务收入——丙材料　55 000
　　应交税费——应交增值税（销项税额）　9 350

二、销售成本及费用的核算

> 根据权责发生制和配比原则结转商品销售成本。

在商品销售过程中，企业经常会发生包装费用、运输费用、广告宣传费用，以及专设销售机构的正常经费等销售费用。销售费用是企业为销售商品所发生的各项费用。

随着商品销售的实现，企业应根据实现的销售收入等，按照国家税法所规定的税种、税率缴纳销售税金。企业的销售税金主要有消费税、营业税、城市维护建设税等。

对于企业出售的商品，除了核算其应负担销售费用和销售税金以外，还应计算和结转已售商品的销售成本（即营业成本，对于制造企业而言，主要是已售产品的生产成本）。将已售商品成本结转为营业成本，应遵循配比原则，营业收入与营业成本的确认不仅在时间上要相互配合，在数量上也要保持一致。

制造业企业主营业务成本（商品销售成本）的计算公式为：

本期主营业务成本 = 本期销售产品的数量 × 单位产品的制造成本

其中，单位产品的制造成本可采用加权平均法、个别计价法、先进先出法等方法确定。具体内容在《中级财务会计》“存货”一章中详细介绍。

因此，销售费用、销售税金和销售成本的核算也是销售业务核算的基本内容。

（一）科目的设置及其对应关系

1. “主营业务成本（cost of sales 或 operating costs）”科目

这是损益类科目，用来核算企业因销售商品、提供劳务等日常活动所发生的实际成本。期末，该科目的余额应全部转入“本年利润”科目，结转后应无余额。“主营业务成本”科目应按主营业务的种类设置明细账，进行明细核算。其账户的基本结构如表 6－30 所示：

表 6－30 主营业务成本

借方：登记企业本期销售商品、提供劳务等的实际成本	贷方：登记企业因销货退回而冲减的成本；期末转入“本年利润”科目的金额

2. “其他业务成本（other business cost）”科目

这是损益类科目，用来核算企业除主营业务以外的其他业务成本的发生及其转销情况。期末，该科目的余额应全部转入“本年利润”科目，结转后应无余额。“其他业务成本”科目应按其他业务的种类设置明细账，进行明细核算。其账户的基本结构如表 6－31 所示：

表 6－31 其他业务成本

借方：登记企业本期发生的其他业务成本	贷方：登记企业期末转入“本年利润”科目的金额

3. "营业税金及附加（tax for business）" 科目

企业在销售商品过程中，实现了商品的销售收入，应该向国家税务机关缴纳各种销售税金及附加，如营业税、消费税、城市维护建设税、资源税、土地增值税和教育费附加等。这些销售税金及附加包含在商品的售价中，企业为取得商品销售收入就必须向税务机关缴纳销售税金，因此，销售税金及附加作为企业为获得收入所必然发生的费用，要设置专门科目核算，以便正确计算企业的当期损益。

"营业税金及附加" 科目是损益类科目，用来核算企业日常活动应负担的各项销售税金及附加。期末，该科目的余额应全部转入 "本年利润" 科目，结转后应无余额。除了企业管理上有特殊需要，该科目可以不设置明细账。其账户的基本结构如表 6－32 所示：

表 6－32 营业税金及附加

借方：登记企业日常活动应负担的销售税金及附加	贷方：登记企业期末转入 "本年利润" 科目的金额

4. "销售费用（selling expenses）" 科目

这是损益类科目，用来核算企业销售商品过程中发生的费用。期末，该科目的余额应全部转入 "本年利润" 科目，结转后应无余额。"销售费用" 科目应按费用项目设置明细账，进行明细核算。其账户的基本结构如表 6－33 所示：

表 6－33 销售费用

借方：登记企业发生的各项销售费用	贷方：登记企业期末转入 "本年利润" 科目的金额

商品销售成本及费用的核算如图 6－7 所示：

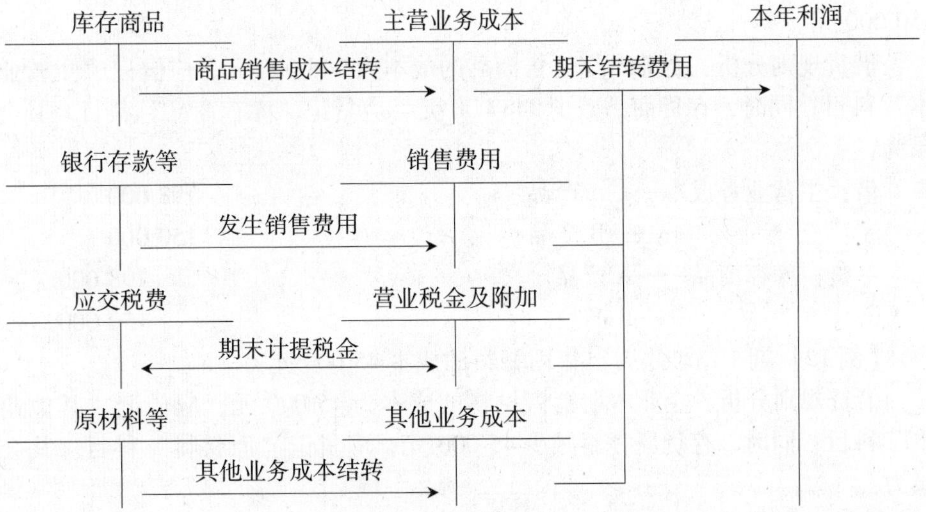

图 6－7 商品销售成本及费用核算示意图

商品销售成本及费用业务的会计分录如下：

（1）发生销售费用时：

借：销售费用

　贷：银行存款等

（2）期末结转销售成本时：

借：主营业务成本

　贷：库存商品

借：其他业务成本

　贷：原材料等

（3）期末计提商品销售税金时：

借：营业税金及附加

　贷：应交税费

（二）商品销售成本及费用核算实例

【例9】2017年1月，活力公司开出转账支票支付销售产品发生的广告费，金额为50 000元。

借贷规则分析：企业本期销售费用增加50 000元，应借记“销售费用”科目；同时，银行存款减少50 000元，应贷记“银行存款”科目。其会计分录为：

借：销售费用　　50 000

　贷：银行存款　　50 000

【例10】活力公司开出现金支票支付销售产品的运杂费，金额为2 000元。

借贷规则分析：企业本期销售费用增加2 000元，应借记“销售费用”科目；同时，银行存款减少2 000元，应贷记“银行存款”科目。其会计分录为：

借：销售费用　　2 000

　贷：银行存款　　2 000

【例11】期末结转本月已售A产品的制造成本798 000元，B产品的制造成本150 000元。

借贷规则分析：企业本期已售商品的成本为948 000元，应借记“主营业务成本”科目；同时，存货商品减少948 000元，应贷记“库存商品”科目。其会计分录为：

借：主营业务成本——A产品　　798 000

　　　　　　　　——B产品　　150 000

　贷：库存商品——A产品　　798 000

　　　　　　　——B产品　　150 000

【例12】期末结转本月已售丙材料的成本45 000元。

借贷规则分析：企业本期销售材料的成本为45 000元，应借记“其他业务成本”科目；同时，存货原材料减少45 000元，应贷记“原材料”科目。其会计分录为：

借：其他业务成本　　45 000

　贷：原材料——丙材料　　45 000

【例 13】以银行存款缴纳增值税 69 020 元。

借贷规则分析：企业上缴税金使负债减少 69 020 元，应借记“应交税费”科目；同时，银行存款减少 69 020 元，应贷记“银行存款”科目。其会计分录为：

借：应交税费——应交增值税（已交税金） 69 020

　贷：银行存款 69 020

【例 14】活力公司按照税法规定计算出本月应交城市维护建设税为 4 830 元，教育费附加 2 070 元。

借贷规则分析：对于企业本期发生的销售税金费用 6 900 元，应借记“营业税金及附加”科目；同时，由于该笔应交税金尚未支付，债务增加 6 900 元，应贷记“应交税费”科目。其会计分录为：

借：营业税金及附加 6 900

　贷：应交税费——应交城市维护建设税 4 830

　　　　　　——应交教育费附加 2 070

第六节　利润和利润分配的核算

Profit and Its Distribution Accounting

> 利润是企业一定时期内的经营成果。利润的形成及其分配的核算就是企业财务成果的核算。

企业作为一个独立的经济实体，其经营活动的主要目的就是维持和提高其盈利水平，增强企业的获利能力。利润是企业在一定时期内的经营成果，这是一个综合性很强的获利能力指标。企业扩大商品销售量、提高产品质量、降低产品成本等方面所取得的业绩，都会通过利润指标反映出来，使利润成为衡量企业经营绩效的主要标准。会计信息使用者借助于利润指标，可以分析企业利润增减变化情况及其变动趋势，促使企业不断改善经营管理，提高经济效益。此外，利润也是企业计算纳税的依据。

因此，企业必须加强利润及利润分配的核算，如实反映企业利润的形成和分配情况，为相关会计报表使用者提供对其决策有用的利润信息。

一、利润的构成与计算

利润是企业在一定会计期间的经营成果，就其构成内容来看，既有通过生产经营活动而获得的，也有通过投资活动而获得的，还有那些与企业日常经营活动无关的应计入当期损益的利得和损失等。直接计入当期利润的利得和损失，是指应当计入当期损益、会导致所有者权益发生增减变动的、与所有者投入资本或者向所有者分配利润无关的利得（又称为营业外收入）或者损失（又称为营业外支出）。

1. 营业利润

营业利润的计算公式为：

营业利润 = 营业收入 - 营业成本 - 营业税金及附加 - 销售费用 - 管理费用 - 财

务费用 - 资产减值损失 + 公允价值变动损益 + 投资收益

其中：

营业收入 = 主营业务收入 + 其他业务收入

营业成本 = 主营业务成本 + 其他业务成本

资产减值损失、公允价值变动损益和投资收益的核算将在《中级财务会计》中介绍。

2. 利润总额

利润总额的计算公式为：

利润总额 = 营业利润 + 营业外收入 - 营业外支出

其中，营业外收入指企业发生的与日常活动无直接关系的各项利得，包括罚款收入、捐赠收入、非流动资产处置利得、确实无法支付的应付账款等。营业外收入并不是企业经营资金耗费所产生的，不需要企业付出代价，实际上是经济利益的净流入，不可能也不需要与有关的费用进行配比。

营业外支出指企业发生的与日常活动无直接关系的各项损失，包括罚款支出、捐赠支出、非流动资产处置净损失、盘亏净损失、非常损失等。

3. 净利润

净利润的计算公式为：

净利润 = 利润总额 - 所得税费用

其中，所得税费用指企业确认的应从当期利润总额中扣除的所得税费用。

所得税是根据企业应纳税所得额的一定比例上缴的一种税金，是企业使用政府所提供的各种服务而向政府应尽的义务。企业作为经营主体，为获得一定的利润就必须向国家缴纳所得税，导致经济利益流出企业。因此，从会计主体视角看，所得税是企业的一项费用。会计上对于所得税费用的确定，有应付税款法和纳税影响会计法。应付税款法是指企业不确认暂时性差异对所得税的影响金额，按照当期计算的应交所得税确认为当期所得税费用的方法；纳税影响会计法是指企业确认暂时性差异对所得税的影响金额，按照当期应交所得税和暂时性差异对所得税影响金额的合计确认为当期所得税费用的方法。

本教材以应付税款法来确定所得税费用，即企业的所得税费用由当期应交的所得税额确定。纳税影响会计法将在《中级财务会计》中详细介绍。

企业所得税通常按年计算、分期预交、年末汇算清缴，其计算公式为：

应交所得税 = 应纳税所得额 × 所得税税率

应纳税所得额 = 利润总额 ± 所得税前利润中予以调整的项目

应纳税所得额（简称纳税所得）是企业根据政府有关税收法规规定的收入和准予扣除的费用计算的应税利润；利润总额是由企业根据会计准则、制度的规定，确认收入、费用并进行配比计算得出的税前会计利润。由于两者遵循的原则和计算方法不同，因此，计算结果往往不一致。因此，企业在依据税前会计利润计算并确定本期应纳所得税额时，应该按税法要求对税前会计利润进行调整，需要调整的项目称为纳税调整项目。纳税调整项目的内容比较复杂，将在《中级财务会计》和《税务会计》等书中详细介绍。为了简化核算，本教材假设企业没有纳税调整项目，且企业所得税税率为25%，在应付税款法下企业应交所得税的计算公式为：

应交所得税 = 利润总额 × 25%
= 所得税费用

二、利润形成的核算

（一）科目的设置及其对应关系

1. "营业外收入（non - operating revenue）" 科目

这是损益类科目，用来核算企业发生的与企业生产经营无直接关系的各项收入。期末，该科目的余额应全部转入 "本年利润" 科目，结转后应无余额。该科目应按营业外收入的具体项目设置明细账，进行明细核算。其账户的基本结构如表6 - 34 所示：

表 6 - 34　营业外收入

借方：登记企业期末转入 "本年利润" 科目的营业外收入	贷方：登记企业本期发生的各种营业外收入

2. "营业外支出（non - operating expenses）" 科目

这是损益类科目，用来核算企业发生的与企业生产经营无直接关系的各项支出。期末，该科目的余额应全部转入 "本年利润" 科目，结转后应无余额。该科目应按营业外支出的具体项目设置明细账，进行明细核算。其账户的基本结构如表6 - 35 所示：

表 6 - 35　营业外支出

借方：登记企业本期所发生的各项营业外支出	贷方：登记企业期末转入 "本年利润" 科目的营业外支出

3. "所得税费用（income tax expenses）" 科目

这是损益类科目，用来核算企业按规定从当期损益中扣除的所得税费用。期末，该科目的余额应全部转入 "本年利润" 科目，结转后应无余额。该科目一般不设置明细账。其账户的基本结构如表 6 - 36 所示：

表 6 - 36　所得税费用

借方：登记企业按规定应从当期损益中扣除的所得税费用	贷方：登记企业期末转入 "本年利润" 科目的所得税费用

4. "本年利润（current year profits）" 科目

这是所有者权益类科目，用来核算企业本年度实现的净利润或发生的净亏损。该科目平时有余额，反映累计实现的净利润或净亏损；年终应将该科目的余额即全年实现的净利润或净亏损全部转入“利润分配——未分配利润”明细科目，结转后应无余额。其账户的基本结构如表6－37所示：

表6－37 本年利润

借方：登记企业期末从有关损益类科目转入的各种成本费用	贷方：登记企业期末从有关损益类科目转入的各种收入
平时余额：累计发生净亏损	平时余额：累计实现净利润
年终转入“利润分配”科目的本年净利润	年终转入“利润分配”科目的本年净亏损

企业在一定时期内经营所取得的收益和发生的支出，都反映在相关的损益类科目中，根据配比原则抵减以确定企业的利润总额和净利润。企业一般按月核算利润，按月核算利润有困难的，也可以按季或者按年核算利润。确定利润的具体方法有账结法和表结法两种。

（1）本年利润结转的账结法。

在账结法下，各月末应该将本月收入从各有关收入类科目的借方转入“本年利润”科目的贷方，将本月费用从各有关费用类科目的贷方转入“本年利润”科目的借方，各月末结账后“本年利润”科目的余额即为截至本月末本年累计已实现的利润（或发生的亏损），且在年度内该科目的余额一直保留不予结转。年末，再将该科目的贷方（或借方）余额转入“利润分配——未分配利润”明细账，结转后应无余额。本教材对利润的核算方法采用账结法。

（2）本年利润结转的表结法。

所谓表结法是指各月末通过编制“本年利润结转资料表”来计算出本月利润并在年末全部予以结转的一种利润计算方法。在表结法下，年内各月份均不结转各损益类科目，各损益类科目均保持其月末余额，反映当年累计发生额。只在年末结账时，将全年累计收入从各有关收入类科目的借方转入“本年利润”科目的贷方，将全年累计费用从各有关费用类科目的贷方转入“本年利润”科目的借方，结转后损益类科目无余额。“本年利润”科目年末余额的结转与账结法相同。

期末结账后无余额的账户称为虚账户。虚账户是为了满足会计核算上的需要而设置的具有过渡性质的账户，也是为了提供本年的各项收入和费用支出的构成而设置的账户，会计核算期结束时，其当期使命也就完成了。因此，应该将各项收入和费用支出转入“本年利润”账户，以便计算当期的经营成果。同时，由于虚账户余额结清为零，也就为记录下期各项收入和费用支出做好了准备，以保证各期经营成果核算的清晰性和真实性。

本年利润形成业务的核算如图6－8所示：

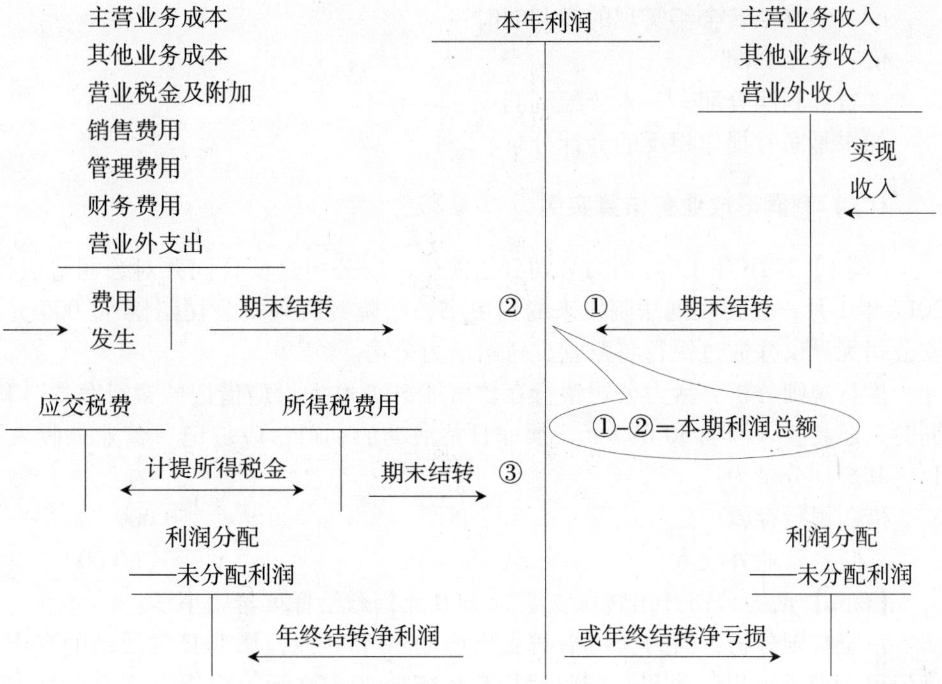

图6-8　本年利润形成业务的核算示意图

企业利润形成业务的有关会计分录如下：

(1) 期末结转有关损益收入类科目时：

借：主营业务收入

　　其他业务收入

　　投资收益

　　营业外收入

　贷：本年利润

(2) 期末结转有关损益支出类科目时：

借：本年利润

　贷：主营业务成本

　　　其他业务成本

　　　营业税金及附加

　　　销售费用

　　　管理费用

　　　财务费用

　　　营业外支出

(3) 期末计提所得税，确定所得税费用时：

借：所得税费用

　贷：应交税费——应交所得税

同时，结转“所得税费用”科目：

借：本年利润

　贷：所得税费用

(4) 年终结转全年实现的净利润时:

借: 本年利润

  贷: 利润分配——未分配利润

如果是净亏损作相反的会计分录。

(二) 利润形成业务核算实例

【例1】2016年12月活力公司到法院告兴安公司违反合同并对公司造成损失。2017年1月，公司收到法院发来的判决书，法院判决兴安公司赔偿50 000元，兴安公司无异议并通过银行将赔款支付给活力公司。

借贷规则分析：活力公司银行存款增加50 000元，应借记“银行存款”科目；同时，赔款收入增加50 000元，属非日常活动的利得，应贷记“营业外收入”科目。其会计分录为:

借: 银行存款　　50 000

  贷: 营业外收入　　50 000

【例2】活力公司开出转账支票30 000元捐赠给育英希望小学。

借贷规则分析：活力公司捐赠支出增加30 000元，属非日常活动的支出，应借记“营业外支出”科目；同时银行存款减少30 000元，应贷记“银行存款”科目。其会计分录为:

借: 营业外支出　　30 000

  贷: 银行存款　　30 000

【例3】2017年1月末，结账前活力公司有关损益类科目的余额如表6-38所示。

表6-38　　单位：元

账户名称	借方余额	账户名称	贷方余额
主营业务成本	948 000	主营业务收入	1 876 000
其他业务成本	45 000	其他业务收入	55 000
营业税金及附加	6 900	营业外收入	50 000
销售费用	52 000		
管理费用	126 010		
财务费用	750		
营业外支出	30 000		
合计	1 208 660	合计	1 981 000

借贷规则分析：结转损益类科目时，收入类科目和费用类科目应该分别进行结转，不能合并为一笔会计分录。

(1) 结转收入类科目时，应该将其余额从借方转出，借记损益收入类科目，使该类科目的期末余额为0；同时，收入的增加会导致所有者权益增加，应该贷记“本年利润”科目以归集企业本期的收益总额。其会计分录为：

借：主营业务收入 1 876 000
　　其他业务收入 55 000
　　营业外收入 50 000
　贷：本年利润 1 981 000

（2）结转支出类科目时，应该将支出类科目的余额从贷方转出，并使该类科目的期末余额为0；同时，费用支出增加会导致所有者权益减少，应该借记“本年利润”科目以归集企业本期的费用支出总额。其会计分录为：

借：本年利润 1 208 660
　贷：主营业务成本 948 000
　　　其他业务成本 45 000
　　　营业税金及附加 6 900
　　　销售费用 52 000
　　　管理费用 126 010
　　　财务费用 750
　　　营业外支出 30 000

【例4】活力公司计算并结转2017年1月应交所得税193 085元。

本月利润总额 = 1 981 000 - 1 208 660 = 772 340（元）

应交所得税 = 772 340 × 25% = 193 085（元）

借贷规则分析：①对于所得税费用增加193 085元，应借记“所得税费用（income tax expenses）”科目；同时，欠税务部门税金增加193 085元，应贷记“应交税费”科目。②由于“所得税费用”科目属于损益类科目，应通过结账使其期末余额为0（即将其结账前的期末余额转入“本年利润”），因此应贷记“所得税费用”科目；同时，所得税费用会使企业所有者权益减少，应借记“本年利润”科目。其会计分录为：

借：所得税费用 193 085
　贷：应交税费——应交所得税 193 085
借：本年利润 193 085
　贷：所得税费用 193 085

【例5】活力公司开出转账支票上缴企业所得税193 085元。

借贷规则分析：本笔业务发生后，欠税务部门的债务减少193 085元，应借记“应交税费”科目；同时，银行存款也减少193 085元，应贷记“银行存款”科目。其会计分录为：

借：应交税费——应交所得税 193 085
　贷：银行存款 193 085

【例6】年终，活力公司将全年实现的净利润6 951 060元（假设活力公司全年实现的净利润是1月实现的净利润的12倍）结转到“利润分配——未分配利润”科目。

1 月实现的净利润 = 1 981 000 - 1 208 660 - 193 085

= 579 255 元

全年实现的净利润 = 579 255 × 12 = 6 951 060 元

借贷规则分析：年度终了，企业应将全年实现的净利润，自“本年利润”科目的借方转入“利润分配——未分配利润”科目的贷方。结转之后，“本年利润”科目应无余额。其会计分录为：

借：本年利润　　　　6 951 060

　贷：利润分配——未分配利润　　　　6 951 060

三、利润分配的核算

（一）利润分配的顺序

> 利润分配的基本顺序：①弥补以前年度未弥补的亏损；②提取（包括法定盈余公积、任意盈余公积）；③向投资者分派现金股利或利润。

企业缴纳所得税后的利润，应按照相关法规规定和投资者协议等进行合理净利润分配。企业当年实现的净利润，加上年初未分配利润（或减去年初未弥补亏损）和其他转入数的余额，为可供分配的利润。可供分配的利润，按下列顺序分配：

（1）提取法定盈余公积。根据《公司法》等有关法规的规定，公司制企业应该按税后利润的 10% 提取法定盈余公积，其他企业可以根据需要确定提取比例，但不得低于 10% 。企业提取的法定盈余公积累计额超过注册资本的 50% 以上的，可以不再提取。盈余公积可用于弥补亏损、转增资本，是企业的风险防范和后续发展资金。

（2）向优先股股东分派股利。优先股股利是指企业按照利润分配方案分配给优先股股东的现金股利。

（3）提取任意盈余公积。任意盈余公积是指企业按公司章程等有关规定，在依法提取法定盈余公积之外所提取的盈余公积，是否提取和提取比例完全由企业根据公司章程或投资协议等自行确定。

（4）向普通股股东分派现金股利（或向投资者分派利润）。普通股现金股利（或投资者利润）是指企业按照利润分配方案分配给普通股股东的现金股利（或分配给投资者的利润）。企业可供分配的利润扣除上述项目后，就是可供普通股股东（或投资者）分配的利润。经过上述利润分配后，其差额为年末未分配利润（或未弥补亏损）。未分配利润可留待以后年度进行分配（如果企业发生亏损，可以按规定由以后年度利润进行弥补）。

未分配利润是所有者权益的一个重要组成部分。相对于所有者权益的其他部分而言，企业对于未分配利润的使用有较大的自主权。

（二）设置的主要科目及其对应关系

为了反映和核算企业利润的分配情况，企业应设置以下主要科目：

1. “利润分配（profit distribution）”科目

这是所有者权益类科目，用来核算企业利润的分配情况（或亏损的弥补情况）和历年分配（或弥补）后的积存余额。其账户的基本结构如表6－39所示：

表6－39 利润分配

借方：登记企业本年度分配的利润，或年终从“本年利润”科目转入的当年发生的净亏损	贷方：登记企业年终从“本年利润”科目转入的当年实现的净利润
借方余额：表示企业历年积存的未弥补亏损	贷方余额：表示企业历年积存的未分配利润

该科目还应根据利润分配的内容设置“提取法定盈余公积”、“提取任意盈余公积”、“应付股利”、“未分配利润”等明细科目。

年度终了，应将“利润分配”科目下的其他明细科目的余额全部转入“利润分配——未分配利润”明细科目。结转后，除“利润分配——未分配利润”明细科目外，该科目的其他明细科目应无余额。

2. “盈余公积（surplus reserves）”科目

这是所有者权益类科目，用来核算企业的盈余公积的提取、使用和结余情况。该科目应按盈余公积的种类（法定盈余公积、任意盈余公积等）设置明细账，进行明细核算。其账户的基本结构如表6－40所示：

表6－40 盈余公积

借方：登记企业盈余公积的使用额	贷方：登记企业盈余公积的提取额
	余额：表示企业盈余公积的结余额

3. “应付股利（dividends payable）”科目

这是负债类科目，用来核算企业经董事会（或股东大会，或类似机构）决议，确定应分配给所有者的现金股利或利润及其实际发放情况。企业分配的股票股利，不通过该科目核算。该科目应按企业所有者（投资人）设置明细账，进行明细核算。其账户的基本结构如表6－41所示：

表6－41 应付股利

借方：登记企业已支付的利润	贷方：登记企业根据已通过的股利或利润分配方案，应支付给投资者的现金股利或利润
	余额：表示企业尚未支付的现金股利或利润

企业利润分配业务的核算如图6－9所示：

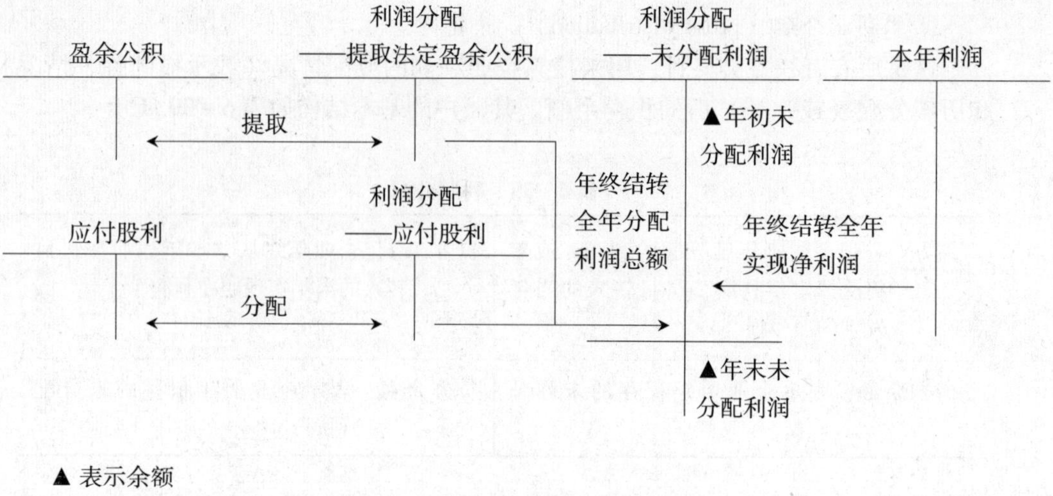

图 6-9　利润分配业务核算示意图

企业利润分配业务的会计分录为：

（1）提取法定盈余公积时：

借：利润分配——提取法定盈余公积

　贷：盈余公积——法定盈余公积

（2）分配给股东现金股利时：

借：利润分配——应付股利

　贷：应付股利

（3）实际发放现金股利时：

借：应付股利

　贷：银行存款

（4）年终结转“利润分配”其他明细账余额时：

借：利润分配——未分配利润

　贷：利润分配——提取法定盈余公积

　　　　　　——应付股利

（三）利润分配业务核算实例

【例7】2017 年年终，活力公司按税后利润 6 951 060 元的 10% 提取法定盈余公积。

借贷规则分析：通过利润分配，企业已分配的利润额增加了（即税后利润减少了）695 106 元，应借记“利润分配”科目；同时，盈余公积由此增加了 695 106 元，应贷记“盈余公积”科目。其会计分录为：

借：利润分配——提取法定盈余公积　　695 106

　贷：盈余公积——法定盈余公积　　695 106

【例8】根据活力公司董事会已通过的利润分配方案，应向投资者分配现金股利 1 500 000 元。

借贷规则分析：通过利润分配，已分配的利润额增加了（即税后利润减少了）

1 500 000 元，应借记“利润分配”科目；同时，公司欠所有者现金股利增加了 1 500 000 元，应贷记“应付股利”科目。其会计分录为：

借：利润分配——应付股利　　1 500 000
　　贷：应付股利　　1 500 000

【例 9】2017 年年终，将“利润分配”科目中除“未分配利润”以外的其他各明细科目的余额转入“未分配利润”明细科目。

借贷规则分析：这是一笔年终结账的会计事项。年度终了，企业应将“利润分配”下除“未分配利润”明细科目外的其他明细科目的余额，转入“利润分配——未分配利润”明细科目。结转之后，除“未分配利润”明细科目外，“利润分配”的其他明细科目均应无余额。“利润分配——未分配利润”明细科目年末余额，表示企业历年积存的未分配利润或未弥补亏损。其会计分录为：

借：利润分配——未分配利润　　2 195 106
　　贷：利润分配——提取法定盈余公积　　695 106
　　　　　　　　——应付股利　　1 500 000

What is the cost of sales?

Cost of sales is the caption commonly used on a manufacturer's or retailer's income statement instead of the caption cost of goods sold or cost of products sold.

The cost of sales for a manufacturer is the cost of finished goods in its beginning inventory plus the cost of goods manufactured minus the cost of finished goods in ending inventory.

The cost of sales for a retailer is the cost of merchandise in its beginning inventory plus the net cost of merchandise purchased minus the cost of merchandise in its ending inventory.

The cost of sales does not include selling expenses or general and administrative expenses, which are commonly referred to as SG&A.

Revenue Recognition Principle:

The accounting guideline requiring that revenues be shown on the income statement in the period in which they are earned, not in the period when the cash is collected. This is part of the accrual basis of accounting (as opposed to the cash basis of accounting).

Matching Principle:

The principle that requires a company to match expenses with related revenues in order to report a company's profitability during a specified time interval. Ideally, the matching is based on a cause and effect relationship: sales causes the cost of goods sold expense and the sales commissions expense. If no cause and effect relationship exists, accountants will show an expense in the accounting period when a cost is used up or has expired. Lastly, if a cost cannot be linked to revenues or to an accounting period, the expense will be recorded immediately. An example of this is Advertising Expense and Research and Development Expense.

Sample Transaction #1：

On December 2, company A purchases a used equipment for $14,000 by writing a check for $14,000.

In this transaction, The accounts involved are Cash in bink and Equipment. When the check is written, the accounting software will automatically make the entry into these two accounts. The Cash in bank account will be credited for $14,000 and the Equipment account will have to be debited for $14,000. So, in this case the entry is：

Debit：Equipment 14,000

Credit：Cash in banks 14,000

Sample Transaction #2：

On December 2 when company A contacts an insurance agent regarding insurance coverage for the equipment company just purchased. The agent informs him that $1,200 will provide insurance protection for the next six months. company A immediately writes a check for $1,200 and mails it in.

Since a check is written, we know that one of the accounts involved is Cash in bank. Since cash was paid, the Cash in bank account will be credited. and the Equipment account will have to be debited for $14,000. So, in this case the entry is：

Debit：Prepaid Insurance 1,200

Credit：Cash in banks 1,200

Assets include costs that are not yet expired (not yet used up), while expenses are costs that have expired (have been used up). Since the $1,200 payment is for an expense that will not expire in its entirety within the current month, it would be logical to debit the account Prepaid Insurance. (At the end of each month, when $200 has expired, $200 will be moved from Prepaid Insurance to Insurance Expense). Prepaid Insurance is an asset account reported on the balance sheet and Insurance Expense is an expense account reported on the income statement.

小结、练习与思考
Summarization, Exercises and Review

一、小结（Summarization）

制造业企业是从事产品生产与加工的企业，其生产经营活动主要由供应过程、生产过程和销售过程所构成。制造业企业资金循环从货币资金形态开始，依次转化为储备资金、生产资金、成品资金、结算资金，又回到货币资金形态。

本章以制造业企业为例，应用已经学到的设置科目和复式记账法的基本知识，逐步阐明会计是如何以其专门的方法核算、监督企业的经济业务的。制造业企业的主要经济业务包括资金筹集业务、供应过程业务、生产过程业务、销售过程业务、财务成果的形成和利润分配业务。

企业资金筹集的两种主要形式是投资者投资和向银行借款。应掌握“实收资本”科目和“短期借款”科目的使用，流动资金借款利息的计提应通过“预提费用”科目核算。

供应过程的核算内容主要包括固定资产的购置和材料的购买业务。购入凡是需要安装的固定资产都需要通过“在建工程”科目核算。一般纳税人固定资产的购置成本与原材料的采购成本一样，采购人员的差旅费、购买过程中所支付的增值税进项税额不计入财产物资初始计量成本。材料的采购成本由买价和采购费用组成。

产品生产过程的核算内容主要包括直接生产费用的核算、间接生产费用的归集与分配核算、产品生产成本的计算。直接生产费用直接记入“生产成本”科目，间接生产费用通过“制造费用”科目归集再分配记入“生产成本”科目，“制造费用”科目月末无余额。“生产成本”科目是成本计算科目，其使命是计算完工产品的成本，因此，完工入库产品的生产成本要从该科目中转出，记入“库存商品”科目，“生产成本”科目的余额表示期末在产品成本。

按照权责发生制和配比原则的要求，对于跨期费用企业需要设置“待摊费用”资产科目和“预提费用”负债科目核算。

期间费用包括管理费用、销售费用和财务费用，这些费用与产品的生产没有直接关系，不能计入产品的成本，而应计入当期损益。

商品销售过程的核算内容主要包括商品销售收入的确认、与购买单位办理货款的结算、商品销售成本的结转、销售费用的确认、商品销售税金的计提业务。商品销售一方面按商品的售价确认销售收入，另一方面按商品的制造成本结转销售成本，销售成本的结转往往在期末进行。

利润计算的相关公式：

营业利润＝营业收入－营业成本－营业税金及附加－销售费用－管理费用－财务费用－资产减值损失＋公允价值变动损益＋投资收益

利润总额＝营业利润＋营业外收入－营业外支出

净利润＝利润总额－所得税费用

为了反映利润的形成情况，对于构成利润的各项收益和成本费用分别设置科目进行核算，这些构成利润的科目称为损益类科目，期末将这些科目所归集的各种收益和费用转入“本年利润”科目后，损益类科目无余额。因此，损益类科目中既有反映收益的科目，也有反映费用支出的科目，它们的结构正好相反。

“本年利润”科目是所有者权益科目，用于核算会计主体单位本年度实现的净利润或发生净亏损。该科目平时有余额，年终转入“利润分配——未分配利润”明细账后无余额。

企业税后利润一般按下列顺序分配：首先弥补以前年度未弥补的亏损，其次提取法定盈余公积，最后向投资者分派利润或股利。通过设置“利润分配”所有者权益科目来核算会计主体单位对于实现利润的分配、发生亏损的弥补以及未分配利润或未弥补亏损的积存额。

二、练习与思考（Exercises and Review）

（一）单选题

1.“生产成本”科目的贷方发生额表示（　　）。

A. 期初在产品成本　　B. 期末在产品成本

C. 本月完工入库产品成本　　D. 本月发生的生产费用

2. 损益类科目期末没有余额，所以其本期发生额应于期末结转到（　　）科目。

A. 本年利润　　B. 盈余公积　　C. 利润分配　　D. 生产成本

3. 会计核算中配比包括（　　）。

A. 系统配比　　B. 因果配比　　C. 事项配比　　D. 业务配比

4. 下列属于营业外支出的是（　　）。

A. 自然灾害造成的损失　　B. 投资损失

C. 利息支出　　D. 材料销售净损失

5. 下列属于负债类科目的是（　　）。

A. 预付账款　　B. 待摊费用　　C. 其他应收款　　D. 预提费用

（二）多选题

1. 下列项目中影响营业利润的项目有（　　）。

A. 其他业务收入　　B. 管理费用

C. 所得税费用　　D. 营业外支出

E. 营业税金及附加

2. 工业企业生产准备业务核算的主要内容包括（　　）。

A. 产品生产业务的核算　　B. 利润分配业务的核算

C. 短期借款的核算　　D. 材料采购业务的核算

E. 固定资产购置业务的核算

3. 以下存在因果关系的收益和支出有（　　）。

A. 主营业务收入和主营业务成本　　B. 其他业务收入和其他业务成本

C. 罚款收入和罚款支出　　D. 捐赠收入和捐赠支出

E. 投资收益和投资损失

4. 下列账户中期末结账后无余额的有（　　）。

A. 管理费用　　B. 生产成本　　C. 财务费用　　D. 利润分配

E. 营业外收入

5. 在中国大陆，作为一般纳税人的工业企业购置固定资产的原始价值应包括（　　）。

A. 大额采购人员差旅费　　B. 安装费

C. 增值税进项税额　　D. 运杂费

E. 买价

（三）判断题

1. 营业外支出使企业资产发生损失，所以应与营业外收入配比。（　　）

2. “累计折旧”科目的余额在贷方，所以它是负债类科目。（　　）

3. 投资者以实物资产投资企业后，对投入的具体资产仍具有所有权。（　　）

4. 企业在销售商品时，收入应该及时确认，但销售成本一般可以在月末统一结转。（　　）

5. 计算所得税和缴纳所得税在会计实务中是两个不同的会计事项，所以，在进行会计处理时应编制两笔会计分录。（　　）

（四）思考题

1. 企业的资金筹集业务、财产物资供应业务、产品生产业务、商品销售业务的基本核算内容分别有哪些？

2. 企业财产物资供应过程的核算应设置哪些主要科目？这些科目的结构如何？

3. 企业产品生产过程的核算应设置哪些主要科目？这些科目的结构如何？

4. 企业商品销售过程的核算应设置哪些主要科目？这些账户的结构如何？

5. 企业利润及利润分配业务的核算应设置哪些主要科目？这些账户的结构如何？

6. 制造费用、管理费用、销售费用、财务费用各核算哪些内容？

7. 企业税后利润分配的程序如何？

（五）实训题

1. 练习资金筹集业务的核算。

华润公司 2017 年 3 月发生下列经济业务：

（1）收到西南电力公司投入的初始注册资本金 200 万元，存入银行。

（2）收到新安公司投入的固定资产一批，评估确认的价值为 140 万元。

（3）收到清华科技公司以专利权进行投资，评估确认价值 80 万元，其中注册资本 60 万元，20 万元形成资本公积。

（4）向银行借入 30 万元、6 个月期限、利率为 6% 的流动资金借款，款项已存入公司结算户。利息每季度末结算一次。

（5）通过银行办理结算，偿还已到期的短期借款 10 万元。

（6）经批准办妥撤资手续，同意远华公司撤走资本金 40 万元，通过银行付讫。

（7）月末，计提本月短期借款利息 1 500 元。

（8）公司为扩大生产经营规模，决定用资本公积 100 000 元转增资本金。

要求：根据上述业务编制会计分录。

2. 练习财产物资购置业务的核算。

华润公司 2017 年 3 月发生下列经济业务：

（1）向华丰公司购进甲材料 10 000 千克，价款 300 000 元，进项税额为 51 000 元，价税合计 351 000 元，运杂费 2 500 元。款项尚未支付，材料已验收入库。

（2）通过银行预付给新安公司乙材料订金 200 000 元。

（3）向正佳公司购买一台需要安装的设备，价款 400 000 元，增值税税率 17%，运杂费 2 000 元，开出一张面额 470 000 元、3 个月期限的无息商业承兑汇票进行支付。

（4）采购员李小冬出差前预借差旅费 2 000 元，开出现金支票付讫。

（5）开出转账支票支付上述设备安装费用 5 000 元。

（6）上述设备安装完毕交付生产使用。

（7）从王福井公司购入甲材料 2 000 千克，货款 60 000 元，乙材料 4 000 千克，货款 320 000 元，增值税税率 17%，款项通过银行支付，材料尚未入库。同时，以现金支付材料的运杂费 1 500 元，按材料重量分摊运杂费。

（8）上述在途材料已运到公司，并已验收入库。

（9）收到新安公司发来乙材料 5 000 千克，货款 400 000 元，增值税税率 17%，余款通过银行补付。材料已验收入库。

（10）李小冬回公司报销市内采购差旅费 2 300 元，以现金 300 元补付差额。

（11）购入复印机一台，价款 20 000 元，增值税税率 17%，款项已通过银行付讫。

要求：根据上述业务编制会计分录。

3. 练习产品生产业务的核算。

华润公司 2017 年 3 月发生下列经济业务：

（1）本月仓库发出材料汇总表如下：

单位：元

项目	甲材料	乙材料	丙材料	合计
A 产品	350 000	120 000	40 000	510 000
B 产品	150 000	280 000	60 000	490 000
车间一般耗用	7 000		2 000	9 000
行政部门耗用			3 000	3 000
合计	507 000	400 000	105 000	1 012 000

（2）计算出本月应付职工工资 120 000 元，具体分配如下：

A 产品生产工人工资　　54 000 元

B 产品生产工人工资　　36 000 元

车间管理人员工资　　10 000 元

行政管理人员工资　　20 000 元

（3）开出一张转账支票 120 000 元，发放职工工资。

（4）以银行存款购入办公用品 2 500 元直接领用，其中车间用 1 100 元、行政管理部门用 1 400 元。

（5）按工资总额的 14% 计提本月职工福利费。

（6）开出现金支票支付业务招待费 5 000 元。

（7）临时租用车间用厂房一间，以银行存款支付本月租金 1 500 元。

（8）以转账支票支付公司排污费 2 000 元、绿化费 1 000 元。

（9）以银行存款支付本月水电费 5 200 元，其中 A 产品耗用 2 500 元、B 产品耗用 2 000 元、生产车间耗用 200 元和行政管理部门耗用 500 元。

（10）计提本月固定资产折旧 50 000 元，其中生产车间用固定资产 40 000 元、行政管理部门用固定资产 10 000 元。

（11）摊销应由本月负担的书报费 2 000 元，其中生产车间 800 元、行政管理部门 1 200 元。

（12）计算本月发生的制造费用总额 64 000 元，按甲、乙两种产品的生产工时分配本月制造费用，A 产品生产工时 600 工时，B 产品生产工时 400 工时。

（13）本月生产的 A 产品全部完工验收入库，B 产品全部未完工。结转完工产品成本。（假设 A 产品没有期初在产品）

要求：根据上述业务编制会计分录。

4. 练习商品销售业务的核算。

华润公司 2017 年 3 月发生下列经济业务：

（1）销售给王府井公司 A 产品 500 件，每件售价（不含税，后同）1 000 元，货款计 500 000 元。增值税税率 17%。购买单位交来转账支票一张，面额 585 000 元。货已提走，支票送存银行。

（2）销售给好又多公司一批 A 产品，计 200 件，每件售价 1 000 元，货款计 200 000 元。增值税税率 17%。收到对方开出的一张期限为 3 个月、面值 234 000 元的商业汇票。

（3）用银行存款支付广告费 6 000 元。

（4）通过银行预收兴安公司 B 产品预付款 50 000 元。

（5）按合同向王府井公司发出 B 产品 20 台，每台售价 15 000 元，价款计 300 000 元，增值税税率 17%。另以现金垫付运杂费 1 000 元。合同规定，对方可于收货后 10 日内付款。

（6）兴安公司从本企业提走 B 产品 10 台，每台售价 15 000 元，增值税税率 17%。价款以原预收款抵付，兴安公司通过银行补付不足款项。

（7）开出现金支票支付产品展销费 4 000 元。

（8）通过银行收到王府井公司前欠货款 352 000 元。

（9）销售丙材料 3 000 元，增值税税率 17%，款项以现金收讫。

（10）正佳公司承兑的商业汇票到期，按面额 75 000 元如数收回货款。

（11）期末结转本月销售 A 产品的生产成本 420 000 元、B 产品的成本 270 000 元。

（12）期末，计算本月销售产品应交的城市维护建设税 3 000 元、教育费附加 1 500 元。

（13）期末结转本月销售丙材料的采购成本 2 200 元。

要求：根据上述业务编制会计分录。

5. 练习利润形成业务的核算。

华润公司 2017 年 3 月发生下列经济业务：

（1）原欠远华公司货款 70 000 元，因对方单位已撤销无法偿还，经批准转作营业外收入。

（2）开出转账支票 50 000 元捐赠给钟村老人院。

（3）本公司月末各损益类科目余额如下，编制月末结转损益类账户的会计分录。

单位：元

账户名称	借方余额	账户名称	贷方余额
主营业务成本	690 000	主营业务收入	1 150 000
其他业务成本	2 200	其他业务收入	3 000
营业税金及附加	4 500	营业外收入	70 000
销售费用	10 000		

（续上表）

账户名称	借方余额	账户名称	贷方余额
管理费用	46 900		
财务费用	1 500		
营业外支出	50 000		

（4）计算本月利润总额 417 900 元，并计提和结转本月所得税费用，所得税税率 25%。

（5）通过银行上缴上述所得税。

要求：根据上述业务编制会计分录。

6. 练习利润分配业务的核算。

华润公司 2017 年年末发生下列经济业务：

（1）结转全年实现净利润 5 500 000 元。

（2）按规定将净利润的 10% 提取法定盈余公积 550 000 元。

（3）公司宣布向投资者分派现金股利 3 000 000 元。

（4）通过银行支付给投资者股利 3 000 000 元。

（5）年终将“利润分配”其他明细账余额转入“未分配利润”明细账。

要求：根据上述业务编制会计分录。

第七章　成本计算

Chapter 7　Cost Calculation

学习目的（Learning Objectives）

通过本章的学习，理解费用与成本的区别和联系；熟悉成本计算的一般程序；了解供、产、销环节成本核算有关会计科目的设置；了解生产费用的归集和分配；掌握采购成本、生产成本、商品销售成本的账务处理。读完本章后，要求能够回答下列问题：

（1）什么是成本计算？产品成本与生产费用有什么联系与区别？

（2）如何计算企业供应过程中的物资采购成本？

（3）如何计算企业生产过程中完工产品的制造成本？

（4）如何计算企业销售过程中的商品销售成本？

第一节　成本计算的定义和要求

Definition and Request of Cost Calculation

一、成本计算的相关概念

（一）成本的概念

成本（cost）属于商品经济中的范畴，是商品价值的主要组成部分。成本是指生产某种产品或完成某个项目的代价（即发生的耗费总和），是对象化的费用（expenses）。

> 按照成本核算对象归集的费用称为成本。

企业生产某种产品或完成某个项目所发生的费用，应该按照有关规定计入一定的成本计算对象，构成一定资产的成本。例如，企业在材料采购过程中发生的买价、采购费用（如运输费、装卸搬运费等），应该按照一定方法将其计入这些外购材料的采购成本，所发生的材料买价和采购费用就转化为外购材料的采购成本；在产品生产过程中耗费的原材料、支付的人工费用、消耗的水电费、所使用机器设备的折旧费等，应该按企业会计准则和企业会计制度的要求，采用一定的方法归集和分配到所生产的产品中，并计算完工产品的总成本和单位成本。这样，生产产品过程中所发生的生产费用就转化为完工产品的制造成本。然而，按照企业会计准则和国际惯例，企业为了生产产品所发生的各项生产费用中，只有直接材料费用、直接人工费用和制造费用等才能计入产品成本中；而有些费用（包括在产品生产过程中发生的行政管理部门的管理费用、筹集与使用债务资金时发生的财务费用，以及企业发生的销售费用）并不能计入一定的成本计算对象（即不能计入产品的制造成本），而是在其发生的当期作为期间费用处理。因此，我们将企业发生的所有生产费用中按照规定能够计入产品成本的生产费用简称为产品费用，对象化的产品费用就是产品的制造成本；将按规定不能计入产品成本的其他生产费用（包括为了生产产品所发生的行政管理部门的管理费用、财务费用）和商品销售费用，统称为期间费用，直接作为当期损益（冲减当期利润）处理。

产品成本属于成本范畴，但成本并不等于产品成本。由于成本与管理关系密切，成本的内容往往服从于管理的需要。因此，成本是一个发展的概念，随着社会经济的发展，企业管理要求的提高，成本概念和内涵都在不断发展。但是，成本的经济内容有两个共同的特点：①成本的形成是以某种目标为对象的，目标可以是有形的产品，也可以是无形的产品（如新技术、新工艺，维修服务等劳务）；②成本是为实现一定的目标而发生的耗费，没有目标的支出不能作为成本处理。

（二）费用与成本的联系与区别

费用与成本是一组既有紧密联系又有一定区别的概念。费用是指企业在获取当期收入的过程中，对企业所拥有或控制的资产的耗费，是会计期间与收入相配比的耗费。

费用与成本的联系表现为：两者的性质相同，两者均为生产经营过程中所发生的必要耗费；费用是计算成本的前提，没有费用的发生，就没有成本的形成；成本是对象化的费用，费用按一定范围、一定对象进行归集，就构成了对象的成本。

> 费用是计算成本的前提和基础，成本是对象化的费用。

费用与成本的区别表现为：费用强调一定利益主体的耗费，成本强调某一特定目的的耗费；费用强调按期间归集，遵循权责发生制原则，成本强调按对象归集，遵循配比原则和受益原则；费用包括期间费用和对象化的费用，成本只包括对象化的费用。

> 费用强调按期间归集，成本强调按对象归集。

（三）成本计算的概念

成本计算（cost calculation）是指按照一定的成本对象，采用一定的标准来归集、分配经营过程中发生的各种费用，以确定该对象的总成本和单位成本的一种专门的会计核算方法。因此，成本计算过程实际上是费用的归集和分配过程。为了正确地计算成本，必须严格遵守国家或政府相关法规规定的成本开支范围，划清费用与成本的界限。

通过成本计算，可以获得企业的实际成本资料，据以确定实际成本与计划成本的差异，分析成本升降的原因，挖掘降低成本的潜力；通过成本计算，可以反映和监督企业各项费用的支出，揭露企业经营管理中存在的问题，及时采取有效措施，控制各项费用支出，达到预期的成本目标；通过成本计算，可以为企业进行成本预测、规划下一期成本目标以及制定商品价格提供必要的参考资料。

> 成本计算对于加强企业经营管理、提高经济效益具有重要意义。

二、成本计算的基本要求

制造业企业在生产经营过程中，会发生各种各样的费用，为了正确、及时地计算成本，做好成本核算工作，充分发挥成本核算的作用，在成本核算中，应符合以下各项要求：

（一）严格执行成本开支范围和费用开支标准的规定

成本开支范围是指根据费用的不同性质和成本核算的要求，由国家或政府在相关法律规章中统一制定的哪些费用允许列入产品成本和哪些费用不能列入产品成本的规定。例如，企业为生产产品所发生的直接材料费用、直接人工费用和企业生产单位（即车间、分厂）发生的各项生产管理费用应列入产品制造成本；但是，企业发生的购建固定资产支出、与日常生产经营活动无关的营业外支出等，不能列入产品制造成本，应该列入固定资产成本或当期损益。企业应严格遵守成本开支范围和费用开支标准，既能保证成本费用的真实性和内容的一致性，具有分析对比的可能性，又能正确地计算企业的损益，真实地反映企业的财务成果，提供真实和有用的会计信息。

（二）正确划分各种费用支出的界限

企业发生的各项费用，有的可以计入产品成本，有的不可计入产品成本，而应该作为资本性支出或计入期间费用。为了正确计算产品成本，反映企业真实的盈利水平，必须正确划分以下五种费用界限：

1. 正确划分收益性支出与资本性支出的界限

企业的经济活动是多方面的，企业发生的支出也是多方面的。企业的支出，并不都是费用支出。例如，企业购置固定资产、无形资产等长期资产的支出，这些活动并不是企业的日常经营活动，其支出属于资本性支出，不属于费用支出。收益性支出（revenue expenditure）是指企业发生的仅与一个会计年度的收益相关的支出。收益性支出应作为当年度的费用，列入利润表。资本性支出（capital expenditure）是指企业发生的与多个会计年度的收益相关（即能够在多个会计年度给企业带来收益）

> 收益性支出计入当期损益，在利润表中反映；资本性支出会形成长期资产，在资产负债表中反映。

的支出。资本性支出应计入相关资产成本中，列入资产负债表，并随着相关资产的消耗，合理分摊到各相关年度的费用中。划清收益性支出和资本性支出的界限，目的是正确计算资产的价值和各期产品成本及损益。

2. 正确划分产品制造成本与期间费用的界限

企业发生的费用，并不都是应该计入产品成本的费用（即产品费用）。在产品制造业中，只有为生产一定种类和数量的产品而发生的直接材料费用、直接人工费用和车间或分厂的制造费用等才能计入产品成本。产品成本（product costs）要在产品完工并销售出去实现收入后才转化为当期费用，并列入利润表。而期间费用（period expenses，包括管理费用、财务费用和销售费用）在其发生时直接计入当期费用，列入利润表。因此，应该合理划分制造成本与期间费用的界限，防止混淆两者的界限以调节各期产品成本和损益，保证成本资料的真实性和完整性。

3. 正确划分各个会计期间的产品成本的界限

企业在生产经营过程中发生的产品费用（即应该计入产品成本的费用），有的应计入当期产品成本，有的应计入以后各期产品的成本。为了按期分析和考核产品成本，正确计算各期的损益，必须将已经发生的费用在各个月份之间进行正确划分。企业应遵循权责发生制原则，通过“预提费用”、“待摊费用”、“长期待摊费用”等跨期摊提费用科目正确核算各期产品成本的界限。企业应严格把握跨期费用的摊提标准，防止任意摊提以及人为地调节各个期间的成本、费用和损益的行为。

4. 正确划分不同产品的费用界限

为了便于分析和考核不同产品的成本计划执行情况，对于计入产品成本的生产费用，必须划清不同产品之间所应负担的费用界限。同时，还应特别注意划清盈利产品与亏损产品的费用界限，防止在盈利产品与亏损产品之间任意调节成本费用、虚报产品成本、掩盖利润的行为。

5. 正确划分产成品与在产品的成本界限

制造业企业如果既有本期完工产成品，又有期末在产品，还应该将应计入当期产品成本的费用在产成品和期末在产品（goods in process）之间进行分配。应由在产品和产成品共同负担的费用，应该采用约当产量法、定额比例法（包括定额耗用量比例法、定额费用比例法）和期末在产品定额成本法等，将生产费用在产成品和在产品之间进行分配，分清哪些费用应由在产品成本承担，哪些费用应由产成品成本承担。

（三）选择适当的成本计算方法

为了满足企业成本管理的需要，应该合理选择和确定产品成本计算方法。企业应综合考虑其经营特点（如多步骤生产、单步骤生产；大量生产、成批生产、单件生产等）和管理要求（如是否需要提供各生产步骤的成本形成情况等）等，选择恰当的成本计算方法（如品种法、分批法、分步法、定额成本法、作业成本法等），归集和分配各项生产费用，并计算完工产品总成本和单位成本。成本计算方法一经确定，在会计环境发生新的变化之前，不应随意变动。

第二节 成本计算的一般程序

General Procedure of Cost Calculation

成本计算必须按照一定的程序进行，以期达到既保证成本核算的质量，又能提高成本核算工作的效率。不同的成本计算对象，需要采用不同的计算方法，但不论哪种成本计算方法，其成本计算的基本程序基本相同。由于材料采购成本和商品销售成本的计算比较简单，为了简化，下面简要说明“在途物资”明细账户（即材料采购成本明细账。在《中级财务会计》中，还将讲解“材料采购”明细账户）的设置，重点以制造业企业为例说明其产品制造成本计算的一般程序。

1. 设置成本明细账（subsidiary ledger）

成本明细账是记录成本计算资料的载体，应该按成本计算对象设置，按成本项目设置专栏，按成本计算期间归集和分配有关生产费用。如“在途物资”账户是成本计算账户，应该按供货单位和材料品种设置明细账户，按买价和采购费用（即外购材料采购成本的构成）设置成本项目（即专栏），按各批外购材料的实际采购期归集和分配有关材料买价和采购费用，从而提供各批外购材料的成本信息。“在途物资”明细分类账格式如表 7－1 所示：

表 7－1 在途物资明细分类账

材料名称： 单位：元

年		凭证号数	摘要	借方			贷方
月	日			买价	采购费用	合计	

又如，对于制造业企业的产品生产，应该按产品生产的品种（或批别、产品生产步骤等）设置“生产成本（cost of production）”明细账户（即产品成本计算单。在会计实务中，也可以将其调整为“基本生产”明细账户），按直接材料费用（direct material expense）、直接人工费用（direct labor expense）、制造费用（production overhead）等设置成本项目，按月份（或产品生产周期等）归集和分配有关生产费用，从而计算各期完工产品的总成本和单位成本。“生产成本”明细分类账格式如表 7－2 所示：

表 7－2 生产成本明细分类账

产品名称：A 产品　　　　单位：元

2017 年		摘要	成本项目				成本合计
月	日		直接材料	燃料及动力	直接人工	制造费用	
5	31	月初在产品成本	29 200	8 600	9 760	14 320	61 880
6	30	据本月“材料费用分配表”	4 600				66 480
	30	据本月“外购动力费用分配表”		5 400			71 880
	30	据本月“职工薪酬费用分配表”			8 208		80 088
	30	制造费用分配转入				13 193	93 281
	30	本月费用合计	4 600	5 400	8 208	13 193	31 401
	30	本月完工产品成本	[29 294]	[13 000]	[16 684]	[25 548]	[84 526]
	30	在产品成本	4 506	1 000	1 284	1 965	8 755

注：[ ] 表示红字，下同

因此，设置成本明细账归集成本计算资料，首先要确定成本计算对象、成本项目和成本计算期。

成本计算对象指费用归属的对象。确定成本计算对象，是为了按照确定的成本计算明细科目归集费用，计算有关成本计算对象的成本。一般而言，成本计算对象应为资金耗费的受益物，如在供应过程中，为采购各种材料所发生的费用，应以各种外购材料为成本计算对象，以归集和计算各种材料的采购成本；在生产和销售过程中，所生产和销售的各品种、规格的产品就是产品制造成本和产品销售成本的对象；从整个制造业企业而言，产品是成本计算的主要对象；不过就成本计算的过程而言，产品生产成本计算对象不一定就是生产的最终产品，有时为了满足成本管理方面的需要，还要求计算各生产阶段半成品的成本。例如，棉纺企业的棉纱是半成品，它除供本企业进一步加工外，也可以对外销售，因此，棉纺企业的成本计算不仅要以棉布（最终产品）为对象，还要以棉纱为对象。

成本项目是对成本构成内容所作的分类，即费用按其经济用途进行分类后的项目。例如，材料采购成本的成本项目一般分为买价和采购费用等；产品制造成本的成本项目分为直接材料、直接人工和制造费用等。企业必须按确定的成本项目进行成本计算，以便通过成本项目的分析，了解费用的经济用途和成本的经济构成，查明成本升降的原因，以便挖掘降低成本的潜力。成本明细账一般按成本项目设置专栏，可以提供成本构成信息。

成本计算期是指每间隔多长时间计算一次成本。一般而言，成本计算期的确定，主要取决于产品的生产周期、生产组织的特点和管理要求等。如果是单件、小批量的生产产品，通常应该按产品的生产周期确定成本计算期；如果是不断重复地大量生产同一种产品或几种产品，通常能按月计算成本，成本计算期是公历月份（即一个月计算一次产品生产成本）。

2. 归集和分配各种费用

为了正确归集和分配各种费用，企业必须建立和健全原始成本记录制度，取得真实和完整的原始成本资料。企业必须遵守企业会计准则、政府有关法规中关于成本开支范围等规定和企业内部有关财务规章，防止乱记成本；必须按成本受益原则分配费用，做到谁受益谁负担。从费用对成本计算对象的依存关系来看，有些费用的发生与特定的成本计算对象相关联，这类费用称为直接费用，应直接计入与其相关联的那个成本计算对象中去；有些费用与几个成本计算对象相关联，这类费用称为间接费用（共同费用），应该先将其归集起来，然后在期末再按一定的标准分配计入各有关成本计算对象中去。在成本计算过程中，间接费用的分配往往占很大比重，因此，正确归集和分配间接费用，对保证成本计算的准确性至关重要。

3. 计算完工产品成本和未完工产品成本

在月末计算完工产品的制造成本时，由于产品的生产期与产品成本的计算期可能不一致，因而往往会存在未完工产品（即在产品）。由于在产品成本与完工产品成本的形成是混在一起的，因此还需要将按照成本计算对象归集的生产费用在本期完工产品（finished goods）和期末在产品（work in process 或 goods in process of manufacture）之间进行分配，以便准确地计算出完工产品的成本。本期完工产品成本与期末在产品成本之间的关系可以用以下公式表示：

本期完工产品成本 = 期初在产品成本 + 本期发生的生产费用 − 期末在产品成本

其中，“期初在产品成本”就是上期期末在产品成本，“本期发生的生产费用”是通过一系列的将本期发生的各项生产费用（包括材料费用、外购水电费用、职工薪酬、固定资产折旧费用等）按照一定程序、方法通过“制造费用”、“生产成本”明细账不断归集和分配的结果，“期末在产品成本”则要借助一定的方法（包括品种法、分批法、分步法等）计算确定。

4. 编制产成品成本汇总表，结转产成品成本

企业通过产品成本计算单计算完工产品成本后，应该编制产成品成本汇总表，并结转产成品成本。产成品成本汇总表如表 7－3 所示：

表 7－3　产成品成本汇总表

20××年×月

产品名称	产量（件）	成本	直接材料	燃料及动力	直接人工	制造费用	废品损失	成本合计
××产品	260	总成本						
		单位成本						
××产品	340	总成本						
		单位成本						
总成本	—	—						

结转产成品成本的会计分录如下：

借：库存商品——××产品

　贷：生产成本——××产品

编制产成品成本汇总表是制造业企业成本计算工作的最后步骤。

第三节　企业经营过程中的成本计算

Cost Calculation of Operating Procedure in Enterprise

制造业企业的生产经营过程，一般由供应过程、生产过程和销售过程构成。制造业企业外购的材料物资通过生产消耗，其物资采购成本转化为产品制造成本的一部分，生产出来的完工产品通过销售，其制造成本转化为商品的销售成本（即主营业务成本），因而制造业企业的成本核算一般包括材料采购成本核算、产品制造成本核算和商品销售成本核算三个方面。由于产品的生产耗费是制造业企业主要的耗费，而生产耗费的多样性和生产过程的复杂性使产品制造成本计算较之其他两种成本计算要复杂得多，因此，成本计算主要是指产品制造成本的计算，其计算方法将在《成本会计》中详细介绍。这里只是简要说明制造业企业的材料采购成本、产品制造成本和商品销售成本的基本计算方法。

一、材料采购成本的构成和计算

材料是制造业企业产品生产不可缺少的物质要素，在生产过程中，材料经加工而改变其原有的实物形态，或者构成产品实体的一部分，或者在生产过程中被消耗掉而有助于产品的形成。材料在耗用的同时，其价值也就一次性地全部转移到产品成本中，成为产品成本的一部分。因此，材料采购成本的高低直接影响到产品制造成本的高低。

（一）材料采购成本的构成

材料采购成本（purchases cost）一般由买价、采购费用和按规定应该计入采购成本的相关税金所构成。其计算公式为：

> 材料采购成本由买价、采购费用和相关税金所构成。

材料采购成本 = 买价 + 采购费用 + 相关税金

其中，买价是指供应单位开具的购货发票上标明的货物价格。采购费用是指在材料采购过程中发生的商品流通费用，包括：①运杂费，指物资自供应单位运抵企业所在地的运输途中所发生的运输费用、装卸搬运费用、包装费用、仓储费用、保险费用等；②运输途中的合理损耗；③入库前的挑选整理费用。值得注意的是：采购人员的差旅费、常设采购机构的经费，都是与材料采购有关的支出，从性质上看应计入材料采购成本，但这些费用的金额通常较小，且一般不易分清具体的受益对象，为简化核算，这些费用可以不计入外购材料的采购成本，而作为期间费用（即管理费用）处理；但是，如果其金额较大，则应该将其计入外购材料采购成本。

按规定应计入采购成本的相关税金是指外购材料应负担的进口关税和其他按规定应计入材料成本的税金。注意：在中国作为一般纳税人的企业外购材料所支付的增值税，不计入材料采购成本，而是作为增值税的进项税额，记入“应交税费——应交增值税（进项税额）”科目的借方；作为小规模纳税人的企业外购材料所支付的增值税，计入材料采购成本。

（二）材料采购成本核算的账户设置

> “在途物资”账户既是成本计算账户，又是资产账户。

为了核算企业购入材料的买价和采购费用，计算材料的实际成本，应该设置“在途物资（materials in transit）”账户①。企业外购材料时，应该将实际发生的材料买价和采购费用登记在“在途物资”账户的借方，以确定材料的实际采购成本；待材料验收入库后，再按其实际成本从“在途物资”账户的贷方转入“原材料”账户的借方。因此，“在途物资”账户的借方登记实际发生的材料买价和采购费用，贷方登记入库材料的实际采购成本；期末如有余额，一定在借方，表示期末已经发生的在途材料的采购成本。

如果企业采购的材料种类或批次较多，一般应按材料的品种或类别作为成本计算对象，设置“在途物资”明细分类账户，核算各种外购材料的实际采购成本。“在途物资”明细分类账户应按材料采购成本项目分设专栏，采用多栏式账页，以反映各项费用的发生情况和材料采购成本的构成情况。“在途物资”明细账的格式如表7－1所示。

（三）材料采购成本的计算

为了计算材料采购成本，应按材料的品种或类别作为成本计算对象，设置“在途物资”明细分类账户，并据以归集和分配应计入材料采购成本的买价和各种税费，计算确定各种材料采购的总成本和单位成本。

对于外购材料的买价，一般属于直接费用，应直接计入相应材料的采购成本。对于采购费用，凡是能直接分清受益对象的，应直接计入相应材料的采购成本；凡是不能直接分清受益对象且费用金额较大（如多种材料共同负担的运杂费等）的间接采购费用，必须选择适当费用分配标准，采用一定的费用分配方法，在各种外购材料之间进行分配。所谓适当的费用分配标准，是指能够相对准确地反映各种外购材料实际引发的采购费用大小的计量或计数标准，如材料物资的重量、体积、件数、价格、定额成本等。

对于各种材料的采购成本，应当在设置的“在途物资”明细账中进行分类归集计算。现举例说明材料采购成本的计算方法：

【例1】活力公司（属于增值税的一般纳税人）2017年3月的材料采购业务如下：

（1）3月4日，外购材料一批，货税款已通过银行付讫（增值税税税率为17%，下同），材料尚未入库。

---

① 在采用计划成本进行材料日常核算的企业，购入材料的实际采购成本一般设置“材料采购”账户进行核算，材料实际成本与计划成本的差异，设置“材料成本差异”账户核算。

甲材料　3 000 千克　单价 20 元/千克

乙材料　5 000 千克　单价 10 元/千克

借贷规则分析：买价属于直接材料费用，应直接计入材料的采购成本，借记“在途物资”科目及其明细科目；作为一般纳税人，活力公司采购材料所支付的增值税应作为增值税进项税额处理，减少当期应交税金（应交增值税），借记“应交税费”科目；同时，已付款项使企业银行存款减少，应贷记“银行存款”科目。其会计分录为：

借：在途物资——甲材料　60 000

　　　　　　——乙材料　50 000

　　应交税费——应交增值税（进项税额）　18 700

　贷：银行存款　128 700

（2）3 月 6 日，以现金支票支付上述材料运杂费 4 000 元，按材料重量为比例进行分摊。

借贷规则分析：两种材料共同负担的运杂费，属于间接费用，需要按费用分配标准（材料重量）进行分配，并根据各种材料的分配额计入其采购成本，借记“在途物资”科目及其明细科目；同时，该笔业务减少了银行存款，应贷记“银行存款”科目。

对于间接费用（运杂费）的分配，应该先确定费用分配标准并计算费用分配率（overhead rate），再根据费用分配率计算各种材料的分配额。

$$\text{分摊率}=\frac{\text{待分配的费用}}{\text{分配标准量之和}}=\frac{4\ 000}{3\ 000+5\ 000}=0.5$$

$$\text{甲材料应分摊的运杂费}=3\ 000\times 0.5=1\ 500\text{（元）}$$

$$\text{乙材料应分摊的运杂费}=5\ 000\times 0.5=2\ 500\text{（元）}$$

根据上述甲、乙材料的费用分配额，编制会计分录如下：

借：在途物资——甲材料　1 500

　　　　　　——乙材料　2 500

　贷：银行存款　4 000

（3）3 月 10 日，购入乙材料 2 000 千克，单价 10 元/千克，货税款尚未支付。同时以现金支付将乙材料运回的运杂费 1 000 元，材料尚未入库。

借贷规则分析：本例的运杂费于发生时就能够明确应全部由乙材料负担，属于直接费用，应该直接计入乙材料的采购成本，借记“在途物资——乙材料”科目；采购乙材料所支付的增值税应作为增值税进项税额处理，减少当期应交税金，借记“应交税费”科目；同时，由于活力公司采用未清账信用赊购方式，应付购货款增加，应贷记“应付账款”科目；用现金支付运杂费，现金减少，应贷记“库存现金”科目。其会计分录如下：

借：在途物资——乙材料　21 000

　　应交税费——应交增值税（进项税额）　3 400

　贷：应付账款　23 400

　　　库存现金　1 000

（4）3 月 31 日，上述采购的各种材料均已验收入库，按实际成本转账，并编制在途物资成本计算单。

借贷规则分析：根据“在途物资”明细账的记录（见表7－4、表7－5），计算入库材料物资采购成本，并将其从“在途物资”账户贷方转出（即贷记“在途物资”科目）；同时，库存材料增加，应借记“原材料”科目。其会计分录如下：

借：原材料——甲材料　　61 500
　　　　——乙材料　　73 500
　贷：在途物资——甲材料　　61 500
　　　　　　——乙材料　　73 500

活力公司2017年3月“在途物资”明细账记录如下：

表7－4　在途物资明细分类账

材料名称：甲材料　　单位：元

2017年		凭证号数	摘要	借方			贷方
月	日			买价	采购费用	合计	
3	4	1	购买材料	60 000		60 000	
	6	2	支付材料运杂费		1 500	1 500	
	31	4	材料验收入库				61 500
	31		本期发生额	60 000	1 500	61 500	61 500

表7－5　在途物资明细分类账

材料名称：乙材料　　单位：元

2017年		凭证号数	摘要	借方			贷方
月	日			买价	采购费用	合计	
3	4	1	购买材料	50 000		50 000	
	6	2	支付材料运杂费		2 500	2 500	
	10	3	购买材料	20 000	1 000	21 000	
	31	4	材料验收入库				73 500
	31		本期发生额	70 000	3 500	73 500	73 500

根据明细分类账所归集的费用资料，编制在途物资成本计算表如表7－6所示，计算甲、乙两种材料的采购成本。

表7－6 在途物资成本计算表

2017年3月 单位：元

成本项目	甲材料（3 000千克）		乙材料（7 000千克）	
	总成本	单位成本	总成本	单位成本
买价	60 000	20.00	70 000	10.00
采购费用	1 500	0.50	3 500	0.50
成本合计	61 500	20.50	73 500	10.50

二、完工产品制造成本的构成和计算

产品制造成本是指企业生产一定种类和数量的产品按规定应计入其成本的各种耗费的总和，是对象化的生产费用。只有当生产费用实际计入到某种产品的成本时才被称为制造成本。制造成本是相对于一定的产品而言的，它是按照产品品种等成本核算对象对当期发生费用进行归集和分配所形成的。由于产品的制造成本是在产品的生产过程中发生的，并且与产品价值的形成有直接关系，因而也被称为生产成本。

注意：从理论上说，产品成本计算法（product costing）包括完全成本法和制造成本法。完全成本法是将制造业企业在产品生产过程中所发生的各种费用（包括材料费、燃料及动力费、生产职工薪酬、车间经费即企业生产单位的制造费用、企业管理费用等）全部计入产品成本的方法。制造成本法是将产品完全成本中的企业管理费用和为筹集生产经营资金所发生的财务费用（包括利息、手续费和汇兑损益）作为期间费用处理，不计入产品成本，而是在其发生的会计期间直接计入当期损益。根据国际惯例，中国现行《企业会计准则》规定自1993年7月1日起采用制造成本法核算产品成本。

（一）产品制造成本的构成

产品制造成本由直接材料费用、直接人工费用、制造费用等构成。

根据企业内部财务信息使用者的决策需要，企业不仅应该按照产品的一定种类和品种归集和分配生产费用，还要按生产费用的经济用途设置成本项目并按成本项目归集和分配生产费用，提供按成本项目反映的完工产品的总成本和单位成本。生产费用按其经济用途的不同，可分为直接材料费用、直接人工费用（即生产职工薪酬）、制造费用等。因此，产品制造成本的成本项目包括直接材料费用、直接人工费用和制造费用等。

1. 直接材料费用

直接材料费用是指因产品生产而耗费的原材料、辅助材料、备品备件、外购半成品、燃料、动力、包装物、低值易耗品，以及其他直接材料等。

2. 直接人工费用

直接人工费用是指直接从事产品生产的工人工资、奖金、津贴和福利费等薪酬。

3. 制造费用

制造费用是指企业各生产单位为组织和管理生产所发生的各项费用，包括车间管理人员薪酬、固定资产折旧费和修理费、机物料耗费、办公费、水电费、劳动保护费等。

直接材料费用和直接人工费用一般易于辨别是生产哪种产品所发生的，因而这两项生产费用是可以直接计入产品生产成本的，被称为直接费用。

制造费用是指企业生产单位（分厂、车间）为生产产品和提供劳务而发生的各项间接费用。制造费用包含的内容比较复杂，应由各分厂（或车间）所生产的各种产品共同负担，一般先归集到“制造费用”账户，期末再根据确定的分配标准和分配方法，分配计入各种产品的制造成本，而不能直接计入产品的制造成本。

（二）产品制造成本核算的账户设置

> “生产成本”账户既是成本计算账户，又是资产账户。

生产费用按其计入产品成本的方法不同，可分为直接费用和间接费用，相应地在会计核算上也需要开设两个账户[①]：一个是“制造费用”账户，反映分厂（或车间）制造费用的归集和分配情况；另一个是“生产成本”账户，用于归集全部按规定应计入产品成本的生产费用并计算各种产品的制造成本。

（三）产品制造成本的计算

计算产品的制造成本，必须根据企业的生产类型和管理要求，设置生产成本明细账（即产品成本计算单），采用一定的成本计算方法（如品种法、分批法、分步法等，具体将在《成本会计》中介绍）计算产品制造成本。现简要举例说明产品制造成本的核算。

【例2】活力公司2017年3月在有关生产过程中发生的相关生产费用的资料如下：

（1）期初在产品资料见表7－7：

表7－7　期初在产品资料

单位：元

产品名称	直接材料	直接人工	制造费用	合计
A产品	205 000	50 000	15 000	270 000
B产品	25 000	6 500	1 500	33 000
合计	230 000	56 500	16 500	303 000

① 在会计实务中，为了简化核算等，也可以将“生产成本”账户分解为“基本生产”、“辅助生产”等账户。关于“生产成本”账户的分解，将在《中级财务会计》中讲解。

注意：本月的月初在产品成本就是上月的月末在产品成本。在会计实务中，表7－7中各种产品的月初在产品成本数据来自各产品的生产成本明细账（即各种产品成本计算单）见表7－11、表7－12所示。

（2）本月发生的各项生产费用见表7－8：

表7－8 各项生产费用资料

单位：元

产品名称	直接材料	直接人工	制造费用
A产品	855 000	210 000	124 800
B产品	315 000	90 000	
C产品	66 000	12 000	
合计	1 236 000	312 000	124 800

注意：在会计实务中，表7－8中各种产品的直接材料费用数据，来自“材料费用分配表”；各种产品的直接人工费用数据，来自“职工薪酬费用分配表”；制造费用总额124 800元，来自“制造费用”明细账。

（3）期末产量资料：

A产品2 000件已全部完工；本月生产B产品1 000件，其中完工产品800件，在产品200件；C产品50件全部未完工。B产品的在产品成本按定额成本标准计算，其各成本项目的定额标准见表7－9所示：

表7－9 单位在产品成本项目的定额标准

单位：元

在产品名称	直接材料	直接人工	制造费用	合计
B产品	250	65	15	330

要求：计算本月各种完工产品的制造成本和月末在产品成本。

（1）根据本月发生的成本资料（在会计实务中，就是根据“材料费用分配表”和“职工薪酬费用分配表”），将各种产品耗用的直接材料费用和直接人工费用，分别登记在A、B、C产品生产成本明细分类账的相应成本项目内（见表7－11、表7－12、表7－13）。

注意：在会计实务中，A、B产品的月初在产品成本资料，已经在上月末将生产费用在完工产品和在产品之间进行分配后，作为上月的月末在产品成本反映在A、B产品的生产成本明细分类账中了。

（2）将本月发生的制造费用，采用一定的分配方法，分配计入A、B、C三种产品成本（假定按生产工人薪酬的比例分配）。

$$\text{分配率}=\frac{\text{待分配的制造费用}}{\text{分配标准量之和}}=\frac{124\ 800}{210\ 000+90\ 000+12\ 000}=0.40$$

A 产品应负担的制造费用 = 210 000 × 0.4 = 84 000（元）

B 产品应负担的制造费用 = 90 000 × 0.4 = 36 000（元）

C 产品应负担的制造费用 = 12 000 × 0.4 = 4 800（元）

在会计实务中，制造费用的分配是通过编制“制造费用分配表”完成的（见表 7－10）。

表 7－10 制造费用分配表

2017 年 3 月 单位：元

车间＼项目		生产工人薪酬	分配率	分配额
基本生产车间	A 产品	210 000	0.4	84 000
	B 产品	90 000	0.4	36 000
	C 产品	12 000	0.4	4 800
	合计	312 000		124 800

会计主管： 复核： 填制：

根据上述“制造费用分配表”，编制会计分录如下：

借：生产成本——A 产品 84 000

——B 产品 36 000

——C 产品 4 800

贷：制造费用 124 800

（3）根据上述会计分录，分别登记 A、B、C 产品的生产成本明细账的相应成本项目（见表 7－11、表 7－12、表 7－13）。

表 7－11 生产成本明细账

产品名称：A 产品 单位：元

2017 年		凭证号数	摘要	借方			
月	日			直接材料	直接人工	制造费用	合计
3	1		月初在产品成本	205 000	50 000	15 000	270 000
	略	略	材料费用	855 000			855 000
			生产工人薪酬		210 000		210 000
			分配制造费用			84 000	84 000
			本月生产费用	855 000	210 000	84 000	1 149 000
			全部生产费用	1 060 000	260 000	99 000	1 419 000
3	31		结转完工产品成本	1 060 000	260 000	99 000	1 419 000

由于 A 产品全部完工，没有在产品，于是其总成本就是月初在产品成本与本月发生的生产费用之和。其中：

直接材料费用 = 205 000 + 855 000 = 1 060 000（元）

直接人工费用 = 50 000 + 210 000 = 260 000（元）

制造费用 = 15 000 + 84 000 = 99 000（元）

合计 1 419 000（元）

表 7－12 生产成本明细账

产品名称：B 产品 单位：元

2017 年		凭证号数	摘要	借方			
月	日			直接材料	直接人工	制造费用	合计
3	1		月初在产品成本	25 000	6 500	1 500	33 000
	略	略	材料费用	315 000			315 000
			生产工人薪酬		90 000		90 000
			分配制造费用			36 000	36 000
			本月生产费用	315 000	90 000	36 000	441 000
			全部生产费用	340 000	96 500	37 500	474 000
			结转完工产品成本	290 000	83 500	34 500	408 000
3	31		月末在产品成本	50 000	13 000	3 000	66 000

由于 B 产品尚有 200 件未完工，因此需要将全部生产费用（包括月初在产品成本和本月发生的生产费用）按一定的方法在完工产品和在产品之间进行分配（应该按成本项目分别进行分配）。按本例所给的条件，B 产品的月末在产品按定额成本计算，其中：

直接材料费用 = 200 × 250 = 50 000（元）

直接人工费用 = 200 × 65 = 13 000（元）

制造费用 = 200 × 15 = 3 000（元）

合计 66 000（元）

然后，根据“完工产品的制造成本 = 月初在产品成本 + 本月发生的生产费用 − 月末在产品成本”，按成本项目计算的 B 产品的完工产品成本为：

直接材料费用 = 25 000 + 315 000 − 50 000 = 290 000（元）

直接人工费用 = 6 500 + 90 000 − 13 000 = 83 500（元）

制造费用 = 1 500 + 36 000 − 3 000 = 34 500（元）

合计 408 000（元）

表7-13　生产成本明细账

产品名称：C产品　　　　　　　　　　　　　　　　　　　　　　　　单位：元

2017年		凭证号数	摘要	借方			
月	日			直接材料	直接人工	制造费用	合计
3	略	略	材料费用	66 000			66 000
			生产工人薪酬		12 000		12 000
			分配制造费用			4 800	4 800
			本月生产费用	66 000	12 000	4 800	82 800
			全部生产费用	66 000	12 000	4 800	82 800
3	31		月末在产品成本	66 000	12 000	4 800	82 800

由于C产品全部未完工，并且没有期初在产品成本，所以其月末在产品成本就是本月发生的生产费用，其中：

直接材料费用＝ 66 000（元）

直接人工费用＝ 12 000（元）

制造费用　　＝ 4 800（元）

合计　　　　　82 800（元）

（4）根据A、B、C产品生产成本明细分类账中反映的完工产品成本，编制“产成品成本汇总表”，集中反映A、B两种完工产品总成本和单位成本（见表7-14）。

表7-14　产成品成本汇总表

2017年3月　　　　　　　　　　　　　　单位：元

成本项目	A产品（2 000件）		B产品（800件）	
	总成本	单位成本	总成本	单位成本
直接材料	1 060 000	530.00	290 000	362.50
直接人工	260 000	130.00	83 500	104.38
制造费用	99 000	49.50	34 500	43.12
合计	1 419 000	709.50	408 000	510.00

根据上述“产成品成本汇总表”和完工产品验收入库单，编制本月完工入库产品的会计分录为：

借：库存商品——A产品　　　　　　1 419 000

　　　　　　——B产品　　　　　　408 000

　贷：生产成本——A产品　　　　　　　1 419 000

　　　　　　——B产品　　　　　　　408 000

期末在产品成本表现为生产成本明细账的期末余额，不需结转。

三、商品销售成本的构成和计算

销售过程是产品进入流通阶段，也是企业的生产耗费取得补偿并实现积累的阶段。制造业企业所生产的产品进入流通领域后，产品就转化为商品。商品销售成本（在会计上表现为主营业务成本）是指已售商品的制造成本。而在商品流通企业中，商品销售成本是指已售商品的采购成本①。

（一）商品销售成本的构成

商品销售成本由商品的销售数量和商品平均单位成本计算确定。其计算公式为：

制造业企业：商品销售成本 = 商品销售数量 × 商品平均单位制造成本

商品流通企业：商品销售成本 = 商品销售数量 × 商品平均单位采购成本

企业可以采用加权平均法、先进先出法和个别计价法等确定商品平均单位成本（具体计算方法将在《中级财务会计》中详细介绍）。

在销售过程中，企业为销售商品而发生的包装费、装卸搬运费、广告费、保险费等，应作为期间费用（即销售费用）处理，不计入商品销售成本。

（二）商品销售成本核算的账户设置

企业应设置“主营业务成本（operating costs）”账户，它属于损益类账户，用于核算企业因销售商品、提供劳务或让渡资产使用权等日常活动而发生的实际成本。其借方登记企业本期销售商品、提供劳务或让渡资产使用权等的实际成本；如有销售退回则作相反登记；期末，应将其余额全部转入“本年利润”账户，结转后该账户无余额。

（三）商品销售成本的计算

现以实例说明商品销售成本的计算和结转方法。

【例3】活力公司2017年3月共销售A商品1 800件，B商品850件。有关商品销售业务见库存商品明细分类账，见表7－15、表7－16。

① 中国在2006年颁发的《企业会计准则》实施之前，商品流通企业的商品销售成本是指已售商品的进价成本，不包括采购费用。

表 7－15　库存商品明细分类账

产品名称：A 产品　　　　　　　　　　　　　　　　　　　　　　　　　　单位：元

2017 年		凭证号数	摘要	收入			发出			结存		
月	日			数量	单价	金额	数量	单价	金额	数量	单价	金额
3	1		期初余额							100	720	72 000
	略	略	完工入库	2 000	709.5	1 419 000						
			本月销售				1 800	710	1 278 000			
	31		期末余额							300	710	213 000

表 7－16　库存商品明细分类账

产品名称：B 产品　　　　　　　　　　　　　　　　　　　　　　　　　　单位：元

2017 年		凭证号数	摘要	收入			发出			结存		
月	日			数量	单价	金额	数量	单价	金额	数量	单价	金额
3	1		期初余额							100	528	52 800
	略	略	本月完工入库	800	510	408 000						
			本月销售				850	512	435 200			
	31		期末余额							50	512	25 600

根据库存商品（finished goods）明细账资料，采用加权平均法，A、B 商品的平均单位销售成本计算如下：

$$A\text{商品平均单位销售成本} = \frac{72\ 000 + 1\ 419\ 000}{100 + 2\ 000} = 710\text{（元/件）}$$

$$B\text{商品平均单位销售成本} = \frac{52\ 800 + 408\ 000}{100 + 800} = 512\text{（元/件）}$$

根据上述 A、B 商品的平均单位销售成本和已售 A、B 两种商品的数量，即可求得 A、B 商品的销售成本：

A 商品销售成本 $= 1\ 800 \times 710 = 1\ 278\ 000$（元）

B 商品销售成本 $= 850 \times 512 = 435\ 200$（元）

3 月末，活力公司结转本月已售商品销售成本的会计分录为：

借：主营业务成本——A 产品　　　　1 278 000

　　　　　　　　——B 产品　　　　435 200

　贷：库存商品——A 产品　　　　　　　1 278 000

　　　　　　　——B 产品　　　　　　　435 200

Cost accounting systems provide timely unit product costs. The cost of goods sold is the cost of the merchandise that a retailer, distributor, or manufacturer has sold. The cost of goods sold is reported on the income statement and can be considered as an expense of the accounting period. By matching the cost of the goods sold with the revenues from the goods sold, the matching principle of accounting is achieved. The sales revenues minus the cost of goods sold is gross profit.

Cost of goods sold is calculated in one of two ways. One way is to adjust the cost of the goods purchased or manufactured by the change in inventory of finished goods. The cost of goods sold can been calculated as follows (periodic inventory system):

Cost of Goods Sold = Beginning Inventory + the Cost of Goods Purchased or Manufactured − Ending Inventory
= the Cost of Goods Purchased or Manufactured − (Ending Inventory − Beginning Inventory)
= the Cost of Goods Purchased or Manufactured − Current Period Inventory Increased

The formula can be rearranged to read: Cost of Goods Manufactured ± the change in Finished Goods Inventory = Cost of Goods Sold. If the Finished Goods Inventory decreased, then the amount of this decrease is added to the Cost of Goods Manufactured. If the Finished Goods Inventory increased, then the amount of this increase is deducted from the Cost of Goods Manufactured. For example, if 2,000 units were purchased or manufactured but inventory increased by 1,500 units then the cost of 500 (=2,000 − 1,500) units will be the cost of goods sold. If 2,000 units were purchased but the inventory decreased by 100 units then the cost of 2,100 (=2,000 + 100) units will be the cost of goods sold.

The second way to calculate the cost of goods sold is to use the following costs:

Beginning Inventory + the Cost of Goods Purchased or Manufactured = the Cost of Goods Available for Sale − Ending Inventory

Or: Beginning Finished Goods Inventory + the Cost of Goods Manufactured = Finished Goods Available for Sale − Ending Finished Goods Inventory

When costs change during the accounting period, a cost flow will have to be assumed. Cost flow assumptions include FIFO, LIFO, and average.

Accountants often distinguish between products costs and period costs. Product costs are those identified with goods purchased or produced for resale; they are also called inventoriable costs because they are initially identified as a part of the inventory on hand. In turn, these inventoriable costs become expenses in the form of cost of goods sold only when the inventory is sold. In contrast, period costs are noninventoriable costs; they are deducted as expenses during the current period without having been previously classified as costs of inventory.

小结、练习与思考
Summarization, Exercises and Review

一、小结（Summarization）

成本是指生产某种产品或完成某个项目的代价，也即发生的耗费总和，是对象化的费用。

成本的形成是以某种目标为对象的，目标可以是有形的产品，也可以是无形的产品；成本是为实现一定的目标而发生的耗费，没有目标的支出不能作为成本处理。

费用与成本是一组既有紧密联系又有一定区别的概念。两者联系表现为：两者均为生产经营过程中所发生的必要耗费；费用是计算成本的前提，成本是对象化的费用。两者区别表现为：费用强调一定利益主体的耗费，成本强调某一特定目的的耗费；费用强调按期间归集，遵循权责发生制原则，成本强调按对象归集，遵循配比原则和受益原则；费用包括期间费用和对象化的费用，成本只包括对象化的费用。

成本计算是指按照一定的成本对象，采用一定的标准来归集、分配经营过程中发生的各种费用，以确定各种对象的总成本和单位成本的一种专门的会计核算方法。

成本计算应符合以下要求：严格执行成本开支范围和费用开支标准；正确划分收益性支出与资本性支出，产品制造成本与期间费用，各个会计期间的产品成本，产成品与在产品的成本等各种费用支出的界限；根据企业的经营特点和管理要求选择适当的成本计算方法。

成本计算的一般程序是：首先，根据成本计算对象设置成本明细账，按成本项目设置专栏，一般按月计算成本；其次，按成本计算对象对生产费用进行归集和分配；再次，对归集的生产费用在完工产品和未完工产品之间分配，计算完工产品成本和期末在产品成本；最后，编制产品成本汇总表，结转产成品成本。

制造业企业的生产经营过程，一般由供应过程、生产过程和销售过程构成。

在供应过程中，材料物资的采购成本由买价、采购费用和相关税金所组成。采购费用包括运杂费、运输途中的合理损耗、入库前的挑选整理费用和购入原材料应负担的进口关税和其他费用。通过设置“在途物资”账户核算物资采购成本。

在生产过程中，产品的生产成本由直接材料费用、直接人工费用和制造费用所组成。通过设置“生产成本”和“制造费用”两个账户核算产品制造成本。直接材料费用和直接人工费用称为直接生产费用，发生时可直接记入“生产成本”账户；制造费用属于几种产品共同负担的间接生产费用，发生时先记入“制造费用”账户借方，月末再按一定标准将归集的制造费用在其为之服务的几种产品之间进行分配，从贷方转入“生产成本”明细账的借方，分配后“制造费用”账户一般无余额。因此，“制造费用”账户是一个成本计算的过渡账户。

本期完工产品成本 = 期初在产品成本 + 本期发生的生产费用 − 期末在产品成本

在销售过程中，制造业企业的商品销售成本是指已售商品的制造成本，由商品的销售数量和商品平均单位成本计算确定。通过设置“主营业务成本”账户，反映当期为取得主营业务收入应弥补的生产过程的制造成本。

二、练习与思考（Exercises and Review）

（一）单选题

1. 应计入产品成本的费用中，不能直接分清应由何种产品负担的费用应（　　）。

A. 作为管理费用处理　　B. 直接计入当期损益
C. 直接计入产品生产成本　　D. 作为制造费用处理

2. 生产车间支付的车间管理人员工资，应借记（　　）。

A. 管理费用　　B. 制造费用
C. 生产成本　　D. 应付职工薪酬

3. 企业为扩大销售市场发生的业务招待费，应计入（　　）。

A. 管理费用　　B. 销售费用
C. 生产成本　　D. 其他业务成本

4. 专设采购机构的办公费用，应计入（　　）。

A. 材料采购成本　B. 销售费用　C. 管理费用　D. 生产成本

5. 下列不得计入材料采购成本的是（　　）。

A. 材料买价　　B. 采购员差旅费
C. 材料运杂费　　D. 材料入库前的挑选整理费用

（二）多选题

1. 对于应计入产品的费用可进一步划分为如下成本项目（　　）。

A. 直接材料　B. 直接人工　C. 制造费用　D. 管理费用
E. 销售费用

2. 可计入材料采购成本的费用有（　　）。

A. 买价　　B. 运输途中的不合理损耗
C. 运输费用　　D. 入库前的挑选整理费用
E. 购买材料的进项税额

3. 下列费用中，应作为销售费用处理的是（　　）。

A. 商品销售成本　　B. 广告费
C. 业务招待费　　D. 专设销售机构经费
E. 审计费用

4. 下列费用中不应计入产品生产成本的有（　　）。

A. 车间机器设备的修理费用　　B. 董事会经费
C. 贷款利息费用　　D. 生产工人工资费用
E. 行政管理部门设备折旧费用

5. 下列有关成本费用的表述中正确的是（　　）。

A. 费用最终会减少所有者权益
B. 费用可能导致企业经济资源流出
C. 生产成本是按照成本计算对象归集的费用
D. 费用应当按照配比原则确认

E. 产品只有销售出去，其制造成本才能转为费用得到补偿

（三）判断题

1. 费用与成本既有联系又有区别，成本是费用的一个组成部分，费用中予以对象化的部分就是成本，成本是对象化的费用。（　　）

2. 费用代表企业资源的流出，具体表现为企业资金的支出，因而，企业资金的支出都将构成费用。（　　）

3. 管理费用与制造费用不同，本期发生的管理费用直接影响本期损益，但本期发生的制造费用则不一定影响当期损益。（　　）

4. 人为减少月末的在产品成本，会使当月完工产品成本虚降。（　　）

5. 将应计入制造费用的水电费错计入管理费用，并不会影响当期损益。（　　）

（四）思考题

1. 费用与成本之间有什么联系与区别？

2. 什么是成本计算？成本计算的基本要求是什么？

3. 成本计算的一般程序是什么？

4. 材料采购成本由哪些具体项目构成？如何计算？

5. 产品制造成本由哪些具体项目构成？如何计算？

6. 如何确定商品销售成本？会计上如何处理？

（五）实训题

1. 华润公司在 2017 年 4 月发生以下材料物资采购业务：

（1）从深圳兴业工厂购入甲、乙两种原材料，数量和买价如下：

甲材料　　30 000 千克　　单价 15.23 元/千克，计 456 900 元

乙材料　　10 000 千克　　单价 25.83 元/千克，计 258 300 元

增值税进项税额为 121 584 元，价税款已通过银行付讫。

（2）以银行存款支付上述材料的运杂费 6 000 元，按材料重量为标准进行分配。

（3）采购员回公司报销差旅费 880 元，返纳现金 120 元（原预借差旅费 1 000 元）。

（4）月末材料已验收入库，结转材料的实际采购成本。

要求：（1）根据上述经济业务，编制会计分录。

（2）登记“在途物资”明细分类账，并编制在途物资成本计算表。

2. 华润公司 2017 年 4 月生产过程的有关资料如下：

（1）“生产成本”明细账户的期初余额如下：

单位：元

产品名称	直接材料	直接人工	制造费用	合计
A 产品	12 600	2 280	520	15 400
B 产品	7 500	1 140	350	8 990

（2）4 月发生的各项生产费用资料如下：

单位：元

产品名称	直接材料	直接人工	制造费用
A 产品	66 560	17 100	12 825
B 产品	23 220	11 400	

（3）本月生产的 A 产品 100 件全部未完工，B 产品 200 件全部完工。

要求：（1）按生产工人工资比例分配本月制造费用。

（2）计算完工产品成本和期末在产品成本，编制产品成本计算表。

（3）根据资料编制有关产品生产成本计算的会计分录。

（4）根据资料登记“生产成本”明细账户。

3. 兴安公司存货采用永续盘存制，只生产一种产品。2017 年 8 月有关存货及其他资料如下：

（1）存货项目账户的期初、期末余额为：

单位：元

	8 月 1 日	8 月 31 日
原材料	38 800	32 000
生产成本	45 000	48 000
库存商品	27 500	23 600

（2）其他资料：

单位：元

生产工人薪酬	136 800	本期购料	178 100
车间管理人员薪酬	45 000	主营业务收入	650 000
行政管理人员薪酬	83 500	公司财产保险费	4 000
行政部门一般耗料	7 400	利息费用	2 200
生产车间折旧费	25 600	销售费用	7 400
行政部门折旧费	10 500	营业税金及附加	2 500

（3）期末实地盘点结果，全部存货账实相符。

要求：计算 8 月产品的制造成本、商品的销售成本和本期利润总额。

第八章　会计凭证的填制和审核

Chapter 8　Filling in and Auditing Accounting Documents

学习目的（Learning Objectives）

填制会计凭证是会计流程的基础。一项经济业务发生后，为了确保会计信息的真实性和完整性，会计人员并不会直接在会计账户中记录。经济业务发生时，首先要求业务经办部门和人员及时填制会计凭证。只有填制了会计凭证的经济业务才能进入会计系统。读完本章后，要求能够回答下列问题：

（1）什么是会计凭证？

（2）会计凭证有什么作用？

（3）会计凭证按其填制程序及其用途的不同，可分为哪几类？

（4）原始凭证按其取得的来源不同，可分为哪几种？

（5）原始凭证按其格式的适用性不同，可分为哪几种？

（6）原始凭证包括哪些基本要素？

（7）记账凭证按其每张凭证反映的会计科目数量不同，可分为哪几种？

（8）什么是复式记账凭证？它包括哪几种？

（9）什么是单式记账凭证？它包括哪几种？

第一节　会计凭证的定义和种类

Definition and Type of Accounting Documents

一、会计凭证的定义

> 会计凭证是用来记录经济业务、明确经济责任的书面证明，也是登记账簿的重要依据。

会计主体（企业、事业和政府机关等单位）发生的每一项经济业务，都必须及时办理有关凭证手续，即由执行或完成该项经济业务的有关人员填制或取得会计凭证，详细记录该项经济业务的内容，并在会计凭证上签名或盖章，表示对经济业务的合法性、真实性和完整性负责。填制或取得会计凭证（accounting documents 或 accounting voucher）后，有关会计人员应该对其进行认真审核；经审核无误，并由审核人员签章后，才可作为记账的依据。填制和审核会计凭证，是会计工作的基础，也是会计核算的专门方法之一。

二、会计凭证的意义

> 填制和审核会计凭证，以确保会计信息的真实可靠。

会计核算工作的基本程序包括凭证——账簿——报表三个基本步骤。填制和审核会计凭证是会计核算的一项重要内容，同时也是会计核算工作的基础。它对于如实反映经济业务的内容，有效监督经济业务的合理性和合法性，保证会计核算资料的真实可靠，发挥会计在经济管理中的作用，具有重要意义。

1. 填制会计凭证，及时反映经济业务的发生和完成情况

会计主体在其生产经营或专业活动过程中，会发生大量的、各种各样的经济业务，如资金的取得和运用、生产经营过程中活劳动和物化劳动的耗费、销售收入的取得、财务成果的形成和分配等。通过填制会计凭证，能够提供经济活动的原始资料，反映各项经济业务的发生和完成情况，体现会计的反映职能。

2. 会计凭证可通过其会计监督功能，促使经济业务合法有效

认真填制和严格审核会计凭证，可以充分发挥会计的监督职能，促使经济业务活动合法、合理和有效，保证会计信息真实可靠。这是因为会计凭证记录了经济业务的发生和完成情况等，会计主体发生的货币资金的收支、财产物资的增减、商品的购销、款项结算及费用开支等经济业务都必须在会计凭证中记载，并需要有关经办人员签字或盖章，因此通过对会计凭证的严格审核，可以检查每笔经济业务是否合规、合法、合理和有效，可以查明每笔经济业务活动是否符合计划或预算要求，是否存在违法违纪和铺张浪费现象等。

3. 填制和审核会计凭证，可以明确经济责任，加强经济责任制

及时填制、取得和审核会计凭证，可以明确有关部门和经办人员的责任，从而加强经济责任制。由于会计凭证记录了每笔经济业务的内容，并由有关部门和有关人员签章，不仅将经办人员联系在一起，相互促进、相互监督，而且有利于划清经办单位和经办人员的责任。即使出现了问题，也易弄清情况，区分责任。这样，就能加强有关部门和人员的责任感，促使他们严格按照会计法规、制度、计划和预算办事。

4. 会计凭证是登记账簿和事后检查的依据

会计主体发生的每一笔经济业务，必须及时取得或填制相应的会计凭证，并在会计凭证上记录经济业务发生的时间、内容。认真填制和严格审核会计凭证，可以为记账、算账提供真实可靠的依据，使账簿记录与实际情况相符，保证会计核算资料的真实性和完整性，并为分析和检查经济活动及财务收支状况提供确切可靠的原始资料。

会计主体必须通过会计凭证的填制或取得，全面记录日常发生的各项经济业务，如实记录经济业务的内容、数量和金额；然后，根据审核无误的会计凭证登记账簿，全面、系统和连续地反映会计主体资金运动的过程和结果。因此，做好会计凭证的填制和审核工作，是保证会计账簿资料真实性和完整性的重要前提。

三、会计凭证的种类

会计凭证的种类很多，可以按照不同的标准予以分类。会计凭证按填制程序和用途的不同可分为原始凭证（source document）和记账凭证（posting document）。

1. 原始凭证

> 原始凭证是在经济业务发生或完成时取得或填制的，用以证明经济业务的发生或完成情况，明确经济责任，具有法律效力的书面证明。

原始凭证是在经济业务发生或完成时取得或填制的，用以证明经济业务发生或完成情况、明确经济责任的会计凭证。它是会计核算的原始资料和重要依据，具有法律效力。只有真实合法的原始凭证才能作为填制记账凭证的依据。

表 8－1 是一张普通发票的原始凭证格式。普通发票通常为一式三联：①存根联；②发票联（购货方记账）；③记账联（销货方记账）。有时，一些企业根据其管理要求将普通发票设计为一式五联：①销售部门存根联；②发票联（购货方记账）；③记账联（销货方记账）；④仓库发货联；⑤门卫放行联。设计一式五联发票的企业，可以不再设计“发货单”。

表 8－1　普通发票

国税　广东省广州市商品销售发票

发　票　联

（195133－120299）

顾客名称　　开户银行　　1504－4521097

地　址　　账　号　　20　年　月　日填发

货品名称及规格	件数	单位	数量	单价	超过拾万元无效	金额						
						万	千	百	十	元	角	分
合计人民币（大写）　万　仟　佰　拾　元　角　分					合计							
提货地点及日期	20　年　月　日	提货人	20　年　月　日		备注							

第三联：销售方入账凭证

填票人：　　收款人：　　业户名称及地址：　　（盖章）

2. 记账凭证

记账凭证是会计人员根据审核无误的原始凭证或原始凭证汇总表，按照经济业务的内容加以归类，并据以确定应借应贷的会计科目和金额而填制的一种会计凭证（亦称记账凭单或传票）。它是登记账簿的依据。在会计实务中，会计分录是通过填制记账凭证来完成的。记账凭证的格式见表8-2：

> 记账凭证是会计人员根据审核无误的原始凭证或原始凭证汇总表，据以确定会计分录所填制的会计凭证，是登记账簿的直接依据。

表8-2 记账凭证

年 月 日 第 号

摘要	会计科目		账页	借方金额	贷方金额
	总账科目	明细科目			
合计					

附件 张

会计主管： 记账： 出纳： 复核： 制证：

第二节 原始凭证

Source Document

填制或取得原始凭证是会计核算的基础。企业在办理款项的收付、财物的收发、债权债务的结算、收入费用的计算等经济业务事项时，必须填制或取得原始凭证，并及时送交会计机构。会计机构必须对原始凭证进行审核，并根据经过审核的原始凭证及有关资料编制记账凭证。因此，原始凭证是会计核算的原始资料和重要的证明文件。

一、原始凭证的分类

原始凭证可以按照不同标准进行分类。常用的分类标准有：原始凭证的来源（填制单位）、凭证填制的手续、凭证的用途等。

（一）按原始凭证来源的分类

原始凭证按其来源不同，可分为自制原始凭证和外来原始凭证。

1. 自制原始凭证（internal source document）

自制原始凭证，是由本单位经办业务的部门和人员，在执行或完成某项经济业务时自行填制的会计凭证。常用的自制原始凭证有：收料单、领料单、产品入库单、销货发票等。自制原始凭证按其填制方法不同，又可以分为一次凭证、累计凭证和汇总凭证。

自制原始凭证产生于企业内部。

（1）一次凭证（single－record document）。一次凭证是对一项或若干项同类经济业务，在其发生或完成时一次性填制完成的原始凭证。绝大部分的原始凭证属于一次凭证，如支票、收料单、普通领料单、销货发票、收据等。普通领料单是填制手续一次性完成、反映一笔领料业务的原始凭证，其格式如表8－3所示：

表8－3 长江车床厂

领料单位：一车间　　　领　料　单　　　凭证编号：0105

用　　途：甲产品　　　2017年3月15日　　　发料仓库：1号库

材料类别	材料编号	材料名称及规格	计量单位	数量		单价	金额
				请领	实发		
钢材	1011	20 m/m 圆钢	千克	500	500	4.00	2 000
备注：		合计					¥2 000

记账：　　发料：　　领料部门主管：　　领料：

（2）累计凭证（multiple－record document）。累计凭证是指在一定时期内，连续记载若干项不断重复发生的同类经济业务，直到期末按其累计数作为记账依据的原始凭证。常用的累计凭证有工业企业的限额领料单（其格式如表8－4所示）、领料登记表、商业企业中收购农副产品或废旧物资使用的收购单等。

表8－4 长江车床厂

限额领料单

2017年3月　　　编　　号：0015

领料单位：一车间　　　用　　途：甲产品　　　计划产量：4 000台

材料编号：1011　　　名称规格：20 m/m 圆钢　　　计量单位：千克

单　　价：4.00元/千克　　　消耗定量：0.5千克/台　　　领用限额：2 000千克

2017年		请领数量	实发				限额结余数量
月	日		数量	累计	发料人	领料人	
3	2	400	400	400	张三	李四	1 600
	6	300	300	700	张三	李四	1 300
	10	300	300	1 000	张三	王五	1 000
	17	300	300	1 300	张三	王五	700
	20	400	400	1 700	张三	李四	300
	26	200	200	1 900	张三	王五	100
累计实发金额（大写）柒仟陆佰元整							¥7 600

供应部门主管：　　生产计划部门主管：　　仓库主管：

使用累计凭证，可以简化核算手续，减少原始凭证的数量，同时有利于企业加强成本控制与管理，是企业进行计划管理的手段之一。

（3）汇总凭证（cumulative source document）。汇总凭证（亦称原始凭证汇总表）是指将一定时期内反映相同经济业务的多张原始凭证加以汇总而填制的，并在期末按其汇总数作为记账依据的原始凭证。发料凭证汇总表（其格式如表 8－5 所示）、收料凭证汇总表、职工薪酬结算汇总表、差旅费报销单等都是汇总凭证。汇总凭证能够使核算资料更为系统化，使核算过程更为条理化，并能提供某些综合指标以满足会计核算和经济管理的要求。

表 8－5　长江车床厂

发料凭证汇总表

2017 年 3 月　　　　单位：元

领料部门	用途	A 材料	B 材料	C 材料	合计
二车间	生产甲产品	15 000	2 000	3 000	20 000
二车间	生产乙产品	10 000	3 000	3 500	16 500
二车间	维护设备	1 000		200	1 200
行政管理部门	修理办公设备	300	600		900
合计		26 300	5 600	6 700	38 600

审核：　　　　制单：

2. 外来原始凭证（source document from outside）

外来原始凭证是指在经济业务发生或完成时，从其他单位或个人直接取得的原始凭证。如供货单位填制的购货发票（其格式如表 8－6 所示）、出差乘坐的车船票、银行的结算凭证等。外来原始凭证都是一次凭证，一般由税务局等部门统一印制，或经税务部门批准由经营单位印制，在填制时加盖出据凭证单位公章方有效。

外来原始凭证来源于企业外部。

表 8－6　广州市增值税专用发票

开票日期　2017 年 3 月 11 日　　　　No－4521097

购货单位	名称	广州机械厂	纳税人登记号	××××××××
	地址、电话	××××××××	开户银行及账号	建行石牌办事处 7128605

货物或劳务名称	计量单位	数量	单价	金额	税率（%）	税额
30 m/m 圆钢	千克	2 000	4	8 000	17	1 360
50 m/m 圆钢	千克	1 000	6	6 000		1 020
合计				￥14 000		￥2 380
价税合计（大写）	￥壹万陆仟叁佰捌拾元整				￥：16 380.00	

销货单位	名称	中兴钢厂	纳税人登记号	××××××××
	地址、电话	××××××	开户银行及账户	工行黄埔支行 3975863
备注				

第二联：发票联购货方记账

收款人：　　　　　　　　开票单位：（未盖章无效）

（二）按原始凭证格式的分类

原始凭证按其格式的不同，可分为通用凭证和专用凭证。

1. 通用原始凭证（general－purpose source document）

通用凭证是指由有关政府主管部门或行业组织统一制作并在相应范围内使用的标准格式的原始凭证，如银行结算凭证、增值税专用发票等。

2. 专用原始凭证（special－purpose source document）

专用凭证是指各会计主体单位自行制作并在本单位范围内使用的具有特定内容和专门用途的原始凭证，如企业自行设计使用的差旅费报销单、限额领料单、产品成本计算单等。

二、原始凭证的基本内容

各个单位发生的经济业务复杂多样，记录和反映会计事项的原始凭证来源于不同渠道，其内容和格式也不尽相同，但作为经济数据的载体，都应当起到证明经济业务已经发生或实际完成的作用。因此，无论是哪一种原始凭证，都应当具备以下基本内容（即原始凭证的基本要素）：

（1）原始凭证的名称：如“进仓单”、“发票”等。

（2）填制原始凭证的单位名称：如“××公司”、“××商场”等。

（3）填制凭证的日期和编号：一般应当是经济业务事项发生或完成的日期。

（4）接受原始凭证的单位名称或个人姓名（俗称抬头）：如发票上要写明购货单位的名称，单位名称一般要写全称，不得省略。

（5）经济业务的简要说明（即摘要）：如在进仓单中要有入库商品的名称、规格等。

(6) 经济业务所涉及的数量、单价和金额：如领料单上要有领用材料的计量单位、数量、单价和金额等，这些信息不仅可以满足账户记录的需要，也是检查经济业务的真实性、合理性和合法性所必需的。

(7) 经办人员的签名或者盖章：如领料单中要有领料单位负责人、领料人、发料人等签名或盖章，记录该项业务的经办人员，从而明确经济责任。

为了满足计划、统计等经营管理的需要，还可在原始凭证中列入相应的内容，如预算项目、合同号数等，使原始凭证发挥多方面的作用。原始凭证的上述内容是通过其具体格式体现出来的。

三、原始凭证的填制要求

原始凭证是具有法律效力的书面证明，是进行会计核算的重要原始依据，因此，为了保证会计核算工作的质量，原始凭证的填制必须符合以下基本要求：

> 原始凭证的填制必须符合以下要求：记录真实、内容完整、填制及时、书写规范。

1. 记录真实

填制原始凭证，必须符合真实性会计原则的要求，要实事求是地填写经济业务，原始凭证上填制的日期、业务内容、数量、金额等必须与实际情况完全符合，绝对不许有任何歪曲或弄虚作假的行为，确保凭证内容真实可靠。为了保证原始凭证记录真实可靠，经办业务的部门或人员要在原始凭证上签字或盖章，以对凭证的真实性和正确性负责。这是填制原始凭证最基本的要求。

凡填有大写和小写金额的原始凭证，大写与小写金额必须相符。购买实物的原始凭证，必须有验收证明。支付款项的原始凭证，必须有收款单位和收款人的收款证明。

一式几联的原始凭证，应当注明各联的用途，只能以一联作为报销凭证。一式几联的发票和收据，必须用双面复写纸套写，并连续编号，作废时应当加盖“作废”戳记，连同存根一起保存，不得撕毁。

发生销货退回的，除填制退货发票外，还必须有退货验收证明；退款时，必须取得对方的收款收据或者汇款银行的凭证，不得以退货发票代替收据。

职工因公外出的借款凭据，必须附在记账凭证之后。收回借款时，应当另开收据或者退还借据副本，不得退还原借据收据。

经过上级有关部门批准的经济业务，应当将批准文件作为原始凭证附件。如果批准文件需要单独归档的，应当在凭证上注明批准机关名称、日期和文件号。

2. 内容完整

填制原始凭证时要按照规定的格式和内容逐项填写齐全，不得省略或者遗漏，且填写手续必须完备。特别是签字盖章部分，自制的原始凭证必须有经办部门负责人或指定人员的签字或盖章，从外单位或个人处取得的原始凭证必须有填制单位公章或个人签字盖章。凡是项目填写不全的原始凭证、单位公章模糊或不符合规定的，均不能作为经济业务的合法证明，也不能作为有效的会计凭证。

3. 填制及时

按照及时性原则要求，在经济业务发生或完成时，经办单位或人员应及时依据经济业务的执行和完成情况填制凭证，并按规定程序及时送交财会部门和其他有关部门，这对于保证正确、完整地反映经济业务内容极为重要。同时也可以避免由于原始凭证填制不及时、事后记忆模糊等原因造成的记录失实。

4. 书写规范

原始凭证上的文字和数字都要认真填写，要求字迹清楚、易于辨认。一旦出现书写错误，必须按规定办法更正，不得任意涂改、刮擦或挖补。有关货币资金收付的原始凭证，如果填写错误，不允许在凭证上进行更正，只能加盖“作废”戳记，重新填写，以免发生错收、错付的现象。

凭证中的阿拉伯数字应逐个书写清楚，不可连笔书写。汉字数字的大写金额，应符合规定的要求，应使用既容易辨认又不容易涂改的正楷字书写，如壹、贰、叁、肆、伍、陆、柒、捌、玖、拾、佰、仟、万、亿、元、角、分、零、整等。不得用一、二（两）、三、四、五、六、七、八、九、十、百、千、块、毛、另（或0）等字样代替。

四、原始凭证的审核

> 从真实性、合法性、完整性和正确性角度对原始凭证进行审核。

审核会计凭证是正确组织会计核算和进行会计检查的一个重要方面，也是实行会计监督的一个重要手段。原始凭证必须经过严格、认真的审核，才能作为记账的依据。各种原始凭证由经办业务的有关部门审核以后，还要由会计部门进行审核。审核原始凭证，主要从以下四方面进行：

1. 审核原始凭证的真实性

判断经济业务是否真实，原始凭证是否虚假、是否存在伪造或者涂改等情况；核实原始凭证所反映的经济业务是否发生过，查看发生的经济业务是否属于本单位生产经营范围以内，是否在正常情况下发生。

2. 审核原始凭证的合法性

审核原始凭证所反映的经济业务事项是否符合国家有关法律、法规、政策和国家统一会计制度的规定，是否符合有关审批权限和手续的规定，以及是否符合单位的有关规章制度，有无违法乱纪、弄虚作假等现象。审查经济业务是否符合节约原则，有无不讲经济效益、铺张浪费，甚至贪污、舞弊、盗窃企业资财的不法行为。

3. 审核原始凭证的完整性

在对原始凭证所反映的经济内容进行实质性的审查后，需要进一步审核原始凭证的内容是否完整，手续是否齐备，应填项目是否齐全，填写方法、填写形式是否正确，有关签章是否齐备等。

4. 审核原始凭证的正确性

审核原始凭证的摘要和数字是否填写清楚、正确，数量、单价、金额的计算有无差错，大写和小写金额是否相符等；检查凭证有无刮擦、挖补、涂改和伪造等情况。

原始凭证的审核是一项十分严肃的工作，会计人员必须坚持原则、坚持制度、履行职责。在审核中对不真实、不合法的原始凭证不予受理；对内容不完整、手续不全、书写不清、计算有错的原始凭证，应退回有关部门和人员，及时补办手续或进行更正。对于违反制度和法令的一切收支，会计人员应拒绝付款、报销或拒绝执行，并向本单位主管报告。对于伪造凭证、涂改凭证和虚报冒领等不法行为，会计人员应扣留原始凭证，并根据《中华人民共和国会计法》的规定向领导提出书面报告，请求严肃处理。

第三节　记账凭证
Posting Document

记账凭证（又称分录凭证）是指会计人员依据审核无误的原始凭证或原始凭证汇总表，按照经济业务内容加以分类，据以确定会计分录，并作为登记账簿依据的会计凭证。

一、记账凭证的基本内容

如前所述，由于原始凭证种类繁多，数量庞大，格式不一，且通常没有注明经济业务所涉及的会计科目及其借贷方向，不便于直接作为记账依据。因而，需要根据各种原始凭证填制记账凭证①，表明会计事项的会计分录，以方便记账和复核，减少记账差错。

记账凭证作为登记账簿的依据，由于其反映会计事项的内容不同、各单位规模大小及其会计核算繁简程度不同等，其格式也有所不同。为了保证账簿记录的正确性，记账凭证必须具备以下基本内容（即记账凭证的基本要素）：

（1）记账凭证的名称：如“收款凭证”、“付款凭证”、“转账凭证”等。

（2）填制记账凭证的日期。

（3）记账凭证的编号。

（4）经济业务的内容摘要。

（5）经济业务所涉及的会计科目（包括总账科目、明细科目）及其应借、应贷的方向和金额。

（6）记账标记。

（7）所附原始凭证的张数。

（8）会计主管、记账、审核、出纳、制单等有关人员的签章。

---

① 在后续的《会计制度设计》课程中，将从功能角度说明可用通用日记账替代记账凭证。

二、记账凭证的种类

记账凭证可以采用多种分类标准进行分类。常用的分类标准有：反映的经济内容、记账凭证的填制方式、凭证适用范围等。

（一）按记账凭证所反映的经济内容分类

记账凭证按其反映的经济内容不同，可分为收款凭证、付款凭证和转账凭证。

1. 收款凭证（receipt voucher）

收款凭证是指专门用于记录库存现金和银行存款等货币资金收款业务的记账凭证。它是根据有关库存现金和银行存款收款业务的原始凭证填制的。

在人工记账环境下，收款凭证通常是登记库存现金日记账、银行存款日记账以及有关明细账和总账等账簿的依据，也是出纳人员收讫款项的依据。收款凭证还可以分为库存现金收款凭证和银行存款收款凭证。其格式如表8－7所示：

> 货币资金收款业务填制收款凭证。

表8－7　收款凭证

借方科目：银行存款　　2017年2月1日　　银收字第1号

摘要	贷方科目		金额	记账
	一级科目	二级或明细科目		
收到前欠货款	应收账款	光明厂	50 000	√
	合计		50 000	√

附件1张

会计主管：　　记账：　　出纳：　　复核：　　制单：印

2. 付款凭证（payment voucher）

付款凭证是指专门用以记录库存现金和银行存款等货币资金付款业务的记账凭证。它是根据有关库存现金和银行存款付款业务的原始凭证填制的。

在人工记账环境下，付款凭证是登记库存现金日记账、银行存款日记账以及有关明细账和总分类账的依据，也是出纳人员支付款项的依据。付款凭证还可以分为库存现金付款凭证和银行存款付款凭证（其格式如表8－8所示）。

> 货币资金付款业务填制付款凭证。

表8－8　付款凭证

贷方科目：库存现金　　2017年2月3日　　现付字第4号

摘要	借方科目		金额	记账
	一级科目	二级或明细科目		
采购员预借差旅费	其他应收款	李宁	2 000	√
	合计		2 000	√

附件1张

会计主管：　　记账：　　出纳：　　复核：　　制单：印

3. 转账凭证（transfer voucher）

转账凭证是指专门用以记录不涉及库存现金和银行存款等货币资金收付款业务的记账凭证。它是根据不涉及现金和银行存款的转账业务的原始凭证填制的。

> 不涉及货币资金收付款的业务填制转账凭证。

在人工记账环境下，转账凭证是登记有关明细账和总账的依据（其格式如表 8－9 所示）。

表 8－9 转账凭证

2017 年 2 月 20 日　　　　转字第 107 号

摘要	一级科目	二级或明细科目	借方金额	贷方金额	记账	
采购员报销差旅费	管理费用	差旅费	2 000		√	附件1张
	其他应收款	李宁		2 000	√	
合计			2 000	2 000		

会计主管：　　记账：　　复核：　　制单：印

收款凭证、付款凭证、转账凭证的划分，有利于区分不同经济业务以进行分类管理，有利于经济业务的检查，但工作量较大，适用于规模较大、收付款业务较多的单位。在实际工作中，为了便于识别、避免差错、提高会计工作效率，各种专用记账凭证通常用不同颜色的字体印刷，分别用红色、绿色和黑色代表收款凭证、付款凭证和转账凭证。

（二）按记账凭证的填制方式分类

记账凭证按照其填制方式的不同，可分为复式记账凭证、单式记账凭证和汇总记账凭证。

1. 复式记账凭证（multiple account titles voucher）

复式记账凭证是指将每一笔经济业务或会计事项所涉及的全部会计科目均填制在同一记账凭证中的凭证。它可以在一张（或份）记账凭证中列示一笔经济业务所涉及的全部会计科目及其发生额。它是人工记账的中小型企业会计实务中应用最普遍的记账凭证。复式记账凭证全面反映账户的对应关系，便于了解经济业务的全貌，有利于检查会计分录的正确性，但不便于会计岗位上的分工记账。

上述收款凭证、付款凭证和转账凭证均为复式记账凭证。

2. 单式记账凭证（single account title voucher）

单式记账凭证是按经济业务或会计事项所涉及的会计科目分别填制，每一张记账凭证只反映一个会计科目及金额的记账凭证。一笔经济业务或会计事项涉及 n 个会计科目就编制 n 张单式记账凭证。单式记账凭证按其借贷方向的不同，又可以分为借项凭证和贷项凭证两种。填列借方科目的凭证称为借项记账凭证（其格式如表 8－10 所示），填列贷方科目的凭证称为贷项记账凭证（其格式如表 8－11、表 8－12 所示）。单式记账凭证反映内容单一，便于会计人员分工记账，便于按会计科目进行汇总，但一张凭证不能反映一笔业务账户对应关系，不利于了解经济业务的全貌，不便于检验会计分录的正确性。在相同经济业务量的条件下，记账凭证的数量也较多，因而一般只在经济业务和记账凭证较多且会计人员分工较细的单位采用。

表 8－10 借项记账凭证

2017 年 2 月 5 日 记字 10 $\frac{1}{3}$

摘要	总账科目	明细科目	记账	金额
销售甲商品已收款	银行存款			117 000
对应总账科目：主营业务收入等	附件：2 张	合计		117 000

会计主管： 记账： 出纳： 复核： 制单：印

表 8－11 贷项记账凭证

2017 年 2 月 5 日 记字 10 $\frac{2}{3}$

摘要	总账科目	明细科目	记账	金额
销售甲商品已收款	主营业务收入	甲商品		100 000
对应总账科目：银行存款	附件：2 张	合计		100 000

会计主管： 记账： 出纳： 复核： 制单：印

表 8－12 贷项记账凭证

2017 年 2 月 5 日 记字 10 $\frac{3}{3}$

摘要	总账科目	明细科目	记账	金额
销售甲商品已收款	应交税费	应交增值税		17 000
对应总账科目：银行存款	附件：2 张	合计		17 000

会计主管： 记账： 出纳： 复核： 制单：印

3. 汇总记账凭证（summary vouchers）

汇总记账凭证是指逐日或定期（每隔 5 日、10 日、半个月或一个月等）将许多同类记账凭证加以汇总后填制的记账凭证。在会计实务中，为了简化登记总账的工作，可以将一定时期内的记账凭证按照科目进行汇总，编制汇总记账凭证，如科目汇总表（其格式如表 8－13 所示）；也可以将收款凭证、付款凭证或转账凭证按一定的时间间隔分别汇总，编制汇总收款凭证、汇总付款凭证和汇总转账凭证（其格式如表 8－14 所示）。

表 8-13 科目汇总表

年 月 日至 日　　　编号：

会计科目	凭证张数	借方金额	贷方金额	总账页次
合计				

会计主管：　　记账：　　审核：　　制表：

表 8-14 汇总银行付款凭证

贷方科目：　　年 月 日至 日　　汇 付字第 号

会计科目	记账凭证号	本期发生额		总账页号
		借方	贷方	
合计				

会计主管：　　记账：　　审核：　　制表：

（三）按记账凭证的适用范围分类

记账凭证按照其适用的经济业务的范围不同，可分为专用记账凭证和通用记账凭证。

1. 专用记账凭证（special - purpose voucher）

专用记账凭证专门用于某一类经济业务。上述收款凭证、付款凭证和转账凭证均既是复式记账凭证，又是专用记账凭证。

2. 通用记账凭证（general - purpose voucher）

通用记账凭证适用于所有经济业务。采用通用记账凭证的单位，无论是库存现金和银行存款的收付业务还是转账业务，都采用统一格式填制的记账凭证。这种记账凭证不再区分收款、付款及转账业务，而将所有经济业务统一编号，在同一格式的凭证中进行记录。通用记账凭证的格式与转账凭证基本相同，其格式如表 8-15 所示。通用记账凭证通常适用于经济业务较简单、规模较小、收付款业务不多的单位。

表 8－15 记账凭证

2017 年 2 月 1 日　　　　转字第 1 号

摘要	一级科目	二级或明细科目	借方金额	贷方金额	记账
收到前欠货款	银行存款		50 000		√
	应收账款	光明厂		50 000	√
合计			50 000	50 000	

附件 1 张

会计主管：　记账：　出纳：　复核：　制单：印

三、记账凭证的填制

1. 收款凭证的填制

收款凭证是根据有关库存现金和银行存款收款业务的原始凭证填制的。收款凭证的左上角“借方科目”，应填写“库存现金”或“银行存款”科目；右上角应填写收款凭证的编制顺序号；“摘要”栏应填写所记录的经济业务的简要说明；“贷方科目”栏应填写与收入库存现金或银行存款相对应的会计科目；“金额”栏应填写该项经济业务的发生额；“记账”栏用于填写已过账的标记（即记账符号），以防止重复记账或漏记账；“附件张数”栏记录记账凭证所附原始凭证的张数；最下边分别由有关人员签章，以明确经济责任。

2. 付款凭证的填制

付款凭证是根据有关库存现金和银行存款付款业务的原始凭证填制的。付款凭证的填制方法与收款凭证基本相同。不同的是凭证左上角由“借方科目”换为“贷方科目”；凭证中间的“贷方科目”换为“借方科目”。

对于只涉及库存现金与银行存款之间的相互划转业务，如从银行提取现金或将现金送存银行的业务，一般只填制银行存款或库存现金的付款凭证，不填制收款凭证，以避免重复记账。通常，在人工记账下，出纳人员应根据审核无误的收款凭证和付款凭证办理收、付款业务。

3. 转账凭证的填制

转账凭证是根据转账业务的原始凭证编制的，将经济业务所涉及的全部会计科目，按照先借后贷的顺序记入“会计科目”栏中，并按应借、应贷方向分别记入“借方金额”或“贷方金额”栏。其他项目的填列与收、付款凭证相同。

4. 通用记账凭证的填制

通用记账凭证的编制与转账凭证基本相同。所不同的是，在凭证的编号上，采用按照发生经济业务的先后顺序编号的方法。一笔经济业务涉及两张以上的记账凭证时，可以采用分数编号法。

5. 科目汇总表（categorized accounts summary）的编制

科目汇总表是汇总记账凭证的一种特殊形式（可称之为“集中汇总记账凭证”①）。为了便于汇总各会计科目的发生额，可以选择单式记账凭证（包括借项凭证和贷项凭证），并通过单式记账凭证进行会计科目的汇总。

如果企业用复式记账凭证（如收款凭证、付款凭证、转账凭证等）替代单式记账凭证，则可以采用T形账户法汇总各会计科目的发生额。首先，根据复式记账凭证填制T形账户（虚拟的临时账户），将本期各会计科目的借方发生额和贷方发生额一一记入有关T形账户；然后，计算各个账户的本期借方发生额合计数和贷方发生额合计数；最后，将此发生额合计数填入科目汇总表中与有关科目相对应的“本期发生额”栏，并在科目汇总表中计算所有会计科目的本期借方发生额合计数与本期贷方发生额合计数。如果本期借方发生额合计数与本期贷方发生额合计数相等，一般表明日常记账无误，可用以登记总账。

需要指出的是，编制记账凭证时应当对记账凭证连续编号，以分清会计事项处理的先后顺序，便于记账凭证与会计账簿核对，同时可以避免凭证散失，确保记账凭证完整无缺。

四、记账凭证的审核

为了保证会计信息的质量，在记账之前应由有关稽核人员对记账凭证进行严格的审核。其审核的主要内容有：

> 记账凭证审核的主要内容有内容是否真实、手续是否齐全、会计分录是否正确。

1. 内容是否真实

审核记账凭证是否有原始凭证为依据，所附原始凭证的内容与记账凭证是否一致，记账凭证汇总表的内容与其所依据的记账凭证的内容是否一致等，没附原始凭证的记账凭证是否属于调账、结账或更正错账类业务。

2. 手续是否齐全

审核记账凭证中有关项目是否填写齐全，如日期、凭证号数、摘要、会计科目、金额、所附原始凭证的张数及有关人员盖章等。

3. 会计分录是否正确

（1）审核记账凭证中应借、应贷科目是否正确，账户对应关系是否清晰，所使用的会计科目是否符合国家统一的规定。

（2）审核记账凭证所记录的金额与原始凭证的有关金额是否一致，计算是否正确，记账凭证汇总表的金额与其所依据的记账凭证的金额合计数是否相符等。

此外，出纳人员在办理收款或付款业务后，应在凭证上加盖“收讫”、“付讫”的戳记，以避免重收重付。

---

① 与集中汇总记账凭证相对应的是分类汇总记账凭证。由于人们通常将集中汇总记账凭证称为“科目汇总表”，故将分类汇总记账凭证简称为“汇总记账凭证”。关于分类汇总记账凭证（即日常简称的“汇总记账凭证”）的填制方法，将在后面讲解。

在审核过程中，如果发现记账凭证的记录有错误，应查明原因，及时更正。如果错误的记账凭证尚未登记入账，只需重新编制一张正确的记账凭证即可；若错误记账凭证（审核时未被发现）已登入账簿，则需要按照错账更正法予以更正（错账更正法将在“会计账簿”一章中加以说明）。记账凭证必须经过审核并确认无误以后，才能作为记账的依据。

第四节 会计凭证的传递与保管

Transfering and Safekeeping of Accounting Documents

正确填制和严格审核会计凭证是凭证处理的两个重要环节，此外，还必须组织凭证的传递工作，加强会计凭证的保管，才算完成了会计凭证处理的全过程，从而发挥会计凭证作为办理业务手续、记账依据和经济档案的作用。

一、会计凭证的传递

会计凭证的传递是指会计凭证从填制或取得开始，经过审核、记账、装订到归档保管为止，在本单位内部有关部门和人员之间按照规定的路线和时间进行处理的过程。规定会计凭证的传递路线时，既要明确会计凭证的必要经过环节，以便协调有关部门和会计人员的业务处理和审核，又要尽量减少不必要的重复，加快传递速度和提高工作效率。规定会计凭证的传递时间时，应该根据各个环节的工作内容和工作量，明确各种凭证在每个部门和业务环节停留的最长时间，以保证会计核算的及时性。会计凭证的传递是会计核算得以正常有效进行的前提，要求能够满足会计主体内部控制制度的要求，使传递程序合理、有效，同时尽量节约传递时间，减少传递的工作量。

由于企业生产组织特点、各种经济业务的内容和管理要求不同，会计凭证的传递也有所不同。因此，正确组织凭证传递，及时利用会计凭证办理经济业务，有利于真实和完整地反映各项业务的实际完成情况，协调各方面工作，加速业务处理过程；有利于会计凭证在财会部门的集中，保证会计核算的及时性；有利于加强岗位责任制，发挥会计监督的作用，改善经营管理。会计凭证的传递是否科学、严密、有效，对于加强企业内部管理、提高会计信息的质量具有重要的影响。

二、会计凭证的保管

会计凭证的保管是指会计凭证记账后的整理、装订、归档、存查和销毁工作。会计凭证作为记账的依据，是一种有法律效力的重要经济档案。本单位以及有关部门、单位，可能因各种需要查阅会计凭证，特别是发生贪污、盗窃、违法违纪行为时，会计凭证是依法处理的有效证据。因此，任何单位在完成经济业务手续和记账之后，必须妥善保管会计凭证，防止丢失，不得任意销毁，以便日后随时查阅。

各会计主体单位必须在会计期间结束后，将全部会计凭证装订成册，按规定的立卷归档制度归档并妥善保管。其保管的具体方法和基本要求是：

（1）会计凭证应定期装订成册，防止散失。依据会计凭证登记入账之后，会计主体单位应定期（每日、每旬或每月）对各种会计凭证进行分类整理，将各种记账凭证按编号顺序，连同所附的原始凭证一起，加具封面、封底装订成册，并在装订线上加贴封签，由装订人员在装订线封签处签名、盖章。

若丢失了从外单位取得的原始凭证时，应取得原签发单位盖有公章的证明，并注明原始凭证的号码、金额、内容等，由经办单位会计机构负责人、会计主管人员和单位负责人批准后，才能代作原始凭证。若确实无法取得证明的，如车票丢失，则应由当事人写明详细情况，由经办单位会计机构负责人、会计主管人员和单位负责人批准后，代作原始凭证。

（2）会计凭证应加封条，防止抽换凭证。原始凭证不得外借，其他单位如果有特殊原因确实需要使用时，可以复制。向外单位提供的原始凭证复制件，应在专设的登记簿上登记，并由提供人员和收取人员共同签名、盖章。

（3）如果原始凭证数量过多，可抽出单独装订保管，但应在原始凭证封面注明所属记账凭证的日期、编号和种类，同时在所属记账凭证上应注明“附件另订”及原始凭证的名称和编号，以便查阅。对各种重要的原始凭证，如押金收据、提货单等以及各种需要日后随时查阅和退回的单据，应另编目录、单独保管，并在有关的记账凭证和原始凭证上分别注明日期和编号。

（4）每年装订成册的会计凭证，在年度终了时可暂由单位会计机构保管一年，期满后转交本单位档案机构统一保管；未设立档案机构的，应当在会计机构内部指定专人负责保管。出纳不得兼管会计档案。

（5）严格遵守会计凭证的保管期限规定，期满前不得任意销毁。财政部、国家档案局发布并于1999年1月1日起施行的《会计档案管理办法》规定的企业会计档案保管期限见表8－16：

表8－16 企业会计档案保管期限表

序号	档案名称	保管期限	备注
	一、会计凭证类		
1	原始凭证、记账凭证和汇总凭证	15年	
	其中：涉及外事和对私改造的会计凭证	永久	
2	银行存款余额调节表	3年	
	二、会计账簿类		
3	日记账	15年	
	其中：现金和银行存款日记账	25年	
4	明细账	15年	
5	总账	15年	包括日记总账
6	固定资产卡片		固定资产报废清理后保存5年

（续上表）

序号	档案名称	保管期限	备注
7	辅助账簿	15 年	
	三、会计报表类		包括各级主管部门的汇总会计报表
8	主要财务指标快报	3 年	包括文字分析
9	月、季度会计报表	5 年	包括文字分析
10	年度会计报表（决算）	永久	包括文字分析
	四、其他类		
11	会计移交清册	15 年	
12	会计档案保管清册	25 年	
13	会计档案销毁清册	25 年	

总之，会计凭证的保管既要安全可靠，又要便于随时检索、查证和调用；要不断健全和完善会计凭证的分类、保管制度，逐步向会计数据资料检索的自动化、现代化迈进。

Accounting Documents:

For the occurrence of an accounting event, accounting documents sufficient to prove such occurrence shall be obtained or given. Business accounting documents are classified into the following two categories:

1. Source documents: The documents which prove the course of an event and based on which vouchers are prepared.

2. Posting documents: The documents which prove the responsibilities of the person handling accounting events and which serve as the basis of account keeping.

An enterprise shall record transactions based on posting documents and prepare posting documents based on source documents. However, for closing adjustments and post - closing transfers, the source documents may be waived.

All the accounting documents, except those which should be permanently kept or which are related to unsettled accounting events, shall be kept for at least five years after the completion of annual closing procedures.

The source documents (namely original document or original evidence or origin voucher) consist of the following categories:

1. Self – made original vouchers (internal source documents): those original evidence prepared by the business itself.

2. External original vouchers (source document from outside): those original evidence obtained from persons other than the business itself.

For example, as a basic business voucher in the economic exchange, invoice is a primitive evidence for financial accounting and an important proof for taxation check. The invoice page (发票联) is an accounting voucher for the buyer to calculate the procurement cost and the input amount of VAT; and the book keeping page (记账联) is an accounting voucher for the seller to calculate the sales income and the output amount of VAT.

Accounting organizations and accounting personnel shall refuse to accept false or illegal original vouchers and return the inaccurate and incomplete original vouchers for correction.

Posting Documents:

The posting documents (namely bookkeeping voucher) are divided into two kinds — the single account title voucher and multiple account titles voucher. The multiple account titles voucher are divided into general – purpose voucher and special – purpose voucher. Special – purpose voucher are classified as follows:

1. Receipt voucher;
2. Payment voucher;
3. Transfer voucher.

小结、练习与思考
Summarization, Exercises and Review

一、小结（Summarization）

会计凭证，简称凭证，是记录经济业务、明确经济责任，作为记账依据的书面证明；也是组织经济活动、传输经济信息、实行会计监督的重要依据。

填制和审核会计凭证，对于如实反映经济业务的内容，有效监督经济业务的合理性和合法性，保证会计核算资料的真实可靠，发挥会计在经济管理中的作用，具有重要意义。

会计凭证按填制程序和用途的不同可分为原始凭证和记账凭证。

原始凭证是在经济业务发生或完成时取得或填制的，用以证明经济业务的发生或完成情况，明确经济责任，具有法律效力的书面证明。原始凭证按来源不同分为自制凭证和外来凭证；自制原始凭证按填制方法不同分为一次凭证、累计凭证和汇总凭证。

各种原始凭证在内容上都必须具备一些基本要素，主要包括以下七个方面：①原始凭证的名称；②填制原始凭证的单位名称；③填制凭证的日期和编号；④接受原始凭证的单位名称或个人姓名；⑤ 经济业务的简要说明；⑥经济业务所涉及的数量、单价和金额；⑦经办人员的签名或者盖章。

原始凭证的填制要求做到记录真实、内容完整、填制及时、书写规范。应从真实性、合法性、完整性和正确性角度对原始凭证进行审核。

记账凭证是会计人员根据审核无误的原始凭证或原始凭证汇总表，按照经济内容加以归类，据以确定会计分录而编制的直接作为记账依据的会计凭证。记账凭证按适用的范围不同，分为专用记账凭证和通用记账凭证，其中专用记账凭证一般按货币资金的收付关系分为收款凭证、付款凭证和转账凭证；记账凭证按其填制方式的不同，分为复式记账凭证、单式记账凭证和汇总记账凭证。

记账凭证必须具备以下基本要素：①记账凭证的名称；②填制记账凭证的日期；③记账凭证的编号；④经济业务的内容摘要；⑤会计分录即会计科目、借贷方向和金额；⑥记账标记；⑦所附原始凭证的张数；⑧会计主管、记账、审核、出纳、制单等有关人员的签章。

为了保证会计信息质量，应从内容是否真实、手续是否齐全、会计分录是否正确等方面对记账凭证进行审核。

原始凭证和记账凭证都属于会计凭证，但两者存在以下具体区别：①原始凭证是由经办人员填制的；记账凭证一律是由会计人员填制的。②原始凭证根据发生或完成的经济业务填制；记账凭证根据审核无误的原始凭证填制。③原始凭证仅用以记录、证明经济业务已经发生或完成；记账凭证要依据会计科目对已经发生或完成的经济业务进行归类、整理，记账凭证上载有会计分录。④原始凭证是填制记账凭证的依据；记账凭证是登记账簿的依据。

会计凭证的传递是指会计凭证从填制或取得起开始，经过审核、记账、装订到归档保管为止，在本单位内部有关部门和人员之间按照规定的路线和时间进行处理的过程。

会计凭证的保管是指会计凭证记账后的整理、装订、归档、存查和销毁工作。会计凭证作为记账的依据，是一种有法律效力的重要经济档案。

会计凭证的分类如下所示：

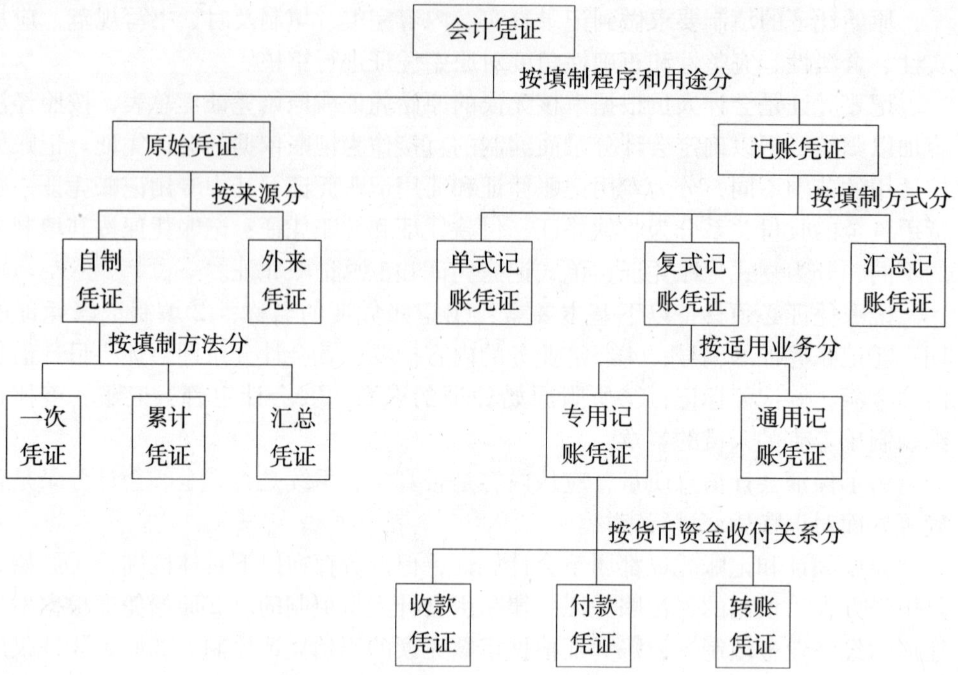

会计凭证分类图

二、练习与思考（Exercises and Review）

（一）单选题

1. 会计凭证按其（　　）不同，可以分为原始凭证和记账凭证。

A. 填制的程序和用途　　B. 取得的来源

C. 反映经济业务的内容　　D. 填制的方式

2. 限额领料单是一种（　　）。

A. 一次凭证　　B. 累计凭证　　C. 汇总凭证　　D. 单式凭证

3. 对于从银行提取现金的业务，按规定应编制（　　）。

A. 现金收款凭证　　B. 银行收款凭证

C. 现金付款凭证　　D. 银行付款凭证

4. 记账凭证是（　　）。

A. 编制会计报表的依据　　B. 编制会计分录的依据

C. 编制汇总原始凭证的依据　　D. 登记账簿的依据

5. 下列项目不能作为记账凭证依据的是（　　）。

A. 发料单　　B. 发票　　C. 经济合同　　D. 车票

（二）多选题

1. 下列各项中属于记账凭证应具备的基本内容是（　　）。

A. 经济业务的简要说明　　B. 所附原始凭证张数

C. 接收凭证单位的全称　　D. 填制日期和编号

E. 经济业务所涉及的会计科目和金额

2. 自制原始凭证按其填制手续不同，可分为（　　）。

A. 一次凭证　　B. 单式凭证　　C. 累计凭证　　D. 复式凭证

E. 汇总凭证

3. 原始凭证的合法性包括（　　）。

A. 符合国家法律法规　　B. 有总经理的核准签字

C. 符合规定的审批权限　　D. 无弄虚作假现象

E. 履行了规定的凭证传递和审批程序

4. 专用记账凭证分为（　　）。

A. 汇总凭证　　B. 付款凭证　　C. 复式凭证　　D. 转账凭证

E. 收款凭证

5. 下列说法正确的是（　　）。

A. 原始凭证的填制必须用黑色或蓝色墨水笔书写，字迹清楚、规范

B. 凡是填有大写和小写金额的原始凭证，大小写的金额必须相符，且大小写必须符合规范

C. 各种原始凭证不得随意涂改、刮擦、挖补。若填写错误，应采用规定的方法予以更正

D. 各种原始凭证可以不连续编号

E. 原始凭证是具有法律效力的书面证明

（三）判断题

1. 在填制记账凭证时，可以只填会计科目的编号，不填会计科目名称，以简化记账凭证的编制。（　　）

2. 原始凭证仅是填制记账凭证的依据，不能作为登记账簿的依据，只有记账凭证才能作为登记账簿的依据。（　　）

3. 记账凭证与原始凭证的本质区别在于会计凭证上载有会计分录。（　　）

4. 原始凭证是填制记账凭证的依据，记账凭证是登记账簿的依据。（　　）

5. 原始凭证不得外借，其他单位如因特殊需要使用原始凭证时，会计人员可以为其复制。（　　）

（四）思考题

1. 什么是会计凭证？它包括哪些基本的分类？

2. 什么是原始凭证？它有哪些类别？

3. 怎样填制和审核原始凭证？

4. 什么是记账凭证？它有哪些类别？

5. 记账凭证应具备哪些基本要素？

6. 怎样审核记账凭证？

7. 原始凭证与记账凭证有什么区别？

（五）实训题

光明商场 2017 年 4 月发生如下经济业务：

（1）2 日，收到美丽华公司投入的银行存款 150 000 元，作为对本企业的投资。（原始凭证 3 张）

（2）9 日，开出现金支票提取现金 2 000 元，以备日常开支。（原始凭证 1 张）

（3）12 日，采购员王明预借差旅费 800 元，以现金付讫。（原始凭证 1 张）

（4）14 日，向惠佳公司购进 A 商品一批，买价 50 000 元，增值税税额 8 500

元，商品已验收入库，货款未付。（原始凭证 2 张）

（5）18 日，采购员王明报销差旅费 650 元，余额返纳。（原始凭证 8 张）

要求：根据上述经济业务，编制以下专用记账凭证。

（1）

收款凭证

借方科目：　　　　　　　　年　月　日　　　　　　　　收字第　号

摘要	贷方科目		金额	记账
	一级科目	二级或明细科目		
合计				

附件　张

会计主管：　　记账：　　出纳：　　复核：　　制单：

（2）

付款凭证

贷方科目：　　　　　　　　年　月　日　　　　　　　　付字第　号

摘要	借方科目		金额	记账
	一级科目	二级或明细科目		
合计				

附件　张

会计主管：　　记账：　　出纳：　　复核：　　制单：

（3）

付款凭证

贷方科目：　　　　　　　　年　月　日　　　　　　　　付字第　号

摘要	借方科目		金额	记账
	一级科目	二级或明细科目		
合计				

附件　张

会计主管：　　记账：　　出纳：　　复核：　　制单：

（4）

转账凭证

年　月　日　　　　　　　　转字第　号

摘要	一级科目	二级或明细科目	借方金额	贷方金额	记账
	合计				

附件　张

会计主管：　　记账：　　复核：　　制单：

（5）

转账凭证

年　月　日　　　　　　转字第　号

摘要	一级科目	二级或明细科目	借方金额	贷方金额	记账
合计					

附件　张

会计主管：　　记账：　　复核：　　制单：

收款凭证

借方科目：　　年　月　日　　　　收字第　号

摘要	贷方科目		金额	记账
	一级科目	二级或明细科目		
合计				

附件　张

会计主管：　　记账：　　出纳：　　复核：　　制单：

第九章　会计账簿的设置与登记
Chapter 9　Setting and Posting of Accounting Books

学习目的（Learning Objectives）

会计账簿（accounting books 或 book of accounts）是按会计科目开设并由专门格式的账页组成的，以会计凭证为依据，全面、连续、系统地记录和反映经济业务的簿籍。设置和登记会计账簿是会计核算工作中的一个重要环节。通过本章的学习，要求掌握会计账簿的概念和种类、会计账簿的格式、会计账簿的登记规则和更正错账的方法、对账和结账方法、期末账项调整的内容等。读完本章后，要求能够回答下列问题：

（1）会计账簿按其用途的不同，可分为哪三类？

（2）会计账簿按其账页格式的不同，可分为哪几种？

（3）什么是序时账簿？

（4）如何理解总分类账簿和明细分类账簿之间的相互关系？登记账簿的规则是什么？

（5）各种更正错账法的适用范围是什么？如何更正错账？

（6）对账的主要内容是什么？

第一节　会计账簿的定义和种类
Definition and Types of Accounting Books

在人工记账的情况下，经济业务发生后，会计人员应该采用借贷记账法（debit－credit bookkeeping），根据审核过的原始凭证（source document）填制记账凭证（编制会计分录），并根据审核过的记账凭证（posting document）登记账簿。为避免账页散失和便于查核与保管，各会计单位应该在建立账户的基础上设置账簿。会计人员必须根据会计单位所在国家或政府颁发并实施的《会计法》等相关法规，依法设置会计账簿，并以会计凭证为依据将经济业务分门别类地登记入账，提供系统、连续、全面的反映会计单位经济活动的会计信息。

中国大陆的《会计法》第三条明确规定："各单位必须依法设置会计账簿，并保证其真实、完整。"各会计主体应该根据《会计法》、《企业会计准则》的规定和单位内部管理要求等，设置功能各异、结构规范的会计账簿，并形成一个完整的会计账簿体系，全面、连续、系统地记录和反映经济业务。

一、会计账簿的定义及作用

（一）会计账簿的定义

会计账簿（book of accounts）是根据会计科目（account title）开设并由专门格式的账页组成的，以会计凭证（accounting documents）为依据，序时、分类地记录和反映经济业务的簿籍。账户是根据会计科目开设的，会计单位应该为每一个会计科目开设相应的会计账户；一旦将会计科目填入具有一定格式的账页中，该账页就成为记录该会计科目所规定的核算内容的账户；由一系列具有专门格式、相互联结的账页所组成的簿籍就是会计账簿。

会计账簿有三个基本构成要素：①封面：标明单位名称和账簿名称。②扉页：列明会计账簿使用登记的责任人和时间等。会计主体启用会计账簿时，应当在账簿扉页上填写"账簿启用和经管人员一览表"，列明会计账簿使用登记的责任人和时间等；记账人员调动工作或因故离职时，应办理交接手续，在"账簿启用和经管人员一览表"内填写交接日期和交接人员或者监交人员姓名，并由交接双方签名或者盖章。此外，在扉页的次页（即背面）上还应该列明账户目录（各账户的名称和起讫页数）。③账页：记载各个账户的相关信息，反映各会计科目的增减变化情况等。记账就是根据审核无误的会计凭证，在账簿中按账户进行登记。会计账簿是编制财务报表的重要依据。

（二）会计账簿的作用

登记会计账簿是会计核算的一种专门方法，与会计凭证的填制和审核工作紧密衔接。只有借助于会计凭证和会计账簿这两种工具，账户和复式记账法才能实现其作用。会计账簿的作用具体表现在以下几个方面：

1. 提供全面、连续、系统的会计信息

会计账簿是全面、连续、系统地归纳积累会计核算资料的基本形式。通过填制与审核会计凭证，虽然能比较详细地记录和反映经济业务的发生和完成情况，但是其提供的会计信息比较零星、分散，且不能连续、系统、完整地反映和监督一定时期内各类经济活动的情况，也不能满足编制财务报告和经营管理的需要。通过设置和登记会计账簿，会计凭证所反映的经济业务既可以按照业务发生的先后顺序进行序时核算，又可按照经济业务的性质进行分类核算，如实反映企业或其他经济组织在一定时期内的财务状况及其变动情况。

2. 为会计分析、会计检查和内部控制提供重要依据

通过会计账簿记录，可以真实和完整地计算业务成本、费用和利润，并将其与计划（或预算等）进行对比，考核和分析各项计划（或预算等）的完成情况，找

出存在的问题，提出改进和控制措施，挖掘潜力，进而提高生产经营管理水平，最终达到提高经济效益的目的。

3. 为编制财务报告提供依据

会计账簿所提供的各种会计信息，经过加工整理后，成为编制财务报表的依据。因此，会计报表能否及时编制、财务报告中各项指标是否真实可靠，均与账簿的设置和记录的质量有着密切的关系。

4. 有利于经济资料的保管、查阅和利用

会计账簿全面、连续、系统地归纳和累积会计核算资料，对于分析经济活动的规律性及利弊得失和发展趋势都有着重要作用。会计账簿是会计档案的主要资料，也是经济档案的重要组成部分。设置和登记会计账簿，有利于对这些重要经济档案的保管和查阅，从而强化岗位责任，保护企业财产的安全和完整等。

二、会计账簿的种类

为了具体地认识各种会计账簿的特点，更好地运用账簿的功能，应对会计账簿从不同的角度进行分类。

（一）按会计账簿用途分类

会计账簿按其用途不同，可分为序时账簿（chronological books 或 journal）、分类账簿（ledger 或 ledger account）、备查账簿（memorandum）三种。

1. 序时账簿

序时账簿（又称为日记账）是按照经济业务发生的时间先后顺序，逐日逐笔连续登记的会计账簿。在会计实务中，序时账簿是以收到凭证的先后顺序进行登记的。在会计工作发展的早期阶段，每日发生的经济业务必须逐日登记，以便记录当日业务的金额，因而习惯地称序时账簿为日记账。日记账按其记录业务内容不同，又可分为普通日记账和特种日记账两种。

（1）普通日记账（general journal）是用来登记全部经济业务发生情况的日记账簿，如通用日记账（general - purpose journal）、日记总账（combined journal and ledger）。通用日记账是将所有的经济业务按其发生的先后顺序，直接根据原始凭证以会计分录的形式逐日逐笔进行登记的序时账簿（故又称为“分录簿”）。日记总账是将序时账簿和总分类账簿结合在一起的一种联合账簿（compound book）。

（2）特种日记账（special journal）是指用来记录某类经济业务发生情况的日记账，如库存现金日记账、银行存款日记账、物资采购日记账、商品销售日记账等。为了既详细反映和监督某些重要的、重复发生的经济业务，又减少记账工作量（即对不需要详细反映和监督的经济业务，不再设置日记账予以登记），同时也便于会计人员的分工，人们便根据对各类经济业务进行反映和监督的重要程度，设置若干本特种日记账簿。常设的特种日记账包括库存现金日记账、银行存款日记账等。

2. 分类账簿

分类账簿是指对所有的经济业务按照会计科目开设并进行分类登记的账簿。分类账簿按其提供的会计信息详细程度的不同，又可分为总分类账簿（general ledger）和明细分类账簿（subsidiary ledger）。

（1）总分类账簿（简称总账）是按照总分类科目（即一级科目）设置并进行登记的分类账簿。总分类账簿只进行总括核算，对所属明细账起统驭作用。

（2）明细分类账簿（简称明细账）是按照明细分类科目（即二级科目、三级科目等）设置并进行登记的分类账簿。明细分类账簿提供明细核算资料，是对总账的补充和说明，它依附于某一总分类账，不能脱离总账而独立存在。

3. 备查账簿

备查账簿是对某些在序时账簿和分类账簿中未能记载或记载不全的经济业务进行补充登记的辅助会计账簿。如票据登记簿、租入固定资产备查簿、委托加工材料备查簿、发出商品备查簿等，它们分别记录备查业务，以便必要时查考。因登记的内容不同，备查账簿的格式也千差万别。

（二）按会计账簿外表形式分类

会计账簿按其外表形式的不同，可分为订本式账簿（bound books）、活页式账簿（loose - leaf books）和卡片式账簿（card books）三种。

1. 订本式账簿

订本式账簿是指在会计账簿启用前，已经将账页装订成册并连续编号的会计账簿。这种会计账簿的主要优点在于账页固定，能够避免账页散失和防止抽换账页。由于订本式账簿具有可靠的安全性，适用于带有统驭和控制作用的总分类账、登记货币资金收付的日记账和反映债权债务的往来账。但是，订本式账簿账页固定，在同一时间内只能一人记账，不便于分工记账；必须为每一个账户预留空白账页，留页多少不易掌握，预留账页不够就会影响账簿记录的连续性，而预留账页过多则造成浪费。

2. 活页式账簿

活页式账簿是指在账簿未启用之前账页不固定地装订在一起，而是将零散的账页放置在活页账夹内，记账时根据实际需要随时增减页数，使用完毕不再继续登记时装订成册保管的会计账簿。活页式账簿的优点在于可以随时增添或抽取账页，伸缩性和灵活性较大，便于同时由多人分工记账。其缺点是容易散失或被抽换账页。因此，大部分明细分类账簿采用活页式账簿形式。为避免账页散失或被抽换，在使用空白账页时需连续编号，并装置在账夹中，由有关人员盖章及管理；当使用完毕不再继续登记时，将其装订成册归档保管。

会计单位利用会计软件进行会计核算时，总分类账和明细分类账应当定期打印（类似于活页式账簿），用计算机打印的会计账簿必须连续编号，经审核无误后装订成册，并由记账人员、会计机构负责人、会计主管人员签名或盖章。

利用会计软件进行会计核算的会计单位，发生库存现金或银行存款收付款业务时，在输入收款凭证和付款凭证的当日，必须打印出现金日记账和银行存款日记账，并及时与库存现金、银行对账单核对。

3. 卡片式账簿

卡片式账簿是指由专门格式的、分散的卡片作为账页组成的会计账簿。在账簿未启用之前，账卡不固定地装订在一起，记账时可以根据实际需要随时增减账卡，使用完毕不再继续登记时封扎保管的会计账簿。卡片不固定，通常存放在特制的卡片箱中，由记账人员保管，其数量可根据经济业务的需要增减，随时取放。为避免散失，使用完毕不再登账时，则将卡片穿孔固定保管。卡片式账簿的优点在于记录的内容比较具体、详细；可以跨年度长期使用；可以随时增添或抽取账卡。其缺点是容易散失或被抽换账卡。

卡片式账簿主要适用于固定资产明细账、低值易耗品明细账等。企业应该为每一项独立的固定资产设置一张卡片，详细登记该项固定资产的原值、预计使用年限、预计净残值、折旧计提情况及修理记录等资料。

（三）按会计账簿账页格式分类

会计账簿按其账页格式的不同，可分为三栏式账簿（three - column books）、数量金额式账簿（amount books）和多栏式账簿（multicolumn books）等①。

1. 三栏式账簿

三栏式账簿是指在账页中只设置“借方（debit）”、“贷方（credit）”和“余额（balance）”三个金额栏，不设置数量栏的会计账簿（也称“借贷余三栏式账簿”）。三栏式账页是最常见的账页格式，往往在“余额”栏之前增加一个“借或贷”栏，表示该账户余额的方向，故又称之为“余额方向栏”。如果是借方余额(debit balance)，则在“余额方向栏”中填“借”字；如果是贷方余额（credit balance)，则在“余额方向栏”中填“贷”字；如果余额为0，则在“余额方向栏”中填“平”字。

三栏式账簿主要适用于总账、库存现金日记账、银行存款日记账，以及只需要进行金额核算（不需要进行数量核算）的债权、债务结算明细账（如“应收账款”、“应付账款”等明细账）。其格式如表9－1、表9－2所示：

表9－1 总分类账

会计科目：实收资本　　　　第45页

2017年		凭证号数		摘要	借方金额	贷方金额	借或贷	余额
月	日	字	号					
4	1			月初余额			贷	1 150 000
	5	银收	6	追加投资		150 000	贷	1 300 000
	30			本期发生额及余额	0	150 000	贷	1 300 000

① 在后续的《会计制度设计》中，将进一步补充和细化按会计账簿账页格式的分类。

表9－2　应收账款明细分类账

二级或明细科目：华景公司　　　　　　　　　　　　　　　　　　　　第55页

2017年		凭证号数		摘要	借方金额	贷方金额	借或贷	余额
月	日	字	号					
4	1			月初余额			借	150 000
	4	转	10	赊销甲商品	117 000		借	267 000
	30			本期发生额及余额	117 000	0	借	267 000

2. 数量金额式账簿

数量金额式账簿是指在账页中分别设置“收入”、“发出”、“结存”的数量栏和金额栏的会计账簿。数量金额式账簿适用于既要进行金额核算，又要进行实物数量核算的各种财产物资明细科目，如“原材料”、“库存商品”等明细分类账簿。其格式如表9－3所示：

表9－3　原材料明细账

第3页

类别：　　　　　　　　　　　　　　　　　编号：

品名或规格：甲材料　　　　　　　　　　　存放地点：

储备定额：　　　　　　　　　　　　　　　计量单位：件

2017年		凭证号数		摘要	收入			发出			结存		
月	日	字	号		数量	单价	金额	数量	单价	金额	数量	单价	金额
4	1			期初结存						400	50	20 000	
	5	转	2	生产领用			200	50	10 000	200	50	10 000	
	10	转	7	购入材料	300	50	15 000			500	50	25 000	
	20	转	9	生产领用			180	50	9 000	320	50	16 000	
	30			本月合计	300		15 000	380		19 000	320	50	16 000

3. 多栏式账簿

多栏式账簿是指根据经济业务的特点和经营管理的需要，在账页内按有关明细科目或明细项目分设若干专栏，用以在同一账页上集中反映各有关明细科目或明细项目情况的会计账簿。它不是按照有关明细科目分设账页，而是在三栏式的基础上根据需要对账页进行扩展和补充。这种账页格式适用于日记总账、库存现金日记账、银行存款日记账，以及费用、成本、收入、成果和“应交税费——应交增值税”等明细分类账簿。例如，为了反映管理费用的构成，往往对费用按其用途设置多栏式账页，以利于对管理费用开支进行控制和管理。其格式如表9－4所示：

表9－4 管理费用明细账

2017年		凭证	摘要	借方发生额						贷方
月	日			工资	办公费	折旧费	差旅费	其他	合计	
4	2	（略）	报销差旅费				2 000		2 000	
	6		购买办公用品		500				500	
			……							
	30		期末结转							71 800
	30		本月合计	35 000	25 000	8 000	2 500	1 300	71 800	71 800

以上的账簿分类，形成账簿的不同表现形式，如图9－1所示：

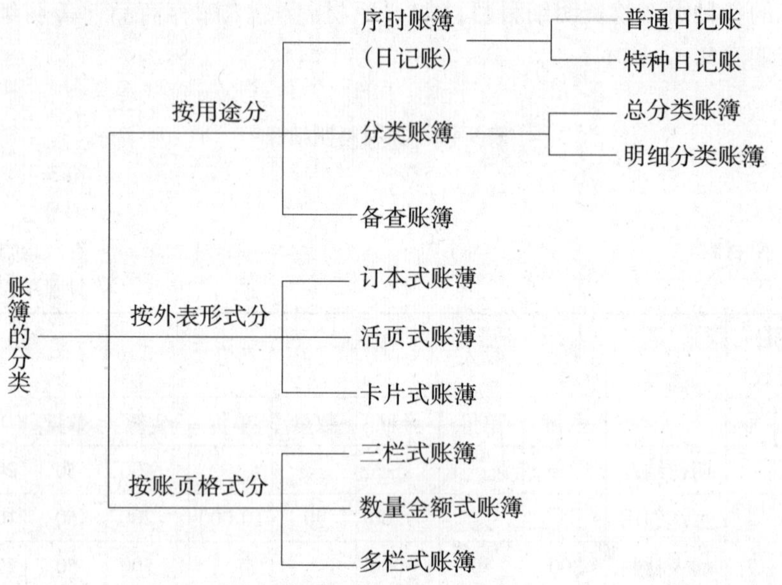

图9－1 账簿分类图

三、会计账簿的设置原则

每一个会计主体都应当根据本单位经济业务的特点和经营管理的需要，设置一套完整的会计账簿。各会计主体在设置会计账簿时，应当遵循以下设置原则：

（1）确保会计账簿能够全面、系统地反映和监督会计主体的经济活动情况，为经营管理提供系统、分类的核算资料。

（2）简便实用，避免烦琐记录和重复设账。应当在满足实际需要的前提下，考虑人力和物力的节约，力求避免重复设账；应该按照所记录的经济业务内容和需要提供的核算指标设计账页，力求简便实用，避免烦琐记录。

第二节　序时账簿的设置与登记
Setting and Posting of Chronological Books

序时账簿是指根据业务发生的时间顺序逐日逐笔进行登记的日记账。在我国现行会计账簿体系中，序时账簿主要是特种日记账，包括库存现金日记账和银行存款日记账等货币资金序时账簿。

一、序时账簿的设置及格式

每家企业都会发生货币资金收付业务，因此必须设置库存现金日记账和银行存款日记账。一些小企业也可以根据经济业务中货币资金收支情况设置出纳登记簿（即将库存现金日记账和银行存款日记账合并设置的一种综合性的序时账簿）。

货币资金序时账簿一般采用借方、贷方和余额（或收入、支出和结余）三栏式。库存现金和银行存款收支业务较多的企业，还可以采用多栏式，按照库存现金和银行存款收付的每一对应科目设置专栏进行序时、分类登记，它可以较为全面、清晰地反映库存现金和银行存款收付的来龙去脉。

在多栏式日记账中，凡设有专栏的科目，月末根据专栏合计数一次过入总分类账；未设专栏的其他科目，逐日逐笔过入总分类账。这样，总分类账的过账工作就大大减少了。三栏式和多栏式日记账的格式如表9-5、表9-6所示：

表9-5　现金日记账（三栏式）

第12页

2017年		凭证号数		摘要	对方账户	收入	支出	结余
月	日	字	号					
4	1			期初余额				360
	1	银付	1	提取现金	银行存款	1 000		
	1	现付	1	购买办公用品	管理费用		100	
	1	现付	2	暂借差旅费	其他应收款		500	760
	2	现收	1	报销返纳	其他应收款	20		780
				（略）				
	30			本月合计		115 260	114 870	750

表 9－6 现金日记账（多栏式） 第 10 页

2017 年		凭证号数		摘要	收入			支出			结余
月	日	字	号		银行存款	其他应收款	合计	管理费用	其他应收款	合计	
4	1			期初余额							360
	1	银付	1	提取现金	1 000		1 000				
	1	现付	1	购买办公用品				100		100	
	1	现付	2	暂借差旅费					500	500	760
	2	现收	1	报销返纳		20	20				780
				（略）							
	30			本月合计	103 500	320	115 260	65 000	3 420	114 870	750

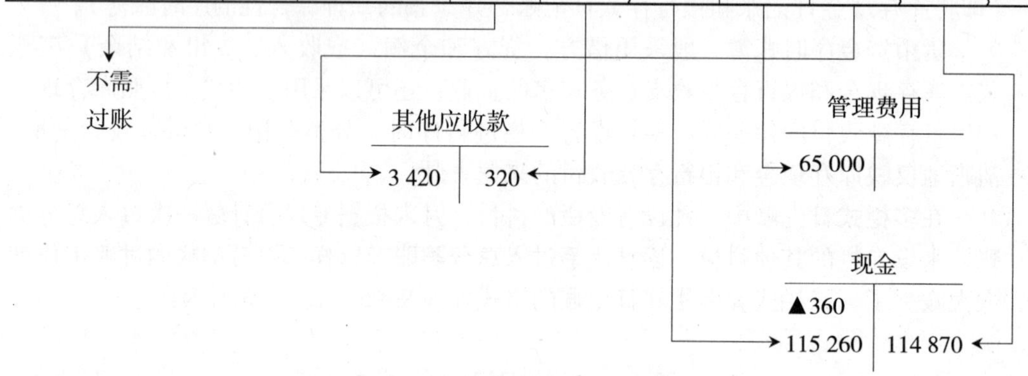

▲表示余额

二、序时账簿的登记

企业应该指定专人（即出纳）负责登记库存现金日记账和银行存款日记账。

对于库存现金日记账，出纳应该根据审核过的现金收款凭证、现金付款凭证及从银行提取现金时填制的银行付款凭证，逐日逐笔登记库存现金日记账（采用出纳软件的单位，通常是根据审核过的有关库存现金收付原始凭证输入电脑）；每日登记完毕后，应当于下班前在库存现金日记账中加计当日收入合计数和支出合计数，并计算当日库存现金余额，然后将库存现金日记账的账面结存额与库存现金实存数进行核对，保证账实相符。

银行存款日记账的登记方法与库存现金日记账基本相同，只是记账依据等略有不同。出纳应该根据审核过的银行收、付款凭证及将现金存入银行时填制的现金付款凭证，逐日逐笔登记银行存款日记账（采用出纳软件的单位，通常是根据审核过的有关银行存款收付原始凭证输入电脑）；应当于下班前在银行存款日记账中加计当日收入合计数和支出合计数，并计算当日银行存款余额。同时，应定期与开户行送来的对账单进行核对。

会计人员负责登记库存现金和银行存款总分类账，并且应该经常与出纳登记的特种日记账进行核对，确保会计主体货币资金总账和日记账信息的真实性和完整性。

需要特别指出的是，在根据多栏式日记账登记总账时，属于库存现金和银行存款相互转化的部分，由于在各自的日记账中已作登记，均无须过记总账，以免重复记账。如表 9－6 库存现金日记账中，对于“银行存款”专栏的 103 500 元，由于在银行存款日记账中已经登记并直接根据银行存款日记账中的借贷方合计数过入“银行存款”总账，因此不能再根据库存现金日记账中的“银行存款”专栏（103 500元）重复过入“银行存款”总账。

第三节　分类账簿的设置与登记

Setting and Posting of Ledger

通过库存现金日记账、银行存款日记账等的设置和登记，可以了解一定时期内库存现金、银行存款收付业务等的具体发生情况和结存情况。但是，它不能提供每类经济业务发生情况的资料，因此，还有必要设置和登记分类账簿。分类账簿是对经济业务按照会计对象的具体内容分类设置和登记的会计账簿。按其记录内容详尽程度的不同，分类账簿可分为总分类账和明细分类账。

一、分类账簿的设置及格式

分类账簿是对全部经济业务按性质进行分门别类登记的会计账簿。分类账簿是按照会计科目和管理需要设置的，用于归集、汇总各类业务信息，反映会计主体各类资金运动的不同状态、过程和结果；通过分类账簿，可以将各类业务数据按账户形成总括、连续、系统的会计信息，满足财务报表的编制需要。

1. *总分类账簿*

总分类账簿（亦称总账）是按照总分类科目（一级科目）设置的，用于分类登记各项会计要素（资产、负债、所有者权益、收入、费用等）的增减变化情况，提供总括核算资料的会计账簿。在人工记账情况下，总分类账一般采用订本式账簿，格式通常为三栏式。每一个会计主体都应该按照其确定的一级科目以及自身业务特点和管理要求设置一本订本式总分类账，并按会计科目表的编号顺序在账簿中分设账户和账页。总分类账簿格式一般采用“借方”、“贷方”和“余额”三栏式。其格式如表 9－7 所示：

表9－7　总分类账

会计科目：原材料　　　　第25页

2017年		凭证号数		摘要	借方	贷方	借或贷	余额
月	日	字	号					
4	1			月初余额			借	125 000
	3	转	4	甲材料验收入库	30 000		借	155 000
	16	转	20	乙材料验收入库	50 000		借	205 000
	30	转	45	本月发出材料		136 000	借	69 000
	30			本月合计	80 000	136 000	借	69 000

2. 明细分类账簿

明细分类账簿（亦称明细账）是根据总分类科目所属的二级科目或明细科目设置的用来详细记录有关经济业务情况的会计账簿。明细账所提供的各类经济业务的详细情况，也是编制财务报表的依据。各个会计主体应该按照明细科目设置若干必要的明细分类账，作为总分类账的必要补充。

一个会计主体（企业或单位）应设置哪些明细账，应根据企业的实际情况而定。例如，企业应按银行和其他金融机构的名称和存款种类设置银行存款明细账；涉及外币库存现金收付的企业，应当按币种设置库存现金明细账；应该按材料的品种、规格或种类设置原材料明细账等。在会计实务中，除少数总分类账户（如应收票据、应付票据、坏账准备、累计折旧、本年利润等）可以不设置下属明细账户外，其他各种财产物资、应收和应付款项、费用、成本和收入、利润等总分类账户下都应设置明细分类账户。

明细分类账一般采用活页式或卡片式，常用的格式有三栏式、数量金额式、多栏式等。根据不同性质的会计要素和不同的管理要求，明细账可采用不同的格式。如“应收账款”、“应付账款”等明细账，只要求对金额进行核算，一般采用三栏式账页；而“原材料”、“库存商品”等财产物资明细账，既要求反映金额，又要求反映数量，一般采用数量金额式账页；对于“物资采购”、“生产成本”、“管理费用”、“主营业务收入”等明细账，应能提供成本、费用或收入构成的资料，以便于为管理部门提供所需的分析资料，一般采用多栏式账页。多栏式费用、成本明细分类账一般在账户的借方设置专栏，如“生产成本”、“物资采购”等有关成本计算的明细账在借方按成本构成项目设置专栏，而“制造费用”、“管理费用”则在借方按预算费用项目设置专栏；收入类账户的明细账通常在贷方按收入的构成设置专栏；“本年利润”明细账可按利润的构成要素在账户的借贷双方设置专栏。明细账的账页格式如表9－8、表9－9所示：

表 9－8　应付账款明细分类账

明细科目：华光公司　　　　　　　　　　　　　　　　　　　　　　第 23 页

2017 年		凭证号数		摘要	借方	贷方	借或贷	余额
月	日	字	号					
4	1			月初余额			贷	24 500
	11	银付	9	偿还欠款	15 000		贷	9 500
	17	转	23	购料		11 000	贷	20 500
	26	银付	39	偿还欠款	20 500		平	0
	30			本月发生额及余额	35 500	11 000	平	0

表 9－9　生产成本明细账

明细科目：A 产品　　　　　　　　　　　　　　　　　　　　　　　第 3 页

2017 年		凭证号数		摘要	直接材料	直接人工	制造费用	合计
月	日	字	号					
4	1			月初在产品成本	8 000	912	1 200	10 112
	30	转	45	领用材料	70 000			70 000
	30	转	48	工人工资		7 000		7 000
	30	转	49	工人福利费		980		980
	30	转	51	分配制造费用			16 000	16 000
	30			本月生产费用	70 000	7 980	16 000	93 980
	30			全部生产费用	78 000	8 892	17 200	104 092
	30	转	55	结转完工产品成本	71 500	8 252	16 200	95 952
	30			期末在产品成本	6 500	640	1 000	8 140

注：□表示红字

二、分类账簿的登记

总分类账的登记方法很多，可以直接根据各种记账凭证逐笔登记；也可以将一定时期的各种记账凭证先汇总编制成科目汇总表或汇总记账凭证，再据以登记总账等。总分类账应该由会计人员负责登记，登记依据包括记账凭证、汇总记账凭证、科目汇总表等，一般采用汇总登记方法。不同企业由于规模大小、业务量的繁简程度和财会职能部门的内部职责分工等存在较大的差别，总分类账登记的具体程序和方法也有所不同，在第十二章“会计核算组织程序”中将详细介绍其记账程序和方法的差别。

明细分类账一般按照记账凭证和原始凭证等逐笔登记。由于各会计主体会计核算的组织形式、业务量、管理需要、经济业务的记录内容不同，各种明细分类账的记录可以由会计人员负责登记，也可以由相关其他部门的业务人员负责登记，从而导致明细账的登记依据既可以是原始凭证、汇总原始凭证或记账凭证，也可以是日记账。登记时，可以采用逐笔登记、逐日登记、定期汇总再登记等方式。

根据总分类账和明细分类账的关系，登记入账时应采用平行登记的方法。在本书第五章“会计循环”中，简要介绍了总分类账和明细分类账平行登记（Parallel Recording）的要点：

（1）依据相同。应该根据同一笔经济交易或会计事项的原始凭证登记总分类账和明细分类账，登记的依据和内容相同。

（2）同期登记。对每一项经济业务，应根据同一会计凭证，在同一会计期间内，既登记总分类账，也登记该总分类账所属明细分类账，所登账的会计期间相同。

（3）方向相同。将经济业务记入某一总分类账户及其所属的明细分类账户时，必须确保登账的方向一致，即总分类账户记借方，其所属明细账户也记借方；相反，总分类账户记贷方，其所属明细分类账户也记贷方。

（4）金额相等。记入总分类账户的金额与记入其所属明细分类账户的金额之和必须相等。

总分类账和明细分类账的平行登记后，可以根据以下两个等式的数量关系，检查、核对总账与其所属明细账簿记录的正确性：

总账余额 = 其所属其他账簿余额之和

总账发生额 = 其所属其他账簿发生额之和

需要注意的是，当根据会计凭证在总分类账户与明细分类账户中记录经济业务时，必须独立地、互不依赖地进行，既不能根据明细分类账登记总分类账，也不能根据总分类账登记明细分类账。

三、备查账簿的设置与登记

备查账簿（也叫辅助账簿）是指对某些未能在序时账簿和分类账簿中登记的事项进行补充登记的会计账簿。设置备查账簿是对序时账簿和分类账簿的补充，能够为加强经营管理提供必要的补充资料。备查账簿没有固定的格式，可以由各会计主体根据其会计核算和经济管理的实际需要自行设计和登记。例如，对租入固定资产就需要设置备查账簿进行登记反映，其一般格式如表 9 - 10 所示：

表 9 - 10 租入固定资产登记簿

第 1 页

固定资产名称	租约号数	出租单位	租入日期	每月租金	归还日期	备注
	2016 - 1	兴中公司	2016.1.1	2 000 元	2017.10.1	

电子计算机与会计账簿
——一场现代与传统的对话

会计账簿：每天看到人们在我身上不断地记录、计算、整理信息，我觉得我好有成就感：在经济活动中，我是多么重要！但是，我又看到会计人员的办公桌上堆满了账簿，他们如何查找数字呢？每当账簿记满后，我的归宿又在哪里呢？

电子计算机：别怕，有我呢！我具有巨大的容量和最快的计算速度。目前，数据录入与分类是计算机在会计中运用得最广泛的领域之一。从简单的收款机和超市、百货商场的条形码扫描器到每月可自动记录、处理几十宗电话交易的大型计算机系统，现在越来越多的企业注重运用先进的计算机技术来进行数据处理。怎样，我还行吧？

告诉你吧！现在，日记账和分类账通常的储存方式是磁带、磁盘或其他计算机记录形式，而不是纸张。通过录入正确的账户号和数额，可在计算机上直接编制每笔交易的日记账分录，然后再过到分类账。若需要，我每天都能编出总分类账、明细分类账和资产负债表。

会计账簿：有了你，我觉得有安全感了。并且，会计核算、登记账簿就变成很简单的工作了。那些学生为什么还要学习借方、贷方、日记账和分类账设置与登记、报表编制呢？

电子计算机：我可以做日常的簿记工作，这是因为计算机的程序是人们按照会计基础原理来设置的，不学习会计基础原理，就不能理解计算机众多的操作规定。因此，基础会计学仍是专业基础的必修课。

朋友，当你第一次学习用手工把一叠厚厚的记账凭证过入日记账和分类账的时候，你会感觉到会计工作的烦琐，但这是会计核算最基本的工作。

第四节　账簿的登记规则和更正错账的方法

Register Rule of Accounting Books and Method of Correcting Errors of Account

会计账簿是记录经济业务的载体，必须按照规定的登记规则登记入账；在入账过程中发生错账，应该遵循规定的方法进行更正。

一、会计账簿启用的规则

会计账簿是储存会计信息资料的重要档案。为了保证账簿记录的严肃性和合法性，明确记账责任，保证资料完整，在账簿启用时，应当在账簿扉页填列“账簿启用和经管人员一览表”，详细载明单位名称、账簿编号、账簿册数、账簿共计页数、启用日期、单位公章、经营人员姓名及签章等内容。记账人员调动工作或因故离职时，应办理交接手续，在交接记录栏内填写交接日期和交接人员姓名并盖章。

这样做有利于加强企业岗位责任制，明确经济责任，维护会计账簿的严肃性。“账簿启用和经管人员一览表”如表9－11所示：

表9－11　账簿启用和经管人员一览表

账簿名称：＿＿＿＿＿＿　单位名称：＿＿＿＿＿＿
账簿编号：＿＿＿＿＿＿　账簿册数：＿＿＿＿＿＿
账簿页数：＿＿＿＿＿＿　启用日期：＿＿＿＿＿＿
会计主管（签章）　记账人员（签章）

移交日期			移交人		接管日期			接管人		会计主管	
年	月	日	姓名	签章	年	月	日	姓名	签章	姓名	签章

二、会计账簿登记规则

会计人员登记会计账簿时，应遵循以下规定和要求：

（1）必须根据审核无误的会计凭证进行登记。

（2）记账必须用蓝黑墨水书写，不得使用铅笔或圆珠笔记账，以使账簿记录保持清晰、耐久，便于日后查考，防止涂改。除结账画线、改错、冲销账簿记录外，不得使用红色墨水。

（3）必须按编定的页码顺序逐页、逐行登记账簿，不得隔页或跳行。如果不慎发生此类情况，不得随意涂改，应将空页、空行用红线对角画掉，并加盖“此页（行）空白”、“作废”等字样，由记账人员签章确认。

（4）每一笔账必须记明日期、凭证号数、摘要和金额等。记账后，要在记账凭证上签名或者盖章，并注明所记账簿的页数或打“√”，表示已经登记入账，避免重记或漏记。

（5）账簿记录的文字、数字，应清晰工整，书写不应过大，一般占书写行的1/2，以便留有改错的空间。如发生差错，不得随意涂改账簿，应按规定的更正错账方法更正错误。要注意不得乱造简化字，不得使用异体字，也不得乱造代用符号，一些已约定俗成的代用符号如“￥”（人民币）、“#”（编号号数）等除外。

（6）每登满一张账页，应在该页最末一行加计本页发生额及余额，并在“摘要”栏内注明“转次页”；同时，在下一页的首行记入上页加计的发生额及余额，并在“摘要”栏内注明“承前页”，以便对账和结账。

（7）会计期末时，应按规定办理账簿结账手续。当结计出本月借、贷方发生额和期末余额时，应同时在“借或贷”栏目中填写“借”或“贷”字，表示余额的方向；余额为0时，应填“平”字，表示账已结平，没有余额。

三、更正错账的方法

如果会计账簿记录发生错误，不允许用涂改、挖补、刮擦、药水消除字迹等手段更正错误，也不允许重抄，而应当根据错误的性质和具体情况，按照规定的更正错账法予以更正。更正错账的方法通常有画线更正法（correction by drawing a straight line）、红字更正法（correction by using red ink）和补充登记法（correction by extra recording）。

1. 画线更正法

画线更正法是指用画线来更正错账的一种方法。它适用于：在结账前发现账簿记录有错误，而记账凭证无错误，即登账时纯属笔误造成账簿文字或数字错误。如过账时记错记账方向、记错金额，结错余额，写错摘要，乃至过错账户等。

采用画线更正法更正错误时，应该先将错误的文字或数字全部画一条红线予以注销；然后，在画线上方用蓝黑字填写正确的文字或数字；最后，由经办人员在更正侧面签字（或盖章），以明确责任。

注意：①在画线时，如果是文字错误，可只画错误部分。②如果是数字错误，应将错误的数字全部画销，不得只画销其中个别错误数字。例如，将45 000.00元误记为54 000.00元，不能只更正其中的“54”，而应将54 000.00全部画去，再在上方写上正确的45 000.00，并在其旁盖章明示。③画线时，必须确保原来的字迹仍可辨认，以备查。

【例1】B公司通过银行收回华光公司前欠的货款45 000元。记账凭证中的会计分录为：

借：银行存款　　　　45 000

　贷：应收账款　　　　45 000

记账后（结账前）发现记账凭证正确，而“银行存款”账户记录中将45 000元误记为“54 000”。会计王宁采用画线更正法，将已记入“银行存款”账户的错误数字（54 000）画上一红线，再在该数字上用蓝黑墨水填上正确的数字（45 000）。其更正结果如表9－12所示：

表9－12　总分类账

会计科目：　银行存款　　　　第15页

2017年		凭证号数		摘要	借方	贷方	借或贷	余额
月	日	字	号					
4	1			月初余额		王宁	借	100 000
	3	银收	1	收回华光公司前欠的货款	45 000 ~~54 000~~		借	145 000

注意：不能像下列那样只更正错账的局部数字（用丁字账户表示），此种更正法是错误的。

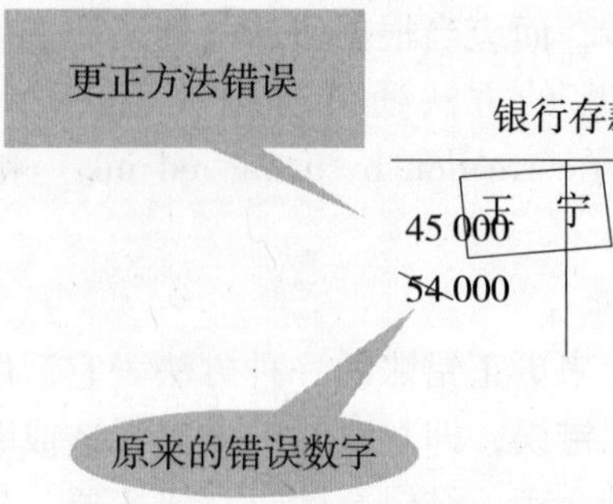

画线更正法仅适用于手工记账系统，采用电子计算机进行账务处理不能采用这种方法。

2. 红字更正法

红字更正法（又称红字冲销法）是指用红字冲销或冲减原记录数，以更正或调整账簿记录的一种更正方法。红字更正法适用于以下两种情况：

（1）记账后发现记账凭证中的应借、应贷会计科目有错误，从而引起记账错误。

在记账以后，如果发现记账凭证中的账户对应关系错误（包括记账方向错误或会计科目错误），从而引起的错账，应采用红字更正法更正。其更正方法如下：

首先，用红字填写一张与原记账凭证基本相同的记账凭证（即红字凭证。只是将原记账凭证的蓝黑字改用红字），并在"摘要"栏中注明更正错账的凭证号数、无附件张数，并登记入账，以冲销原来的记录。然后，用蓝黑字重新填制一张正确的记账凭证，并据以登记入账。

【例2】B公司第一生产车间领用材料一批，其价值为1 200元。原来填制的记账凭证为：

借：管理费用　　1 200
　贷：原材料　　1 200

记账后，会计人员通过对账发现该项错误，按规定采用红字更正法予以更正：

首先，按原会计分录填制一张红字金额的记账凭证，并登记入账：

借：管理费用　　[1 200]①
　贷：原材料　　[1 200]

其次，用蓝黑字填制一张正确的记账凭证，并登记入账。

借：制造费用　　1 200
　贷：原材料　　1 200

其更正结果如下：

① [　] 表示红字，下同。

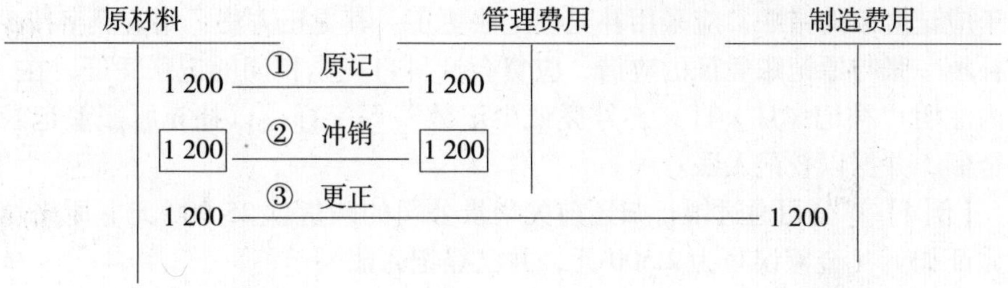

注意：运用红字更正法更正错误时，必须考虑会计科目之间的对应关系，不能只在错误的科目之间进行更正。如更正上述错账时，下列更正方法（只编制如下会计分录的记账凭证，并登记入账）是错误的：

借：制造费用　　1 200

　贷：管理费用　　1 200

这种错误的更正方法，虽然可以保证账户余额正确，但账户的本期发生额却不能反映实际情况（“管理费用”账户的借贷方各虚增了 1 200 元）。

（2）记账后发现记账凭证和账簿记录中应借、应贷会计科目无误，只是所记金额大于应记金额。

在记账后，如果发现记账凭证与账簿记录中科目对应关系正确，但是凭证和账簿中同时等额多记金额的错账，应采用红字更正法更正。其更正方法为：用红字按多记的金额编制一张与原记账凭证应借、应贷科目完全相同的记账凭证（即红字凭证），以冲销多记的金额，并据以登记入账。

【例 3】B 公司通过银行归还前欠华维公司的购货款 25 000 元。原来填制的记账凭证为：

借：应付账款　　52 000

　贷：银行存款　　52 000

记账后，会计人员发现该项错误，按多记金额 27 000（52 000 – 25 000）编制如下会计分录的记账凭证（红字凭证），并据以登记入账：

借：应付账款　　27 000

　贷：银行存款　　27 000

其更正结果如下：

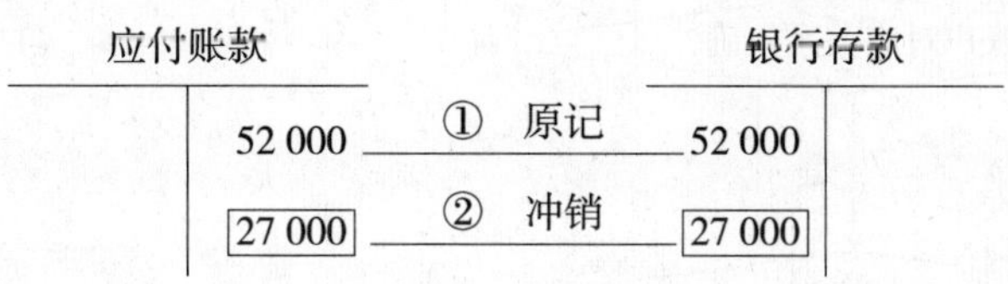

3. *补充登记法*

补充登记法是指用蓝黑字将少记的金额补充原记录数，以更正账簿金额的一种更正方法。它适用于记账后发现记账凭证和账簿记录中应借、应贷会计科目无误，只是所记金额小于应记金额。

记账之后，如果发现记账凭证与账簿记录中科目对应关系正确，但是实记金额小于应记金额的错账，应采用补充登记法更正。其更正方法：用蓝黑字按少记的金额补填一张与原记账凭证的应借、应贷会计科目完全相同的记账凭证，在“摘要”栏内注明“补记×月×日××号凭证少记数”等字样，以补充原账簿记录中少记的金额，并据以登记入账。

【例4】B公司通过银行归还前欠华景公司的购货款25 000元。原来填制的记账凭证如下（金额误写为2 500元，并已登记入账）：

借：应付账款　　2 500

　贷：银行存款　　2 500

记账后，会计人员发现该项错误，按少记金额22 500（25 000－2 500）用蓝字编制如下会计分录的补充记账凭证，并据以登记入账：

借：应付账款　　22 500

　贷：银行存款　　22 500

其更正结果如下：

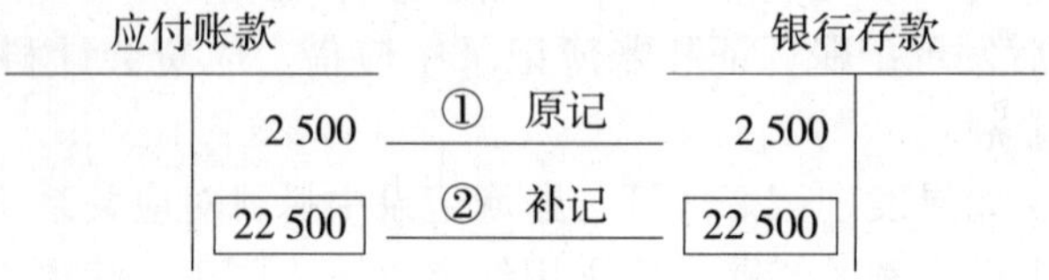

注意：这种错账也可以采用红字更正法予以更正，即首先用红字金额填制一张会计科目、记账方向和记入金额等内容与原错误凭证一致的记账凭证，并据以入账，以冲销原错误记录；然后，用蓝黑字编制一张正确的记账凭证，并据以入账。由此可见，凡是需采用补充登记法更正的错账，均能采用红字更正法；但是，反过来则不一定成立。

综上所述，对于错账的更正方法，其逻辑判断思路如图9－2所示：

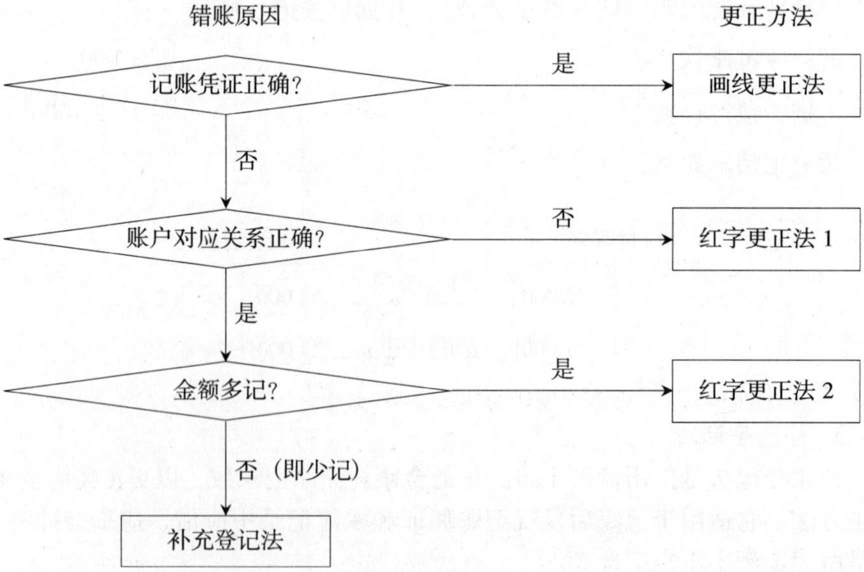

图9－2　错账更正的逻辑判断思路图

第五节　对账与结账

Checking and Closing Account

每一个会计期末，会计人员必须进行会计账簿的对账和结账工作，以便保持会计账簿的准确性，并为编制会计报告做好准备。

一、对账

对账（checking）就是核对账目，即对会计账簿中所作的记录进行全面核对。对账是结账前的一项重要工作，其内容包括账证核对、账账核对和账实核对。

会计核算要求账簿记录字迹清晰、内容真实和完整。但是，在实际工作中，由于各项财产物质在保管中可能出现自然损失（natural loss）和升溢（natural overflow），或因保管不善发生贪污、盗窃使账实不符，或由于记录不准导致的往来款差异等原因，导致账目出现错漏。因此，在编制报表和结账之前应该进行财产清查，核对账目，将会计账簿记录的数字与库存实物、货币资金、有价证券的实存数额，以及往来单位或者个人的记录数额等进行核对，保证账证相符、账账相符、账实相符。各单位的对账工作每年至少要进行一次，有些账可根据实际需要于每月、每季或每半年对账一次。

1. 账证核对

账证核对是指将各种会计账簿记录与有关会计凭证（包括记账凭证及其所附的原始凭证）进行核对，检查两者是否一致。其具体做法为：将原始凭证、记账凭证与日记账、分类账进行核对，以确保账证相符。如果发现不符，应及时查明原因，并采用恰当的方法进行账项调整。

2. 账账核对

账账核对是指各种账簿之间的有关数字相互核对。账账核对主要包括以下五方面：

（1）日记账与分类账核对。核对的主要目的是通过库存现金日记账、银行存款日记账的余额与其总分类账余额相互核对，确保其相符，避免过账遗漏、过错账户、过错金额、过错方向等。

（2）总分类账与所属明细分类账核对。核对的主要方法为：依据平行登记法的原理，根据明细账记录编制“本期发生额及余额明细表”，并与其总账金额进行核对，确保所有总分类账期末余额（或本期发生额）与其所属明细分类账期末余额（或本期发生额）的合计数相核对等。

总分类账户期末余额 = 所属各明细分类账户期末余额合计数

总分类账户本期发生额 = 所属各明细分类账户本期发生额合计数

（3）所有总分类账期末的借方余额合计数与贷方余额合计数核对（或所有总分类账户本期借方发生额合计数与贷方发生额合计数核对）。其核对方法为：通过编制“总分类账户期末余额试算平衡表”，检验所有总分类账期末借方余额合计数与所有总分类账期末贷方余额合计数是否相等；或通过编制“总分类账户本期发生额试算平衡表”，检验全部总账科目本期借方发生额合计数与贷方发生额合计数是否相符。

（4）本企业账簿记录与有关外单位（银行和往来单位）账簿记录核对。其主要核对方法为：通过函对、电话电报核对或者登门直接核对等，核对结果一般应编制“银行存款余额调节表”或“往来款项对账单”，检验往来单位的会计账簿记录是否一致并查明不一致的原因。

（5）会计部门有关财产物资明细分类账余额与财产物资保管、使用部门的有关明细分类账余额核对。

3. 账实核对

账实核对是指将各项财产物资、现金的账面余额与其实存数额进行核对，查明账实是否相符。如果不符，应及时查明原因，提出处理意见并进行必要的调账。账实核对工作的主要内容有：

（1）库存现金日记账的账面余额与库存现金的实际金额核对。

（2）银行存款日记账的账面余额与银行对账单的余额核对。

（3）各项财产物资（各项原材料、在产品、库存商品和固定资产等）明细账的账面余额与财产物资的实际库存数核对。

（4）债权债务明细账的账面余额与有关对方单位的记录核对等。

二、结账

结账（closing account）是指在会计期末，在将本期所发生的经济业务全部登记入账的基础上，分别结出各账户的“本期发生额”和“期末余额”，并根据账户的不同性质分别将其余额结清或结转到下期的工作。

为了总结会计账簿中反映的一定时期内发生的经济业务及其结果，各单位必须在会计期末按时结账，不能为赶编财务报表而提前结账，也不能将本期发生的经济业务拖延至下期入账，更不能先编制财务报表后结账。因此，在结账之前，必须将本期发生的各项经济业务全部登记入账，不能提前也不能推后，并且通过对账工作保证其正确性；同时，必须按照权责发生制的要求，进行期末账项调整（包括费用分摊的调整、预收账款的调整、应计费用的调整、应计收入的调整和期末资产减值准备的调整等），合理确定本期的收入和费用。

期末结账包括双重含义：为结平所有利润表账户（即虚账户，包括收入、费用等损益类账户）而作的结账分录；在对所有会计分录已经过账的基础上，结计出全部资产负债表账户（即实账户，包括资产类、负债类和所有者权益类账户）的发生额和期末余额。结账工作程序和主要内容有：

1. 结清所有损益类账户，并据以计算确定本期利润

在会计期末，应该将损益类账户的本期发生额（即本期实现的收入和发生的费用）全部转入“本年利润”账户（即结清虚账户），以便据以计算本期的损益。

【例5】华润公司采用表结法，年末结账前有关损益类账户的余额如表9－13

所示：

表 9-13　华润公司损益类账户余额（表结法）

账户名称	借方余额	贷方余额	账户名称	借方余额	贷方余额
主营业务成本		600 000	主营业务收入	1 000 000	
管理费用		50 000	其他业务收入	130 000	
财务费用		20 000	营业外收入	30 000	
其他业务成本		80 000	销售费用		40 000
所得税费用		102 300	营业税金及附加		50 000
营业外支出		10 000			

根据上述资料编制有关结账分录：

（1）期末编制收入类账户的结账分录（记账凭证），将其本期发生额结转到“本年利润”科目的贷方：

借：主营业务收入　1 000 000
　　其他业务收入　130 000
　　营业外收入　30 000
　贷：本年利润　1 160 000

（2）期末编制费用类账户的结账分录（记账凭证），将其本期发生额结转到“本年利润”科目的借方：

借：本年利润　952 300
　贷：主营业务成本　600 000
　　　营业税金及附加　50 000
　　　其他业务成本　80 000
　　　销售费用　40 000
　　　管理费用　50 000
　　　财务费用　20 000
　　　营业外支出　10 000
　　　所得税费用　102 300

（3）将结账分录过入各相应分类账户，结清损益类账户。

根据上述结账分录（记账凭证）登记到相关账户后，损益类账户期末无余额。虚账户结账时，应在最后一笔经济业务（即转入“本年利润”账户这一行）下画一条通栏单红线；然后，在单红线下的“摘要”栏内注明“本期发生额”；在结出本期借、贷方发生额后，再在“本期发生额”一行下画一条通栏单红线，以表示本期的账簿记录已经结束。

（4）年末将“本年利润”账户的借、贷方之差额结转到“利润分配”账户，结平“本年利润”账户。

年终，企业应将本期实现的利润 207 700 元（1 160 000 - 952 300），从“本年利润”账户的借方结转到“利润分配——未分配利润”账户的贷方。

借：本年利润　　　　　　　　　　　　　　　　207 700

　　贷：利润分配——未分配利润　　　　　　　　　207 700

2. 计算各实账户的本期发生额和余额，并将其余额结转至下期

在各会计期末，会计主体必须在所有会计分录已经过账的基础上，计算出各实账户（资产类、负债类和所有者权益类账户）的本期发生额和期末余额，并将期末余额结转至下期（即结转实账户）。在期末结账后，实账户通常均有余额。结账按其时间的不同，可分为月度结账和年度结账。

（1）月度结账。

月度结账是指在月末结计出各实账户的本期发生额及期末余额（还可以将期末余额转入下月，作为下月的期初余额）。结账时，应在最后一笔经济业务下画一条通栏单红线，然后，在单红线下的“摘要”栏内注明“本月合计”（或“本期发生额及余额”），在结算出本期借方发生额、贷方发生额和期末余额后，再在“本月合计”一行下画一条通栏单红线，以表示本期的账簿记录已经结束（还可以紧接下一行，在“摘要”栏内注明“月初余额”，并在“余额”栏将上期期末余额转为本期的月初余额）。

对于需要结计本年累计发生额的账户，每月结账时，应在“本月合计”（或“本期发生额及余额”）栏下结出自年初至本月月末的累计发生额，登记在月份发生额下面，在摘要栏写明“本年累计”字样，在栏下再画一条通栏单红线；12 月月末的“本年累计”就是全年累计发生额，应在全年累计发生额下画通栏双红线。

由于各类实账户的性质和作用不同（包括总分类账、明细分类账和日记账），其余额的处理方法也有所不同，其具体结账方法如下：

①对不需按月结计本期发生额的账户（如各项应收、应付账款明细账和各项财产物资明细账等，这些账户也可以按月结计本期发生额），每次记账后都要随时结出余额，故每月记录最后一笔经济业务所形成的余额即为月末余额。月末结账时，只需在最后一笔经济业务记录之下画通栏单红线，不需要再结计一次余额。

②对需要按月结计发生额的收入、费用明细账户及现金、银行存款日记账，每月结账时，在最后一笔经济业务记录下画通栏单红线，结出本月发生额和余额，并在摘要栏内注明“本月合计”字样；再在其下画通栏单红线，以表示本期账簿记录已经结束。

③对需要结计本年累计发生额的某些明细账，每月结账时，应在“本月合计”行下结出自年初至本月月末的累计发生额，登记在月份发生额下，并在摘要栏内注明“本年累计”字样，在其下画通栏单红线。12 月月末的“本年累计”就是全年累计发生额，应在其下画通栏双红线。

④总账账户平时只需结出月末余额。

（2）年度结账。

年度结账是指结计出各实账户本年发生额及年末余额，并将年末余额转入下一会计年度的新账户，作为下一会计年度新账户的年初余额。年终结账时，为了总括反映全年各项资金运动情况的全貌，需要将所有总账账户结出全年发生额和年末余额，在摘要栏内注明“本年累计”字样，并在合计数下画通栏双红线。

在会计实务中，实账户年度结账的具体方法通常以有下两种：

①将所有实账户的年末余额直接过入下一会计年度的新账余额栏内，不需要使本年余额变为0。

②将所有实账户结平，并将其余额结转到下一年度新开的账户中。年末结转时，可在各账户“本年累计”（或“本期发生额及余额”）一行的下面，在“摘要”栏注明“结转下年”字样，并以与期末余额相反的方向、相同的金额记入“借方”或“贷方”栏内，使本年余额变为0。然后，在其下画一条通栏双红线，以表示“年末封账”。最后，在下一会计年度的新开账户第一行的“摘要”栏注明“上年结转”字样，并填入余额，方向与上年余额的方向一致。

结账方法及其结果如表9－14、表9－15所示。

表9－14　总分类账

账户名称：原材料

2017年		凭证号数	摘要	借方	贷方	借或贷	余额
月	日						
1	1	（略）	上年结转			借	85 000
	8	⋮	购进	50 000		借	135 000
	21	⋮	购进	45 000		借	180 000
	31	⋮	领用		110 000	借	70 000
1	31	⋮	本月合计	95 000	110 000	借	70 000
2	2	⋮	购进	10 000		借	80 000
2	15	⋮	领用		10 000	借	70 000
12	31	⋮	本月合计	112 000	103 000	借	79 000
			本年累计	1 324 000	1330 000	借	79 000
			结转下年				79 000

表 9－15　总账

会计科目：原材料

2017 年		凭证		摘要	借方	贷方	借或贷	余额
月	日	种类	号数					
1	1			上年结余			借	12 500
	10	转	8	入库	10 000		借	22 500
12	31			本月合计	30 000	25 000	借	10 000
				本年合计	150 000	152 500	借	10 000
				上年结余	125 000			
				结转下年		10 000		
				合计	162 500	162 500		

A.计算出本年度 12 个月度发生额合计数和余额。“摘要”栏注明“本年合计”，其下画双红线。

B.将上年结转来余额按其相同方向记入该行借（或贷）方栏。（上年结余＋本年增加）

C.将本年的余额按其相反方向记入这一行的（借）贷方栏内。（本年减少＋本年结余）

D.进行借贷双方合计。收入＝支出

通常，总账、日记账和多数明细账应每年更换一次新账簿（即每个新会计年度需要重新建账）。但是，对于财产物资明细账和债权、债务明细账，由于材料品种、规格和往来单位较多，更换新账，重抄一遍工作量较大，因此，可以跨年度使用，不必每年度更换一次。对于有关账户余额的新旧账转记事项，不需要编制会计分录。各种备查簿也可以连续使用。

第六节　会计账簿的更换与保管

Changing and Safekeeping of Accounting Books

会计账簿与会计凭证一样，都是重要的经济档案，应按规定妥善保管。年度中正在使用的会计账簿应由经管人员负责保管，保证其安全、完整。年度终了应该结束旧账、建立新账，并将更换下来的旧账装订成册或封扎，加贴封面，统一编号，归档交专人保管。在中国大陆，根据国家的规定，各种会计账簿的归档保管年限一般在 15 年以上，重要会计账簿则需要长期保管。会计账簿保管期满后，必须经上级同意方可按规定销毁。

一、会计账簿的更换

为了清楚地区分开每个会计年度的财务状况和经营成果，每个会计年度开始时，一般要启用新账，并把上年度的会计账簿归档保管。

因此，在会计年度终了时，各单位应该将本年度的账簿更换为次年度的新账簿。在人工记账环境下，总分类账、现金日记账和银行存款日记账和部分明细账，每年都要更换一次新账。只有实物明细分类账（包括固定资产卡片等）和债权债务明细账，可以跨年度继续使用，不必每年更换新账。

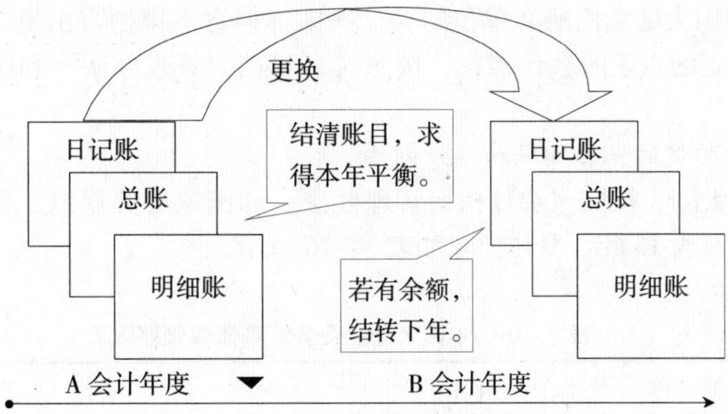

图 9－3　会计账簿更换图

二、会计账簿的保管

会计账簿是企业重要的会计档案（accounting archives 或 accounting files），必须按照政府有关法规、制度的规定、企业会计准则和会计制度的要求等妥善保管。各单位必须根据有关规定，建立会计档案（包括会计账簿）的立卷、归档、保管、查阅和销毁等管理制度，保证会计档案妥善保管、有序存放、方便查阅，严防毁损、散失和泄密。会计账簿的管理包括会计档案的日常管理、会计档案的保管期限和销毁办法等。

1. 会计档案的日常管理

企业会计档案的日常管理的基本要求是：专人管理，保证安全；查阅复制，须经批准；除必要外，不得外带。对于应归档或已经归档的会计账簿，其日常保管要求还包括：归类整理，保证齐全；装订成册，手续完备；编制清单，归档保管；妥善保存，期满销毁。具体而言，会计账簿的日常管理包括以下四方面：

（1）各单位每年形成的会计账簿等档案，应当由会计机构按照归档要求，负责整理立卷，装订成册，编制会计档案保管清册。当年形成的会计账簿等档案，在会计年度终了后可暂由会计机构保管一年；期满之后，应当由会计机构编制移交清册，移交本单位档案机构统一保管；未设立档案机构的，应当在会计机构内部指定专人保管。出纳人员不得兼管会计档案。

（2）移交本单位档案机构保管的会计档案，原则上应当保持原卷册的封装。个别需要拆封重新整理的会计档案，档案机构应当会同会计机构和经办人员共同拆封整理，以分清责任。

（3）采用电子计算机进行会计核算的单位，应当保存打印出的纸质会计账簿等档案。

（4）各单位保存的会计账簿等档案不得借出。如有特殊需要，经本单位负责人批准，可以提供查阅或者复制，并办理登记手续。借阅或者复制会计档案的人员，严禁在会计档案上涂画、拆封和抽换。各单位应当建立健全会计档案查阅、复制登记制度。

（5）中国大陆境内所有单位的会计账簿等档案不得携带出境。驻外和境内单位在境外设立的企业的会计档案，按照《会计档案管理办法》和国家有关规定进行管理。

2. 会计档案的保管期限和销毁办法

在中国大陆，按照《会计档案管理办法》和国家有关规定，会计账簿的定期保管期限一般为15年，具体要求如表9－16所示。

表9－16　中国大陆企业会计账簿保管期限表

序号	档案名称	保管期限（年）	备注
1	总账	15	包括日记总账
2	明细账	15	
3	日记账	15	现金和银行存款日记账保管25年
4	固定资产卡片		固定资产报废清理后保管5年
5	辅助账簿	15	

表中的会计账簿保管期限为最低保管期限，并且从会计年度终了后的第一天算起。保管期满的会计账簿等档案，可按以下程序办理销毁手续予以销毁：

（1）由本单位档案机构会同会计机构提出销毁意见，编制会计档案销毁清册，列明销毁会计档案的名称、卷号、册数、起止年度和档案编号、应保管年限、已保管年限、销毁时间等内容。

（2）单位负责人在会计档案销毁清册上签署意见。

（3）销毁会计档案时，应当由档案机构和会计机构共同派员监销。政府机关销毁会计档案的，应当由同级财政部门、审计部门派员参加监销。财政部门销毁会计档案的，应当由同级审计部门派员参加监销。

（4）监销人在销毁会计档案前，应按会计档案销毁清册所列内容清点核对所要销毁的会计档案；销毁后，应在会计档案销毁清册上签名、盖章，并将监销情况报告本单位负责人。

General Ledger: That part of the accounting system which contains the balance sheet and income statement accounts used for recording transactions.

Subsidiary Ledger: A record of the details to support a general ledger account. The general ledger account is often referred to as the control account. For example, the accounts receivable subsidiary ledger provides the details to support the balance in the general ledger control account accounts receivable.

All the books shall be recorded based on the reviewed original voucher, posting document or categorized account summary. The recording must be timely and complete, accurate and clear.

Journal Entry: The entry made in a journal. It will contain the date, the account name and amount to be debited, and the account name and amount to be credited. Each journal entry must have the dollars of debits equal to the dollars of credits.

Trial Balance:

A listing of the accounts in the general ledger along with each account's balance in the appropriate debit or credit column. The total of the amounts in the debit column should equal the total of the amounts in the credit column.

With the writing and rewriting of so many amounts (as well as the manual calculations) it was realistic to assume that some errors would occur in the bookkeeping process. This potential for errors created the need to periodically "prove" that a company's accounts were "in balance," meaning the total of the debit balance accounts was equal to the total of the credit balance accounts. An internal document called a trial balance was designed to give that proof. If the trial balance did not balance, the bookkeeper had to go back, transaction by transaction, to find and correct the cause of any disparity. Once the trial balance was in balance, the bookkeeping phase was completed and the "books" were turned over to the company's accountant for the preparation of financial statements.

小结、练习与思考
Summarization, Exercises and Review

一、小结（Summarization）

会计账簿是由一定格式、相互联系的账页所组成，依据会计凭证序时、分类地记录和反映会计主体各项经济业务的簿籍，它是编制财务报表的重要依据。

设置会计账簿，并以会计凭证为依据将经济业务分门别类地登记入账后，便能为管理人员提供系统、分类、连续反映企业经济活动全貌的信息。因此，设置和登记会计账簿是会计核算的基本方法。

会计账簿按其用途不同可分为序时账簿、分类账簿、备查账簿三种。

序时账簿通常又称为日记账，是按照经济业务发生的时间先后顺序，逐日逐笔连续记录经济业务的会计账簿。日记账按其记录业务内容不同，又可分为普通日记账和特种日记账两种。

分类账簿是指对全部经济业务按其性质进行分门别类登记的会计账簿。分类账簿又可分为总分类账簿和明细分类账簿。其中，总分类账簿是按照总分类科目（即一级科目）设置的，一般只进行总括核算，对所属明细账起统驭作用；明细分类账簿是按照明细分类科目设置的，提供明细核算资料，是对总账的补充和说明。

备查账簿是对某些在序时账簿和分类账簿中未能记载或记载不全的经济业务进行补充登记的辅助会计账簿。

会计账簿按其外表形式可分为订本式账簿、活页式账簿和卡片式账簿三种。

会计账簿按账页格式可分为三栏式账簿、数量金额式账簿和多栏式账簿等。

登记账簿和对账过程中，如发现账簿记录有误，应采用正确的方法进行更正。更正错账的方法通常有三种：画线更正法、红字更正法和补充登记法。

在会计期末，应按规定做好会计账簿的对账和结账工作。对账就是核对账目。对账内容包括账证核对、账账核对和账实核对。通过核对账目，保证登记入账的会计信息的准确性和完整性。结账是指在会计期末，在将本期所发生的经济业务全部登记入账的基础上，分别结出各账户的“本期发生额”和“期末余额”，并将其余额结清或结转至下期的工作。企业结账的主要目的是计算确定当期实现的利润或发生的亏损、各项资产和负债的本期发生额和期末余额，以便编制各种财务报告，及时为财务报告使用者提供会计信息。

基于管理的需要和账户的特点，通常将账户分为实账户和虚账户两类。

结账工作程序和主要内容包括：将本期发生的经济业务全部登记入账，并保证其真实性和完整性；利用“本年利润”账户，结平所有虚账户，并据以计算确定本期利润；计算各实账户的本期发生额和余额，并将其余额结转至下期。

企业应按有关规定，及时更换会计账簿，并妥善保管。各种会计账簿的归档保管年限一般在 15 年以上，重要会计账簿则需要长期保管，企业不得丢失或任意销毁。会计账簿保管期满后，必须经上级同意方可按规定销毁。

二、练习与思考（Exercises and Review）

（一）单选题

1. 按照经济业务发生时间的先后顺序逐日逐笔连续登记的账簿是（　　）。

A. 明细分类账　B. 日记账　C. 总分类账　D. 备查账

2. 用于分类记录单位的全部交易或事项，提供总括核算资料的账簿是（　　）。

A. 总分类账　B. 明细分类账　C. 日记账　D. 备查账

3. 债权、债务明细分类账一般采用（　　）。

A. 多栏式账簿　B. 数量金额式账簿

C. 三栏式账簿　D. 以上三种都可以

4. 收入、费用明细分类账一般采用（　　）。

A. 多栏式账簿　B. 两栏式账簿

C. 三栏式账簿　D. 数量金额式账簿

5. 下列各项中，应设置备查账簿进行登记的是（　　）。

A. 经营性租出的固定资产　B. 经营性租入的固定资产

C. 无形资产　D. 资本公积

6. 下列明细分类账中，应采用数量金额式账簿的是（　　）。

A. 应收账款明细账　B. 库存商品明细账

C. 应付账款明细账　D. 管理费用明细账

7. 下列账簿中，必须采用订本式的是（ ）。

A. 备查账 B. 总账

C. 明细分类账 D. 现金和银行存款日记账

8. 下列账簿中，可以采用卡片式的是（ ）。

A. 固定资产总账 B. 固定资产明细账

C. 日记总账 D. 日记账

9. 下列明细分类账中，可以采用三栏式账页格式的是（ ）。

A. 管理费用明细账 B. 原材料明细账

C. 物资采购明细账 D. 应交税金明细账

10. 下列明细分类账，应采用多栏式账页格式的是（ ）。

A. 生产明细账 B. 原材料明细账

C. 其他应款明细 D. 应交税金

11. 下列账簿中，一般情况下不需根据记账凭证登记的账簿是（ ）。

A. 日记账 B. 总分类账 C. 备查账 D. 明细分类账

12. 记账人员根据记账凭证登记完毕账簿后，要在记账凭证上注明已记账的符号，主要是（ ）。

A. 便于明确记账责任 B. 避免错行或隔页

C. 避免重记或漏记 D. 防止凭证丢失

13. 记账凭证填制正确，记账时文字或数字出现笔误引起的错误应采用（ ）进行更正。

A. 画线更正法 B. 重新登记法

C. 红字更正法 D. 补充登记法

14. 某企业通过银行收回应收账款 8 000 元，在填制记账凭证时，误将金额记为 6 000 元，并已登记入账。当年发现记账错误，更正时应采用的方法是（ ）。

A. 重编正确的收款凭证 B. 画线更正法

C. 红字更正法 D. 补充登记法

15. 企业材料总账余额与材料明细账余额进行核对属于（ ）。

A. 账证核对 B. 账账核对 C. 账表核对 D. 账实核对

16. 红字更正法的主要优点是（ ）。

A. 清晰明了 B. 避免账户的借贷发生额虚增

C. 减少更正错账的手续 D. 节省工作时间

17. 记账人员在登记账簿后，发现所依据的记账凭证中使用的会计科目有误，则更正时应采用的更正方法是（ ）。

A. 涂改更正法 B. 画线更正法

C. 红字更正法 D. 补充登记法

18. 企业结账时（ ）。

A. 一定要原始凭证 B. 不需要原始凭证

C. 可以要，也可以不要原始凭证 D. 以上说法都不对

19. 下列账簿中不可以采用活页式的是（ ）。

A. 现金日记账 B. 固定资产明细账

C. 库存商品明细账　　　　　　　　D. 原材料总账

20. (　　) 的目的是为了账簿记录的真实、可靠、正确、完整。

A. 过账　　B. 结账　　C. 转账　　D. 对账

(二) 多选题

1. 会计账簿按外形特征分类，可分为 (　　)。

A. 多栏式账簿　　　　　　　　B. 订本式账簿

C. 活页式账簿　　　　　　　　D. 卡片式账簿

2. 关于会计账簿的意义，下列说法正确的有 (　　)。

A. 通过账簿的设置和登记，记载、储存会计信息

B. 通过账簿的设置和登记，分类、汇总会计信息

C. 通过账簿的设置和登记，检查、校正会计信息

D. 通过账簿的设置和登记，编报、输出会计信息

3. 可采用三栏式的账有 (　　)。

A. 应收账款明细账　　　　　　B. 预提费用明细账

C. 管理费用明细账　　　　　　D. 应付账款明细账

4. 下列错账更正方法中，可用于更正因记账凭证错误而导致账簿记录错误的方法有 (　　)。

A. 画线更正法　　　　　　　　B. 差数核对法

C. 红字更正法　　　　　　　　D. 补充登记法

5. 下列对账工作中，属于账账核对的有 (　　)。

A. 银行存款日记账与银行对账单的核对

B. 总账账户与所属明细账户的核对

C. 应收款项明细账与债务人账项的核对

D. 会计部门的财产物资明细账与财产物资保管、使用部门明细账的核对

6. 账实核对的主要内容有 (　　)。

A. 现金日记账账面余额与现金实际库存数核对

B. 固定资产明细账的固定资产数与固定资产实物核对

C. 财产物资明细账账面结存数与财产物资实存数核对

D. 原材料总账账面余额与原材料明细账账面余额核对

7. 关于结账，以下说法中正确的有 (　　)。

A. 总账账户应按月结出本月发生额和月末余额

B. 现金日记账应按月结出本月发生额和月末余额

C. 应收账款明细账应在每次记账后随时结出余额

D. 年终应将所有总账账户结计全年发生额和年末余额

8. 活页账的主要优点有 (　　)。

A. 可以根据实际需要随时插入空白账页

B. 可以防止账页散失

C. 可以防止记账错误

D. 便于分工记账

9. 在账务处理中，可用红色墨水的情况有（ ）。

A. 过次页账　　B. 冲账

C. 账簿期末结账画线　　D. 结账分录

10. 账簿按用途不同可分为（ ）。

A. 序时账簿　　B. 订本式账簿　　C. 分类账簿　　D. 备查账簿

（三）判断题

1. 会计账簿的记录是编制会计报表的前提和依据，也是检查、分析和控制单位经济活动的重要依据。（ ）

2. 活页式账簿便于账页的重新排列和记账人员的分工，但账页容易散失和被随意抽换。（ ）

3. 多栏式账簿主要适用于既需要记录金额，又需要记录实物数量的财产物资明细账户。（ ）

4. 日记账应逐日逐笔序时地登记，总账可以逐笔登记，也可以汇总登记。（ ）

5. 登记现金日记账的依据是现金收付款凭证和银行收付款凭证。（ ）

6. 现金收付业务较少的单位，不必单独设置现金日记账，可以银行对账单或其他方法代替现金日记账，以简化核算。（ ）

7. 总账不论采用何种形式，都必须采用订本式账簿，以保证总账记录的安全和完整。（ ）

8. 如果发现以前年度记账凭证中会计科目和金额有错误并已导致账簿记录出现差错，可以采用红字更正法予以更正。（ ）

9. 对账就是核对账目，即对各种会计账簿之间相对应记录进行核对。（ ）

10. 年终结账时有余额的账户，其余额结转下年的方法是：将余额直接记入下一会计年度新建会计账簿同一账户的第一行余额栏内，并在摘要栏注明“上年结转”字样。（ ）

（四）思考题

1. 什么是会计账簿？为什么要设置与登记会计账簿？

2. 会计账簿有哪些分类？

3. 设置会计账簿应遵循哪些主要原则？

4. 简述日记账、总分类账和明细分类账的格式及登记方法。

5. 简述会计账簿登记的规则。

6. 什么是对账？对账工作有哪些内容？

7. 更正错账的方法有哪几种？其适用范围分别是什么？

（五）实训题

资料：新华公司 2017 年 6 月结账之前发现如下错误：

（1）生产 A 产品领用材料 8 250 元，原记账凭证记录如下：

借：生产成本　　8 250

　　贷：原材料　　8 250

已根据以上凭证入账，但“生产成本”总账有关此笔记录是借记 2 850 元。

（2）通过银行收到兴龙公司前欠货款 5 000 元，原记账凭证记录如下：

借：银行存款　　　　50 000

　　贷：应付账款　　　　50 000

已根据以上凭证登记入账。

(3) 生产车间因维修设备而领用材料 800 元，原记账凭证记录如下：

借：制造费用　　　　300

　　贷：原材料　　　　300

已根据以上凭证登记入账。

(4) 本月以现金支票购买办公用品 1 200 元，管理部门直接领用。原记账凭证记录如下：

借：管理费用　　　　1 200

　　贷：现金　　　　1 200

已根据以上凭证登记入账。

要求：说出正确的更正方法并说明如何更正。

第十章 财产清查

Chapter 10 Property Check

学习目的（Learning Objectives）

各会计主体单位应该定期或不定期地对各项财产进行实地盘点和核对，查明货币资金、实物资产、债权和债务等的实有数额，核对其账面结存数额与实际结存数额是否一致。通过本章的学习，理解财产清查的必要性和种类，熟练掌握各种材料物资、货币资金和往来款项等的清查方法，并熟悉财产清查结果的账务处理方法。读完本章后，要求能够回答下列问题：

（1）什么叫财产清查?

（2）企业账实不符的主要原因是什么?

（3）财产清查按其清查的对象和范围的不同可分为哪两种?按其清查的时间不同又可分为哪两种?

（4）什么叫永续盘存制?什么叫实地盘存制?

（5）实物财产的清查方法有哪些?

（6）企业主要采用什么方法对库存现金、银行存款和各种债权债务进行清查?

（7）如何根据财产清查结果进行账务处理?

第一节 财产清查概述

Summarization of Property Check

一家企业的财产物资种类繁多，金额巨大，如果不经常进行清查与核对，可能会发生资产流失现象，造成账实不符、账证不符、账账不符以及账表不符等现象，并且影响企业产品生产成本和产品销售成本的计算，从而影响企业利润的确定。因此，企业要加强各项财产物资的管理，定期或不定期地组织财产清查，保证企业财产物资的安全性与完整性。

一、财产清查的定义和意义

1. 财产清查的概念及账实不符的原因

财产清查（property check）也称为财产检查，是指根据账簿记录，对会计主体单位的各项财产进行实地盘点和核对，查明各项财产的实存数，核对账面数与实存数是否相符的一种方法。

为了保证账簿记录的正确，应加强会计凭证的日常审核，定期核对账簿记录，做到账证相符、账账相符。但是，只有账簿记录还不能说明其真实可靠，许多主、客观原因可能已经引起各项财产物质的账面数额与实际结存数额出现差异，造成账实不符。一般而言，造成账实不符有以下几种原因：

（1）在收发财产物资时，由于计量、计算、检验不准确而发生的品种、数量、质量上的差异。例如，购入100千克的整箱圆钉，然后以克为计量单位发出时，就可能导致期末结存的圆钉账实不符。

（2）登记账簿时，由于漏记、重记、错记或计算错误等而发生的账实不符。

（3）财产物资保管过程中，由于自然损耗而发生的账实不符。如库存农副产品，由于干耗、销蚀或自然升溢等可能造成账实不符。

（4）财产物资保管和资金结算过程中，由于管理不善或工作人员失职致使财产物资破损、变质、短缺，以及货币资金或往来款项收付差错，从而造成账实不符。

（5）财产物资保管和资金结算过程中，由于贪污盗窃、营私舞弊等行为而发生财产损失，从而造成账实不符。

（6）资金结算过程中，由于出现未达账项而发生暂时性的账实不符。

2. 财产清查的意义

财产清查不仅是会计核算的一种重要方法，也是一项重要的财产物资管理制度。它对于保护财产物资的安全性和完整性，充分挖掘物资潜力，加速资金周转，提高资产管理水平，维护财经纪律，保证会计信息的真实可靠等，均具有十分重要的意义。具体而言，财产清查的意义和作用主要表现在以下方面：

（1）保护财产物资的安全性与完整性。

财产清查可以确定各项财产的实存数；将实存数与账存数进行对比，可以了解各项财产物资的实有数与账面数是否相符，便于查明账实不符的原因，并提出改进企业财产管理的措施，加强企业各项财产物质的管理。财产清查后，发现差异，及时调整账簿记录，做到账实相符，以保证会计账簿提供的数据资料真实、准确，为经济管理提供可靠的信息。

（2）挖掘资产潜力，提高其使用效率，加速资金周转。

在财产清查过程中，可以查明各项财产盘盈、盘亏的原因和责任，从而找出财产管理中存在的问题，同时查明财产物资的储备情况，有无积压留滞、不配套或储备过多的情况，以便积极处理、调剂解决。这样，可以促进各单位加强对财产物资的管理，使之合理储备，充分挖掘财产物资潜力，盘活企业资产，提高其使用效能，加速资金周转，提高企业总体经济效益。

（3）保证会计信息的真实性与可靠性。

财产清查可以保证资产、负债、营业成本、利润等会计信息的真实性与可靠性。以制造业企业的利润信息为例，企业利润主要是各期商品销售收入与商品销售成本等的配比结果，而本期商品销售成本取决于企业的期初在产品成本、期末在产品成本和本期完工产品成本。其中，期初在产品成本通常需要通过上期财产清查后计算确定；期末在产品成本也需要通过财产清查后才能如实地加以确定。如果企业本期没有进行财产清查，就不能确保期末账面结存的在产品数量及其成本的真实性和完整性，就不可能准确地确定本期销售产品成本，也就不能准确地确定本期利润；核对本期完工产品成本信息是否真实和可靠，也同样需要对期末结存的原材料等进行清查，以便确定本期耗用的原材料费用，从而可靠地计算本期完工产品的总成本和单位成本。因此，企业财产清查对企业利润的确定有直接的影响。

（4）强化应收账项的管理，减少坏账损失。

在财产清查过程中，通过检查核对往来账项，可以查明各项债权债务是否符合资产、负债的定义和确认条件，以确保其真实性，并及时发现存在的问题，强化应收账项的管理，降低坏账损失的可能性。通常，企业的大量资金占用在应收款项项目上，被他人长期占用，一方面会造成企业资金周转延缓，资金利用效率降低；另一方面可能造成企业资金无法收回，产生损失。企业经常对应收款项进行清查，可以强化应收账款的管理，及时收回各种应收款项，减少坏账损失。

（5）保证财经法规的有效执行，完善内部控制制度。

财产清查是内部控制制度的一个部分，它的功能在于定期核对内部控制制度执行是否有效和有关财经法规的执行状况。财产清查与内部控制制度是相辅相成的：一方面，企业内部控制制度的建立目标之一就是保护企业财产的安全。内部控制制度是否建立和健全、执行是否有效，对财产清查工作的开展起着保障、促进和监督的作用。另一方面，通过财产清查，找出存在的问题，提出处理意见，也有助于进一步完善内部控制制度。

二、财产清查的种类和方式

财产清查可以按不同的标准进行分类。常用的分类标准有清查的对象及其范围、清查的时间等。企业应该在综合考虑成本、效益的前提下，选择范围大小适宜、时机恰当的财产清查方式。

（一）按清查的对象及其范围分类

财产清查按其对象及其范围的不同，可分为全面清查（complete check）和局部清查（partial check）。

1. 全面清查

全面清查是指对会计主体单位的全部财产（包括实物资产、货币资产及债权债务等）进行详细彻底的盘点与核对。全面清查的对象一般包括库存现金、银行存款、存货、固定资产、对外投资、应收款项、委托其他单位加工物资、受托加工物资等。全面清查的特点为：清查范围大、投入人力多、耗费时间长。

由于全面清查内容多、范围广，因而一般在下列情况下才需进行全面清查：①年终编制决算会计报表之前，进行一次全面清查；②单位撤销、合并或改变隶属关系时，为了明确经济责任，需要进行全面清查；③按规定进行清产核资或资产评估时，需要进行全面清查，以摸清家底，准确地核定资金，保证生产经营活动的正常资金需要；④其他，如发生重大经济违法事件、企业更换主要负责人时。

2. 局部清查

局部清查是指根据需要对企业的部分财产进行盘点、核对的清查方式。局部清查通常是对会计主体单位流动性较强、易发生损耗及较贵重的部分资产进行的盘点或核对。它是一种较为灵活的方式，能弥补全面清查方式的不足。因此，局部清查的对象一般包括：①流动性较大的存货。对于材料、在产品、产成品、库存商品等，年内应轮流进行盘点或重点抽查。②贵重物资。对于各种贵重物资，每月都应清查盘点一次。③货币资金。对于库存现金，应由出纳人员在每日业务终了清点核对；对于银行存款，应以银行转给企业的银行存款对账单为依据，每周、每旬或每月与银行对账单进行核对。④债权债务。对于各种债权与债务，每年至少应该与对方核对一次。

（二）按清查的时间分类

财产清查按其时间的不同，可以分为定期清查（periodic checking）和不定期清查（non - periodic checking）。

1. 定期清查

定期清查是指按预先规定的时间，对一个单位的全部或部分资产进行的清查。定期清查通常安排在月末、季末和年末结账时进行，且往往以全面清查为主。如在年末按规定进行的全面清查，可以在编制会计报表前发现账实不符的情况，据以调整有关账簿记录，使账实相符，从而保证会计报表资料的真实性，以便编制年度会计报表。

2. 不定期清查

不定期清查是指事前不规定清查日期，而根据实际需要进行的清查。如根据保护库存现金的安全性与完整性的特殊需要进行的临时实地盘点。不定期清查可以是全面财产清查，也可以是局部财产清查。不定期清查主要在以下几种情况下进行：①更换财产、现金保管人员时，需要对有关人员保管的财产、现金进行清查，以分清经济责任。②发生自然灾害和意外损失时，需要对受损财产进行清查，以查明损失情况。如企业遭受水灾、台风等自然灾害后，必须进行临时清查。③上级主管、财政、税务、银行、审计等部门，对本单位进行会计检查时，应按检查的范围和要求进行清查，以验证会计资料的可靠性。④进行临时性清产核资时，要对本单位的财产进行清查，以摸清家底。

三、内部控制与财产清查方法

财产清查是内部控制的一个组成部分，是执行内部控制制度的重要手段。一套设计完整的内部控制制度运行是否有效，取决于实际执行过程及执行效率。在实际执行过程中，会存在多种干扰内部控制制度运行效率的因素，如管理层的违规、制度不健全或流于形式等，这些都容易导致内部控制制度失效。会计部门为编制财务报表而进行的财产清查，通过核对、检查，在一定程度上能防止内部控制制度的失效问题。

（一）内部控制原理

内部控制（internal control）是指企业为了保护自身财产的安全、完整，确保会计及其他数据的正确可靠，保证国家的财经纪律和本企业规章制度的贯彻执行，利用企业内部分工而产生的相互制约、相互联系的关系，进而形成的一系列具有控制职能的方法、措施、程序，并予以规范化、系统化，使之构成一个有效的控制机制。

内部控制的核心是内部牵制。企业的经营活动离不开资本，几乎每一个经营环节都要接触、处理大量的财产物资。例如，在资本投入阶段，需要有人负责登记从各种渠道筹集的资本；在供应阶段，需要专人经办购买各种原材料、支付货款业务等；在生产阶段，需要有人专门处理原材料的耗用和设备的使用；在销售阶段，需要有人专门从事商品销售业务等。因此，在企业的生产经营过程中，几乎每个岗位都会直接或间接地接触到企业的财产物资。如果这些人可以不受限制地处理、支配财产物资，将有可能导致财产的大量流失，最终使企业的生产经营过程难以为继。那么，设立相应的内部控制制度，牵制、约束和监督经办人的各种私利行为，在牺牲部分效率的同时，保证了企业生产经营生产过程的顺利、有序进行。因此，几乎每个企业内部都不同程度地设立了内部控制制度。本章主要围绕财产的安全介绍内部控制内容。

内部控制的执行会降低办事效率吗？
——牵制与效率的冲突

小 B 是甲企业一车间新来的生产工人，今天上班不久就发现原材料不够了，为了按时完成规定任务，他马上开出领料单到仓库领原材料。但是，他被仓库保管员拒绝了，原因是他的领料程序不符合规定。经过老工人的指点，小 B 按照规定的程序，按计划填写领用量，并经有关领导审批、审核、签名盖章，花费了大半天时间，才完成了领料任务。小 B 很纳闷，领一次原材料就要耗费那么多时间，这不是工作没效率吗？他带着这一问题请教了车间主任。

车间主任拿出企业制定的内部控制制度给小 B 看，并作了如下解释：从保护企业财产安全的角度，内部控制制度要求必须事先拟订相关计划，领用原材料时需要经过若干审核手续，从而起到牵制的作用。当然，完成相关的审核手续，需要耗费一定的时间，降低了办事效率；但如果没有相应的审批手续，则容易造成原材料管理混乱甚至财产流失。因此，内部控制制度要求企业每一个员工都要有内部控制的意识，要熟悉本企业的规章制度和工作程序，这样，履行一定的控制程序则不会耗用太多的时间，而内部控制保障企业财产安全的作用则是明显的。

如何在牵制（安全）与效率之间进行有效的协调，是内部控制制度成功与否的决定性因素。

（二）内部控制保护企业财产物资的基本方式

1. *货币资金的控制及清查方法*

货币资金是企业流动性最大的财产，是进行生产经营必不可少的支付手段，它易于携带，也容易被挪用、贪污或盗窃。因此，货币资金的内部控制制度显得尤为必要。为保证货币资金的安全、完整，以便在财产清查时进一步检查核实，应该做到以下控制：

（1）做到账面数额与实存数额相符。现金日记账要做到日清月结，保证账实相符。银行存款日记账要定期与银行对账单进行核对。此外，还应保证随时有足额的货币资金供企业经营活动的日常需要。

（2）货币资金收支业务中相关职务必须分离。现金收付及保管只能由经批准授权的出纳来负责处理，其他职员不得接触支付前的任何现金。出纳也不得从事除登记现金、银行存款日记账之外的账簿、凭证的登记和填制工作，做到“管钱的不管账，管账的不管钱”。在银行存款的收付业务中，应做到银行存款的审批人与出纳、支票保管人员和记账员相分离；负责调整银行往来账的人员与现金收付及负责应收账款、应付账款的职员之职责相分离。

（3）货币资金的收付必须严格遵守国家相关规定。如按银行的规定，把超过限额的现金及时全部送交银行，出纳不得坐支；现金的使用范围必须符合国家的规定，主要资金收付应通过银行转账办理。

（4）严格支票管理。所有的空白支票必须连续编号，空白支票要妥善保管，支票存根要按有关规定妥善保存，任何有文字或数字更改的支票应予作废（加盖“作废”戳记），并且同其他支票存根一起按顺序编号并保留。

（5）应定期对库存现金和银行存款进行清查。月末，要对库存现金进行盘点，对银行存款进行对账。

2. *存货的控制及清查方法*

制造业的存货一般包括原材料、在产品、产成品等，商业企业的存货则包括库存商品、办公用品、低值易耗品等，在企业流动资产中所占比重较大。由于种类繁多、存放分散、变动频繁，较易发生记账错误、损坏变质甚至盗窃流失等情况，而且存货计价合理与否对企业财务状况的影响也较大。因此，建立相应的存货内控制度至关重要。

为了保证存货的账存数和实存数相符和计价正确合理，对存货的控制措施有以下几个方面：

（1）存货业务中相关职务分离。存货业务中涉及采购、验收、保管领用、盘点、会计记录等业务，从事这些业务的工作人员应适当分离。如采购部门人员与验收、保管人员适当分离，产成品验收部门与产品制造部门分离，保管人员与会计记录人员分离等。

（2）建立存货盘存控制制度。对存货的会计记录一般采用永续盘存制。为避免永续盘存制的弊病，一般在年末，通过实地盘点来校对账存数与实存数的差异以及存货的质量差异，以确保企业存货的安全和财务报表的真实性。

（3）建立合理的存货计价及管理制度。企业要根据经济环境选择恰当的存货计价方法，使财务报表尽可能反映存货的真实价值，所确定的销货成本合理、准确。存货的计价方法一经选定，不得任意更改，否则易导致利用存货计价方法进行利润操纵的行为；如确因经济环境发生变化需改变计价方法，应在报表附注中说明改变计价方法的原因以及对当期财务状况的影响。

(4) 采用适当的清查方法。存货的全部清查一般选择在年度终了，有特殊情况时，可以随时进行清查。清查方法主要有实地盘点法和技术推算法。

实地盘点法是指在实物财产堆放现场进行逐一清点数量或用计算仪器确定实存数量的方法。这种方法准确可靠，运用范围广。

技术推算法是通过量方计尺，按一定的标准对实物财产的实存数进行推算的一种方法。这种方法适用于大量成堆、难以逐一清查的财产物资。

3. 固定资产的控制及清查方法

固定资产是企业进行生产经营必不可少的劳动资料，如生产设备、厂房和运输设备等。它的安全、完整对企业的生产经营影响极大。因此，建立固定资产的内部控制制度非常必要。对固定资产的控制主要体现在以下方面：

(1) 建立年度预算制度。通过编制预测与控制固定资产的增减和合理运用资金的计划，使企业能按照发展要求控制固定资产的增长。

(2) 实行授权批准和职责分工制度。完善的授权批准主要表现在：一是只有通过董事会等最高管理层的批准才能购建固定资产；二是固定资产的取得和处置都需要相关领导的书面认可。职责分工主要是对固定资产的取得、记录、保管、使用、处置、维修和清查，都应明确划分责任，由专门机构和专人负责。

(3) 建立完整的固定资产账簿体系。企业的固定资产一般分布较广，应建立完整的账簿体系，才能客观、如实地反映固定资产的增减。

(4) 实施定期盘点制度。对固定资产进行定期实地盘点清查，可以掌握账外资产、盘亏、毁损等情况，以便更好地管理固定资产。

四、财产清查前的准备工作

财产清查是加强财务管理、发挥会计监督职能的一项重要工作，极为复杂且极为细致。因此，在进行财产清查之前要做好各项准备工作，包括组织准备和业务准备。

1. 组织准备

无论采取哪种清查方式，都应抽调专职人员组成清查小组，执行财产清查的任务。清查小组在清查工作开始前必须经过短期的学习、培训，明确本次清查的目的，掌握财产清查的方法和技术。清查完毕，应如实提出清查报告。

2. 业务准备

为了使财产清查工作能迅速、顺利地进行，清查之前必须做好以下几点：

(1) 清查之前必须将所有经济业务全部入账并试算平衡，认真核对总账与其所属明细账的余额，以保证账簿记录的正确性，否则，势必账实不符。

(2) 仓库管理人员必须在月结之前将各种实物进行整理，按其分类整齐排列，并挂上标签，标明材料物资的品种、规格、型号及结存数量，以便进行清查时与账簿记录核对。

(3) 清查前必须按国家标准计量并校正各种度量衡器，减少误差。

(4) 准备好各种空白的盘存表、实存账存对比表和固定资产清查报告表等。

五、财产清查的账务处理要求

财产清查后，对于发现的问题应以清查结果及清查报告单为原始凭证及时调整账目，以保证账实相符，并按照规定的程序进行账务处理。

1. 账户设置

为了反映和监督在财产清查中出现的财产盘盈、盘亏和毁损及其处理情况，应设置“待处理财产损溢（wait deal assets loss or income）”账户，各项待处理财产物资盘盈的数额，在批准前记入该账户的贷方，批准后结转数登记在该账户的借方。各项待处理财产物资的盘亏及毁损数，在批准前记入该账户借方，批准后结转数登记在该账户的贷方。本账户如有贷方余额表示尚待批准处理财产物资的盘盈数，如有借方余额表示尚待批准处理财产物资的盘亏、毁损数。一般情况下，企业应尽快处理，不能长时间存在余额。“待处理财产损溢”账户结构如图 10－1 所示：

借方　　　　待处理财产损溢	贷方
①发生的待处理财产物资的盘亏和毁损数 ②结转已批准处理的财产物资的盘盈数	①发生的待处理财产物资的盘亏数 ②转销已批准处理的财产物资的盘亏数和毁损数
余额：尚待批准处理的各种财产物资的净损失	余额：尚待批准处理的各种财产物资的净溢余

图 10－1 “待处理财产损溢”账户结构图

为了分别反映固定资产和流动资产的盘亏、盘盈情况，应在本账户下分别设置“待处理财产损溢——待处理固定资产损溢”和“待处理财产损溢——待处理流动资产损溢”两个明细账户，进行明细分类核算。

对于应收、应付款项清查结果的处理，不通过以上账户核算，而应在“坏账准备”和“资本公积”账户核算。

2. 处理程序

财产清查结果的账务处理分两步进行：

第一步，根据已查明属实的财产盘盈、盘亏或毁损的数字编制的“实存账存对比表”，填制记账凭证，据以登记有关账目，调整账簿记录，使各项财产物资的实存数与账存数保持一致。

第二步，查清原因，明确责任以后，再根据审批后的处理决定文件，填制记账凭证，分别记入有关的账户。

由此可见，会计上对各项财产物资差异的具体处理分批准前和批准后两步进行。

第二节 财产清查的内容和账务处理方法

Content and Accounting Transaction Methods of Property Check

财产清查的内容主要是货币资金、往来账款、存货和固定资产，应根据不同财产的情况分别采用不同的清查方法。

一、货币资金的清查

货币资金包括库存现金以及在开户银行和其他金融机构的各种存款。货币资金的清查往往是财产清查的重点。通过清查，可以检查内部控制执行的效果，防止经济案件的发生。

（一）库存现金的清查

1. 库存现金清查的方法

库存现金清查是通过实地盘点进行。一般由主管会计或财务负责人、出纳本人共同清点出各种面值钞票的张数和辅币的个数并填入盘存单。清点时要特别注意是否有短缺，或者以借条、白条抵充现金的现象，是否超过库存限额。

库存现金清查主要采用定期清查的方式，必要时也可以采用不定期清查的方式。本着对企业财产负责、对出纳负责的原则，每月月末必须进行定期清查，平时可作一两次突击性的清查，检查出纳是否严格按照内部控制制度要求办理收支业务。定期对库存现金进行清查，可以减少企业出纳及其他人挪用公款的现象发生，便于控制贪污企业现金的情况发生。在处理日常业务时，若发现收支有问题，应立即进行临时清查，以便及时追回损失的现金。

2. 库存现金清查的凭证手续

库存现金清查时，要及时填写“库存现金盘点报告表”，这是进行账务处理的原始凭证，其格式如表 10－1 所示：

表 10－1 库存现金盘点报告表

单位： 年 月 日

实存金额	账存金额	对比结果		备注
		盈	亏	

盘点人： 出纳：

通过库存现金清查，“库存现金盘点报告表”中的实存金额与账存金额是一致的，则说明现金清查没有发现问题。如果“库存现金盘点报告表”中的实存金额与账存金额不一致，则说明库存现金有问题，应对现金的长款、短款的原因进行认真调查，提出处理意见，同时以“库存现金盘点报告表”作为原始凭证，据以调账。

3. *库存现金清查结果的账务处理*

库存现金在清查中发现的盘盈或盘亏，一般是因内部控制制度执行不严所造成的，应该进行账务处理，使之账实相符。

【例1】乙企业财务部门月末对出纳的库存现金进行清查，发现库存现金比现金账记录的结果少1 200元。第一步账务处理为：

未查明现金短缺原因之前，应调减“现金”，以保证库存现金的账实相符。

借：待处理财产损溢——待处理流动资产损溢　　1 200

　贷：库存现金　　1 200

后查明原因是出纳工作失误造成的，批准处理意见是：损失的80%由出纳赔偿，20%记入营业外支出。第二步账务处理为：

借：其他应收款——出纳　　960

　　营业外支出　　240

　贷：待处理财产损溢——待处理流动资产损溢　　1 200

【例2】甲企业月末对库存现金进行清查，发现库存现金比现金日记账账面余额多出500元。

未查明盘盈原因之前，应调增“现金”，以保证库存现金的账实相符。第一步账务处理为：

借：库存现金　　500

　贷：待处理财产损溢——待处理流动资产损溢　　500

经查，现金盘盈是由于出纳多收款所造成，但查不出是哪笔业务多收。批准处理意见是：作为营业外收入处理。第二步账务处理为：

借：待处理财产损溢　　500

　贷：营业外收入　　500

（二）银行存款的清查

银行存款是企业存入开户银行或其他金融机构的各种存款。银行结算方式有银行汇票、商业汇票、银行本票、汇兑、现金支票、转账支票、委托收款和异地托收承付等，从事国际贸易的企业还可以采用信用证结算方式。因此，企业不仅要严格遵守银行结算办法的有关规定，月末还必须对银行存款进行清查。

1. *银行存款的清查方法*

银行存款的清查与实物、现金的清查方法不同，它是采取与开户银行核对账目的方法进行的，即将企业登记的“银行存款日记账”与银行送来的对账单逐笔核对增减额和同一日期的余额。通过核对，往往发现双方账目不一致。其主要原因有：一是正常的“未达账项（account in transit）”，即一方已经入账，另一方由于凭证传递时间影响而没有入账的账项；二是双方账目可能发生的不正常的错账或漏账。

在与银行核对账目之前，应先检查本企业的银行存款日记账，力求正确与完整，然后与银行送来的对账单逐笔核对。如果发现错账、漏账，应及时查明原因，予以更正。对于未达账项，则应于查明后编制“银行存款余额调节表”以检查双方的账目是否相符。为减少未达账项，在月底应将开户行的各种传票及时取回，并入账。

2. 银行存款余额调节表（bank deposit reconciliation statement）的编制

银行存款的清查主要体现在银行存款余额调节表的编制程序上，具体步骤如下：

（1）将银行存款日记账与开户银行对账单逐日逐笔核对，包括日期、银行结算凭证种类、号码、金额，凡双方都有记录的用铅笔作“√”记号于金额旁边。

（2）将银行存款日记账中未打“√”记号的记入“银行存款余额调节表”（如表 10－2 所示）的“企业已收、银行未收”栏和“企业已付、银行未付”栏；将开户银行对账单中未打“√”记号的分别记入“银行存款余额调节表”的“银行已收、企业未收”和“银行已付、企业未付”栏。

（3）核对时，要特别关注上月末“银行存款余额调节表”中的未达账项是否在本月的对账单中列入，以决定此笔款的下落，防止差错、贪污、挪用情况的发生。

（4）分别计算出“银行存款余额调节表”中调整后银行对账单余额以及调整后企业账面余额。两者相等，说明银行存款日记账正确。

（5）将填制完毕的“银行存款余额调节表”，交主管会计签章之后，呈报开户银行，清查完毕。

凡有外币银行存款日记账的企业，应分别编制银行存款余额调节表。

【例 3】A 企业 2017 年 10 月 31 日银行存款日记账的月末余额为 50 000 元，银行对账单余额为 61 000 元，经逐笔核对，发现有以下未达账项：

（1）将转账支票 3 000 元送存银行，企业已记存款增加，银行尚未记账。

（2）企业开出现金支票 6 000 元，企业已记存款减少，银行尚未记账。

（3）企业委托银行托收的货款 10 000 元已经收到，银行已记存款增加，企业尚未记账。

（4）银行为企业支付的电费 2 000 元，银行已记存款减少，企业尚未记账。

根据上述“未达款项”，编制银行存款余额调节表，如表 10－2 所示：

需要说明的是，银行存款余额调节表只是工作底稿，尽管调整后余额相等，也不能作为会计的原始凭证。如果银行存款调节表调节后是平衡的，说明企业“银行存款”账的记录与银行对账单一致，并说明企业能动用的实际金额；如果银行存款调节表调节后不平衡，说明企业“银行存款”账的记录与银行对账单不一致，仅仅说明存在问题，而不能作为调整账簿记录的依据，也不应该调账。此时，企业应进一步查明“银行存款”日记账记录与银行对账单不一致的原因。

表 10－2　某企业银行存款期末余额调节表

银行账号：________　　　　　　　　　　　　　　　　　　币种：人民币

开户银行对账单期末余额				金额								企业账面期末余额				金额							
调节内容	日期	凭证号数	摘要	十	万	千	百	十	元	角	分	调节内容	日期	支票号	摘要	十	万	千	百	十	元	角	分
银行对账单的存款余额					6	1	0	0	0	0	0	企业银行存款的账面余额					5	0	0	0	0	0	0
加：企业已收、银行未收						3	0	0	0	0	0	加：银行已收、企业未收					1	0	0	0	0	0	0
减：企业已付、银行未付						6	0	0	0	0	0	减：银行已付、企业未付						2	0	0	0	0	0
调整后银行对账单余额					5	8	0	0	0	0	0	调整后企业账面余额					5	8	0	0	0	0	0

会计：　　　　　　　　　　　　　　　　　　　　　　出纳：

二、实物财产的清查

企业的实物财产主要指存货、固定资产。存货占流动资产比重较大，易于流动，是企业日常管理的重点。在企业的生产经营过程中，频繁发生入库、出库业务，容易产生计量或记账的错误。固定资产是企业生产经营中必不可少的劳动资料，且金额较大。因此，企业内部控制制度往往要求必须建立相应的制度。

（一）实物财产的盘存制度

1. 实物财产盘存制度的定义和种类

财产清查的重要环节是盘点财产物资的实存数量，为使盘点工作顺利进行，应建立一定的盘存制度。一般而言，财产物资的盘存制度（inventory system）有永续盘存制（perpatual inventory system）和实地盘存制（periodic inventory system）。

2. 永续盘存制

（1）永续盘存制的定义。

永续盘存制是指对企业各项存货（材料和产成品）的入库和发出，都必须根据原始凭证，在有关的账簿中逐笔地进行连续登记，并随时给出账面余额。因此，这种方法也叫账面盘存制，具体计算公式为：

存货期末账面余额＝存货期初账面余额＋存货本期增加数额－存货本期减少数额

永续盘存制的优点是核算手续严密，能及时反映各项财产物资的收、发、结存情况。在永续盘存制下，需要定期进行实物盘点，以查明各项财产物资的账面数与实有数是否相等，有利于加强企业对各项财产物资的管理。特别是在永续盘存制下，确定发出存货（材料、产成品）成本既方便又准确，适用于便于管理的财产物资。对于大宗物资，用量过大，不便于计量，如燃料煤、建筑行业的材料（砖、石灰、水泥）的物资不适采用此法处理。

在永续盘存制下，由于企业期末存货的账面记录是根据以上公式计算确定的，可能与存货的实际库存实物不一致，因此需要进行财产清查，确定账存数与实存数是否一致。

（2）本期发出存货成本的计价方法。

在永续盘存制下，企业应当根据各类存货的实物流转方式、企业管理的要求、存货的性质等实际情况，合理地选择发出存货成本的计价方法，以合理确定当期发出存货的实际成本。

对于性质和用途相似的存货，应当采用相同的成本计算方法确定发出存货的实际成本。企业在确定发出存货的成本时，可以采用先进先出法（first - in, first - out method）、月末一次加权平均法（weighted - average inventory method at end - of - month）、移动加权平均法（moving average inventory method）和个别计价法（specific identification method）四种方法。企业不得采用后进先出法确定发出存货的成本。

①先进先出法。先进先出法是以先购入的存货应先发出（销售或耗用）这样一种存货实物流转假设为前提，对发出存货进行计价。采用这种方法，先购入的存货成本在后购入存货成本之前转出，据此确定发出存货和期末存货的成本。

【例4】ABC公司对甲种材料采用先进先出法核算，该材料收入、发出的数据资料如表10－3所示：

表10－3　甲种材料明细账（先进先出法）　　单位：元

2017年		摘要	收入			发出			结存		
月	日		数量	单价	金额	数量	单价	金额	数量	单价	金额
5	1	结存							400	5.0	2 000
	8	购入	1 000	5.5	5 500				400 1 000	5.0 5.5	2 000 5 500
	12	发出				400 600	5.0 5.5	2 000 3 300	400	5.5	2 200
	20	购入	800	5.8	4 640				400 800	5.5 5.8	2 200 4 640
	25	发出				400 500	5.5 5.8	2 200 2 900	300	5.8	1 740
	31	合计	1 800		10 140	1 900		10 400	300	5.8	1 740

甲种材料本月发出成本为 $= (400\times5.0+600\times5.5)+(400\times5.5+500\times5.8)$
$=10\ 400$（元）

甲种材料月末结存成本 = 2 000 + 10 140 − 10 400 = 1 740（元）

②月末一次加权平均法。月末一次加权平均法，是指以当月全部进货数量加上月初存货数量作为权数，去除当月全部进货成本加上月初存货成本，计算出存货的加权平均单位成本，以此为基础计算当月发出存货的成本和期末存货的成本的一种方法。

$$本月发出存货的成本 = 本月发出存货的数量 \times 存货单位成本$$

$$本月月末库存存货成本 = 月末库存存货的数量 \times 存货单位成本$$

$$存货单位成本 = \frac{\left(\begin{array}{l}月初库存存货的\\实际成本\end{array}\right) + \sum\left[\left(\begin{array}{l}本月某批进货的\\实际单位成本\end{array}\right) \times \left(\begin{array}{l}本月某批进货\\的数量\end{array}\right)\right]}{月初库存存货数量 + 本月各批进货数量之和}$$

【例5】ABC公司对甲种材料采用月末一次加权平均法核算，该材料的收入、发出数量及单价如表10－4所示。计算发出材料和期末材料成本。

表10－4　甲种材料明细账（月末一次加权平均法）　单位：元

2017年		摘要	收入			发出			结存		
月	日		数量	单位成本	金额	数量	单位成本	金额	数量	单位成本	金额
8	1	期初							6 000	2.00	12 000
	8	购入	4 000	2.20	8 800				10 000		
	15	发出				8 000			2 000		
	21	购入	6 000	2.30	13 800				8 000		
	26	发出				4 000			4 000		
	31	购入	4 000	2.50	10 000				8 000		
	31	合计	14 000		32 600	12 000			8 000		

$$加权平均单位成本 = \frac{2 \times 6\,000 + 2.2 \times 4\,000 + 2.3 \times 6\,000 + 2.5 \times 4\,000}{6\,000 + 4\,000 + 6\,000 + 4\,000} = 2.23（元）$$

发出材料成本 = 发出材料数量 × 加权平均单价 = 12 000 × 2.23 = 26 760（元）

期末结存材料成本 = 期末结存数量 × 加权平均单价

= 8 000 × 2.23 = 17 840（元）

③移动加权平均法。移动加权平均法，是指以每次进货的成本加上原有库存存货的成本，除以每次进货数量加上原有库存存货的数量，据以计算加权平均单位成本，作为在下次进货前计算各次发出存货成本的依据。计算公式为：

$$本次发出存货的成本 = 本次发出存货数量 \times 本次发货前的存货单位成本$$

$$本月月末库存存货成本 = 月末库存存货的数量 \times 本月月末存货单位成本$$

$$存货单位成本 = \frac{原有库存存货的实际成本 + 本次进货的实际成本}{原有库存存货数量 + 本次进货数量}$$

【例6】ABC公司对甲种材料采用移动加权平均法核算，该材料的收入、发出数量及单价如表10－5所示。计算当月15、26日发出材料和期末材料平均单位成本。

表 10-5 甲种材料明细账（移动加权平均法） 单位：元

2017 年		摘要	收入			发出			结存		
月	日		数量	单位成本	金额	数量	单位成本	金额	数量	单位成本	金额
8	1	期初							6 000	2.00	12 000
	8	购入	4 000	2.20	8 800				10 000		
	15	发出				8 000			2 000		
	21	购入	6 000	2.30	13 800				8 000		
	26	发出				4 000			4 000		
	31	购入	4 000	2.50	10 000				8 000		
	31	合计	14 000		32 600	12 000			8 000		

$$15\text{ 日发出材料的移动加权平均单位成本}=\frac{12\ 000+8\ 800}{6\ 000+4\ 000}=2.08\text{（元）}$$

$$26\text{ 日发出材料的移动加权平均单位成本}=\frac{2\ 000\times 2.08+13\ 800}{2\ 000+6\ 000}=2.245\text{（元）}$$

$$\text{期末结存材料的移动加权平均单位成本}=\frac{4\ 000\times 2.245+10\ 000}{4\ 000+4\ 000}=2.372\ 5\text{（元）}$$

④分批实际法。分批实际法也可称为个别计价法，其特征是注重所发出存货具体项目的实物流转与成本流转之间的联系，逐一辨认各批发出存货和期末存货所属的购进批别或生产批别，分别按其购入或生产时所确定的单位成本计算各批发出存货和期末存货的成本，即把每一种存货的实际成本作为计算发出存货成本和期末存货成本的基础。对于不能替代使用的存货、为特定项目专门购入或制造的存货以及提供的劳务，通常采用个别计价法确定发出存货的成本。在实际工作中，越来越多的企业采用计算机信息系统进行会计处理，个别计价法可以广泛应用于发出存货的计价，该方法确定的存货成本最为准确。

3. 实地盘存制

（1）实地盘存制的定义。

实地盘存制是指对企业各项财产物资的账面记录，平时只登记收入数，不登记发出数，月末结账时，根据实地盘点各项财产物资的实际结存数作为各项财产物资期末账面余额，倒轧推算出各项财产物资的发出数，并据以登记入账。

本期存货发出数额 = 存货账面期初数额 + 本期存货增加数额 − 期末盘点结存数额

实地盘存制的优点是核算简单。其缺点是：财产物资的收、发手续不严密；不能通过账簿记录随时反映和监督各项财产物资的收、发、结存情况；反映的数字不够准确；对财产物资管理不善造成的不合理的短缺、霉烂变质、超定额损耗、贪污盗窃的损失不能反映和控制，而全部算入本期发出数中，不利于加强企业财产物资的保管，它只适用于定期结转销货或耗用成本。因此，非特殊情况一般不宜采用此种方法，只有商品零售企业和建筑行业适宜采用实地盘存制确定发出存货的成本。

在实地盘存制下，由于存货期末账面金额是根据期末的实地盘点确定的，因此，不存在账实不符的现象，也就不需要进行财产清查。当然，实地盘点本身是一种清查方法，但不需要进行核对。

（2）本期发出存货成本的计价方法（倒挤成本法）。

根据实地盘存制的特点，实地盘存制下发出存货成本的计价一般采用最后进价法和全月一次加权平均法等。首先，须通过实地盘点，确定盘存数量；然后确定盘存货物的单价，数量乘单价即可得出期末存货成本，从而确定本期销货成本。

最后进价法是用最后一次进货单价作为存货的单价，计算出存货的期末余额，从而倒轧出存货发出成本的一种方法。我们以有关例子说明。

【例7】ABC公司对甲种材料采用实地盘存制，该材料收入、发出的数据资料如表10－6所示：

表10－6 甲种材料明细账（最后进价法） 单位：元

2017年		摘要	收入			发出			结存		
月	日		数量	单价	金额	数量	单价	金额	数量	单价	金额
5	1	结存							400	5.0	2 000
	8	购入	1 000	5.5	5 500				400 1 000	5.0 5.5	2 000 5 500
	20	购入	800	5.8	4 640				400 1 000 800	5.0 5.5 5.8	2 000 5 500 4 640
	31	发出				1 900			300	5.8	1 740
	31	合计	1 800		10 140	1 900		10 400	300	5.8	1 740

甲种材料期末余额＝300×5.8＝1 740（元）

本期甲种材料发出成本＝2 000＋（5 500＋4 640）－1 740＝10 400（元）

4. 永续盘存制与实地盘存制的比较与选择

永续盘存制与实地盘存制并不是财产清查的制度，而是用于确定存货的期末账面余额，并计算存货发出数额的两种不同的方法。

永续盘存制是以原始凭证为依据，对存货的增减变动如实地反映在账面上；实地盘存制却只以存货收入的凭证为依据，在账面上反映，而期末余额是按实地盘存数确定的，本期发出数额是倒轧出来的。

存货是企业为销售或耗用而储存的各种资产，流动性较强。它随着企业生产经营活动不断购入，不断被消耗生产成产品，不断被销售。从内部控制的要求来说，对于重要的存货物资都应采用永续盘存制度，通过总分类账、明细分类账及实物账实行控制。随着电脑技术在会计中的应用、推广，差错率已大为降低，但难免少数不法分子会贪污、盗窃，特别是寄存在外埠的原材料更容易出问题。为保证财务报表的正确性、可靠性，定期对存货进行清查是完全必要的。

（二）实物财产清查结果的账务处理方法

1. 实物财产清查结果的处理步骤

首先，将实存数与账存数相对比，列明差异。为了明确经济责任，盘点时，有关财产物资的保管人员应该在场参加盘点工作，对各项财产物资的盘点结果逐一如实地登记在盘存表上。然后，将盘存表中所记录的实存数额与有关账簿记录的账面结存余额相核对，填制“实存账存对比表”，以确定实物财产盘盈或盘亏的数额。其格式如表 10－7、表 10－8 所示：

表 10－7　盘存表

单位名称：　　　　　　　　　　　　盘点时间：

财产类别：　　　　　　　　　　　　存放地点：　　　　　　　　　　编号：

编号	名称	计量单位	数量	单价	金额	备注

盘点人：（签章）　　　　　　　　　　　　保管人：（签章）

表 10－8　实存账存对比表

年　月　日

企业名称：

编号	类别及名称	计量单位	单价	实存		账存		对比结果				备注
								盘盈		盘亏		
				数量	金额	数量	金额	数量	金额	数量	金额	

其次，进行有关会计账务处理。如果“实存账存对比表”中的实存数与账存数一致，则说明存货清查没有发现问题；如果“实存账存对比表”中的实存数与账存数不一致，则说明存货清查发现了问题。企业应根据“实存账存对比表”据以调账。“盘存表”、“实存账存对比表”是调整账面记录的原始凭证，也是分析盈亏原因、明确经济责任的重要依据。

固定资产清查时还必须通过会计记录查清固定资产的原始价值、净值、已提折旧数额，如发现账簿记录不健全，仅有固定资产净值，而没有原始价值时，应及时更正、补充。清查固定资产应填制“固定资产清查报告表”，其格式如表 10－9 所示：

表 10－9 固定资产清查报告表

车间名称： 清查日期： 年 月 日 第 页

序号	设备编号	设备名称	型号	规格	制造厂商	制造厂编号	制造年月	投入生产时间（年月）	账面价值技术状况						开动班次	使用单位核定使用意见			备注
									原值	已提折旧	净值	完好	不完好	停机待修		需用	不需用	报废	

责任工程师签名： 车间主任签名： 清查人员签名：

如果“固定资产清查报告表”中的实存数与账存数一致，则说明固定资产清查没有发现问题；如果“固定资产清查报告表”中的实存数与账存数不一致，则说明固定资产清查发现了问题，应根据“固定资产清查报告表”调账。“固定资产清查报告表”是调整账面记录的原始凭证，也是分析盈亏原因、明确经济责任的重要依据。

2. 实物财产清查结果的会计处理

对实物资产清查结果的会计处理应按以上所述，采用两步处理的方法进行。归纳起来就是：首先反映盘盈或盘亏，做到账实相符；然后根据原因及批准进行有关账户的转销。

（1）实物资产盘盈的会计处理。

【例 8】乙企业在财产清查过程中，发现甲种材料盘盈 50 千克，单价 8 元/千克，价值 400 元。会计人员根据“实存账存对比表”盘盈的数额，首先调整“原材料”账户，以保持“原材料”的账实相符。

借：原材料——甲材料　　400

　贷：待处理财产损溢——待处理流动资产损溢　　400

上述材料盘盈经调查，是由于收发计量不准确的原因造成的，经有关部门批准后，将此盘盈材料的价值冲减管理费用。

借：待处理财产损溢——待处理流动资产损溢　　400

　贷：管理费用　　400

【例 9】乙企业在财产清查过程中，发现账外机器设备一台，估计价值 80 000 元，累计折旧 20 000 元，报有关部门批准作如下调整：

借：固定资产　　80 000

　贷：累计折旧　　20 000

　　待处理财产损溢——待处理固定资产损溢　　60 000

上述盘盈机器设备批准后，作为营业外收入处理。

借：待处理财产损溢——待处理固定资产损溢　　60 000
　贷：营业外收入　　60 000

（2）实物资产盘亏的会计处理。

【例10】乙企业在财产清查过程中，发现A材料盘亏1 000元。根据“实存账存对比表”的盘亏数额，调整“原材料”账户，保持“原材料”账户账实相符。

借：待处理财产损溢——待处理流动资产损溢　　1 000
　贷：原材料——A材料　　1 000

上述A材料盘亏经调查属于定额内的自然损耗，报有关部门批准后，将A材料的盘亏金额转作管理费用。

借：管理费用　　1 000
　贷：待处理财产损溢——待处理流动资产损溢　　1 000

【例11】乙企业遭受自然灾害，损失甲材料35 000元，根据“实存账存对比表”调整“原材料”账户，保持“原材料”账户账实相符。

借：待处理财产损溢——待处理流动资产损溢　　35 000
　贷：原材料——甲材料　　35 000

上述遭受的自然灾害属保险责任范围，企业向保险公司索赔，保险公司核准同意赔付80%，剩余部分报有关部门批准记入“营业外支出”。

借：其他应收款——保险公司　　28 000
　　营业外支出　　7 000
　贷：待处理财产损溢——待处理流动资产损溢　　35 000

【例12】乙企业在财产清查中发现盘亏设备一台，原值55 000元，已提折旧25 000元，报有关部门批准。

借：待处理财产损溢——待处理固定资产损溢　　30 000
　　累计折旧　　25 000
　贷：固定资产　　55 000

上述盘亏设备经批准后，作为营业外支出处理。

借：营业外支出　　30 000
　贷：待处理财产损溢——待处理固定资产损溢　　30 000

三、应收、应付款项的清查

企业的应收、应付款项是在流通过程中的重要债权、债务，包括应收账款、应收票据、其他应收款、应付账款、其他应付款、预收账款及预付账款等。从内部控制的要求来看，清查的重点是应收账款和应付账款。

（一）应收、应付款项的清查方法

对各种应收、应付款的清查，应采取“函证核对法”，即通过寄送对账单与对方核对账目的方法。企业应在其各种应收、应付款项记录准确的基础上，编制“往来款项对账单”，寄发或派人送交对方单位，与债务人或债权人进行核对。该方法的运用大体上分为三个步骤：

（1）将本单位的往来账款核对清楚，确认总分类账与明细分类账的余额相等，各明细分类账的余额相符。

（2）向对方单位填发对账单。对账单的格式一般为一式两联，其中一联作为回单，对方单位如核对相符，应在回单上盖章后退回。如发现数字不符，应在回单上注明，作为进一步核对的依据。其格式如下所示：

往来款项对账单

______________单位：

你单位20××年×月×日购入我单位×产品××台，已付货款××元，尚有××元货款未付，请核对后将回单联寄回。

核查单位：（盖章）
20××年×月×日

沿此虚线裁开，将以下回单联寄回！

....

往来款项对账单（回联）

核查单位：

你单位寄来的“往来款项对账单”已经收到，经核对相符无误（或不符，应注明具体内容）。

××单位（盖章）
20××年×月×日

（3）收到回单后，应填制“往来款项清查表”，并及时催收该收回的账款，积极处理呆账。“往来款项清查表”的格式如表10－10所示：

表10－10 **往来款项清查表**

清查日期：　　年　月　日　　　　　　制表日期：　年　月　日
总分类账户名称：　　　　　　　　　　总分类账户结余金额：
第　页

明细账户名称	账面结存余额	清查结果		核对不符的原因和金额				备注
		核对相符金额	核对不符金额	有争执的账项	未达账项		合计	

清查人员：　　　　　　　　　　　　　　　　　　　　会计：

需要注意的是，“往来款项清查表”与“银行存款余额调节表”一样，都不是原始凭证。如果“往来款项清查表”发现有问题，企业也不能根据“往来款项清查表”调账，只是说明应收、应付款项核对发现了问题，为企业进一步查明不一致的原因提供具体数据资料。

（二）应收、应付款项清查结果的会计处理

在财产清查中查明确定无法收回的应收账款和无法支付的应付账款，按现行会计制度规定，不通过“待处理财产损溢”账户进行核算，而是在原来账面记录的基础上，按规定程序报经批准后，冲减坏账准备金，不提取坏账准备的企业应记入“资产减值损失（loss on assets depreciation）”科目；对无法支付的应付账款经批准后，直接转作“资本公积——其他资本公积”处理。

1. 应收款项清查结果的处理

在财产清查过程中，如发现长期应收而收不回的款项，即坏账损失，经批准予以转销。坏账损失的转销在批准前不作账务处理，即不通过“待处理财产损溢”账户进行核算。按规定的程序批准后，根据企业采用的坏账损失的核算方法，作相应的账务处理。对于坏账损失的核算，有直接转销法和备抵法两种核算方法。

直接转销法是指在实际发生坏账时，作为一种损失直接计入期间费用，同时冲销应收账款。其账务处理为借记“资产减值损失”账户，贷记“应收账款”账户。这种核算方法的平时账务处理比较简单，但是不符合权责发生制和配比原则的要求，哪个会计期间发生坏账损失，哪个期间的利润就会处于较低的水平，在没有实际发生坏账的会计期末，会夸大资产负债表中应收账款的可实现价值。

备抵法是指按期估计坏账损失，计入期间费用，同时建立坏账准备金，待实际发生坏账时，冲销已经提取的坏账准备金。采用备抵法核算坏账损失避免了直接转销法的缺点。企业在会计核算过程中遵循谨慎性原则和配比原则的要求对应收账款提取坏账准备金，可以将预计未来不能收回的应收账款作为坏账损失计入期间费用，既保持了成本费用和利润的稳定性，避免虚盈实亏，又在一定程度上消除或减少了坏账损失给企业带来的风险。在财务报表上列示应收账款净额，使企业应收账款可能发生的坏账损失得到及时的反映，从而使会计信息使用者更加清楚地了解企业真实的财务状况。

按照我国现行会计制度的要求，我国企业单位应该采用备抵法核算坏账损失，计提坏账准备金。因此，应收账款清查可以按账龄分析法进行清查，即将应收账款按所欠时间长短分别列示，然后与其债务方进行核对。外单位所欠货款拖欠时间越长，形成坏账的可能性越大，为了维护本企业的经济利益，减少损失，应及时清查，追回货款。

【例13】乙公司应收某单位货款100 000元，经清查确属无法收回的款项，经批准转作坏账损失。

当企业采用直接转销法核算时，其会计处理如下：

借：资产减值损失　　100 000
　贷：应收账款　　100 000

当企业采用备抵法核算时，其会计处理如下：

借：坏账准备　　　　　　　　　　　　　　　　　100 000

　贷：应收账款　　　　　　　　　　　　　　　　　100 000

2. 应付款项清查结果的处理

在财产清查过程中，如发现由于债权单位撤销或不存在等原因造成的长期应付而无法支付的款项，经批准予以转销。按2000年12月29日，国家财政部发布的《企业会计制度——会计科目和会计报表》的规定，无法支付的款项在批准前不作账务处理，即不通过“待处理财产损溢”账户进行核算，按规定的手续批准后，转入“资本公积”账户。但是，通常将确实无法偿付的应付款项，转入“营业外收入”。

【例14】乙公司在财产清查中，发现应付A单位的货款34 000元已无法支付，经批准予以转销。编制会计分录如下：

借：应付账款　　　　　　　　　　　　　　　　　34 000

　贷：资本公积——其他资本公积　　　　　　　　　　34 000

Bank Reconciliation:

A company's general ledger account Cash in Bank contains a record of the transactions (including checks written, receipts from customers, etc.) that involve its checking account. The bank also creates a record of the company's checking account when it processes the company's checks, deposits, service charges, and other items. Soon after each month ends the bank usually mails a bank statement (it includes the deposits received by the bank, checks paid by the bank, bank service charge, and other amounts transferred into and out of the checking account) to the company. The bank statement lists the activity in the bank account during the recent month as well as the balance in the bank account. When the bank statement arrives at the end of period, the bank statement balance does normally not agree with the balance shown by the depositor's accounting records.

When the company receives its bank statement, the company should verify that the amounts on the bank statement are consistent or compatible with the amounts in the company's Cash account in its general ledger and vice versa. This process of confirming the amounts is referred to as bank statement reconciliation. A bank reconciliation helps to adjust the difference between the bank and the enterprise, and prove the accuracy of the both. The benefit of reconciling the bank statement is knowing that the amount of Cash reported by the company (company's books) is consistent with the amount of cash shown in the bank's records.

Because most companies write many checks each month and make many deposits, reconciling the amounts on the company's books with the amounts on the bank statement can be time consuming. The process is complicated because some items appear in the company's Cash account in one month, but appear on the bank statement in a different month. For example, checks written near the end of May are deducted immediately on the company's books, but those checks will likely clear the bank account in early June. Sometimes the bank decreases the company's bank account without informing the company of the amount. For example, a bank service charge might be deducted on the bank statement on May 31, but the company will not learn of the amount until the company receives the bank statement in early June. From these two examples, you can understand why there will likely be a difference in the balance on the bank statement vs. the balance in the Cash account on the company's books. It is also possible (perhaps likely) that neither balance is the true balance. Both balances may need adjustment in order to report the true amount of cash.

小结、练习与思考
Summarization, Exercises and Review

一、小结（Summarization）

财产清查是指通过对货币资金、存货、固定资产、对外各种投资、各种债权、债务和票据等进行盘点或核对，查明其实有数与账存数是否相符，并查明账实不符原因的一种专门的会计核算方法。

财产清查是内部控制的一个组成部分，是执行内部控制制度的重要手段。一套设计完整的内部控制制度运行是否有效，取决于实际执行过程及执行效率。在实际执行过程中，会存在多种干扰内部控制制度运行效率的因素，如管理层的违规、制度不健全或流于形式等，这些都容易导致内部控制制度失效。会计部门为编制财务报表而进行的财产清查，通过核对、检查，在一定程度上能防止内部控制制度的失效问题。

库存现金和银行存款应定期进行清查，货币资金的清查主要在月末。月末，要对库存现金进行盘点，对银行存款进行对账。存货、固定资产的全部清查一般选择在年度终了时进行，平时若有特殊情况，可以随时进行清查。清查方法主要有实地盘点法和技术推算法。应收、应付款项的清查主要在月末，对各种应收、应付款项的清查，应采取函证核对法。

财产清查的重要环节是盘点财产物资的实存数量，为使盘点工作顺利进行，应建立一定的盘存制度。一般而言，财产物资的盘存制度有永续盘存制和实地盘存制。永续盘存制下存货计价方法主要有先进先出法、月末一次加权平均法、移动加权平均法和个别计价法。实地盘存制下存货计价方法主要有月末一次加权平均法和最后进价法。

财产清查结果的账务处理分两步进行：第一步，根据已查明属实的财产盘盈、盘亏或毁损的数字编制的“实存账存对比表”，填制记账凭证，据以登记有关账目，调整账簿记录，使各项财产物资的实存数与账存数保持一致；第二步，查清原因，明确责任以后，再根据审批后的处理决定，填制记账凭证，分别记入有关的账户。

二、练习与思考（Exercises and Review）

（一）单选题

1. 对各项财产的增减变化，根据会计凭证连续记载并随时结出余额的制度是（ ）。

A. 实地盘存制　B. 应收应付制　C. 永续盘存制　D. 现金制

2. 对于财产清查中所发现的财产物资盘盈、盘亏和毁损，财会部门进行账务处理依据的原始凭证是（ ）。

A. 银行存款余额调节表　B. 实存账存对比表

C. 发货票　D. 入库单

3. 银行存款的清查一般采用的方法是（ ）。

A. 抽查盘点　B. 技术推算　C. 核对账目　D. 实地盘点

4. “待处理财产损溢”账户属于（　　）账户。

A. 损益类　　B. 资产类

C. 成本类　　D. 所有者权益类

5. 某企业期末银行存款日记账余额为 80 000 元，银行送来的对账单余额为 82 425 元，经对未达账项调节后的余额为 83 925 元，则该企业在银行的实有存款是（　）元。

A. 82 425　　B. 80 000　　C. 83 925　　D. 24 250

6. 在记账无误的情况下，银行对账单与银行存款日记账账面余额不一致的原因是（　）。

A. 存在应付账款　　B. 存在应收账款

C. 存在外埠存款　　D. 存在未达账项

7. 下列项目的清查应采用向有关单位发函询证核对账目的方法的是（　）。

A. 原材料　　B. 应收账款　　C. 实收资本　　D. 短期投资

8. 下列财产物资中，可以采用技术推算法进行清查的是（　　）。

A. 现金　　B. 固定资产

C. 煤炭等大宗物资　　D. 应收账款

9. 下列情况中，适合采用局部清查的方法进行财产清查的是（　　）。

A. 年终决算时　　B. 进行清产核资时

C. 企业合并时　　D. 现金和银行存款的清查

10. 对现金清查采用的方法是（　　）。

A. 查询核对法　　B. 抽查检验法

C. 实地盘点法　　D. 技术推算法

11. 某企业遭受洪灾，对受损的财产物资进行的清查属于（　　）。

A. 局部清查和不定期清查　　B. 全面清查和定期清查

C. 局部清查和定期清查　　D. 全面清查和不定期清查

12. 某企业上期盘亏的材料已查明原因，属于自然损耗，应编制的会计分录是（　）。

A. 借：待处理财产损溢
　　贷：原材料

B. 借：原材料
　　贷：待处理财产损溢

C. 借：管理费用
　　贷：待处理财产损溢

D. 借：营业外支出
　　贷：待处理财产损溢

13. 当单位撤销、合并或改变隶属关系时应采用（　　）。

A. 全面清查　　B. 局部清查　　C. 定期清查　　D. 实地清查

14. 采用永续盘存制，平时对财产物资账簿的登记方法应该是（　　）。

A. 只登记增加，不登记减少　　B. 只登记增加，随时倒挤出算出减少

C. 既登记增加，又登记减少　　D. 只登记减少，不登记增加

15. 清查中财产盘亏是由于保管人员的责任造成的，应计入（　　）。

A. 营业外支出　　B. 管理费用

C. 其他应收款　　D. 生产成本

16. 清查中财产盘亏是由于自然灾害造成的，应计入（　　）。

A. 营业外支出　　B. 管理费用

C. 其他应收款　　D. 生产成本

（二）多选题

1. 以下各项中，需要进行全面财产清查的是（　　）。

A. 年终决算之前　　B. 清产核资

C. 单位撤销、合并　　D. 资产重组或改变隶属关系

2. 财产清查按清查时间可分为（　　）。

A. 定期清查　B. 全面清查　C. 不定期清查　D. 局部清查

3. 财产清查中查明的各种流动资产盘亏或毁损数，根据不同的原因，报经批准后可能转入的账户有（　　）。

A. 管理费用　　B. 营业外收入

C. 营业外支出　　D. 其他应收款

4. 实物财产清查常用的方法有（　　）。

A. 实地盘点法　　B. 抽查盘点法

C. 技术推算盘点法　　D. 核对账目法

5. 在财产清查中，下列可作为原始凭证并据以调整账簿记录的是（　　）。

A. 现金盘点报告表　　B. 银行存款余额调节表

C. 盘存单　　D. 实存账存对比表

6. 下列各项中，应采用实地盘点法进行清查的有（　　）。

A. 固定资产　B. 库存商品　C. 银行存款　D. 现金

7. 企业财产物资的盘存制度有（　　）。

A. 实地盘存制　　B. 收付实现制

C. 永续盘存制　　D. 应收应付制

8. 企业未达账项有（　　）。

A. 企业已收、企业未收　　B. 企业已付、银行未付

C. 银行已收、企业未收　　D. 银行已付、企业未付

9. 正确合理地组织财产清查的意义在于（　　）。

A. 挖掘财产物资潜力，加速资金周转

B. 保护企业财产的安全完整

C. 保证会计信息的真实、可靠

D. 健全各项财产管理制度，提高管理水平

10. 造成账实不符的原因有（　　）。

A. 财产物资的自然损耗　　B. 财产物资收发的计量错误

C. 财产物资的毁损　　D. 账簿的漏记、重记

（三）判断题

1. 一般情况下，全面清查是定期清查，局部清查是不定期清查。（　　）

2. 对于未达账项应编制银行存款余额调节表进行调节，同时将未达账项编制记账凭证登记入账。（　　）

3. 企业在银行的实有存款应是银行对账单上列明的余额。（　　）

4. 财产清查就是对各种实物财产进行的清查盘点，不对往来款项进行清查。( )

5. 现金和银行存款的清查均应采用实地盘点的方法进行。( )

6. 财产清查是企业内部控制制度的重要组成部分。( )

7. 对实物财产进行清查时，主要清查数量，同时也要检验质量。( )

8. 现金清查结束后，应填写“现金盘点报告表”，并由盘点人和出纳人员签名或盖章。( )

9. 实物财产的“盘点报告表”可以作为记账和登记账簿的原始凭证。( )

10. 财产清查只清查实物性质的财产，不清查货币性资产。( )

（四）思考题

1. 什么是财产清查？财产清查的必要性是什么？

2. 财产清查有哪些种类？全部清查应在哪几种情况下进行？

3. 永续盘存制与实地盘存制有何异同？各自具有哪些优缺点？

4. 进行正式清查前，应做好哪些准备工作？

5. 如何进行现金的清查？

6. 如何进行银行存款的清查？如何编制“银行存款余额调节表”？

7. 什么是未达账项？包括哪几种情况？

8. 如何进行实物资产的清查？

9. 发出存货的计价方法有哪些？

10. 如何进行应收、应付款项清查？

11. 财产清查的核算需要设置的主要账户有哪些？如何核算？

12. 如何进行财产清查结果的处理？

（五）实训题

练习题一：

目的：通过本题的练习，一方面掌握未达账项的基本概念及种类，另一方面学会编制“银行存款余额调节表”。

资料：A 公司 2017 年 7 月 31 日的银行存款日记账账面余额为 351 200 元，而银行对账单上企业存款余额为 341 200 元，经逐笔核对，发现存在以下未达账项：

（1）7 月 26 日，企业开出转账支票 4 000 元，持票人尚未到银行办理转账，银行尚未登账。

（2）7 月 28 日，企业委托银行代收款项 5 000 元，银行已收款入账，但企业未接到银行的收款通知，因而未登记入账。

（3）7 月 29 日，企业送存购货单位签发的转账支票 25 000 元，企业已登账，银行未登账。

（4）7 月 30 日，银行代企业支付水电费 5 000 元，企业尚未接到银行的付款通知，故未登记入账。

要求：根据以上有关内容，编制“银行存款余额调节表”，确定公司银行存款日记账所列余额是否正确，并分析调节后是否需要编制有关会计分录。

练习题二：

目的：练习“银行存款余额调节表”的编制。

资料：A公司所属K公司2017年4月30日银行对账单所列的存款余额为279 560元，4月月末公司与开户银行之间的往来资料如下：

(1) 4月30日，公司的销售收入计26 800元已送存银行，但银行尚未入账。

(2) 公司的利息费用3 250元已通过银行支付，但未通知企业。

(3) 公司开出的支票购买办公用设备48 320元，尚未兑现。

(4) 公司送存银行的客户支票12 240元因对方存款不足而被退票，但公司尚未接到通知。

(5) 公司向银行借入款项100 000元，银行已转入公司存款户，但公司尚未接到通知。

(6) 银行误将大地公司的存款10 000元记入公司存款户，立即予以更正。

要求：假如公司与银行的存款余额经调整后相符，根据上述资料计算A公司所属K公司的银行存款日记账的账面余额。

练习题三：

目的：通过本题的练习，掌握存货清查的会计处理。

资料：(1) A公司所属C分公司经财产清查，发现盘盈甲材料1 200千克，每千克单价5元。经查明是由于计量上的错误所造成的。

(2) 经财产清查，发现盘亏乙材料1 800千克，每千克单价2元。经查明，属于定额内合理的损耗有500千克，计1 000元；属于过失人责任，应由责任人赔偿的有120千克，计240元；属于自然灾害造成的损失为1 180千克，计2 360元，但可由保险公司赔偿1 200元。

要求：对A公司所属C分公司盘盈的甲材料、盘亏的乙材料进行批准前和批准后的账务处理。

练习题四：

目的：通过本题的练习，掌握固定资产清查结果的会计处理。

资料：(1) A公司在财产清查中，发现盘盈机器设备一台，估计原值为300 000元，估计已提折旧额为50 000元。

(2) 公司在财产清查中，发现盘亏机器设备一台，账面原值为180 000元，已提折旧额为150 000元。

要求：对A公司盘盈、盘亏的机器设备进行批准前和批准后的账务处理。

练习题五：

目的：通过本题的练习，综合掌握实物财产盘亏、盘盈的会计处理。

资料：A公司在财产清查中，发现下列问题：

(1) 一台账外机器，重置完全价值130 000元，估计八成新。

(2) 盘亏设备一台，账面原价56 000元，已提折旧24 000元。

(3) 甲材料账存9 000元，实存8 600元，系保管员责任。

（4）乙材料账存 15 000 元，实存 15 700 元，系收发计量不准确造成。

（5）丙材料账存 30 400 元，实存 27 000 元，系自然灾害造成，保险公司应给予 2 000 元赔偿，暂未收到款。

要求：对上述清查结果进行相关会计处理（包括批准前和批准后的会计处理）。

练习题六：

目的：练习固定资产盘亏业务的正确处理。

资料：A 公司所属 C 分公司的赵副经理，将企业正在使用的一台设备借给其朋友使用，未办理任何手续。公司的清查人员在年底盘点时发现盘亏了一台设备，原值为 168 000 元，已提折旧 52 600 元，净值为 115 400 元。经查，属赵副经理所为。于是，派人向借方追索该设备。但借方声称，该设备已被人偷走。当问及赵副经理对此事的处理意见时，赵副经理建议按正常报废处理。

请问：（1）盘亏的设备按正常报废处理是否符合会计制度要求？为什么？

（2）企业应怎样正确处理盘亏的固定资产？

练习题七：

目的：比较库存商品的实地盘存制与永续盘存制的区别。

资料：A 公司 2017 年 10 月甲商品的购、销、存情况如下所示：

<table>
<tr><th></th><th>内容</th><th>实地盘存制</th><th>永续盘存制</th></tr>
<tr><td rowspan="2">本期销售甲商品情况</td><td>10 月 6 日，销售 1 000 件，单位售价 26 元；
10 月 24 日，销售 1 200 件，单位售价 26 元</td><td></td><td></td></tr>
<tr><td>本月销售收入合计</td><td></td><td></td></tr>
<tr><td colspan="2">期初库存甲商品 400 件，单位成本 20 元</td><td></td><td></td></tr>
<tr><td rowspan="2">本期购入甲商品情况</td><td>10 月 3 日，购入 1 000 件，单位成本 22 元；
10 月 18 日，购入 1 600 件，单位成本 18 元</td><td></td><td></td></tr>
<tr><td>本月购货成本</td><td></td><td></td></tr>
<tr><td colspan="2">本月可供销售甲商品成本合计</td><td></td><td></td></tr>
<tr><td>本期销售甲商品成本</td><td>实地盘存制下的销售成本
永续盘存制下的销售成本</td><td></td><td></td></tr>
</table>

注：实地盘存制下甲商品期末盘点结存 798 件

要求：（1）完成上表中有关项目的填列。发出甲商品的计价方法，在实地盘存制和永续盘存制下均为月末一次加权平均法。

（2）比较存货两种盘存制度在销货成本确定上的异同，并简要评价两种盘存制度的优、缺点。

第十一章　会计报表的编制

Chapter 11　Preparation of Accounting Statement

学习目的（Learning Objectives）

通过本章的学习，掌握资产负债表、利润表的基本原理和编制方法。读完本章后，要求能够回答下列问题：

（1）什么是财务会计报告？它有什么作用？

（2）财务会计报表的分类有哪些？

（3）财务会计报告有什么编制要求？

（4）资产负债表原理是什么？如何编制？

（5）利润表原理是什么？如何编制？

第一节　财务报告的定义和种类

Definition and Types of Financial Report

一、财务报告的定义

（一）财务报告

> 财务报告是会计核算的最终成果，是会计人员以日常核算的资料为主要依据，总括反映会计主体在一定时点的财务状况和一定时期内的经营成果和现金流量情况的综合性文件。

财务报告（financial report 或 financial statement）是会计人员以日常核算的资料为主要依据，总括反映企业在某一时点的财务状况（financial status）和一定时期内的经营成果（business performance）和现金流量（cash flow）情况的综合性文件。它是企业会计核算的最终成果，是企业对外提供财务会计信息的主要形式。企业的日常会计核算工作都是为期末编制财务会计报告积累资料和做好准备的。

编制财务会计报告是会计核算的专门方法之一，

也是会计循环（accounting cycle）的最后环节。在日常的会计核算中，企业所发生的各项经济业务已按照一定的会计程序，在有关会计账簿中进行分类汇总的连续记录和计算。但是，这些日常核算资料比较分散，不能集中地、概括地反映企业的财务状况、经营成果和现金流量。为了向企业的管理者、投资者、债权人以及税收、财政等政府管理机构和其他有关方面提供必要的财务会计资料，必须把日常核算资料定期地加以进一步归类、加工、汇总，编制成财务会计报告。

（二）财务会计报告的作用

财务会计报告的作用包括以下几方面：

（1）财务会计报告能够提供有助于投资者、债权人了解企业财务状况，进行投资决策的信息资料。

在市场经济条件下，企业融资渠道主要是企业所有者的资本投资和债权人的贷款。对于投资者而言，主要关心企业的盈利能力、投资风险和投资报酬率等情况；对于债权人而言，主要关心企业的偿债能力、还债信誉等情况，以便作出正确的决策。

（2）财务会计报告能为企业管理当局加强和改善企业内部经营管理提供重要的信息。

企业投资者与企业经营者是一种经济委托关系。投资者为了维护自己的经济利益，需要经常了解和评价企业经营者的经营业绩，及其对受托资源的经济责任的完成情况。同时，经营者应定期向投资者呈报自己受托责任的履行情况。企业财务会计报告正是经营者经营业绩的主要反映依据。

（3）财务会计报告能为债权人提供企业资金运转情况、短期偿债能力和支付能力等方面的信息资料。

债权人通过报告信息了解企业的盈利能力和偿债能力，确定其所提供的资金是否安全、能否按期收回，以作出正确的信贷决策。

（4）财务会计报告为国家政府管理部门进行宏观调控决策提供所需的信息资料。

在我国，政府管理部门有国有资产管理部门、财政部门、税务部门、证券监管部门等。政府有关部门利用会计报告所提供的会计信息，可以了解企业财务指标的完成情况，检查企业遵守国家有关财经政策、法规的情况。对企业财务会计报告的分析，可以为国家宏观经济目标的制定和宏观调控提供可靠的依据。

（三）财务会计报告的内容①

《企业会计准则第 30 号——财务报表列报》第二条规定：财务报表是对企业财务状况、经营成果和现金流量的结构性表述。财务报表至少应当包括以下组成部分：

（1）资产负债表（balance sheet 或 statement of financial position）。

---

① 作为会计基础知识的掌握，本书只要求掌握资产负债表和利润表，因此重点介绍，并简要介绍现金流量表，其他内容将在《中级财务会计》中介绍。

（2）利润表（income statement）。

（3）现金流量表（statement of cash flows）。

（4）所有者权益变动表或股东权益变动表（change statements of stockholder's equity）。

（5）附注（note 或 annotation）。

其中：会计报告附注（accounting report annotation）是对在资产负债表、利润表、现金流量表和所有者权益变动表等报表中列示项目的文字描述或明细资料，以及对未能在这些报表中列示项目的说明等。

附注一般按照以下顺序披露：

（1）财务报表的编制基础。

（2）遵循企业会计准则的声明。

（3）重要会计政策的说明，包括财务报表项目的计量基础和会计政策的确定依据等。

（4）重要会计估计的说明，包括下一会计期间内很可能导致资产、负债账面价值重大调整的会计估计的确定依据等。

（5）会计政策和会计估计变更以及差错和更正的说明。

（6）对已在资产负债表、利润表、现金流量表和所有者权益变动表中列示的重要项目的进一步说明，包括终止经营税后利润的金额及其构成情况等。

（7）承诺和或有事项、资产负债表日后非调整事项、关联方关系及其交易等需要说明的事项。

二、财务会计报表的分类

财务会计报表可按以下几个标准进行分类：

1. 按照反映内容分类

按照财务会计报表反映的内容，可分为静态报表（static statement）和动态报表（dynamic statement）。静态会计报表是综合反映企业在某一特定日期的资产、负债及所有者权益的分布状况的报表。静态报表的数字一般来自有关账簿的期末余额，如资产负债表。动态会计报表是综合反映企业在一定时期内收入、费用、利润的形成情况或现金流量的报表。动态报表一般来自账簿的本期发生额，如利润表和现金流量表。

2. 按照编制时间分类

按照财务会计报表的编制时间，可以分为月报、季报、半年报和年报。

月报（monthly statement）、季报（seasonal statement）、半年报（semi - annual statement）是企业月末、季末、半年末编制报送的财务会计报表，主要用来反映企业各月末、季末、半年末和月度、季度、半年度的财务状况及经营成果情况。年报（annual statement）是企业在年末编制的财务会计报告，用来反映企业全年的经营成果、财务状况及现金流量情况的报表。现金流量表为年度报表，即只在年末编制。根据《证券法》等有关法规的要求，上市公司按季对外报送中期财务报表。

3. 按照服务对象分类

按照财务会计报表的服务对象，可分为对内报表（internal statement）和对外报表（external statement）。

对内报表是指为适应企业内部管理需要而编制的不对外公开的报表，如成本报表等。对内报表一般可以不需要统一规定的格式，也没有统一的指标体系。

对外报表是指企业对外提供的、供信息相关者使用的报表，如资产负债表、利润表等内容。企业对外提供的报表一般需要经注册会计师签证后，才能对外报送。企业对外报送的财务会计报告，有规定的具体格式和报送时间。

4. 按照编报单位分类

按照财务会计报表的编报单位，可分为单位报表（unit's statement）、汇总报表（combination statement 或 summary statement）和合并报表（consolidated statement）。

单位报表是指独立核算的各个单位根据本单位日常核算资料汇总编制的报表，用来反映本单位的财务状况、经营成果及现金流量情况。汇总报表是由上级主管部门以及总公司根据所属单位的报表和其他核算资料汇总编制的，反映同一部门、同一行业、总公司的综合经营结果、财务状况及现金流量情况的报表。合并报表是指由母公司或控股公司编制的，综合反映企业集团财务状况和经营成果的会计报表。

三、财务会计报表编制的基本要求

（1）企业应当以持续经营（going concern）为基础，根据实际发生的交易和事项，按照《企业会计准则——基本准则》和其他各项会计准则的规定进行确认和计量，并在此基础上编制财务报表。

企业不应以附注披露（disclosure）代替确认和计量。

以持续经营为基础编制财务报表不再合理的，企业应当采用其他基础编制财务报表，并在附注中披露这一事实。

（2）财务报表项目的列报应当在各个会计期间保持一致，不得随意变更，但下列情况除外：

①会计准则要求改变财务报表项目的列报。

②企业经营业务的性质发生重大变化后，变更财务报表项目的列报能够提供更可靠、更相关的会计信息。

（3）性质或功能不同的项目，应当在财务报表中单独列报，但不具有重要性的项目除外。

性质或功能类似的项目，其所属类别具有重要性的，应当按其类别在财务报表中单独列报。

财务报表某项目的省略或错报会影响使用者据此作出经济决策的，该项目即具有重要性（materiality）。重要性应当根据企业所处的环境，从项目的性质和金额大小两方面予以判断。

（4）财务报表中的资产项目和负债项目的金额、收入项目和费用项目的金额不得相互抵消，但其他会计准则另有规定的除外。

资产项目按扣除减值准备后的净额列示，不属于抵消。

（5）当期财务报表的列报，至少应当提供所有列报项目上一可比会计期间的比较数据，以及与理解当期财务报表相关的说明，但其他会计准则另有规定的除外。

（6）企业应当在财务报表的显著位置至少披露下列各项：

①编报企业的名称；

②资产负债表日或财务报表涵盖的会计期间；

③人民币金额单位；

④财务报表是合并财务报表的，应当予以标明。

（7）企业至少应当按年编制财务报表。年度财务报表涵盖的期间短于一年的，应当披露年度财务报表的涵盖期间以及短于一年的原因。

第二节　资产负债表的编制

Preparation of Balance Sheet

一、资产负债表的概念和作用

资产负债表（balance sheet 或 statement of financial position）是总括反映企业在某一特定日期（月末、季末、半年末、年末）财务状况的会计报表。它是根据资产、负债和所有权益之间的相互关系，按照一定的分类标准和顺序，把企业在一定日期的资产、负债、所有者权益各项目予以适当排列并对日常工作中形成的大量数据进行整理后按月编制而成的。它是企业最重要的、对外报送的第一主表。

> 资产负债表是企业在某一特定日期所拥有或可控制的、预期能为企业带来利益的经济资源、所承担的现有义务和所有者对净资产的要求权利。

资产负债表主要是提供给信息使用者有用的信息。主要内容有：①企业在某一日期的资产总额及其构成情况；②企业在某一日期的资金来源的构成情况，包括企业所承担的债务及所有者权益各个项目的状况；③企业现存和未来财务状况及变动趋势。

从资产负债表所反映的信息可以归纳出资产负债表的作用：

（1）资产负债表能帮助企业管理当局了解企业作为法人在生产经营活动中所控制的经济资源和承担的责任、义务；了解企业资产、负债各项目的构成比例是否合理；企业前、后期资产负债表的对比，可以反映出企业资产、负债的结构变化，从而得以分析企业经营管理工作的绩效。

（2）资产负债表可以帮助投资者考核企业管理人员是否有效地利用了现有的经济资源，是否使资产得到保值或增值，从而对企业管理人员的业绩进行考核评价。

（3）资产负债表可以帮助企业债权人了解企业的偿债能力与支付能力以及现有的财务状况，为他们预测企业风险、预测企业发展前景、作出投资决策提供必要的信息。

二、资产负债表的列报格式与内容

> 资产负债表由表首、正表、补充资料三部分构成。
> 资产负债表的表首说明企业的名称、报表的名称、编制报表的日期与计量单位，直接在报表相应位置填列。

资产负债表是以“资产=负债+所有者权益”这一恒等式为基础编制的。资产、负债、所有者权益三大会计要素构成了资产负债表的主要内容。其中，资产负债表右方的资产要素项目按流动性大小分为流动资产项目、长期投资项目、固定资产项目、无形资产项目、递延资产项目和其他长期资产等类别；左方的负债要素项目按债务偿还期的长短分为流动负债和长期负债项目等类别；所有者权益要素项目按永久性递减的顺序排列，依次包括实收资本、资本公积、盈余公积和未分配利润。

资产负债表左右平衡，资产总计等于负债和所有者权益总计。

资产负债表的格式一般有报告式和账户式两种。

1. 报告式资产负债表

报告式（report form）资产负债表又称为直列式资产负债表，它是以“资产-负债=所有者权益”这一会计等式为基础编制的。它将资产、负债、所有者权益等会计要素及要素项目在资产负债表中从上到下排列，上部分填列各资产项目，下部分填列各负债项目，上部分减下部分的差额为所有者权益。该种报表的特点是：产权关系清楚，易为债权人、所有者及一般使用者所理解。但是，如果经济业务较多，报告式资产负债表的行次太多，可能要几个页面才能完成，不便于使用报表。报告式资产负债表的格式如表11-1所示：

表11-1 资产负债表（报告式）

会企01表

编制单位： 20××年12月31日 单位：元

项目	年初数	年末数
流动资产：		
货币资金		
交易性金融资产		
应收票据		
应收账款		
存货		
……		
流动资产小计		
长期投资：		
长期股权投资		
固定资产：		
固定资产原值		
减：累计折旧		
固定资产净值		

（续上表）

项目	年初数	年末数
……		
非流动资产小计		
资产合计		
流动负债：		
短期借款		
应付账款		
……		
流动负债小计		
长期负债：		
长期借款		
……		
长期负债小计		
负债合计		
所有者权益：		
实收资本		
……		
所有者权益合计		

2. 账户式资产负债表

账户式（account form）资产负债表又称为横列式资产负债表，它如同一个T形账户（T－account），分为左右两部分。资产类项目填列在左方，负债类和所有者权益类项目填列在右方。左方各项目相加之和的资产与右方各项目相加之和的负债与所有者权益总计应该相等。账户式资产负债表的主要特点是：与会计的基本等式“资产＝负债＋所有者权益”一样，资产列于报表（等式）的左边，负债和所有者权益列于报表（等式）的右边，左右对照，便于对企业财务状况的比较分析。《企业会计准则》规定，资产负债表采用账户式结构编制。账户式资产负债表的主要格式如表11－2所示：

表11－2 资产负债表（账户式）

会企01表

编制单位：　　20××年12月31日　　单位：元

项目	年初数	年末数	项目	年初数	年末数
流动资产：			流动负债：		
货币资金			短期借款		
交易性金融资产			应付账款		
应收票据			……		
应收账款			流动负债小计		
存货			长期负债：		
……			长期借款		

（续上表）

项目	年初数	年末数	项目	年初数	年末数
流动资产小计			……		
长期投资：			长期负债小计		
长期股权投资			负债合计		
固定资产：			所有者权益：		
固定资产原值			实收资本		
减：累计折旧			资本公积		
固定资产净值			……		
……			所有者权益合计		
非流动资产小计			负债和所有者权益合计		
资产合计					

三、资产负债表的编制方法

资产负债表是静态报表，在编制该表时，应根据有关账户的期末余额填列。表中“年初数”栏内各项数字，应根据上年末资产负债表“期末数”栏内所列数字填列。如果本年度资产负债表规定的各个项目名称和内容同上年度不一致，应对上年年末资产负债表各项目的名称和数字按照本年度的规定进行调整，填入本表“年初数”栏。表中“期末数”主要根据会计账簿资料中资产、负债、所有者权益类账户的余额记录直接或分析填列。具体填列方法如下：

1. 根据总分类账户的期末余额直接填列

资产负债表中大部分项目根据总分类账户的期末余额直接填列，如“应收票据”、“应收股利”、“应收利息”、“短期借款”、“应付票据”、“应付职工薪酬”、“应付股利”、“实收资本”、“资本公积”等项目。

2. 根据总分类账户所属明细分类账户期末余额分析、计算、填列

资产负债表中有些项目根据总分类账户所属明细分类账户期末余额分析计算填列，如“应收账款”项目根据“应收账款”、“预收账款”科目所属明细科目的期末借方余额相加并减去“坏账准备”账户贷方余额填列；又如“应付账款”项目根据“应付账款”、“预付账款”科目有关明细科目的期末贷方余额相加填列。“预收账款”项目根据“应收账款”、“预收账款”科目所属明细科目的期末贷方余额填列。“预付账款”项目根据“应付账款”、“预付账款”科目所属明细科目的期末借方余额相加填列。其计算公式为：

“应收账款”项目 = “应收账款”明细账借方余额之和 + “预收账款”明细账借方余额之和

“应收账款”项目如要填净额，则需减去“坏账准备”期末贷方余额。

“预收账款”项目 = “预收账款”明细账贷方余额之和 + “应收账款”明细账贷方余额之和

“应付账款”项目 = “应付账款”明细账贷方余额之和 + “预付账款”明细账贷方余额之和

“预付账款”项目 = “预付账款”明细账借方余额之和 + “应付账款”明细账借方余额之和

3. 根据几个总分类账户的期末余额计算填列

资产负债表中有些项目可根据几个总分类账户的期末余额计算填列，如“货币资金”项目根据“库存现金”、“银行存款”、“其他货币资金”科目的期末总账余额相加填列，“存货”项目根据“原材料”、“低值易耗品”、“包装物”、“生产成本”、“库存商品”等总账科目余额合计相加填列。

4. 根据总分类账户和明细分类账户余额分析、计算、填列

资产负债表中有些项目可根据总分类账户和明细分类账户余额分析、计算、填列，如“一年内到期的长期负债”项目根据“长期借款”、“应付债券”、“长期应付款”科目的期末余额中提出的一年内将要到期的长期债券数额分析、填列。

5. 根据资产账户与其有关的备抵账户（provision accounts）相减后的净额填列

资产负债表中有些项目可根据有关资产账户与其相关的备抵账户相减后的净额填列，以反映其净额，如“应收账款”项目减去“坏账准备”项目后得到“应收账款净额”，“存货”项目减去“存货跌价损失准备”项目后得到“存货净额”，“固定资产”项目减去“累计折旧”和“固定资产减值准备”项目得到“固定资产净额”等。

【例 1】某企业 20××年 12 月 31 日有关账户的期末余额如表 11－3 所示：

表 11－3

会计科目	借方余额	贷方余额	会计科目	借方余额	贷方余额
库存现金	20 000		短期借款		200 000
银行存款	150 000		应付账款		240 000
其他货币资金	50 000		预收账款		100 000
应收账款	200 000		其他应付款		120 000
坏账准备		10 000	应交税费		156 000
预付账款	80 000		长期借款		300 000
其他应收款	30 000		实收资本		800 000
原材料	300 000		资本公积		70 000
燃料	60 000		盈余公积		50 000
生产成本	281 000		利润分配		60 000
库存商品	205 000				
持有至到期投资	180 000				
固定资产	500 000				

（续上表）

会计科目	借方余额	贷方余额	会计科目	借方余额	贷方余额
累计折旧		120 000			
无形资产	170 000				
合计	2 226 000	130 000	合计		2 096 000

该企业的其他报表资料：

（1）“应收账款”期末借方余额 200 000 元，其中应收 A 单位的明细账为借方余额 350 000 元，应收 B 单位的明细账为贷方余额 150 000 元。

（2）“预收账款”期末贷方余额 100 000 元，其中预收 C 单位的明细账为贷方余额 150 000 元，预收 D 单位的明细账为借方余额 50 000 元。

（3）“应付账款”期末贷方余额 240 000 元，其中应付 E 单位的明细账为贷方余额 280 000 元，应付 F 单位的明细账为借方余额 40 000 元。

（4）“预付账款”期末借方余额 80 000 元，其中预付 G 单位的明细账为借方余额 140 000 元，预收 H 单位的明细账为贷方余额 60 000 元。

（5）“长期借款”期末贷方余额 300 000 元中有 100 000 元将于次年 7 月到期。

要求：根据以上资料，对相关账户进行分析计算并填制资产负债表。

（1）货币资金项目 = 20 000 + 150 000 + 50 000 = 220 000（元）

（2）应收账款项目 = 350 000 + 50 000 − 10 000 = 390 000（元）

（3）预付账款项目 = 40 000 + 140 000 = 180 000（元）

（4）存货 = 300 000 + 60 000 + 281 000 + 205 000 = 846 000（元）

（5）应付账款项目 = 280 000 + 60 000 = 340 000（元）

（6）预收账款项目 = 150 000 + 150 000 = 300 000（元）

（7）长期借款项目 = 300 000 − 100 000 = 200 000（元）

根据以上资料编制企业的资产负债表如表 11 − 4 所示：

表 11－4　资产负债表

会企：01

编制单位：企业　　　　20××年 12 月 31 日　　　　单位：元

项目	年初数	年末数	项目	年初数	年末数
流动资产：			流动负债：		
货币资金	150 000	220 000	短期借款	180 000	200 000
应收账款	350 000	390 000	应付账款	330 000	340 000
预付账款	160 000	180 000	预收账款	250 000	300 000
其他应收款	40 000	30 000	其他应付款	150 000	120 000
存货	856 000	846 000	应交税费	140 000	156 000
流动资产小计	1 556 000	1 666 000	一年内到期的长	50 000	100 000
长期资产：	700 000	730 000	期负债		
持有至到期投资	130 000	180 000	流动负债小计	1 100 000	1 216 000
固定资产	400 000	380 000	长期借款：		
无形资产	170 000	170 000	长期借款	200 000	200 000
			负债合计	1 300 000	1 416 000
			所有者权益：		
			实收资本	800 000	800 000
			资本公积	70 000	70 000
			盈余公积	40 000	50 000
			利润分配	46 000	60 000
			所有者权益合计	956 000	980 000
资产合计	2 256 000	2 396 000	负债与权益合计	2 256 000	2 396 000

第三节　利润表的编制

Preparation of Income Statement

一、利润表的概念和作用

> 利润表把企业一定时期的营业收入与其同一会计期间相关的营业成本、费用进行配比，以计算一定时期的净利润。

利润表又称损益表，是反映企业在一定会计期间的经营成果的会计报表。它是财务会计报表中的主要报表之一。

利润表的列报必须充分反映企业经营业绩的主要来源和构成，其有助于使用者判断净利润的质量及其风险，预测净利润的持续性，从而作出正确的决策。利润表可以反映企业一定会计期间收入的实现情况，可以反映一定会计期间的费用耗费情况，可以反映企业生产经营活动的成果，据以判断资本保值、增值等情况。将利润表中的信息与资产负债表中信息相结合还可以提供进行财务分析的基本资料，便于报表使用者判断企业未来的发展趋势，作出经济决策。

二、利润表的列报格式和内容

利润表是以“收入 - 费用 = 利润”这一会计动态平衡公式为基础，分别列示收入、费用、利润三大会计动态要素的各要素项目，反映企业利润总额的形成过程的报表。收入、费用、利润三大会计要素也是利润表要素，构成了利润表的主要结构要素和内容。

利润表正表的格式有：单步式利润表和多步式利润表两种。

1. 单步式利润表

单步式（single form）利润表通常采用上下加减的报告式结构，集中列示收入要素项目、费用要素项目，根据收入总额与费用总额的差额直接列示利润净额。单步式利润表是将当期所有的收入加在一起，然后将所有的费用加总在一起，两者相减求出当期净损益。单步式利润表对营业收入和一切费用支出一视同仁，不分先后。由于单步式利润表所表示的都是未经加工的原始资料，便于财务会计报告的阅读者理解。该表的特点是：表式简单易于理解，避免了项目分类上的困难，但它没有揭示出收入与费用之间的配比关系，不便于报表使用者进行具体分析，也不利于同行业报表间的比较。其格式如表 11 - 5 所示：

表 11 - 5 利润表（单步式）

会企：02

编制单位：　　　　20××年度　　　　单位：元

项目	本月数	本年累计数
一、收入		
营业收入		
投资收益		
营业外收入		
收入合计		
二、费用		
营业成本		
营业税金及附加		
管理费用		
销售费用		
财务费用		
营业外支出		
所得税费用		
费用合计		
三、净利润		

2. 多步式利润表

多步式（multiple - step form）利润表是通过对当期的收入、费用、支出项目按性质加以归类，按利润形成的主要环节列示一些中间性利润指标，分步骤反映出利润额的全部计算过程，并计算当期的净损益。

财务报表列报准则规定，企业应当采用多步式列报利润表，将不同性质的收入和费用类别进行对比，从而可以得出一些中间性的利润数据，便于使用者理解企业经营成果的不同来源。企业可以分以下三个步骤编制利润表：

第一步，以营业收入为基础，减去营业成本、营业税金及附加、销售费用、管理费用、财务费用，计算出营业利润。

第二步，以营业利润为基础，加上营业外收入，减去营业外支出，计算出本期实现的利润总额，即税前会计利润。

第三步，以税前会计利润总额为基础，减去所得税费用，计算出本期净利润（或净亏损）。

多步式利润表便于对企业生产经营情况进行分析，有利于不同企业之间进行比较，更重要的是有利于预测企业未来的盈利能力。其格式如表 11 -6 所示。

三、利润表的编列方法和说明①

利润表中的“本月金额”栏，反映各项目的本月实际发生数。在编报中期报表时，填列上年同期累计实际发生数；在编报年度报表时，填列上年全年累计实际发生数，并将“本月金额”栏改成“上年金额”栏。如果上年度利润表的项目名称和内容与本年度利润表不一致，应对上年度报表项目的名称和数字按本年度的规定进行调整，并按调整后的数字填入报表的“上年金额”栏。报表中的“本年累计数金额”栏，反映各项目自年初起至报告期末止的累计实际金额数。由于利润表是一个动态报表，其构成要素是收入、费用和利润，根据这些要素设置的账户为虚账户，一般没有期末余额，只有本期发生额，所以利润表“本期金额”栏内各项目一般应根据损益类科目的发生额分析、填列。

利润表各项目具体的填列说明：

（1）“营业收入”项目，反映企业经营主要业务和其他业务所取得的收入总额。本项目应根据“主营业务收入”科目和“其他业务收入”科目的本期实际发生额分析、填列。

（2）“营业成本”项目，反映企业经营主要业务和其他业务发生的实际成本总额。本项目应根据“主营业务成本”科目和“其他业务成本”科目的本期实际发生额分析、填列。

（3）“营业税金及附加”项目，反映企业经营业务应负担的营业税、消费税、城市维护建设税、资源税和教育费附加等。本项目应根据“营业税金及附加”科目的本期实际发生额分析、填列。

（4）“销售费用”项目，反映企业在销售商品过程中发生的包装费、广告费、

---

① 利润分配是反映企业在一定会计期间所实现净利润的分配情况或弥补亏损情况以及期末未分配利润的结余情况。新准则推出前是利润表的附表之一，新准则推出后将其列入“股东权益变动表”中，该部分内容将在《中级财务会计》中介绍。

销售机构的职工薪酬等。本项目应根据“销售费用”科目本期实际发生额分析、填列。

(5)“管理费用”项目，反映企业发生的管理费用。本项目应根据“管理费用”科目本期实际发生额分析、填列。

(6)“财务费用”项目，反映企业筹集生产经营所需资金等而发生的筹资费用。本项目应根据“财务费用”科目的本期实际发生额分析、填列。

(7)“营业外收入”项目和“营业外支出”项目，反映企业发生的与其生产经营无直接关系的各项收入和支出。本项目应根据“营业外收入”和“营业外支出”科目本期实际发生额分析、填列。

(8)“利润总额”项目，反映企业实现的利润总额。如为亏损，以“-”号填列。

(9)“所得税费用”项目，反映企业按规定从当期利润总额中扣除的所得税费用。本项目应根据“所得税费用”科目的本期实际发生额分析、填列。

(10)“净利润”项目，反映企业实现的净利润。如为亏损，本项目以“-”号填列。

【例】企业有关损益类科目的本期发生额为：“主营业务收入”贷方发生额合计3 800 000元，“营业外收入”贷方发生额合计80 000元，“主营业务成本”借方本期发生额合计2 900 000元，“营业税金及附加”借方本期发生额合计50 000元，“管理费用”借方本期发生额合计120 000元，“销售费用”借方本期发生额合计150 000元，“财务费用”借方本期发生额合计100 000元，“营业外支出”借方本期发生额合计60 000元。所得税税率为25%。假设不存在税法调整项目。根据资料编制企业20××年度的利润表如表11-6所示：

表11-6 利润表（多步式）

会企：02

编制单位：××企业　　2017年度　　单位：元

项目	本月金额	本年累计金额
一、主营业务收入		3 800 000
减：主营业务成本		2 900 000
营业税金及附加		50 000
管理费用		120 000
销售费用		150 000
财务费用		100 000
二、营业利润		480 000
加：营业外收入		80 000
减：营业外支出		60 000
三、利润总额		500 000
减：所得税费用		125 000
四、净利润		375 000

第四节 现金流量表的编制[1]

Preparation of Cash – flow Statement

一、现金流量表的概念及作用

在现实经济生活中，经常会出现这类情形：一家企业营业兴旺，订单猛增，获利颇丰，却陷入财务困境，甚至不得不中止营业。有些企业在某一年度出现了巨额亏损，却有能力购建大量的固定资产，进行扩大规模投资。前者获利颇丰，却陷入财务困境，原因何在？后者出现巨额亏损，却有大量资金进行投资，其资金从何而来？像这样的问题，投资者、债权人在企业资产负债表和利润表提供的信息中难以找到答案。为帮助报表使用者有效了解企业现金流量的来龙去脉，现金流量表作为企业对外编制的第三张主要报表应运而生。

> 在市场经济条件下，企业的现金流转情况在很大程度上影响着企业的生存和发展。

现金流量表是反映企业在一定会计期间内现金和现金等价物流入、流出的报表。编制现金流量表的主要目的，是为财务报表使用者提供企业在一定会计期间内现金和现金等价物流入、流出的信息，以便于财务报表使用者了解和评价企业获取现金和现金等价物的能力，并据以预测企业未来现金流量。现金流量表的作用主要体现在以下几个方面：

（1）有助于评价企业支付能力、偿债能力和资金周转能力。

（2）有助于预测企业未来现金流量。

（3）有助于分析企业收益质量及影响现金净流量的因素，掌握企业经营活动、投资活动和筹资活动的现金流量；从现金流量的角度了解净利润的质量，可以为分析和判断企业的财务前景提供信息。

二、现金流量表的编制基础

现金流量表以现金及现金等价物为基础编制，划分为经营活动、投资活动和筹资活动，按照收付实现制，将权责发生制下的盈利信息调整为收付实现制下的现金流量信息。

1. 现金（cash）

现金流量表是以现金为基础编制的。这里的现金是广义的现金，指企业库存现金、可以随时用于支付的存款以及现金等价物。具体包括：

（1）库存现金（cash on hand）。库存现金是指企业持有可随时用于支付的现

---

① 现金流量表的编制比较复杂，其具体填列方法将在《中级财务会计》中详细介绍。其他财务会计报告和财务会计报告附注等也将在《中级财务会计》中介绍。

金，即与会计核算中“现金”科目所包括的内容一致。

（2）银行存款（cash in bank）。银行存款是指企业存在银行或其他金融机构、随时可以用于支付的存款，与会计核算中“银行存款”科目所包括的内容不完全一致，区别在于：如果存在银行或其他金融机构的款项中不是能随时用于支付的存款，例如不能随时支取的定期存款，不作为现金流量表中的现金；但提前通知银行或其他金融机构就可支取的定期存款，则包括在现金流量表中的现金概念中。

（3）其他货币资金（other cash）。其他货币资金是指企业存在银行的有特定用途的资金，或在途中尚未收到的资金，如外埠存款、银行汇票存款、银行本票存款、信用证保证资金、信用卡、在途货币资金等。

（4）现金等价物（cash equivalents）。现金等价物是指企业持有的期限短、流动性强、易于转换为已知金额的现金、价值变动风险很小的债券投资。现金等价物的主要特点是流动性强，作为现金等价物的主要标志是购入日至到期日在3个月或3个月内转换为已知现金的投资。

2. 现金流量（cash flows）的概念

现金流量是某一期间内企业现金流入和流出的数量。影响现金流量的因素有经营活动、投资活动和筹资活动。

三、现金流量的分类及报表列示

编制现金流量表是为财务会计报告使用者提供企业在一定会计期间有关现金的流入和流出的信息。企业在一定时期内现金流入和流出是由多种因素产生的，如工业企业为生产产品需要用现金支付购入原材料的价款，支付职工工资、购买固定资产也需要支付现金。根据企业经营业务发生的性质和现金流量的来源，现金流量准则将企业一定期间内产生的现金流量分为三类：经营活动现金流量、投资活动现金流量、筹资活动现金流量。

1. 经营活动（operating activities）

经营活动是指企业投资活动和筹资活动以外的所有交易和事项。工商企业经营活动引起的现金流量包括：销售商品、提供劳务收到的现金；购买商品、接收劳务支付的现金；支付职工薪酬所支付的现金；支付税费；其他经营活动所支付的现金等。

2. 投资活动（investing activities）

投资活动是指企业长期资产以及不包括在现金等价物范围内投资的购建和处置活动。投资活动引起的现金流量包括：收回投资所收到的现金；处置固定资产、无形资产所收到的现金；分回股利和利息所收到的现金；对外投资所支付的现金；购建固定资产、无形资产所支付的现金等。

3. 筹资活动（financing activities）

筹资活动是指导致企业资本及债务规模和构成发生变化的活动。筹资活动引起的现金流量包括：吸收投资收到的现金；取得借款收到的现金；偿还债务所支付的现金；分配股利、支付利息所付的现金等。

现金流量表的基本格式如表11－7所示：

表 11－7　现金流量表

会企：03 表

编制单位：××企业　　20××年度　　单位：元

项目	金额
一、经营活动产生的现金流量：	
销售商品、提供劳务收到的现金	
收到的税费返还	
收到的其他与经营活动有关的现金	
经营活动现金流入小计	
购买商品、接收劳务支付的现金	
支付给职工工资以及为职工支付的现金	
支付的各种税费	
支付的其他与经营活动有关的现金	
经营活动现金流出小计	
经营活动产生的现金流量净额	
二、投资活动产生的现金流量：	
收回投资收到的现金	
取得投资收益所收到的现金	
处置固定资产、无形资产收回的现金净额	
收到的其他与投资活动有关的现金	
投资活动现金流入小计	
购建固定资产、无形资产所支付的现金	
投资所支付的现金	
支付的其他与投资活动有关的现金	
投资活动现金流出小计	
投资活动产生的现金流量净额	
三、筹资活动产生的现金流量：	
吸收投资所收到的现金	
取得借款所收到的现金	
收到的其他与筹资活动有关的现金	
筹资活动现金流入小计	
偿还债务所支付的现金	
分配股利、利润或偿还利息所付的现金	
支付的其他与筹资活动有关的现金	
筹资活动现金流出小计	
筹资活动产生的现金流量净额	
四、汇率变动对现金及现金等价物的影响	
五、现金及现金等价物净增加额	

补充资料	金额
1. 将净利润调节为经营活动现金流量：	
净利润	
加：资产减值准备	
固定资产折旧	
无形资产摊销	
长期待摊费用的摊销	
处置固定资产、无形资产损失（收益以“-”号填列）	
财务费用	
投资损失（收益以“-”号填列）	
递延税款资产减少（增加以“-”号填列）	
存货的减少（增加以“-”号填列）	
经营性应收项目的减少（增加以“-”号填列）	
经营性应付项目的增加（减少以“-”号填列）	
其他	
经营活动产生现金流量净额	
2. 不涉及现金收支的投资和筹资活动：	
债务转为股本	
一年内到期的可转换公司债券	
融资租入固定资产	
3. 现金及现金等价物净增加情况	
现金的期末余额	
减：现金的期初余额	
加：现金等价物期末余额	
减：现金等价物期初余额	
现金及现金等价物净增加额	

What is a Financial Statement?

We use the term financial statement to mean one of the general – purpose, external financial statements such as the balance sheet, income statement, statement of cash flows, and the statement of stockholders' equity. These financial statements for a Chinese company must be prepared in accordance with China Accounting Standards for Business Enterprises, and a U. S. company must be prepared in accordance with U. S. Generally Accepted Accounting Principles (U. S. GAAP).

It's important to point out that the purpose of financial accounting is not to report the value of a company. Rather, its purpose is to provide enough information for others to assess the value of a company for themselves.

Companies issue financial statements on a routine schedule. The financial statements are considered external because they are given to people outside of the company, with the primary recipients being stockholders (or owners), as well as certain lenders. If a corporation's stock is publicly traded, however, its financial reportings including financial statements tend to be widely circulated, and information will likely reach secondary recipients such as customers, employees, investment analysts, labor organizations, and company's competitors.

If financial accounting is going to be useful, a company's reports need to be credible, easy to understand, and comparable to those of other companies. To this end, financial accounting follows a set of common rules known as accounting standards.

Major Financial Statements:

Financial accounting generates the following general – purpose, external, financial statements:

① Income statement (sometimes referred to as "profit statement" or "profit and loss [P&L] statement" or "earnings statement").

② Balance sheet (sometimes referred to as "statement of financial position").

③ Statement of cash flows (sometimes referred to as "cash flow statement").

④ Change statement of stockholders' equity.

The balance sheet reports information as of a date (a point in time). The income statement, statement of cash flows, and the change statement of stockholders' equity report information for a period of time (or time interval) such as a year, quarter, or month.

Balance Sheet:

The balance sheet is a financial statement which shows the financial position of a business entity by summarizing the assets, liabilities, and owners' equity at a specific date. It is organized into three parts: (1) assets, (2) liabilities, and (3) stockholders' (or owner's) equity at a specified date (typically, this date is the last day of an accounting period). The balance sheet reports the amount of a company's assets, liabilities, and stockholders' equity at a specific point in time. Because the balance sheet reflects a specific point in time rather than a period of time.

The first section of the balance sheet reports the company's assets and includes such things as cash on hand, cash in bank, notes receivable, accounts receivable, payment in advance, inventory, prepaid insurance, fixed assets (such as buildings and equipment), land.

The second section reports the company's liabilities such as short – time borrowing, receipt in advance, long – time loan. These are obligations that are due at the date of the balance sheet and often include the word "payable" in their title (notes payable, accounts payable, staff salary payable, interest payable, dividends payable, tax & expenses payable, long – time payable).

The final section is stockholders' equity such as paid up capital, capital surplus, capital reserve, unallocated profits, defined as the difference between the amount of assets and the amount of liabilities.

The balance sheet is a snapshot of the firm's assets and liabilities at a given point in time. For example, if a balance sheet is dated December 31, the amounts shown on the balance sheet are the balances in the accounts after all transactions pertaining to December 31 have been recorded.

Income Statement:

The income statement is a financial statement that summarizes the results of a company's operation by matching revenue and related expenses for a particular accounting period. It reports a company's profitability during a specified period of time. The period of time could be one year, one month, three months, or any other time interval chosen by the company. The main components of the income statement are revenues, expenses, gains, and losses. Revenues include such things as sales, service revenues, and interest revenue. Expenses include the cost of goods sold, operating expenses (such as salaries, rent, utilities, advertising), and nonoperating expenses (such as interest expense). If a corporation's stock is publicly traded, the earnings per share of its common stock are reported on the income statement. The income statement is more like a video of the firm's operations for a specified period of time.

Statement of Cash Flows:

The statement of cash flows explains the change in a company's cash (and cash equivalents) during the time interval indicated in the heading of the statement. The change is divided into three parts: (1) operating activities, (2) investing activities, and (3) financing activities.

The operating activities section explains how a company's cash (and cash equivalents) have changed due to operations. Investing activities refer to amounts spent or received in transactions involving long – term assets. The financing activities section reports such things as cash received through the issuance of long – term debt, the issuance of stock, or money spent to retire long – term liabilities.

Change Statement of Stockholders' Equity:

The statement of stockholders' (or shareholders') equity lists the changes in stockholders' equity for the same period as the income statement and the cash flow statement. The changes will include items such as net income, other comprehensive income, dividends, the repurchase of common stock, and the exercise of stock options.

Peter's Design Service

Balance Sheet

September 30th, 2017

Assets		Liabilities	
Cash	60 000	Notes Payable	200 000
Notes Receivable	50 000	Accounts Payable	65 000
Accounts Receivable	150 000	Wages Payable	15 000
Supplies	32 000	Unearned Revenues	20 000
Prepaid Insurance	18 000	Total Liabilities	300 000
Buildings	1 000 000	**Owner's Equity**	
Equipment	400 000	P. Lynch, Capital	2 010 000
Land	600 000		
Total Assets	$2 310 000	**Total Liabilities & Owner's Equity**	$2 310 000

Peter's Design Service

Income Statement

For the Nine Months Ending September 30th, 2017

Revenues and Gains	
Revenues	2 000 000
Gain on Sale of Land	1 000 000
Total Revenues and Gains	3 000 000
Expenses and Losses	
Expenses	1 600 000
Loss on Sale of Computer	70 000
Total Expenses and Losses	1 670 000
Net Income	$1 330 000

小结、练习与思考
Summarization, Exercises and Review

一、小结（Summarization）

财务报表是对企业财务状况、经营成果和现金流量的结构性表述。财务报表至少应当包括以下组成部分：①资产负债表；②利润表；③现金流量表；④所有者权益（或股东权益，下同）变动表；⑤附注。

编制会计报表是会计核算的专门方法之一，也是会计核算过程的最终环节。

资产负债表是总括反映企业在某一特定日期财务状况的会计报表，是静态会计报表，是企业对外报送的主要会计报表之一。其编制的理论依据是“资产 = 负债 + 所有者权益”。资产负债表格式采用的是账户式结构。

利润表是反映企业在一定会计期间经营成果的会计报表，是动态会计报表，也是企业对外报送的主要会计报表之一。其编制的理论依据“收入 - 费用 = 利润”。

利润表格式采用的是多步式结构。

现金流量表是反映企业在一定会计期间现金和现金等价物流入、流出的报表。

二、练习与思考（Exercises and Review）

（一）单选题

1. 按照财务会计报表反映的内容，会计报表可分为（　　）。

A. 静态报表和动态报表　　B. 对内报表和对外报表

C. 中期报表和年度报表　　D. 单位报表和汇总报表

2. 资产负债表中资产的排列顺序是（　　）。

A. 项目收益性　　B. 项目重要性

C. 项目流动性　　D. 项目时间性

3. 我国利润表采用（　　）格式。

A. 账户式　　B. 报告式　　C. 单步式　　D. 多步式

（二）多选题

1. 资产负债表中的“货币资金”项目，应根据（　　）科目期末余额合计数填列。

A. 应收股利　　B. 库存现金

C. 银行存款　　D. 其他货币资金

E. 交易性金融资产

2. 下列各项中不能用总账余额直接填列的项目有（　　）。

A. 货币资金　　B. 固定资产　　C. 应付票据　　D. 应收账款

E. 预付账款

3. 能计入利润表中“营业利润”的项目有（　　）。

A. 主营业务收入　　B. 管理费用

C. 营业外收入　　D. 所得税费用

E. 其他业务收入

（三）判断题

1. 财务报表是对企业财务状况、经营成果和现金流量的结构性表述。(　　)

2. 企业应当以持续经营为基础，根据实际发生的交易和事项，按照企业会计准则的规定进行确认和计量，在此基础上编制财务报表。企业可以附注披露代替确认和计量。(　　)

3. 现金流量表是以现金为基础编制的。这里的现金是广义的现金，指企业库存现金、银行存款以及现金等价物。(　　)

（四）思考题

1. 财务报表编制的基本要求是什么?

2. 什么是资产负债表？其编制的依据是什么？有何作用?

3. 什么是利润表？其编制的依据是什么？有何作用?

（五）实训题

练习题一：

A 公司 20××年 12 月 31 日有关账户余额资料，如下所示：

总账科目	明细科目	余额	总账科目	明细科目	余额
应收账款		70 000（借）	库存商品		46 000（借）
	甲	50 000（借）	委托加工物资		6 000（借）
	乙	35 000（借）	固定资产		1 200 000（借）
	丙	15 000（贷）	累计折旧		80 000（贷）
坏账准备		1 200（贷）	应付账款		54 000（贷）
预付账款		44 000（借）		D	60 000（贷）
	A	30 000（借）		E	6 000（借）
	B	20 000（借）	预收账款		73 000（贷）
	C	6 000（贷）		丁	80 000（贷）
原材料		34 000（借）		戊	7 000（借）
包装物		8 000（借）	应交税费		1 700（借）

要求：根据上述资料计算该企业资产负债表中以下项目的余额。

（1）应收账款。

（2）预付账款。

（3）应付账款。

（4）预收账款。

（5）存货。

（6）固定资产。

练习题二：

A 公司 20××年 12 月 31 日有关损益类账户的发生额资料，如下所示：

账户名称	累计借方发生额	累计贷方发生额
主营业务收入		120 000
其他业务收入		23 000
营业外收入		5 000
主营业务成本	64 000	
其他业务成本	13 200	
营业外支出	3 400	
营业税金及附加	2 000	
销售费用	3 500	
管理费用	3 800	
财务费用	700	
所得税费用	18 942	

要求：根据上述资料编制 A 公司 20××年 12 月的利润表。

第十二章　会计核算组织程序
Chapter 12　Bookkeeping Procedures

学习目的（Learning Objectives）

通过本章的学习，掌握各种基本的会计核算组织程序，并熟悉各种会计核算组织程序适用的企业。读完本章后，要求能够回答下列问题：

（1）什么是会计核算组织程序？

（2）记账凭证组织程序有什么特点？

（3）科目汇总表组织程序有什么特点？适用范围如何？

（4）汇总记账凭证组织程序有什么特点？适用范围如何？

第一节　会计核算组织程序概述
Summarization of Bookkeeping Procedures

企业经营活动较多，涉及的会计凭证也很多。会计人员想要高效地将这些会计凭证登记到有关的账簿，并据以编制会计报表，就要根据企业的经济业务量选择适当的会计核算组织程序。

一、会计核算组织程序的概念和意义

> 正确处理凭证、账簿和报表之间的相互联系和登记程序，是科学和合理地组织会计核算工作必须解决的一个重要问题，也是会计制度设计的一个重要方面。

会计核算组织程序（bookkeeping procedures）是指从审核、整理原始凭证开始，到填制记账凭证，登记日记账、明细分类账和总分账，以及编制会计报表全部过程的组织过程。会计核算组织程序是账簿组织、记账程序和记账方法三者有机结合的方式。不同的核算组织程序具有不同的特点、优缺点和适用范围。因此，科学、合理地选择一种适用于本企业的核算组织程序，对于保证会计信息质量、有效地组织和管理会计工作、

提高会计核算工作的效率和满足会计报表使用者的信息需求，具有重要的意义：

（1）有利于会计工作程序的规范化，保证会计信息的质量。

（2）有利于保证会计信息的可靠性，提高会计信息的有用性。

（3）有利于减少不必要的会计核算环节，提高会计工作效率。

（4）有利于会计电算化的运用。

二、会计核算组织程序的种类

根据我国会计工作长期实践的经验，目前在我国会计实务中企业采用的核算组织程序主要有以下五种：

1. 记账凭证核算组织程序（bookkeeping procedure using vouchers）

2. 汇总记账凭证核算组织程序（bookkeeping procedure using summary vouchers）

3. 科目汇总表核算组织程序（bookkeeping procedure using summary chart of accounts 或 bookkeeping procedure using categorized account summary）

4. 日记总账核算组织程序（bookkeeping procedure using summarized journal）

5. 多栏式日记账核算组织程序（bookkeeping procedure using columnar journal）

以上五种核算组织程序既有许多相同点，又有一些不同点。各种核算组织程序的特点主要表现在登记总账的依据和方法的不同。在具备会计电算化的条件下，由于可以直接根据会计凭证将数据输入计算机，而且一次输入的数据可以同时存储在各个磁盘中；编制会计报表时，也可以直接从各种磁盘中调用，因此会计核算组织程序将得到极大的简化。

第二节 记账凭证核算组织程序

Bookkeeping Procedure Using Vouchers

一、记账凭证核算组织程序的特点

记账凭证核算组织程序的主要特点是根据每张记账凭证（posting document 或 bookkeeping voucher）逐笔登记总分类账。在记账凭证核算组织程序下，记账凭证一般采用收款凭证、付款凭证和转账凭证三种格式，也可采用通用记账凭证格式。总账、日记账一般采用借、贷、余三栏式。对于各种明细分类账的格式，应该根据企业的管理需要，分别采用三栏式（three-column accounts）、数量金额式（quantity and amount accounts）或多栏式（columnar accounts）等。

> 记账凭证核算组织程序是会计核算中最基本的一种核算组织程序，其他各种核算组织程序基本上是在此基础上根据会计单位经营特点和管理要求而发展起来的。

二、记账凭证核算组织程序的主要工作步骤

（1）根据审核无误的原始凭证和原始凭证汇总表填制记账凭证。

（2）根据收款凭证和付款凭证登记现金日记账和银行存款日记账。

（3）根据原始凭证、原始凭证汇总表和记账凭证登记各种明细分类账。

（4）直接根据每张记账凭证逐笔登记总分类账。

（5）月末，将现金日记账、银行存款日记账和各种明细账余额分别与总分类账余额核对。

（6）根据核对无误的总分类账和明细分类账的有关资料编制会计报表。

记账凭证核算组织程序如图 12－1 所示：

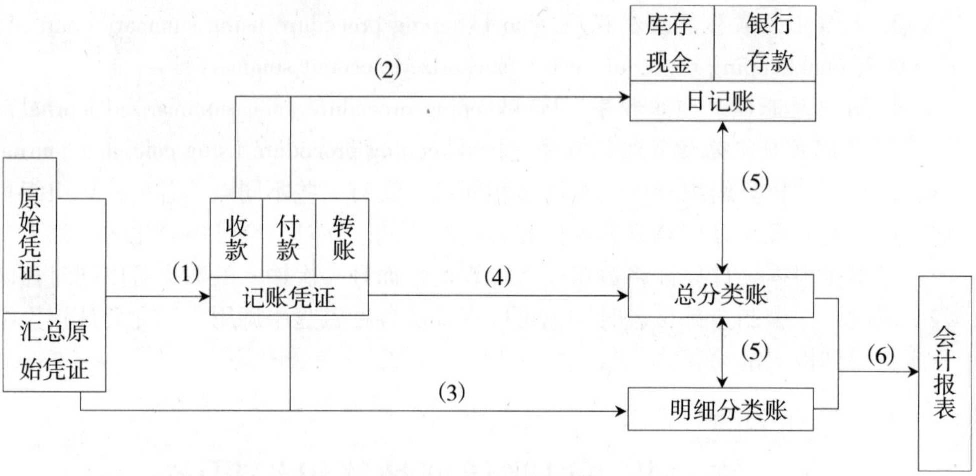

图 12－1 记账凭证核算组织程序

为了减少登记总分类账簿的工作量，简化核算手续，可将原始凭证先汇编成原始凭证汇总表，再根据原始凭证汇总表填制记账凭证。这样，可以大大减少记账凭证的数量，并由此减少登记总分类账和明细分类账的工作量。

三、记账凭证核算组织程序的优缺点和适用范围

记账凭证核算组织程序的优点是核算手续简单明了，便于理解。缺点是由于总账是直接根据记账凭证逐笔登记的，所以登记总账的工作量较大。

记账凭证核算组织程序主要适用于规模较小、经济业务比较简单、记账凭证数量较少的企业。

第三节　汇总记账凭证核算组织程序

Bookkeeping Procedure Using Summary Vouchers

一、汇总记账凭证核算组织程序的特点

汇总记账凭证核算组织程序的主要特点是：先定期（5 日、10 日或 15 日）将全部记账凭证按收款凭证（receipt voucher）、付款凭证（payment voucher）和转账凭证（transfer voucher）分别汇总编制成各种汇总记账凭证（包括汇总收款凭证、汇总付款凭证和汇总转账凭证），然后根据汇总记账凭证登记总分类账。

> 汇总记账凭证是指根据一定时期内所有的记账凭证，按收款凭证、付款凭证和转账凭证加以分类汇总而成的记账凭证。因此，汇总记账凭证也称为分类汇总记账凭证。

在汇总记账凭证核算组织程序下，不仅需要设置收款凭证、付款凭证和转账凭证，还需要设置汇总记账凭证作为登记总账的依据。

二、汇总记账凭证的编制方法

（一）汇总收款凭证的编制方法

> 汇总记账凭证是指将收款凭证、付款凭证和转账凭证分类加以汇总而成的记账凭证。

汇总收款凭证是指按“库存现金”和“银行存款”科目的借方分别设置的，按其对应的贷方科目归集的一种汇总记账凭证。它汇总了一定时期内所有库存现金和银行存款的收款业务。其格式如表 12 - 1 所示：

表 12 - 1　汇总收款凭证

借方科目：库存现金（银行存款）　　　年　月　日　　　　　　　第　　号

<table>
<tr><th rowspan="2">贷方科目</th><th colspan="4">金　额</th><th colspan="2">总账页数</th></tr>
<tr><th>自　日至　日
凭证自　号至　号
共　张</th><th>自　日至　日
凭证自　号至　号
共　张</th><th>自　日至　日
凭证自　号至　号
共　张</th><th>合计</th><th>借方</th><th>贷方</th></tr>
<tr><td></td><td></td><td></td><td></td><td></td><td></td><td></td></tr>
<tr><td>合计</td><td></td><td></td><td></td><td></td><td></td><td></td></tr>
</table>

汇总收款凭证的编制方法是：

根据一定期间内所有库存现金或银行存款的收款凭证，按其对应的贷方科目进行归类，定期（5日、10日或15日）计算出每一个贷方科目发生额合计数，并据此填入汇总收款凭证中。月终，再在汇总收款凭证中计算出每个贷方科目的合计数，并据以登记总分类账。

（二）汇总付款凭证的编制方法

汇总付款凭证是指按“库存现金”和“银行存款”科目的贷方分别设置的，按其对应的借方科目归集的一种汇总记账凭证。它汇总了一定时期内所有库存现金和银行存款的付款业务。其格式如表12－2所示：

表12－2 汇总付款凭证

贷方科目：库存现金（银行存款） 年 月 日 第 号

借方科目	金额				总账页数	
	自 日至 日 凭证自 号至 号 共 张	自 日至 日 凭证自 号至 号 共 张	自 日至 日 凭证自 号至 号 共 张	合计	借方	贷方
合计						

汇总付款凭证的编制方法是：

根据一定期间内所有库存现金或银行存款的付款凭证，按其对应的借方科目进行归类，定期（5日、10日或15日）计算出每一个借方科目发生额合计数，并据此填入汇总付款凭证中。月终，再在汇总付款凭证中计算出每个借方科目的合计数，并据以登记总分类账。

（三）汇总转账凭证的编制方法

汇总转账凭证是指按每一贷方科目分别设置的并按其对应的借方科目归集的用来汇总一定时期内转账业务的一种汇总记账凭证。它汇总了一定时期内所有转账业务。其格式如表12－3所示：

表12－3 汇总转账凭证

贷方科目： 年 月 日 第 号

借方科目	金额				总账页数	
	自 日至 日 凭证自 号至 号 共 张	自 日至 日 凭证自 号至 号 共 张	自 日至 日 凭证自 号至 号 共 张	合计	借方	贷方
合计						

汇总转账凭证的编制方法是：

根据一定期间内所有的转账凭证，按其对应的借方科目进行归类，定期（5日、10日或15日）计算出每一个借方科目发生额合计数，并据此填入汇总转账凭证中。月终，再在汇总转账凭证中计算出每个借方科目的合计数，并据以登记总分类账。

由于汇总转账凭证中的科目对应关系是一个贷方科目与一个或几个借方科目相对应，因此为了便于编制汇总转账凭证，要求平时填制的转账凭证其科目对应关系应该是一贷一借或一贷多借，不要一借多贷，也不能多借多贷。

三、汇总记账凭证核算组织程序的主要工作步骤

（1）根据原始凭证或原始凭证汇总表填制收款凭证、付款凭证和转账凭证。

（2）根据收款凭证和付款凭证登记现金日记账和银行存款日记账。

（3）根据原始凭证、原始凭证汇总表和记账凭证登记各种明细分类账。

（4）根据收款凭证、付款凭证和转账凭证，定期编制“汇总收款凭证”、“汇总付款凭证”和“汇总转账凭证”。

（5）根据定期编制的汇总收款凭证、汇总付款凭证和汇总转账凭证，登记总分类账。

（6）月末，将库存现金日记账、银行存款日记账和明细分类账余额分别与有关总分类账余额核对。

（7）根据总分类账和各种明细分类账资料编制会计报表。

汇总记账凭证核算组织程序如图12－2所示。

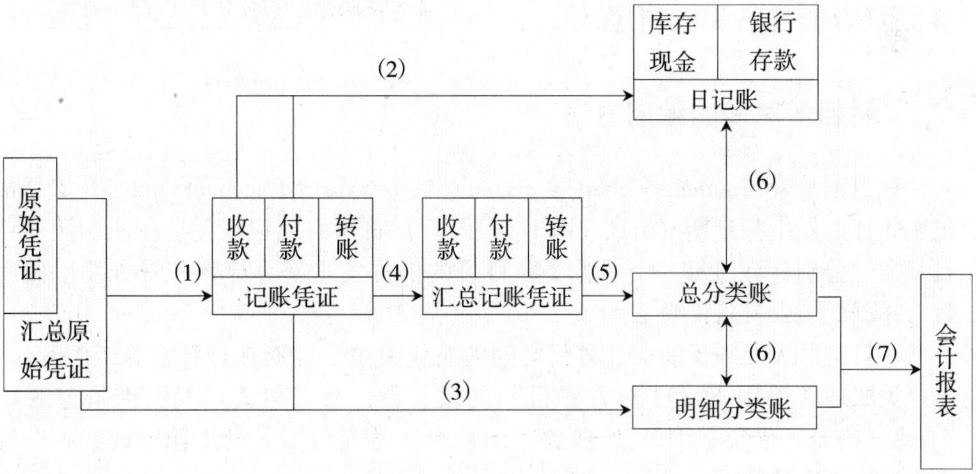

图12－2　汇总记账凭证核算组织程序

四、汇总记账凭证核算组织程序的优缺点和适用范围

汇总记账凭证核算组织程序的优点有：由于总分类账是在月末根据汇总记账凭证登记入账的，因此减少了登记总分类账的工作量，且记账数字不易发生错误；又由于汇总记账凭证的编制反映了科目对应关系，因此通过有关科目之间的对应关系可以了解经济业务的全貌和资金运动的来龙去脉，便于查对账目。

汇总记账凭证核算组织程序的缺点有：由于汇总记账凭证是按每一个贷方科目分类汇总的，因此不利于对日常核算工作的合理分工；对于业务比较简单、记账凭证不多的企业，反而增加了核算工作量。

汇总记账凭证核算组织程序主要适用于规模较大、记账凭证较多的企业。

第四节　科目汇总表核算组织程序

Bookkeeping Procedure Using Summary Chart of Accounts

一、科目汇总表核算组织程序的特点

科目汇总表是指根据一定时期内所有的记账凭证，分类计算每一个总账科目的本期借方发生额合计数和贷方发生额合计数，并据此编制的汇总表。因此，科目汇总表也称为全部记账凭证汇总表。

> 科目汇总表核算组织程序的特点是：先定期（5 日、10 日或 15 日）根据所有的记账凭证编制科目汇总表，再根据科目汇总表登记总分类账。

二、科目汇总表的编制方法

科目汇总表（summary chart of accounts 或 categorized account summary）是依据记账凭证的发生额定期（5 日、10 日或 15 日）将所有的记账凭证按照相同会计科目归类，分别计算出每一个总分类账科目的借方发生额合计数和贷方发生额合计数，并据此填入科目汇总表。

科目汇总表无须反映会计科目之间的对应关系，因而在这种核算组织程序下，总分类账通常采用不设“对方科目”的借、贷、余三栏式。根据借贷记账规则“有借必有贷，借贷必相等”，所编制的科目汇总表内借方发生额合计数一定等于贷方发生额合计数。

值得注意的是：

（1）科目汇总表内现金和银行存款的本期借、贷方发生额，也可以根据“库存现金日记账”和“银行存款日记账”的收、支合计数填列。

（2）所有记账凭证的科目对应关系应该是一借一贷，即收款凭证只填列一个贷方科目；付款凭证只填列一个借方科目；转账凭证也应该是一借一贷，同时复写

两联，其中一联作为借方科目的转账凭证，另一联作为贷方科目的转账凭证（或对于转账业务，采用单式记账凭证格式，即按经济业务所涉及的每一个会计科目分别填列借项凭证和贷项凭证）。

科目汇总表有两种不同的主要格式，如表 12－4 和表 12－5 所示。

表 12－4 是每汇总一次就编制一张科目汇总表的格式。

表 12－4　科目汇总表（格式 1）

年　月　日至　日　　　　第　　号

会计科目	记账凭证起讫号码	本期发生额		总账页数
		借方	贷方	
合计				

表 12－5 是每旬汇总一次，但全月只编制一张科目汇总表的格式。

表 12－5　科目汇总表（格式 2）

年　月　　　　第　　号

<table>
<tr><td rowspan="2">会计科目</td><td colspan="2">1—10 日</td><td colspan="2">11—20 日</td><td colspan="2">21—30 日</td><td colspan="2">本月合计</td><td rowspan="2">总账页数</td></tr>
<tr><td>借方</td><td>贷方</td><td>借方</td><td>贷方</td><td>借方</td><td>贷方</td><td>借方</td><td>贷方</td></tr>
<tr><td></td><td></td><td></td><td></td><td></td><td></td><td></td><td></td><td></td><td></td></tr>
<tr><td>合计</td><td></td><td></td><td></td><td></td><td></td><td></td><td></td><td></td><td></td></tr>
<tr><td>记账凭证
起讫号数</td><td colspan="3">现收第　号至第　号
现付第　号至第　号</td><td colspan="2">银收第　号至第　号
银付第　号至第　号</td><td colspan="3">转账第　号至第　号</td><td>共　　张</td></tr>
</table>

三、科目汇总表核算组织程序的主要工作步骤

（1）根据原始凭证或原始凭证汇总表填制收款凭证、付款凭证和转账凭证等记账凭证。

（2）根据收款凭证和付款凭证登记现金日记账和银行存款日记账。

（3）根据原始凭证、原始凭证汇总表和记账凭证登记各种明细分类账。

（4）根据一定时期内所有的记账凭证，汇总编制“科目汇总表”。

（5）根据“科目汇总表”登记总分类账。

（6）月末，将现金日记账、银行存款日记账和明细账余额分别与有关总账余额核对。

（7）根据核对无误的总分类账和明细分类账资料编制会计报表。

科目汇总表核算组织程序如图 12－3 所示：

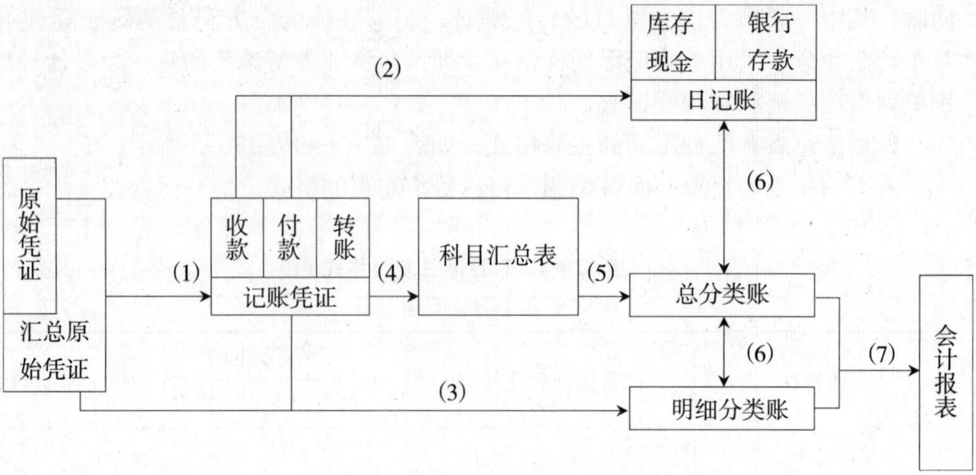

图 12－3 科目汇总表核算组织程序

四、科目汇总表核算组织程序的优缺点和适用范围

科目汇总表核算组织程序的优点是：可以减少登记总分类账的工作量；起到试算平衡表的作用，可以保证总分类账记录的正确性。

科目汇总表核算组织程序的缺点是：由于科目汇总表只汇总总分类账户的本期借、贷方发生额，不反映总分类账户之间的对应关系，不便于分析经济业务的全貌及其资金运动的来龙去脉，不便于查对账目。

该核算组织程序一般适用于规模较大、经济业务量较多的大中型企业。

五、科目汇总表核算程序举例

现以花景公司 20××年 12 月发生的经济业务为例，说明在科目汇总表账务处理程序下，各种记账凭证和科目汇总表的填制方法，现金日记账、银行存款日记账、总分类账的登记方法，资产负债表和利润表的编制方法（明细分类账的登记和日记账、明细账与总账的核对从略）。

（一）根据原始凭证或原始凭证汇总表填制记账凭证

根据花景公司 20××年 12 月发生的经济业务，编制如下收款凭证、付款凭证和转账凭证。为了方便起见，我们用表 12－6 的会计分录来代替各种有关的记账凭证。

表 12－6 会计分录（代记账凭证）

20××年		凭证字号		摘要	借方		贷方	
月	日	字	号		会计科目	金额	会计科目	金额
12	2	转账	1	外购商品，款项未付，商品未入库	在途物资 应交税费	139 000 23 630	应付账款	162 630
	3	转账	2	2 日外购的商品入库	库存商品	139 000	在途物资	139 000
	3	银收	1	销售商品，并收到货款	银行存款	146 250	主营业务收入 应交税费	125 000 21 250
	3	转账	3	结转销售成本	主营业务成本	105 000	库存商品	105 000
	4	银付	1	采购员借差旅费	其他应收款	1 000	银行存款	1 000
	5	银收	2	取得短期借款	银行存款	20 000	短期借款	20 000
	6	银付	2	付广告费	销售费用	1 250	银行存款	1 250
	8	现付	1	支付商品展销费用	销售费用	585	库存现金	585
	9	银付	3	购汽车一辆	固定资产	118 200	银行存款	118 200
	10	转账	4	接受捐赠小汽车一辆	固定资产	99 450	资本公积	99 450
	10	银付	4	外购商品，并支付款项	在途物资 应交税费	91 000 15 470	银行存款	106 470
	11	银付	5	预付货款	预付账款	188 400	银行存款	188 400
	13	转账	5	10 日外购的商品入库	库存商品	91 000	在途物资	91 000
	15	银付	6	支付金融机构手续费	财务费用	500	银行存款	500
	18	转账	6	销售商品，款项未收	应收账款	84 750	主营业务收入 应交税费	72 436 12 314
	18	银收	3	销售商品，并收到货款	银行存款	120 000	主营业务收入 应交税费	102 564 17 436
	18	转账	7	结转销售成本	主营业务成本	120 000	库存商品	120 000
	18	银收	4	收到所有者的投资额	银行存款	50 000	实收资本	50 000
	19	转账	8	外购商品，原已预付货款	在途物资 应交税费	126 450 21 497	预付账款	147 947
	19	转账	9	19 日外购的商品入库	库存商品	126 450	在途物资	126 450
	20	转账	10	采购员报差旅费	管理费用	1 000	其他应收款	1 000
	20	现付	2	以现金补付采购员报差旅费	管理费用	100	库存现金	100

（续上表）

20××年		凭证字号		摘要	借方		贷方	
月	日	字	号		会计科目	金额	会计科目	金额
	25	现付	3	支付退休人员工资	管理费用	500	库存现金	500
	25	银收	5	索赔收入	银行存款	13 500	营业外收入	13 500
	26	银付	7	对福利机构捐赠	营业外支出	5 000	银行存款	5 000
	26	银付	8	上交税金	应交税费	8 000	银行存款	8 000
	28	银付	9	提现	库存现金	15 000	银行存款	15 000
	28	现付	4	发工资	应付职工薪酬	15 000	库存现金	15 000
	29	转账	11	销售商品，货款尚未收到	应收账款	731 250	主营业务收入 应交税费	625 000 106 250
	29	银付	10	代垫上项销售商品运费	应收账款	500	银行存款	500
	29	转账	12	结转销售成本	主营业务成本	505 000	库存商品	505 000
	29	银收	6	预收货款	银行存款	49 000	预收账款	49 000
	30	银付	11	以存款偿还原赊购款	应付账款	162 630	银行存款	162 630
	30	银付	12	归还短期借款	短期借款	60 000	银行存款	60 000
	30	转账	13	提取公积金	利润分配	5 000	盈余公积	5 000
	30	转账	14	分配利润	利润分配	30 000	应付股利	30 000
	30	银付	13	支付已分配的利润	应付股利	30 000	银行存款	30 000
	30	转账	15	分配本月的工资费用	销售费用 管理费用	11 000 4 000	应付职工薪酬	15 000
	30	转账	16	销售商品，以预收货款抵付	预收账款	40 950	主营业务收入 应交税费	35 000 5 950
	30	银付	14	归还多收货款	预收账款	8 050	银行存款	8 050
	30	转账	17	结转销售成本	主营业务成本	28 000	库存商品	28 000
	31	银收	7	收到本季存款利息2 000元，已存入银行	银行存款	2 000	财务费用	2 000
	31	银收	8	收回原赊销款	银行存款	731 750	应收账款	731 750
	31	转账	18	应计城市建设税和教育费附加	营业税金及附加	1 500	应交税费	1 500

（续上表）

20××年		凭证字号		摘要	借方		贷方	
月	日	字	号		会计科目	金额	会计科目	金额
	31	转账	19	结转待处理财产损失：500元由个人赔偿；1 500元属一般经营损失	其他应收款 管理费用	500 1 500	待处理财产损失	2 000
	31	银付	15	支付本季度的借款利息	财务费用	5 000	银行存款	5 000
	31	现付	5	以现金支付设备修理费	管理费用	3 000	库存现金	3 000
	31	现付	6	以现金支付财产保险费	管理费用	1 500	库存现金	1 500
	31	转账	20	计提折旧	管理费用	8 500	累计折旧	8 500
	31	转账	21	计提应交所得税	所得税费用	43 141	应交税费	43 141
	31	转账	22	将各项收益转入“本年利润”账户	主营业务收入 营业外收入	960 000 13 500	本年利润	973 500
	31	转账	23	将各项成本、费用转入“本年利润”账户	本年利润	844 076	主营业务成本 销售费用 营业税金及附加 管理费用 财务费用 营业外支出 所得税费用	758 000 12 835 1 500 20 100 3 500 5 000 43 141
	31	转账	24	将本年实现的利润总额结转“未分配利润”账户	本年利润	129 424	利润分配	129 424

注：所得税税率为25%，计算结果取整数

在会计实务中，为了方便编制“科目汇总表”，所有记账凭证的科目对应关系应该是一借一贷，即收款凭证只填列一个贷方科目；付款凭证只填列一个借方科目；转账凭证也应该是一借一贷，同时复写两联，其中一联作为借方科目的转账凭证，另一联作为贷方科目的转账凭证。但值得注意的是，为了简化，例题中记账凭证（会计分录）均为复式记账凭证。

（二）登记库存现金日记账和银行存款日记账

库存现金日记账和银行存款日记账如表12－7和表12－8所示：

表 12－7　库存现金日记账

第 1 页

20××年		凭证		摘要	对方科目	收入	支出	结余
月	日	字	号					
11	30			本月结余				8 000
12	8	现付	1	支付商品展销费用	销售费用		585	
	20	现付	2	以现金补付采购员报差旅费	管理费用		100	
	25	现付	3	支付退休人员工资	管理费用		500	
	28	银付	9	提现	银行存款	15 000		
	28	现付	4	发工资	应付职工薪酬		15 000	
	31	现付	5	支付设备修理费	管理费用		3 000	
	31	现付	6	支付财产保险费	管理费用		1 000	
	31	现付	6	支付财产保险费	管理费用		500	
	31			本月发生额和结余		15 000	20 685	2 315

表 12－8　银行存款日记账

第 1 页

20××年		凭证		摘要	对方科目	收入	支出	结余
月	日	字	号					
11	30			本月结余				420 050
12	3	银收	1	销售商品，并收到货款	主营业务收入 应交税费	146 250		
	4	银付	1	采购员借差旅费	其他应收款		1 000	
	5	银收	2	取得短期借款	短期借款	20 000		
	6	银付	2	付广告费	销售费用		1 250	
	9	银付	3	购汽车一辆	固定资产		118 200	
	10	银付	4	外购商品，并支付款项	在途物资 应交税费		106 470	
	11	银付	5	预付货款	预付账款		188 400	
	15	银付	6	支付金融机构手续费	财务费用		500	
	18	银收	3	销售商品，并收到货款	主营业务收入 应交税费	120 000		
	18	银收	4	收到所有者的投资额	实收资本	50 000		

（续上表）

20××年		凭证		摘要	对方科目	收入	支出	结余
月	日	字	号					
	25	银收	5	索赔收入	营业外收入	13 500		
	26	银付	7	对福利机构捐赠	营业外支出		5 000	
	26	银付	8	上交税金	应交税费		8 000	
	28	银付	9	提现	库存现金		15 000	
	29	银付	10	代垫上项销售商品运费	应收账款		500	
	29	银收	6	预收货款	预收账款	49 000		
	30	银付	11	以存款偿还原赊购款	应付账款		162 630	
	30	银付	12	归还短期借款	短期借款		60 000	
	30	银付	13	支付已分配的利润	应付利润		30 000	
	30	银付	14	归还多收货款	预收账款		8 050	
	31	银收	7	收到本季存款利息2 000元，已存入银行	财务费用	2 000		
	31	银收	8	收回原赊销款	应收账款	731 750		
	31	银付	15	支付本季度的借款利息	财务费用		5 000	
	31			本月发生额和结余		1 132 500	710 000	842 550

（三）根据原始凭证、汇总原始凭证或记账凭证，登记各种明细账（略）

（四）根据各种记账凭证汇总编制科目汇总表

每旬末将所有的记账凭证按照相同的会计科目归类，分别计算出每一个会计科目的借、贷方发生额合计数，并据此填入“科目汇总表”，如表12－9所示。每月汇总三次，且所有会计科目的全月各旬借、贷方发生额填入同一张“科目汇总表”。科目汇总表内库存现金和银行存款的本期借、贷方发生额，也可以根据“库存现金日记账”和“银行存款日记账”的收、支合计数填列。

表12－9 科目汇总表

20××年12月 第12号

会计科目	1—10日		11—20日		21—31日		本月合计		总账页数
	借方	贷方	借方	贷方	借方	贷方	借方	贷方	
库存现金		585		100	15 000	20 000	15 000	20 685	
银行存款	166 250	226 920	170 000	188 900	796 250	294 180	1 132 500	710 000	
应收账款			84 750		731 750	731 750	816 500	731 750	

（续上表）

会计科目	1—10日		11—20日		21—31日		本月合计		总账页数
	借方	贷方	借方	贷方	借方	贷方	借方	贷方	
预付账款			188 400	147 947			188 400	147 947	
其他应收款	1 000			1 000	500		1 500	1 000	
在途物资	230 000	139 000	126 450	217 450			356 450	356 450	
库存商品	139 000	105 000	217 450	120 000		533 000	356 450	758 000	
固定资产	217 650						217 650		
累计折旧						8 500		8 500	
短期借款		20 000			60 000		60 000	20 000	
应付账款		162 630			162 630		162 630	162 630	
预收账款					49 000	49 000	49 000	49 000	
应付职工薪酬					15 000	15 000	15 000	15 000	
应付股利					30 000	30 000	30 000	30 000	
应交税费	39 100	21 250	21 497	29 750	8 000	156 841	68 597	207 841	
实收资本				50 000				50 000	
资本公积		99 450						99 450	
盈余公积						5 000		5 000	
本年利润					973 500	973 500	973 500	973 500	
利润分配					35 000	129 424	35 000	129 424	
待处理财产损溢						2 000		2 000	
主营业务收入		125 000		175 000	960 000	660 000	960 000	960 000	
主营业务成本	105 000		120 000		533 000	758 000	758 000	758 000	
营业税金及附加					1 500	1 500	1 500	1 500	
销售费用	1 835				11 000	12 835	12 835	12 835	
管理费用			1 100		19 000	20 100	20 100	20 100	
财务费用			500		5 000	5 500	5 500	5 500	
所得税费用					43 141	43 141	43 141	43 141	
营业外收入					13 500	13 500	13 500	13 500	
营业外支出					5 000	5 000	5 000	5 000	
合计	899 835	899 835	930 147	930 147	4 467 771	4 467 771	6 297 753	6 297 753	
记账凭证起讫号数	现收第　号至第　号 现付第　号至第　号 （略）			银收第　号至第　号 银付第　号至第　号 （略）			转账第　号至第　号 （略）		共　张

（五）根据科目汇总表登记总分类账

在“科目汇总表账务处理程序”中，总账只能采用三栏式，而且在账簿记录中不能反映账户之间的对应关系。下面仅以“库存现金”和“银行存款”账户为例说明总账的格式和登记方法，如表 12－10 和 12－11 所示，其余账户从略。

表 12－10 总分类账

会计科目名称及编号：101 库存现金　　　　第 1 页

20××年		凭证编号	摘要	借方	贷方	借/贷	余额
月	日						
12	1		月初余额			借	8 000
	31	科汇 12	1—10 日发生额		585	借	7 415
	31	科汇 12	11—20 日发生额		100	借	7 315
	31	科汇 12	21—31 日发生额	15 000	20 000	借	2 315
			本月合计	15 000	20 685	借	2 315

表 12－11 总分类账

会计科目名称及编号：102 银行存款　　　　第 2 页

20××年		凭证编号	摘要	借方	贷方	借/贷	余额
月	日						
12	1		月初余额			借	420 050
	31	科汇 12	1—10 日发生额	166 250	226 920	借	359 380
	31	科汇 12	11—20 日发生额	170 000	188 900	借	340 480
	31	科汇 12	21—31 日发生额	796 250	294 180	借	842 550
			本月合计	1 132 500	710 000	借	842 550

（六）月终，将库存现金日记账、银行存款日记账余额，以及各种明细账的余额合计数，分别与总账中有关科目的余额核对相符（略）

（七）根据总分类账、各种明细分类账记录及其他有关资料编制会计报表（略）

第五节　日记总账核算组织程序

Bookkeeping Procedure Using Summarized Journal

一、日记总账核算组织程序的特点

日记总账核算组织程序的特点是：根据记账凭证逐日逐笔登记兼有序时记录功能和总分类记录功能的日记总账（combined journal and ledger）。企业除了需要设置一本日记总账外，不需要再另外设置其他总分类账簿。

日记总账是一种兼有序时记录和总分类记录双重功能的联合账簿。

日记总账的基本格式如表 12－12 所示：

表 12－12　日记总账

第　　页

年		凭证		摘要	发生额	库存现金		银行存款		…	管理费用	…	主营业务收入	…
月	日	字	号			借	贷	借	贷	…	借	…	贷	…

在日记总账中，金额栏要按照一级会计科目分设若干栏。有多少一级科目，就应设置多少金额栏；并且，在每一科目栏之下，一般需要再分“借方”和“贷方”两小栏。当然，为了简化日记总账的格式，对于平时只有单方发生额且期末结账后无余额的科目（如管理费用、财务费用和销售费用等），也可以只设单方向栏。

二、日记总账核算组织程序的主要工作步骤

（1）根据原始凭证或原始凭证汇总表编制记账凭证。

（2）根据记账凭证及其后面所附的原始凭证登记账簿。

（3）根据记账凭证及其所附的原始凭证或原始凭证汇总表登记各种明细分类账。

（4）根据记账凭证登记日记总账。每笔经济业务的借方发生额和贷方发生额应该分别登记在同一行的有关科目的借方栏和贷方栏（它属于分类性质的记录）；并将发生额记入“发生额”栏内。为了简化核算，对于收、付款业务，可以根据收款凭证和付款凭证汇总登记；对于转账业务，应该根据转账凭证登记。

（5）月末，将日记总账与有关明细账进行核对，结算出各栏的合计数，并计算各科目的月末借方（或贷方）余额。"发生额"栏所列本月发生额合计数应与全部科目的借方发生额合计数和贷方发生额合计数核对相符。

（6）月末，根据日记总账和各种明细账资料编制会计报表。

日记总账核算组织程序如图 12－4 所示：

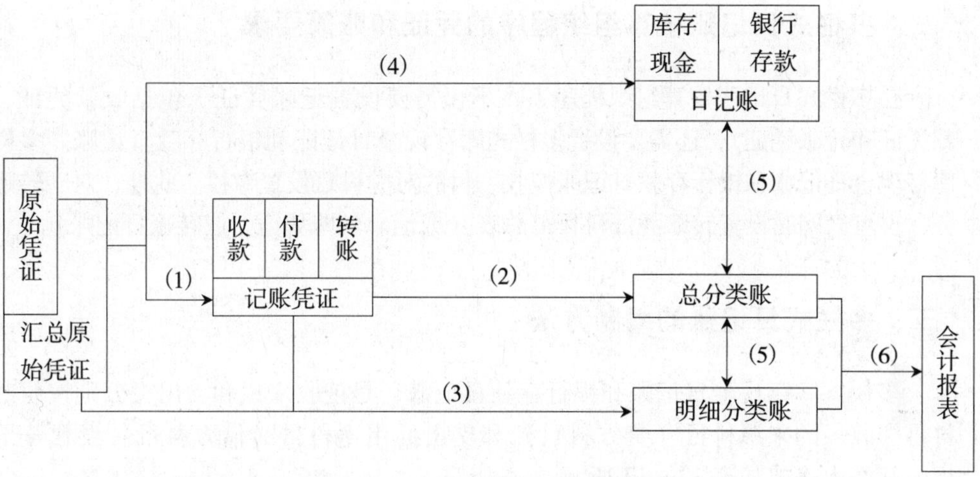

图 12－4　日记总账核算组织程序

三、日记总账核算组织程序的优缺点和适用范围

日记总账核算组织程序的优点是：记账手续简单；容易检查记账的正确性；科目之间的对应关系和经济业务的全貌一目了然，便于会计分析；可以直接根据日记总账编制会计报表，且不必另外进行试算平衡。

日记总账核算组织程序的缺点是：会计科目较多时，账页过长，使用不便；不便于记账的分工和加强内部控制。

日记总账核算组织程序主要适用于经济业务量较简单、规模较小、使用的会计科目不多的企业。

第六节　多栏式日记账核算组织程序

Bookkeeping Procedure Using Columnar Journal

一、多栏式日记账核算组织程序的特点

多栏式日记账（columnar journal）核算组织程序的特点是：库存现金日记账和银行存款日记账均采用多栏式，并根据多栏式库存现金日记账和银行存款日记账的

记录登记总分类账。对于转账业务，可以直接根据转账凭证逐笔登记总分类账；也可以根据转账凭证定期编制转账凭证科目汇总表（或填制汇总转账凭证，或填制转账日记账），然后据此登记总分类账。

> 多栏式库存现金和银行存款日记账具有科目汇总表的作用，月末可以根据这些日记账的本月收付发生额直接登记总分类账。

二、多栏式日记账核算组织程序的凭证和账簿要求

在多栏式日记账核算组织程序下，不仅需要设置记账凭证（包括收款凭证、付款凭证和转账凭证），还需要设置多栏式库存现金日记账和银行存款日记账。多栏式库存现金日记账和银行存款日记账按收、付的对应科目设置专栏。此外，对于转账业务，也可以同时设置转账凭证科目汇总表（或汇总转账凭证，或转账日记账）。

三、多栏式日记账的编制方法

多栏式库存现金日记账和银行存款日记账，是把收入栏和支出栏分别按照对应科目即收入的来源科目（贷方科目）和支出的用途科目（借方科目）设置若干专栏。其基本格式如表 12－13 所示：

表 12－13 银行存款（或库存现金）日记账

第　页

年		凭证		摘要	收入					支出				余额
月	日	字	号		主营业务收入	应收账款	预收账款	…	收入合计	管理费用	应付职工薪酬	…	支出合计	
				合计										

显然，表 12－13 多栏式日记账篇幅太大。因此，为了扩大其适用范围，在会计实务中一般将多栏式日记账分设成多栏式收入日记账和多栏式支出日记账两本。其基本格式如表 12－14 和表 12－15 所示：

表 12－14 银行存款（或库存现金）收入日记账

第　页

年		凭证		摘要	收入					支出合计	余额
月	日	字	号		主营业务收入	应收账款	预收账款	…	收入合计		
				合计							

表 12-15　银行存款（或库存现金）支出日记账

第　页

年		凭证		摘要	支出					支出合计
月	日	字	号		管理费用	应付职工薪酬	预付账款	其他应收款	…	
				合计						

多栏式库存现金日记账和银行存款日记账的编制方法主要有两种：

（1）由出纳根据审核后的收、付款凭证逐日逐笔登记多栏式库存现金（或银行存款）的收入日记账和支出日记账；每日终了，再将多栏式“库存现金（或银行存款）支出日记账”中当日的支出合计数过入多栏式“库存现金（或银行存款）收入日记账”中当日“支出合计”栏内，并结出当日库存现金（或银行存款）的账面结存数额。会计人员应对多栏式库存现金（或银行存款）日记账的记录进行检查监督，并负责于月末根据多栏式库存现金（或银行存款）日记账各专栏的合计数，分别登记有关总账账户。

月份终了时，应结出多栏式“库存现金（或银行存款）日记账”的对应账户栏合计数额，及库存现金（或银行存款）本月收入合计数额和本月支出合计数额，作为库存现金（或银行存款）收款业务和付款业务的登记总账的依据。注意：多栏式“库存现金（或银行存款）日记账”中对应账户“银行存款（或库存现金）”栏的发生额，因已同时记入多栏式“银行存款（或库存现金）日记账”，所以不应再过入总账，以免重复。下述“多栏式日记账账务处理程序”主要就是针对这种情况进行说明的。

（2）另外设置“库存现金和银行存款出纳登记簿”，由出纳根据审核后的收、付款凭证逐日逐笔登记，以便逐笔掌握库存现金收付情况，并与银行核对收付款项；然后，将收、付款凭证交由会计人员据以逐日汇总登记多栏式“库存现金（银行存款）日记账”，并于月末根据多栏式日记账登记总账。“出纳登记簿”与多栏式“库存现金（银行存款）日记账”要相互核对。

上述第一种方法可以简化核算工作，而第二种方法可以加强内部牵制。总之，采用多栏式库存现金日记账和银行存款日记账可以减少收、付款凭证的汇总编制手续，简化总分类账登记工作；同时，可以清晰地反映账户的对应关系，了解库存现金、银行存款收付款项的来龙去脉。

四、多栏式日记账核算组织程序的主要工作步骤

（1）根据原始凭证或原始凭证汇总表填制收款凭证、付款凭证和转账凭证。

（2）根据收款凭证和付款凭证登记多栏式“库存现金日记账”和多栏式“银行存款日记账”。如果会计单位不另外设置“出纳登记簿”，则应由出纳根据审核

后的收、付款凭证登记多栏式日记账；如果会计单位另外设置"出纳登记簿"，则应由会计人员根据审核后的收、付款凭证逐日汇总登记多栏式日记账。登记多栏式日记账时，应根据收款凭证登记多栏式库存现金、银行存款收入日记账；根据付款凭证登记多栏式库存现金、银行存款支出日记账。对于转账业务，可以直接根据转账凭证逐笔登记总分类账；也可以先根据转账凭证定期编制转账凭证科目汇总表（或填制汇总转账凭证，或填制转账日记账），然后据此登记总分类账。

（3）根据原始凭证和原始凭证汇总表或记账凭证登记各种明细分类账。

（4）月末，根据多栏式"库存现金（银行存款）日记账"登记总分类账。同时，根据转账凭证（或转账凭证科目汇总表，或汇总转账凭证，或转账日记账）登记总分类账。将库存现金、银行存款的收入栏合计（即全月收入总额）过入库存现金、银行存款总账的借方；将库存现金、银行存款的支出栏合计（即全月支出总额）过入库存现金、银行存款总账的贷方；将多栏式日记账的收入栏下各专栏合计数（即对应科目的本期贷方发生额）分别过入各有关总账的贷方；将多栏式日记账的支出栏下各专栏合计数（即对应科目的本期借方发生额）分别过入各有关总账的借方。正如上面所述，还应根据转账凭证（或转账凭证科目汇总表，或汇总转账凭证，或转账日记账）登记总账。注意：库存现金、银行存款总账的本期借贷方发生额只能根据多栏式库存现金、银行存款日记账的收、付栏合计数登记。而对于多栏式日记账中银行存款、库存现金专栏内的数字，无须过账，以免重复。

（5）月末，将各种明细分类账的余额分别与有关总分类账户的余额核对。

（6）根据核对的总分类账和明细分类账记录编制会计报表。

多栏式日记账核算组织程序可用图 12－5 表示。

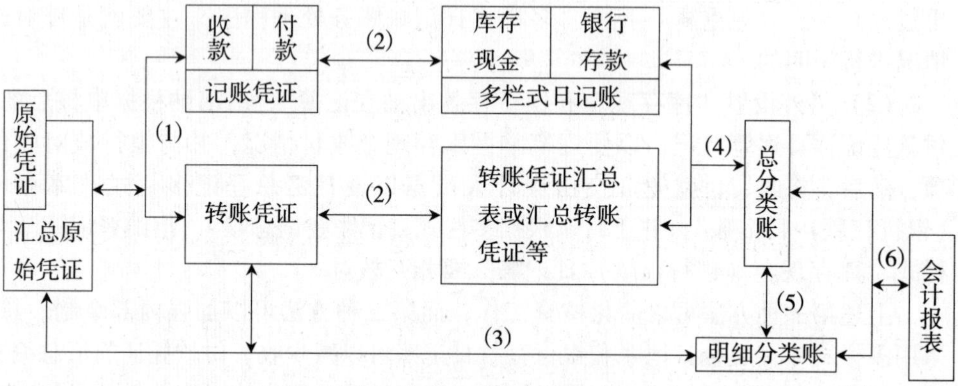

图 12－5 多栏式日记账核算组织程序

五、多栏式日记账核算组织程序的优缺点和适用范围

多栏式日记账核算组织程序的优点是：由于日记账采用专栏记录，使每一笔经济业务的记录都能清楚地反映会计科目的对应关系，从而为检查和分析货币资金的

来源与去向提供了方便。由于月终是根据各该专栏的合计数记入总账的，从而减少登记总分类账的工作量，效率较高。

多栏式日记账核算组织程序的缺点是：在经济业务较复杂、会计科目设置较多的会计单位中，多栏式日记账的专栏栏次过多，账页篇幅太大，限制了会计科目的数量，不便于记账。

多栏式日记账核算组织程序主要适用于货币资金收付业务比较频繁且使用的会计科目不多的企业。

Different bookkeeping procedures has prescribed the different steps and methods of preparing accounting documents (namely accounting voucher), registering accounting books or preparing financial reports. No accounting document shall be prepared and no record shall be entered in account books and statements unless based on true events. Bookkeeping procedures refers to the way of mutual combination of the accounting vouchers, accounting books, accounting statements and the accounting procedures adopted by an enterprise, such as Bookkeeping procedure using vouchers,

bookkeeping procedure using categorized account summary,

bookkeeping procedure using summary vouchers,

bookkeeping procedure using summarized journal,

bookkeeping procedure using columnar journal,

bookkeeping procedure using general journal.

Whether accounting vouchers, account books, financial and accounting reports and other accounting documents are authentic and complete, every unit must conduct accounting according to the economic transaction and accounting event which has actually occured, fill in accounting documents, post accounting entry to account books and prepare financial reports. In real work, preparing accounting entries is accomplished by filling accounting voucher.

小结、练习与思考
Summarization, Exercises and Review

一、小结（Summarization）

会计核算组织程序是指填制会计凭证、登记会计账簿和编制会计报表的全部处理过程。

记账凭证核算组织程序的主要特点是根据每张记账凭证逐笔登记总分类账。

汇总记账凭证是指根据一定时期内所有的记账凭证，按收款凭证、付款凭证和转账凭证加以分类汇总而成的记账凭证。

科目汇总表是指根据一定时期内所有的记账凭证，分类计算每一个总账科目的本期借方发生额合计数和贷方发生额合计数，并据此编制的汇总表。

日记总账是一种兼有序时记录和总分类记录双重功能的联合账簿。

多栏式库存现金和银行存款日记账具有科目汇总表的作用，月末可以根据这些日记账的本月收付发生额直接登记总分类账。

二、练习与思考（Exercises and Review）

（一）单选题

1. 各种会计核算组织程序之间的根本区别在于（　　）。

A. 登记日记账的方法不同　　B. 登记明细账的方法不同

C. 记账程序不同　　D. 登记总账的依据和方法不同

2. 最基本的会计核算组织程序是（　　）。

A. 记账凭证核算组织程序　　B. 科目汇总表核算组织程序

C. 汇总记账凭证核算组织程序　　D. 日记总账核算组织程序

3. 选择合适的会计核算组织程序主要应考虑本企业（　　）。

A. 职工的多少　　B. 业务性质和规模大小

C. 会计人员的多少　　D. 管理机构的设置

（二）多选题

1. 在会计核算组织程序下需要合理组织的内容主要有（　　）。

A. 会计凭证　B. 会计科目　C. 会计账簿　D. 会计报表

E. 会计方法

2. 目前在企业实际工作中使用的会计核算组织程序有（　　）。

A. 原始凭证汇总表组织程序　　B. 记账凭证核算组织程序

C. 科目汇总表核算组织程序　　D. 汇总记账凭证核算组织程序

E. 多栏式特种日记账核算组织程序

3. 关于各种会计核算组织程序，以下说法中正确的有（　　）。

A. 各种核算组织程序之间存在着不同点

B. 都属于会计核算组织程序，所以没有区别

C. 各种核算组织程序存在着相同点

D. 不同的核算组织程序适用于不同的企业

E. 各种核算组织程序的根本区别就在于登记总账的依据和方法不同

（三）判断题

1. 会计核算组织程序也称为会计工作组织。（　　）

2. 科目汇总表无须反映会计科目之间的对应关系，因而在这种核算组织程序下，总分类账通常采用不设“对方科目”的借、贷、余三栏式的格式。（　　）

3. 多栏式日记账核算组织程序下，对于转账业务，企业只能根据转账凭证逐笔直接登记总分类账。（　　）

（四）思考题

1. 会计核算组织程序的概念和意义是什么？

2. 简述科目汇总表核算形式的主要特点和优缺点。

3. 简述汇总记账凭证核算形式的主要特点及其适用范围。

（五）实训题

花景公司20××年3月1日至10日发生以下经济业务：

（1）3月3日，从花日公司买入A材料一批，价格20 000元，增值税税额34 000元，款项23 400元已经支付，材料尚未收到。

（2）3月3日，用库存现金支付办公用品费2 000元。

（3）3月5日，购买一台设备，价格100 000元，增值税税额17 000元，设备已收到并投入使用，款项已支付。

（4）3月5日，向花月公司销售产品一批100件，价格500元/件，增值税税率17%，款项尚未收到。

（5）3月6日，采购员黄生出差，向财务部预借差旅费2 000元现金。

（6）3月6日，发出A材料一批，成本40 000元，用于生产甲产品耗用20 000元，生产乙产品耗用10 000元，车间一般耗用4 000元，厂部行政管理耗用6 000元。

（7）3月6日，验收入库3日从花日公司购买的A材料。

（8）3月7日，销售乙产品一批，价格50 000元，增值税税额5 100元，同时收到货款。

（9）3月7日，企业用银行存款5 000元支付广告费。

（10）3月7日，从花季公司买入B材料一批，价格50 000元，增值税税额10 500元，材料已验收入库，款项尚未支付。

（11）3月7日，从银行提取库存现金120 000元，准备发放工资。

（12）3月8日，用库存现金120 000元发放工资。

（13）3月8日，向工商银行借入两个月期限的借款80 000元。

（14）3月8日，收到花月公司前欠货款58 500元。

（15）3月8日，缴纳增值税12 000元。

（16）3月9日，通过银行支付上月向花光公司购买材料的欠款11 700元。

（17）3月9日，用库存现金800元支付业务招待费。

（18）3月10日，用银行存款支付前欠花季公司60 500元款项。

（19）3月10日，生产甲产品领用A材料一批，材料成本50 000元。

（20）3月10日，有一批产品完工、验收入库，成本150 000元。

（21）3月10日，员工李生将以前借款800元还给财务部。

要求：根据上述资料，编制花景公司20××年3月1日至10日的科目汇总表。

第十三章　会计工作的组织及会计职业道德
Chapter 13　Accounting Organization and Professional Ethics

学习目的（Learning Objectives）

通过本章的学习，掌握会计工作组织的意义和要求，了解并熟悉会计机构的设置和职责分工，会计人员的配备和职权，企业会计制度的制定和执行，同时了解会计职业道德规范。读完本章后，要求能够回答下列问题：

（1）会计工作组织的意义和要求是什么？

（2）企业如何设置会计机构，职责分工如何？

（3）会计人员是如何配备的？各有什么职权？

（4）会计人员应遵守哪些职业道德规范？

第一节　会计工作组织的意义和要求
The Significance and Requirements of Organizing Accounting Activites

一、会计工作组织的意义

会计工作组织是根据《会计法》和《企业会计准则》，通过设置会计机构、配备会计人员、制定会计制度、管理会计档案等来保证合理、有效地进行会计工作，实现会计目标的一系列活动。

会计工作是一项综合性的经济管理工作，也是一个信息系统。企业的所有经济业务，都是通过会计工作进行核算和监督的。会计工作与企业的其他经济管理工作有着密切的联系。会计工作在企业管理中居中心地位，是实现企业财务目标的重要手段。科学、合理、有效地组织会计工作的意义主要有：

（1）有利于保证会计工作的质量，提高会计工作的效率。

（2）有利于加强与其他经济管理工作的协调一致，提高企业管理水平。

（3）有利于加强单位内部的经济责任制。

二、会计工作组织的要求

1. 统一性要求

会计工作所提供的信息，既要反映企业、单位遵守国家政策的结果，同时又是国家制定相关方针和政策、编制预算的主要依据。因此，会计工作只有符合国家的统一要求，才能充分发挥会计工作加强经营管理、维护社会主义市场秩序的作用。

2. 适应性要求

会计主体可根据自身的特点，在不违背国家的方针、政策等具体办法下，制定适合本企业的具体会计规定，采用本单位适用的账簿组织、记账方法和成本核算方法等。

3. 效益性要求

会计机构的设置及会计凭证、账簿和会计报告的设计，以及会计人员的配备与分工等，必须本着精简合理的原则，节约会计工作的时间和费用，以较少的人力、物力和财力消耗，提供相关、可靠的会计信息，提高工作效率。

4. 内部控制及责任制要求

为了确保经济和会计信息的正确可靠，协调经济行为，控制经济活动，利用企业内部分工而产生的相互制约、相互联系的关系，形成一系列具有控制职能的方法、措施、程序，并予以规范化、系统化，以保护企业经济资源的安全、完整。

三、会计工作的主管部门

《会计法》第七条规定："国务院财政部门主管全国的会计工作。县级以上地方各级人民政府财政部门管理本行政区域内的会计工作。"这规定了会计工作由财政部门主管并明确在管理体制上实行"统一领导，分级管理"的原则。

财政部门主管会计工作，不仅是一种权利，更重要的是一种责任。虽然财政部门的主要任务是组织财政收入，安排财政支出，实行宏观经济调控，但会计秩序混乱，财政制度得不到贯彻执行，必然会造成财政收入流失、支出失控，最终给财政工作带来不利影响。因此，《会计法》规定财政部门主管会计工作，这是国家法律赋予财政部门的重要责任。如果财政部门放松对会计工作的管理，就会造成会计秩序混乱，这不仅是一种工作上的失误，而且是一种违法行为并应承担法律责任。

财政部门主管会计工作应遵循"统一领导，分级管理"的原则。"统一领导，分级管理"是划分会计工作管理权责的重要原则，也体现了管理的效率原则。财政部门主管会计工作，主要是在统一规划、统一领导的前提下，实行分级负责、分级管理，可充分调动地区、部门、单位管理会计工作的积极性和创造性。具体做法是：国务院财政部门在统一规划、统一领导会计工作的前提下，发挥各级人民政府财政部门和中央各部门管理会计工作的积极性，各级人民政府财政部门和中央各业务主管部门应积极配合国务院财政部门管理好本地区、本部门的会计工作；各级人民政府财政部门根据上级财政部门的规划和要求，结合本地区的实际情况，管理本地区的会计工作，并取得同级其他管理部门的支持和配合。

第二节 会计机构的设置与职责分工
The Setting of Accounting Department and Assignment of Responsibility

《会计法》第三十六条规定：各单位应当根据会计业务需要，设置会计机构，不具备设置条件的，应当委托经批准设立从事会计代理记账业务的中介机构代理记账。因此，为了组织好企业或单位的财务与会计工作，企业或单位应该按照《会计法》、《总会计师条例》及相关法规，设置会计机构。

一、企业会计机构的设置

会计机构（accounting department）是各单位贯彻执行财经法规，制定和执行会计制度，组织领导和办理会计事务的职能机构。建立健全会计机构，配备必要数量和具有一定素质的、具有从业资格的会计人员，是各单位做好会计工作、充分发挥会计职能作用的重要保证。从有效发挥会计职能作用的角度看，实行企业化管理的事业单位，大、中型企业（包括集团公司、股份公司、有限责任公司），应当设置会计机构；业务较多的行政单位、社会团体和其他组织，也应设置会计机构。合理地设置会计机构，是完成会计目标、发挥会计职能作用的前提，是做好会计工作的重要保证。

在现实中，各单位对会计机构的名称叫法不一，如“财务部（处、科、股）”、“会计部”、“计财部”、“财会部”等。不管叫什么名称，会计机构都是单位的一个重要职能管理部门。会计机构在厂长、经理及总会计师的领导下，负责企业的会计工作。根据企业的实际需要，会计机构下设“资金组”、“材料组”、“成本组”、“综合组”。在大型企业、上市公司，可以把财务与会计分开，将“资金组”单独设立为与会计部门并列的“资金部”或“投资部”。

随着民营经济、个体经济的发展，有些经济组织的经营规模较小，人员不多，不可能也没有必要设置专门的会计机构或配备专职的会计人员，则可以委托中介机构代理记账。《会计法》规定：“不具备设置条件的，应当委托经批准设立从事会计代理记账业务的中介机构代理记账。”财政部于1994年6月23日发布了《代理记账管理暂行办法》，对代理记账机构设置的条件、代理记账的业务范围、代理记账机构与委托人的关系、代理记账人员应遵循的道德规则等作了具体的规定。

二、会计机构的职责分工

会计机构的基本职责是进行会计核算，实行会计监督。

《会计法》规定："会计机构依法进行会计核算，实行会计监督。"

（一）会计核算（accounting）

会计核算是指以货币为主要的计量单位，采用专门的方法，通过确认、计量、计算、记录、分类、汇总等程序，对单位的经济活动进行连续、系统、完整的反映，提供会计资料的全过程。这一全过程是通过会计机构、会计人员的每一具体会计行为完成或实现的。进行会计核算是会计机构、会计人员负有责任的职务行为，不是可为可不为的行为，任何其他人都没有进行会计核算的权利；会计机构、会计人员进行会计核算，必须严格遵守《会计法》关于会计核算的规定，不受来自任何方面的干扰和指挥，不能任意而为。

1. 会计核算的基本要求

（1）实行会计核算的事项。

《会计法》第十条规定，下列经济业务事项应当办理会计手续，进行会计核算：

①款项和有价证券的收付；

②财物的收发、增减和使用；

③债权债务的发生和结算；

④资本、基金的增减；

⑤收入、支出、费用、成本的计算；

⑥财务成果的计算和处理；

⑦需要办理会计手续、进行会计核算的其他事项。

《会计法》还规定了会计核算的基本要求，包括对会计年度、记账本位币的规定，对会计凭证、会计账簿、会计报表和其他会计资料的规定，以及对会计核算程序的规定。

（2）强化会计核算的要求。

《会计法》对强化会计核算提出以下三点要求：

①确保会计资料的真实完整。

会计资料的真实完整是会计工作的基本要求。《会计法》第九条规定："各单位必须根据实际发生的经济业务事项进行会计核算，填制会计凭证，登记会计账簿，编制财务会计报告。任何单位不得以虚假的经济业务事项或资料进行会计核算。"

②确立记账基本规则，保证会计核算依法进行。

1985 年的《会计法》没有明确规定记账规则，而《企业会计准则》和《企业财务通则》又没有规定相应的法律责任，造成管理松弛，甚至出现了私设假账等情况。1999 年修订的《会计法》对账簿登记确立了以下四项规则：

《会计法》第十五条规定："会计账簿登记，必须以经过审核的会计凭证为依据，并符合有关法律、行政法规和国家统一的会计制度的规定。”

《会计法》第十六条规定：各单位“不得违反本法和国家统一的会计制度的规定私设会计账簿登记、核算”。

《会计法》第十七条规定：“各单位应当定期将会计账簿记录与实物、款项及有关资料相互核对，保证会计账簿记录与实物及款项的实有数额相符、会计账簿记录与会计凭证的有关内容相符、会计账簿之间相对应的记录相符、会计账簿记录与会计报表的有关内容相符。”

《会计法》第十八条规定：“各单位采用的会计处理方法，前后各期应当一致，不得随意变更；确有必要变更的，应当按照国家统一的会计制度的规定变更，并将变更的原因、情况及影响在财务会计报告中说明。”

③确保财务会计报告真实、完整。

《会计法》对会计凭证、财务会计报告等也提出了相应的要求，并强调“单位负责人应当保证财务会计报告真实、完整”。

2. 对公司、企业会计核算的五条特别规定

公司、企业的经济核算比较复杂，《会计法》针对企业会计的特点，借鉴国际上规范公司、企业会计行为的一般做法，增加了“公司、企业会计核算特别规定”一章，要求公司、企业除应当遵守第二章的规定外，不得有下列行为：

（1）随意改变资产、负债、所有者权益的确认标准或者计量方法，虚列、多列、不列或者少列资产、负债、所有者权益。

（2）虚列或者隐瞒收入，或者提前确认收入。

（3）随意改变费用、成本的确认标准或者计量方法，虚列、多列、不列或者少列费用、成本。

（4）随意调整利润的计算、分配方法，编造虚假利润或者隐瞒利润。

（5）违反国家统一的会计制度规定的其他行为。

（二）会计监督（accounting supervision）

会计监督是指会计机构、会计人员在办理会计事务及进行会计核算过程中，对本单位不合法、欠合理及无效益或效益不高的经济业务事项提出质疑、抵制或建议纠正的行为，以保证本单位经济活动全过程合法、合理和有效。会计监督作为会计机构、会计人员的另一项职责，与会计核算的职责相辅相成。

禁止非法干预和妨害会计机构、会计人员依法履行职责。会计机构、会计人员进行会计核算，实行会计监督，只服从会计法律、法规和国家统一的会计制度，不受来自任何单位或个人的非法干预和妨碍。这是《会计法》赋予会计机构、会计人员的职权。《会计法》关于会计监督的规定内容包括：

1. 各单位应建立健全内部会计监督制度

《会计法》规定，各单位应当建立健全本单位内部会计监督制度，并符合下列要求：

（1）记账人员与经济业务事项和会计事项的审批人员、经办人员、财物保管人员的职责权限应当明确，并相互分离、相互制约。

（2）重大对外投资、资产处置、资金调度和其他重要经济业务事项的决策和

执行的相互监督、相互制约程序应当明确。

（3）财产清查的范围、期限和组织程序应当明确。

（4）对会计资料定期进行内部审计的办法和程序应当明确。

2. 明确了会计人员、单位负责人、社会中介组织、政府有关部门在会计监督中的责任

（1）单位负责人应当保证会计机构、会计人员依法履行职责，不得授意、指使、强令会计机构、会计人员违法办理会计事项。

（2）会计机构、会计人员对违反《会计法》和统一会计制度规定的会计事项，有权拒绝办理或按照职权予以纠正，并有权检举。

（3）按规定须经注册会计师进行审计的单位，应向受委托单位如实提供会计凭证、账簿、财务会计报告和其他会计资料及有关情况。任何单位和个人不得以任何方式要求或示意受托方出具不实或不当的审计报告。

（4）财政部门对各单位的账簿设置，各项会计资料是否真实、完整，会计核算是否符合规定及会计工作人员是否具备从业资格等情况实施监督，并有权对会计事务所出具审计报告的程序和内容进行监督。

（5）财政、审计、税务、人民银行、证券监督、保险监督等部门应当依照有关法规对有关单位会计资料实施监督检查。有关单位应接受检查，并如实提供会计资料及有关情况。有关监督检查部门作出的检查结论能满足其他部门需要的，应当加以利用，避免重复查账，并负有保密义务。

为切实加强财政监督，财政部于 2001 年 2 月发布了《财政部门实施会计监督办法》。

（三）会计稽核制度（accounting-checking system）

《会计法》第三十七条规定："会计机构内部应建立稽核制度。出纳人员不得兼任稽核、会计档案保管和收入、支出、费用等账目的登记工作。"

第三节　会计人员的配备与职权
Allocation and Authority of Accountant

《会计法》三十六条规定：各单位应当根据会计业务需要，设置会计机构（accounting department），或者在有关机构中设置会计人员并指定会计主管人员（director accountants 或 the accountant in charge）；不具备设置条件的，应当委托经批准设立从事会计代理记账业务的中介机构代理记账。国有的和国有资产占控股地位或者主导地位的大、中型企业必须设置总会计师（chief accountant 或 accountant general）。

一、会计人员的配备

（一）单位负责人（the principals of the units）

> 会计人员是指直接从事会计工作的人员。

《会计法》规定："单位负责人对本单位的会计工作和会计资料的真实性（authenticity 或 truthfulness）、完整性（integrity 或 completeness）负责。"这就明确了单位负责人是本单位会计行为的责任主体。《会计法》还规定："单位负责人，是指单位法定代表人或者法律、行政法规规定代表单位行使职权的主要负责人。"也就是说，单位负责人主要包括两类人员：一是单位的法定代表人（也称法人代表），即依法代表法人单位行使职权的负责人，如国有企业的厂长（经理）、公司制企业的董事长、国家机关的最高行政官员；二是按照法律、行政法规规定代表单位行使职权的负责人，即依法代表非法人单位行使用权职权的负责人，如代表合伙企业执行合伙企业事务的合伙人、个人独资企业的投资人等。注意：单位负责人并不是指具体负责本单位经营管理事务的总经理，也不是具体负责财务会计工作的总会计师或财务经理。

明确单位负责人为本单位会计行为的责任主体，并不是要单位负责人事必躬亲、直接代替会计人员办理会计事务，而是应当建立健全有效的内部控制制度、内部制约机制，明确会计工作相关人员的职责权限、工作规程和纪律要求，并有正常途径了解上述制度的执行情况和会计工作相关人员履行职责的情况，保证单位负责人的管理意志在各个环节得以实施，保证会计工作相关人员按照经单位负责人认可的程序要求办理会计事务，保证办理会计事务的规则、程序能够有效实施，控制违法、舞弊等会计行为的发生。《会计法》第二十一条规定：财务会计报告应当由单位负责人和主管会计工作的负责人、会计机构负责人签名并盖章。《会计法》第二十八条规定："单位负责人应当保证会计机构、会计人员依法履行职责，不得授意、指使、强令会计机构、会计人员违法办理会计事项。"

（二）总会计师（accountant general）

总会计师是在单位主要领导人的领导之下，主管本单位的会计工作，进行会计核算、实行会计监督工作的负责人。建立总会计师制度，是我国在企业管理中加强财务管理、成本管理，充分发挥会计核算、会计监督职能，促进企业经济效益不断提高的一项重要经验。《会计法》第三十六条规定："国有的和国有资产占控股地位或者主导地位的大、中型企业必须设置总会计师。总会计师的任职资格、任免程序、职责权限由国务院规定。"《会计基础工作规范》对设置总会计师问题作了三个方面的规定：一是大、中型企业应当根据《会计法》、《总会计师条例》等规定设置总会计师。总会计师由具有会计师以上专业技术资格的人员担任。对于总会计师的具体任职资格，《总会计师条例》作了具体规定。二是设置总会计师的单位，总会计师应当行使《总会计师条例》规定的职责、权限。三是总会计师任命（聘任）、免职（解聘）依照《总会计师条例》和有关法律的规定办理，即国有大、中型企业总会计师的任免执行《总会计师条例》第十五条规定：企业的总会计师由本单位主要行政领导人提名，政府主管部门任命或聘任；免职或者解聘程序与任命或者聘任程序相同。

《总会计师条例》中规定总会计师的任职资格（具备的条件）与会计机构负责人、会计主管人员的条件基本相同。

总会计师的职责具体包括四个方面的内容：①编制和执行预算、财务收支计划、信贷计划，拟订资金筹措和使用方案，开辟财源，有效地使用资金；②进行成本费用预测、计划、控制、核算、分析和考核，督促企业有关部门降低消耗、节约费用、提高经济效益；③建立健全经济核算制度，利用财务会计资料进行经济活动分析；④承办企业主要行政领导交办的其他工作。

总会计师的权限主要有五个方面的内容：①对违反国家财经法律、法规、方针、政策、制度和有可能在经济上造成损失、浪费的行为，有权制止或纠正；②有权组织企业各职能部门、直属机构的经济核算、财务会计和成本管理方面的工作；③主管审批财务收支工作，除一般的财务收支可以由总会计师授权的财会机构负责人或其他指定人员审批外，重大的财务收支须经总会计师审批或由总会计师报企业主要行政领导人批准；④预算、财务收支计划、成本和费用计划、信贷计划、财务专题报告、会计决算报表，须经总会计师签署，涉及财务收支的重大业务计划、合同等在企业内部须经总会计师会签；⑤对会计人员的任用、晋升、调动、奖惩提出意见，考核财会机构负责人或会计主管人员的人选。

（三）会计机构负责人（the person in charge of the accounting office）

会计机构负责人、会计主管人员是单位负责会计工作的中层领导人员，对企业会计工作起组织、管理等作用。因此，指定会计机构负责人、会计主管人员的目的是强化责任制，防止出现会计工作无人负责的局面。

《会计法》第三十八条第二款规定：“担任单位会计机构负责人（会计主管人员）的，除取得会计从业资格证书外，还应当具备会计师以上专业技术职务资格或者从事会计工作三年以上经历。”这是对单位会计机构负责人（会计主管人员）任职资格作出的特别规定。

在单位负责人的领导下，会计机构负责人（会计主管人员）负有组织、管理本单位所有会计工作的责任，其工作水平的高低、工作质量的好坏直接关系到整个单位会计工作的水平和质量。如果会计机构负责人（会计主管人员）的政治素质好、业务水平高、具有较强的组织领导能力，不仅对于领导和组织本单位的会计工作十分有利，对于加强经营管理等也十分有益。相反，如果对会计机构负责人（会计主管人员）的任用不当，会计机构负责人（会计主管人员）的政策水平、业务水平和组织领导能力不能适应工作要求，不仅影响本单位会计工作的开展，而且会给单位带来经济上的损失。可以说，会计机构负责人（会计主管人员）任用是否得当，对一个单位会计工作的好坏关系重大，对能否保证国家的财经政策等在一个单位正确得到贯彻执行关系重大，对能否有效地维护广大投资者、债权人等的合法权益关系重大。

为了完善会计机构负责人（会计主管人员）任职资格和条件，1996 年财政部制定并发布的《会计基础工作规范》对会计机构负责人（会计主管人员）应当具备的条件作了规定，共有六个方面条件：

1. 政治思想条件

政治思想条件指要能坚持原则，廉洁奉公，遵纪守法，具有良好的职业道德。会计机构负责人如不能遵纪守法，必将给国家造成经济损失。

2. 专业技术资格和工作经历条件

会计工作具有很强的专业技术，要求会计人员必须具备必要的专业知识和专业技能。对会计机构负责人或会计主管人员而言，要全面组织和负责一个单位的会计工作，对其专业技术方面的要求也就更加必要了。

工作经历条件是指主管一个单位或主管一个单位内一个重要方面的财务会计工作时间不少于三年。这是对会计机构负责人或会计主管人员的最低要求。会计工作专业性、技术性较强的特点，要求会计机构负责人或会计主管人员必须具有一定的工作经验。

《会计法》第三十八条第二款规定："担任单位会计机构负责人（会计主管人员）的，除取得会计从业资格证外，还应当具备会计师以上专业技术职务资格或者从事会计工作三年以上经历。"

3. 业务水平条件

业务水平条件是指熟悉国家财经法律、法规、规章和方针、政策，掌握会计业务管理的有关知识。由于会计工作政策性较强的特点，从事财务会计工作，尤其是作为会计机构的负责人、会计主管人员，必须熟悉和掌握国家有关的法律、法规、规章制度和与会计工作相关的理论知识，否则，不但不能完成会计的本职工作，还可能把企业管理工作引入法律"误区"，给单位和个人带来不良后果。

4. 组织能力

组织能力是指要有较强的组织能力。作为会计机构负责人、会计主管人员，不仅要求自己是会计工作的行家里手，更重要的是要领导和组织好本单位的会计工作，因此要求其必须具备一定的领导才能和组织才能，包括协调能力和综合分析能力。

5. 身体条件

身体条件指要求身体状况能够适应本职工作的需要。会计工作劳动强度大、技术难度高，作为会计机构负责人、会计主管人员必须有较好的身体状况，以适应和胜任本职工作。

（四）会计人员

会计人员是各单位直接从事会计工作，处理会计业务的专职人员。建立健全会计机构，配备与本单位工作要求相适的、具有较高业务素质的会计人员，是做好会计工作、充分发挥会计职能的组织保证。会计工作是一项技术性较强的工作，在企业经济管理中占有相当重要的地位。一名会计人员没有良好的专业技能是很难胜任工作的。配备的会计人员应当具备什么条件，《会计基础工作规范》从最基本的要求出发，规定了两方面条件："一是应当配备持有会计证的会计人员，未取得会计证的人员，不得从事会计工作。"《会计法》第三十八条规定："从事会计工作的人员，必须取得会计从业资格证书。"二是应当配备有必要的专业知识和专业技能，熟悉国家有关法律、法规和财务会计制度，遵守职业道德的会计人员。由于受我国会计学历教育规模的限制，目前会计队伍中具备规定学历者的比例还不高，要迅速提高会计人员的政治和业务素质，加强在职会计人员培训（含会计人员继续教育）是重要途径之一。

会计人员继续教育的层次按照会计职称分为高级、中级、初级三个级别。会计人员继续教育实行统一规划、分级管理的原则。会计人员继续教育的形式包括接受培训和自学两种。会计人员继续教育的学时规定，中、高级会计人员接受继续教育时间每年不少于68小时，其中接受培训时间不少于20小时，自学时间不少于48小时。初级会计人员接受继续教育时间每年不少于72小时，其中接受培训时间不少于24小时，自学时间不少于48小时。会计人员继续教育的内容要坚持理论联系实际、讲求实效、学以致用的原则。主要内容有：会计理论与实务；财务、会计法规制度；会计职业道德规范；其他相关的知识与法规。

根据规定，每一位会计人员每年必须完成规定学时的继续教育。如果未能完成规定学时学习，又无正当理由的，予以警告。连续两年未能完成规定学时的，不办理从业资格证书的年检，不得参加上一档次会计专业技术资格考试，不得参加高级会计师评审，不得参加先进会计工作者的评选，财政部门不予颁发荣誉证书。连续三年未完成规定学时的，其会计从业资格证书自行失效，按新修订的《会计法》规定，需五年后才能重新取得会计从业资格。同时，吊销会计专业技术资格，也不允许参加高级会计师评审。

二、会计人员的职权

《会计法》和《会计人员职权条例》赋予会计人员的主要职权有：

1. 会计人员的主要职责

（1）进行会计核算。

（2）实行会计监督。

（3）拟定本单位办理会计事项的具体办法。

（4）参与财务计划的制订、执行和考核。

2. 会计人员的主要权力

（1）有权要求本单位内部各有关部门、人员认真执行财务计划、预算及财务会计制度。

（2）有权参加重要的经营管理会议，参与经济计划的制订和经济合同的签订。

（3）有权要求内部各单位部门提供有关经济活动的有关资料。

三、会计工作岗位

在会计机构内部和会计人员中建立岗位责任制，定人员，定岗位，明确分工，各司其职，有利于会计工作程序化、规范化，有利于落实责任和会计人员钻研分管的业务，有利于提高工作效率和工作质量。对于如何设置会计工作岗位，《会计基础工作规范》规定了基本原则和示范性要求：一是会计工作岗位可以一人一岗、一人多岗或一岗多人，但应当符合内部牵制制度的要求。出纳人员不得兼管稽核、会计档案保管和收入、费用、债权债务账目的登记工作。二是会计人员的工作岗位应当有计划地进行轮换，以促进会计人员全面熟悉业务，不断提高业务素质。三是会计工作岗位的设置由各单位根据会计业务需要确定。《会计基础工作规范》提出了示范性的会计工作岗位设置方案，即会计机构负责人或会计主管人员，出纳，财产物资核算，工资核算，成本费用核算，财务成果核算，资金核算，往来结算，总账报表，稽核，档案管理等。开展会计电算化和管理会计的单位，可以根据需要设置相应的工作岗位，也可以与其他工作岗位相结合。

四、会计人员回避制度

回避制度是我国人事管理的一项重要制度。事实表明，会计工作中的一些违法违纪活动，确实存在利用同在一个单位的亲属关系通同作弊的现象。在会计人员中实行回避制度十分必要。我国已有相关法规对会计人员回避制度作出规定，如1993 年 8 月 14 日国务院发布的《国家公务员暂行条例》第六十一条规定："国家公务员之间有夫妻关系、直系血亲关系、三代以内旁系血亲关系以及近姻亲关系的……也不得在其中一方担任领导职务的机关从事监察、审计、人事、财务工作。"根据上述规定，结合会计工作的实际情况，《会计基础工作规范》规定："国家机关、国有企业、事业单位任用会计人员应当实行回避制度。单位领导人的直系亲属不得担任本单位的会计机构负责人、会计主管人员。会计机构负责人、会计主管人员的直系亲属不得在本单位会计机构中担任出纳工作。"至于其他单位是否实行会计人员回避制度，《会计基础工作规范》没有明确规定。

五、法律责任

会计人员是会计工作的核心，要实现会计资料的真实、完整，就必须赋予会计机构、会计人员依法进行会计核算、实行会计监督的职责。要保证会计机构、会计人员切实履行依法进行会计核算、实行会计监督的职责，就必须排除各种干扰，保证会计人员的权利不受侵犯。《会计法》第十三条指出："任何单位和个人不得伪造、变造会计凭证、会计账簿及其他会计资料，不得提供虚假的财务会计报告。"《会计法》强化了单位负责人对本单位会计工作和会计资料的真实性、完整性负责的责任制。《会计法》第四条明确指出："单位负责人应当保证财务会计报告真实、完整。"《会计法》第五条规定："任何单位或者个人不得以任何方式授意、指使、强令会计机构、会计人员伪造、变造会计凭证、会计账簿和其他会计资料，提供虚假财务会计报告。"《会计法》第四十六条规定："单位负责人对依法履行职责、抵制违反《会计法》规定行为的会计人员降级、撤职、调离工作岗位、解聘或者开除等方式实行打击报复，构成犯罪的，依法追究刑事责任；尚不构成犯罪的，由其所在单位或者有关单位依法给予行政处分。对受打击报复的会计人员，应当恢复名誉或原有职务、级别。"

第四节　企业会计制度的制定与执行

The Establishment and Execution of Business Accounting System

一、企业会计制度法规概述

> 会计法规是会计工作必须遵守的行为规范，是我国经济法规的重要组成部分。

2001年，朱镕基同志在上海国家会计学院题写“不做假账”的校训，并指出，“不做假账”是每个会计人员最基本的职业道德和行为准则。会计人员要做到“不做假账”，就必须认真学习企业会计制度法规。企业会计制度法规体系由会计法律、会计行政法规、会计部门规章和地方性会计法规四个层次组成。

（一）企业会计制度法规概述

我国现行的企业会计制度法规体系由会计法律、会计行政法规、会计部门规章和地方性会计法规组成。

会计法律是指由国家最高权力机关——全国人民代表大会及其常务委员会制定的会计法律规范，如《会计法》、《注册会计师法》等。

会计行政法规是指由国家最高行政机关——国务院制定的会计法律规范，如《企业财务会计报告条例》、《总会计师条例》等。

会计部门规章是指由国家主管会计工作的行政部门——财政部及其他相关部委制定的会计法律规范，《会计法》第八条称之为“国家统一的会计制度”。它包括国家统一的会计核算制度、会计监督制度、会计机构和会计人员制度以及会计工作管理制度等，如《企业会计准则》、《企业会计制度》、《会计人员从业资格管理办法》、《会计基础工作规范》等。其中，国家统一的会计核算制度主要包括会计准则和会计制度。

地方性会计法规是指由各省、自治区、直辖市根据会计法律、会计行政法规和会计部门规章的规定结合本地区的实际情况制定的，在本行政区域内实施的地方性企业会计制度法律规范等。

我国企业会计制度法规体系结构可用表13－1表示。

表13－1　企业会计制度法规体系结构

企业会计制度法规类别	会计法规举例
会计法律	《中华人民共和国会计法》、《中华人民共和国注册会计师法》
会计行政法规	《企业财务会计报告条例》、《总会计师条例》等

（续上表）

<table>
<tr><th colspan="3">企业会计制度法规类别</th><th>会计法规举例</th></tr>
<tr><td rowspan="8">会计部门规章</td><td rowspan="5">会计核算制度</td><td rowspan="2">会计准则</td><td>《企业会计准则》</td></tr>
<tr><td>《预算会计准则》</td></tr>
<tr><td rowspan="2">会计制度</td><td>《企业会计制度》、《小企业会计制度》</td></tr>
<tr><td>《预算会计制度》</td></tr>
<tr><td>补充规定</td><td>《关联方之间出售资产等有关会计处理问题暂行规定》</td></tr>
<tr><td colspan="2">会计监督制度</td><td>《财政部门实施会计监督办法》</td></tr>
<tr><td colspan="2">会计机构和会计人员管理制度</td><td>《会计从业资格管理办法》、《会计人员继续教育暂行规定》等</td></tr>
<tr><td colspan="2">会计工作管理制度</td><td>《会计基础工作规范》、《会计档案管理办法》、《会计电算化管理办法》、《代理记账管理暂行办法》等</td></tr>
<tr><td colspan="3">地方性会计法规</td><td>《深圳经济特区会计管理条例》</td></tr>
</table>

除上述规定外，有的企业还根据上述会计法规和其他相关法律法规的规定，制定适合本企业的会计制度或会计处理办法。如《企业会计制度》第三条规定："企业应当根据有关会计法律、行政法规和本制度的规定，在不违反本制度的前提下，结合本企业的具体情况，制定适合于本企业的会计核算办法。"《公司法》第一百七十四条规定："公司应当依照法律、行政法规和国务院财政主管部门的规定建立本公司的财务、会计制度。"

（二）会计制度改革历程的回顾

新中国成立以来，我国企业会计制度经历了从无到有，从逐渐建立到逐渐完善的过程。1985 年 1 月 21 日，由第六届全国人大常委会审议通过了《中华人民共和国会计法》，这标志着我国会计法规建设开始走上法制化轨道。

1992—1993 年，为适应建立社会主义市场经济体制的需要，我国又进行了一次重大的会计制度改革，发布了《企业会计准则——基本准则》和《企业财务通则》以及 13 个分行业的财务制度和会计制度（简称"两则两制"），如《工业企业会计制度》和《工业企业财务制度》、《金融企业会计制度》和《金融企业财务制度》等，并于 1993 年 7 月 1 日起在所有企业实施。"两则两制"的实施，标志着我国会计核算模式由适应高度统一的计划经济体制的需要向适应社会主义市场经济体制的需要转换。与此相适应，第八届全国人大常委会于 1993 年 12 月 29 日作出了"关于修改《中华人民共和国会计法》的决定"。之后，随着市场经济体制的建立和完善，以及新的经济业务和行业的出现，相应地对行业会计制度进行了补充和完善，如《证券公司会计制度》、《保险公司会计制度》、《股份有限公司会计制度》等。

随着我国证券市场的建立和完善，企业股份制改造日益兴起，我国企业在境内外上市，发行股票筹集资金，相应地出现了会计的国际化协调问题，众多投资者也对上市公司会计信息质量提出了更高的要求。我国于1997年颁布了第一个具体会计准则——《企业会计准则——关联方关系及其交易的披露》。截至2001年，我国共发布了16个具体会计准则。具体会计准则的发布实施，对于提高企业的会计核算和会计信息质量起到了良好的作用。2000年6月22日，国务院根据1999年10月31日第九届全国人大常委会修订的新《会计法》，发布了《企业财务报告条例》；同时，为加快我国会计制度的改革，实现与国际会计准则的接轨，规范我国市场经济条件下的会计制度，进一步提高企业的会计信息质量，财政部于2000年年底发布了《企业会计制度》，并于2001年1月1日起执行。《企业会计制度》打破了行业、所有制、组织模式、经营方式的界限，适用于除金融保险企业和小规模企业等之外的其他所有企业。2001年，财政部发布了《金融企业会计制度》。2004年，财政部发布了适用于小规模企业的《小企业会计制度》，从而形成和完善了我国社会主义市场经济条件下的企业会计制度法规体系。

2006年2月15日，财政部在对原企业会计准则进行修订后，颁布了新的企业会计准则，新的会计准则由1个基本准则和38个具体准则构成，自2007年1月1日起在上市公司范围内实行，鼓励其他企业执行。一旦执行新的企业会计准则，原《企业会计制度》和《金融企业会计制度》将不再执行。实施新的会计准则体系，将有效实现我国会计准则的国际趋同、有效提高我国的会计信息质量，对搞好我国的会计工作具有十分重要的意义。

二、《会计法》的制定与执行

《会计法》是我国经济领域的基础性法律，是我国会计法规的母法。它涉及我国会计工作的各个领域，是我国会计工作的基本依据。《会计法》对于规范会计行为，保证会计资料真实、完整，提高会计信息质量，维护会计秩序，更有效地发挥会计在社会主义市场经济中的作用，具有重要意义。《会计法》于1985年公布实施，并于1993年12月、1999年10月两次作了修订。《会计法》共分为七章五十二条，包括：总则，会计核算的基本规定，公司、企业会计核算的特别规定，会计监督的基本规定，对会计机构和人员的基本规定，法律责任规定，附则。具体条文的内容见表13－2。

表13－2　《会计法》具体内容一览表

总则	1. 立法目的（见《会计法》第一条） 2. 调整范围（见《会计法》第二条） 3. 会计账簿要求（见《会计法》第三条） 4. 单位负责人的责任（见《会计法》第四条） 5. 会计机构、会计人员的基本职责（见《会计法》第五条） 6. 对会计人员的奖励（见《会计法》第六条） 7. 国务院财政部门主管全国会计工作（见《会计法》第七条） 8. 国务院财政部门公布国家统一会计制度（见《会计法》第八条）

（续上表）

会计核算的基本规定	1. 会计核算的基本要求（见《会计法》第九条） 2. 会计核算的内容（见《会计法》第十条） 3. 会计年度（见《会计法》第十一条） 4. 记账本位币（见《会计法》第十二条） 5. 会计资料（见《会计法》第十三条） 6. 会计凭证及填制要求（见《会计法》第十四条） 7. 会计账簿及登记要求（见《会计法》第十五条、第十六条） 8. 会计账簿核对（见《会计法》第十七条） 9. 对会计处理方法的具体要求（见《会计法》第十八条） 10. 财务会计报告 （1）或有事项的说明（见《会计法》第十九条） （2）财务报告编报要求（见《会计法》第二十条） （3）财务报告签章的具体要求（见《会计法》第二十一条） 11. 会计记录的文字规定（见《会计法》第二十二条） 12. 会计档案的保管要求（见《会计法》第二十三条）
公司、企业会计核算的特别规定	1. 基本要求（见《会计法》第二十四条） 2. 根据实际发生的经济事项，按国家统一会计制度的规定进行会计核算（见《会计法》第二十五条） 3. 公司、企业进行会计核算不得从事的行为（见《会计法》第二十六条）
会计监督的基本规定	1. 内部会计监督制定应符合的基本要求（见《会计法》第二十七条） 2. 单位负责人在会计监督中的基本义务（见《会计法》第二十八条） 3. 会计机构、会计人员在会计监督中的基本职权（见《会计法》第二十八条） 4. 会计机构、会计人员发现会计账簿记录与实物、款项及有关资料不相符时的处理办法（见《会计法》第二十九条） 5. 会计监督中的检举规定（见《会计法》第三十条） 6. 注册会计师审计的要求（见《会计法》第三十一条） 7. 财政部门对各单位实施监督的具体内容（见《会计法》第三十二条） 8. 其他政府部门对各单位实施监督的要求（见《会计法》第三十三条） 9. 监督部门及其工作人员的保密义务（见《会计法》第三十四条） 10. 单位接受监督的要求（见《会计法》第三十五条）
对会计机构和人员的基本规定	1. 会计机构的设置和会计人员的配备规定（见《会计法》第三十六条） 2. 会计机构的内部稽核制度与内部牵制的规定（见《会计法》第三十七条） 3. 会计人员的从业资格规定（见《会计法》第三十八条） 4. 会计人员的职业道德和继续教育规定（见《会计法》第三十九条） 5. 不得取得或重新取得从业资格证书的规定（见《会计法》第四十条） 6. 会计工作的交接制度（见《会计法》第四十一条）

（续上表）

法律责任规定	1. 行政法律责任 （1）行政处分。包括警告、记过、记大过、降级、降职、撤职、留用察看、开除等处罚措施 （2）行政处罚。包括责令限期改正、通报批评、罚款、吊销会计从业资格证书 2. 刑事法律责任 具体内容见《会计法》第四十二至四十九条
附则	1. 对单位负责人的界定（见《会计法》第五十条） 2. 对国家统一会计制度的界定（见《会计法》第五十条） 3. 个体工商户会计管理办法（见《会计法》第五十一条） 4.《会计法》实施日期规定（见《会计法》第五十二条）

三、会计准则的制定与执行

> 会计准则也称会计原则，它是处理会计核算的规范和制定会计制度的依据，也是评价会计信息质量的标准。

我国的会计准则包括企业会计准则和预算会计准则两类。

1. 企业会计准则（accounting standard for business enterprises）

企业会计准则是规范企业会计确认、计量、报告的会计准则，它包括基本会计准则（basic accounting standard）和具体会计准则（specific accounting standard）两个层次。其中，基本会计准则是企业进行会计核算工作必须遵守的基本要求；具体会计准则以基本会计准则为依据，对各会计要素确认、计量的原则和会计处理及其程序作出具体规定。当前已经实施的企业会计准则见表 13－3。

表 13－3 企业会计准则一览表

	基本准则 Basic Standard
第 1 号	存货 Inventories
第 2 号	长期股权投资 Long term Equity Investments
第 3 号	投资性房地产 Investment Properties
第 4 号	固定资产 Fixed Assets
第 5 号	生物资产 Biological Assets
第 6 号	无形资产 Intangible Assets
第 7 号	非货币性资产交换 Exchange of Non-monetary Assets
第 8 号	资产减值 Impairment of Assets
第 9 号	职工薪酬 Employee Compensation

（续上表）

	基本准则 Basic Standard
第 10 号	企业年金基金 Enterprise Annuity Fund
第 11 号	股份支付 Share-based Payment
第 12 号	债务重组 Debt Restructurings
第 13 号	或有事项 Contingencies
第 14 号	收入 Revenue
第 15 号	建造合同 Construction Contracts
第 16 号	政府补助 Government Grants
第 17 号	借款费用 Borrowing Costs
第 18 号	所得税 Income Taxes
第 19 号	外币折算 Foreign Currency Translation
第 20 号	企业合并 Business Combinations
第 21 号	租赁 Leases
第 22 号	金融工具确认和计量 Recognition and Measurement of Financial Instruments
第 23 号	金融资产转移 Transfer of Financial Assets
第 24 号	套期保值 Hedging
第 25 号	原保险合约 Direct Insurance Contracts
第 26 号	再保险合同 Re-insurance Contracts
第 27 号	石油天然气开采 Extraction of Petroleum and Natural Gas
第 28 号	会计政策、会计估计变更和差错更正 Changes in Accounting Policies and Estimates, and Correction of Errors
第 29 号	资产负债表日后事项 Events Occurring after the Balance Sheet Date
第 30 号	财务报表列报 Presentation of Financial Statements
第 31 号	现金流量表 Cash Flow Statements
第 32 号	中期财务报告 Interim Financial Reporting
第 33 号	合并财务报表 Consolidated Financial Statements
第 34 号	每股收益 Earnings per Share
第 35 号	分部报告 Segment Reporting
第 36 号	关联方披露 Related Party Disclosure
第 37 号	金融工具列报 Presentation of Financial Instruments
第 38 号	首次执行企业会计准则 First Time Adoption of Accounting Standards for Business Enterprises

2014 年重新修订和发布了 CAS2、CAS9、CAS30 和 CAS33 四个会计准则，新

颁布了《CAS39—公允价值计量》、《CAS40—合营安排》、《CAS41—在其他主体中权益的披露》三个会计准则，并于自 2014 年 7 月 1 日起实施。

2017 年重新修订和发布了 CAS22、CAS23 和 CAS24 三个会计准则，并于 2018 年 1 月 1 日起施行。

2. 预算单位会计准则（budget units accounting standard）和政府会计准则（goverment accounting standards）

预算单位会计准则是指机关、事业单位适用的会计准则。目前主要有《事业单位会计准则（试行）》，于 1997 年 5 月 28 日发布，自 1998 年 1 月 1 日起试行，适用于事业单位。2012 年 12 月修订和发布了《事业单位会计准则》，于 2013 年 1 月 1 日起施行。2015 年 10 财政部发布了《政府会计准则——基本准则》，于 2017 年 1 月 1 日起施行。2016 年 7 月财政部发布了政府会计准则的第 1 号（存货）、第 2 号（投资）、第 4 号（无形资产）三个具体会计准则；2017 年 2 月发布了第 3 号（固定资产）会计准则。

四、狭义企业会计制度的制定与执行

狭义会计制度是处理会计业务的规则、程序和方法的总称，是进行会计核算的规范。我国现行的会计制度包括企业会计制度（accounting system for business enterprises）和预算会计制度（budget accounting system）两类。

（一）企业会计制度

为规范企业的会计核算行为，提高我国企业的会计信息质量，财政部于 2000 年 12 月 28 日发布了《企业会计制度》，并于 2001 年 1 月 1 日起执行。

1. 《企业会计制度》的适用范围

《企业会计制度》第一章第二条规定：“除了不对外筹集资金、经营规模较小的企业，以及金融保险企业以外，在中华人民共和国境内设立的企业（含公司，下同），执行本制度。”因此，除《企业会计制度》规定的两类企业之外，其他所有企业，不论所属行业和经济成分如何，都在《企业会计制度》的适用范围之内。

2. 《企业会计制度》的内容

《企业会计制度》是财政部依据《会计法》及国家其他有关法律和法规制定的，于 2000 年 12 月 29 日发布，自 2001 年 1 月 1 日起执行。《企业会计制度》包括《企业会计制度》正文和《企业会计制度——会计科目和会计报表》两大部分。

《企业会计制度》正文共分为十四章一百六十条。其中：

第一章“总则”规定了《企业会计制度》的制定目的和依据、适用范围、会计记账方法、会计核算的基本前提和一般要求，以及会计核算的一般原则。

第二章至第七章分别就资产、负债、所有者权益以及收入、成本费用和利润等会计要素及其具体项目的定义、分类、确认、计量和记录作了规定。

第八章至第十二章分别对一些特殊会计业务的处理作了规定。

第十三章“财务会计报告”就财务会计报告的编制要求、分类、构成、合并和对外提供等作了具体规定。

第十四章"附则"规定了《企业会计制度》的实施时间。

《企业会计制度——会计科目和会计报表》包括六个部分。

第一部分"总说明"，主要就企业会计科目和会计报表的有关问题作出了总括性或基本性的规定。

第二部分"会计科目名称和编号"，对资产类、负债类、所有者权益类、成本类和损益类五类会计科目的名称和编号作了规定。

第三部分"会计科目使用说明"，对会计科目的核算内容和使用方法等作了具体规定。

第四部分至第六部分则分别对会计报表格式、会计报表及其附注的编制作了规定。

（二）预算会计制度

预算会计制度是指除企业以外的机关、事业单位适用的会计制度，主要有《事业单位会计制度》、《行政单位会计制度》、《财政总预算会计制度》、《税收会计制度》等。

第五节 会计职业道德规范

Accounting Professional Ethics

一、会计职业道德的基本概念

（一）道德（ethics）

> 加强会计职业道德建设、提高会计人员的职业道德水准，是会计行业亟须解决的问题。

道德是指以善恶、美丑、荣辱等观念为标准，通过社会舆论、内心信念和传统习惯来评价人们的行为，调整人与人之间、个人与社会之间关系的原则和规范的总和。道德具有三个主要特点：

（1）一定社会的道德是一定经济关系的产物。经济关系改变了，社会道德也会相应发生变化。

（2）道德规范是一种内化的情感、意志和信念，并以善恶、美丑、荣辱等观念来评价人员的社会行为，从而达到调整人们相互关系的目的。因此，它不同于政治、法律调整人们的相互关系的社会意识。

（3）道德规范通过社会舆论、内心信念和传统习惯来发挥调整人们的相互关系的作用。因此，它的作用方式与政治、法律等社会意识的作用方式不同，且大部分道德规范具有非强制性。

（二）职业道德（professional ethics）

职业是指人们在社会生活中对社会所承担的一定职责和所从事的专门业务。它是人们由于社会分工和单位内部的劳动分工而长期从事的具有专门业务和特定职责的，并以此作为主要生活来源的社会活动。

职业道德是指在人们的职业活动范围内具有职业特征的行为准则和规范的总和。它是与人们的职业活动紧密联系的特殊的道德要求，是一般社会道德在职业生活中的具体体现。

职业道德既是从业人员在进行职业活动时应遵循的行为规范，又是从业人员对社会所应承担的责任和义务。人们在特定的职业活动中形成了特殊的职业关系、职业利益、职业活动范围和方式，由此形成了不同职业人员的道德规范。职业道德的基本内容是忠于职守。

职业道德作为道德的一个组成部分，具有自身的特点。一般而言，职业道德的特点有：

（1）职业道德主要表现在已“走向社会”的成人意识行为之中。

（2）职业道德与职业生活、职业要求相联系，具有较强的稳定性和继承性。

（3）职业道德明确且具体，并具有多样性和较大的适用性。

（三）会计职业道德（accounting professional ethics）

> 会计职业道德是职业道德的一种形式。

会计职业道德是指在会计职业活动中，人们应遵循的职业行为准则和规范。会计职业道德包括他律和自律两个方面。他律是以会计职业责任和义务为核心，侧重于防范会计人员的不正当的职业行为，因而通常采用政府或社会组织的限制性或禁止性条款公布会计人员不应该做什么。自律是以职业良心、职业精神为核心，侧重于倡导会计人员应自觉遵循的职业行为，因而通常采用描述形式提出会计人员应该做什么。会计职业道德是调整与单位有关各方面经济利益关系，有效实现财务会计目标和内部控制目标的手段。自律是会计人员职业道德建设的基石。诚信是会计职业道德的根本。

会计职业道德的作用主要有：理顺经济关系的调节作用；实现会计目标的保证作用；职业行为选择认识与导向作用、培养高素质会计专业人才的教育作用；提高会计道德水准和企业经济效益的推动作用。

二、会计职业道德的基本内容

> 诚信是会计职业道德的根本。

《会计法》第三十九条规定：“会计人员应当遵守职业道德，提高业务素质。对会计人员的教育和培训工作应当加强。”

会计人员职业道德，是会计人员从事会计工作应当遵循的道德标准。建立会计人员职业道德规范，是对会计人员强化道德约束、防止和杜绝会计人员在工作中出现不道德行为的有效措施。建立基层单位会计人员的职业道德规范，在我国尚属空白。但在实际工作中，会计人员丧失原则、有意隐瞒真实情况，甚至为违法违纪活动出谋划策的行为时有发生，严重违背了作为一名会计人员应当具备的基本标准，因此，强调会计人员职业道德刻不容缓。在建立会计人员职业道德规范的基础上，强化对会计人员的职业道德教育和监督检查，提高会计人员的职业道德水平，是我国相当一段时期内会计工作的重点。因此，《会计基础工作规范》专门对会计人员的职业道德问题作出了规定，主要有以下六个方面：

（1）敬业爱岗。会计人员应当热爱本职工作，努力钻研业务，使自己的知识和技能适应所从事工作的要求。

（2）熟悉法规。会计人员应当熟悉财经法律、法规和国家统一会计制度，并结合工作进行广泛宣传。

（3）依法办事。会计人员应当按照《会计法》和相关法律、法规、规章规定的程序与要求进行会计工作，保证所提供的会计信息合法、真实、准确、及时、完整。

（4）客观公正。会计人员办理会计事务应当实事求是、客观公正，不能按照领导人授意编制虚假会计信息。

（5）搞好服务。会计人员应当熟悉本单位的生产经营和业务管理情况，运用掌握的会计信息和会计方法，为改善单位内部管理、提高经济效益服务。

（6）保守秘密。会计人员应当保守本单位的商业秘密，除法律法规和单位领导人同意外，不能私自向外界提供或泄露本单位的会计信息。

《会计基础工作规范》同时要求，财政部门、业务主管部门和各单位应当定期检查会计人员遵守职业道德的情况，并将之作为会计人员晋升、晋级、聘任专业职务、表彰奖励的重要考核依据；会计人员违反职业道德的，由所在单位进行处罚；情节严重的，由会计证发证机关吊销其会计证。

三、会计职业道德的案例分析

案例主题："安然事件"

> 进行会计职业道德的案例分析，感同身受会计职业道德建设的必要性和重要性。

安然公司是美国最大的天然气采购商和销售商。销售收入从1996年的133亿美元增加到2000年的1 008亿美元，净利润从1996年的5.84亿美元上升到2000年的9.79亿美元。公司股价从1995年的15美元左右升至2000年年底的90.75美元。安然公司在2000年《财富》500强排名中名列第16位，并连续四年获《财富》杂志"美国最具创新精神的公司"称号。

但是，好景不长。2001年10月16日，安然公司宣布第三财季亏损达63 800万美元，由财务长安德鲁·法斯托运营的合伙企业之市值缩减了12亿美元。两周后，美国证券交易委员会（SEC）开始对法斯托的行为进行了一项利益冲突调查，并转入正式调查程序。安然公司在1997—2000年四年间，由关联交易共虚报了5.52亿美元的盈利；在与关联公司的内部交易中，不断隐藏债务达10亿多美元。

其后，标准普尔公司将安然公司信用评级从"BBB - minus"调低至"B - minus"，即垃圾股，也是最低的投资评级，并将安然公司从其标准普尔500种股票指数和标准普尔 100 种股票指数中剔除。

11 月 28 日，安然公司股价重挫 85%，创下纽约证交所单只股票跌幅的历史纪录。11 月 30 日，安然股价跌至每股 0. 26 美元。12 月 2 日，安然公司向纽约破产法院申请破产保护，在其破产文件中资产总额为 498 亿美元，创下了美国历史上最大宗的公司破产纪录。

同时，作为世界上享誉盛名的国际第五大会计师事务所，安达信为安然公司同时提供审计和咨询两种服务，每年安达信可从安然公司获得约 1 亿美元的收入。由于安达信为安然公司伪造账目、出具虚假审计报告，安然公司的破产也导致了安达信的倒闭。

通过以上的案例可以说明：

（1）各种会计信息造假行为，无论其动机如何（如确保职位、借款、逃避纳税义务、推卸责任、避免处罚、隐瞒违法行为、证券发行、股票上市等），也无论其造假方式如何，都有会计人员参与其中。若会计人员具有良好的职业道德素质，坚持会计准则，并对有关人员予以必要的说明和劝阻，可以有效减少重大会计事件的发生。

（2）近年来，我国的会计法规、制度和职业道德建设虽然得到了较大程度的改善，但会计监督机制还不健全，法律责任难以落实，内部控制流于形式，会计人员职业道德意识和观念还不强，道德自律不够。这些是导致会计信息失真的根本原因。

（3）会计职业道德主要从两个方面影响会计人员的职业行为：第一，会计人员的职业道德意识、道德观念、道德意志和内心信念等个人道德素质的影响；第二，社会舆论、职业道德教育、职业道德习惯、职业道德传统等社会因素的影响。

（4）证券市场是一个充满机会诱惑的场所，需要通过法律、法规和制度制约各参与者的经济行为，并对其保持必要的威慑力；同时，当巨大的经济利益与严肃的道德规范发生碰撞时，还需要辅以潜移默化的诚信教育，使天平倾向于道德规范。

Bookkeeper's Responsibilities: As a bookkeeper, you would be expected to handle large volumes of routine financial transactions in areas such as sales, purchases, and payroll. You may also be expected to handle the documents associated with transactions. For example, a purchase made by a company may include a purchase order, a receiving ticket, the supplier's invoice, and payment to the supplier. A bookkeeper's duties may also include the generation of internal financial documents as well as routine external financial reports. A bookkeeper's work may be reviewed by an accountant or business manager from inside the company, or by an accounting firm contracted by the company.

Accounting Ethics: It is an important aspect of an accountant's job. As an accountant, you have the commitment to each customer to demonstrate credibility, competence, confidentiality, and integrity. Credibility is when you must communicate information in a reasonable and objective manner. Competence is where you must show a level of professionalism as well as developing the knowledge and skills that you will need as an accountant. Confidentiality is when you, as an accountant, must keep information confidential unless authorized or legally required to release client information. Lastly there is integrity which is when you must communicate with the associates to avoid any conflict of interests.

Various units should establish accounting departments according to the accounting need or establish positions for accountants and designate a chief accountant in related departments. Large and medium - sized enterprises, institutions and competent departments may have accountants - general. In small enterprises, an accountant or an officer in charge of accounting may be appointed by the board of directors to exercise the rights and duties of a chief accountant. The person in charge of the unit shall guarantee the truthfulness and the completeness of the financial accounting statement. The principals of the units (the person - in - charge) shall be responsible for the authenticity and integrity of the accounting works and accounting information of his unit.

小结、练习与思考
Summarization, Exercises and Review

一、小结（Summarization）

会计工作是经济管理工作的重要组成部分，科学组织会计工作，有利于保证会计工作的质量和提高会计工作的效率，加强与其他经济管理工作的协调一致，提高企业管理水平，保护财产安全完整。

会计机构是从事和组织领导会计工作的职能部门。

会计人员应认真履行职责。

企业会计制度法规是国家规定的、有关会计业务必须遵循的法律法规。我国企业会计制度法规体系是包括《会计法》、《企业会计准则》、《企业会计制度》等会计制度和规章的一个比较完整的体系。

会计职业道德是在会计职业活动中，人们应遵循的职业会计行为准则和规范。其包括爱岗敬业、熟悉法规、依法办事、客观公正、搞好服务和保守秘密。

二、练习与思考（Exercises and Review）

（一）单选题

1. 《会计法》第三十八条规定：从事会计工作的人员，必须取得（　　）。

A. 初级会计职称资格证书　　B. 中级会计职称资格证书

C. 高级会计职称资格证书　　D. 会计从业资格证书

2. 在我国企业会计制度法规体系中，居于最高层次的是（　　）。

A. 会计法　　B. 会计准则　　C. 会计制度　　D. 会计规则

3. 根据《会计法》的规定，单位负责人应在财务报告上（　　）。

A. 签名　　B. 盖章

C. 签名或盖章　　D. 签名并盖章

（二）多选题

1. 下列属于《会计基础工作规范》对会计人员的职业道德问题作出规定的是（　　）。

A. 爱岗敬业　　B. 熟悉法规　　C. 客观公正　　D. 保守秘密

E. 依法办事和搞好服务

2. 会计工作组织的要求包括（　　）。

A. 内部控制及责任制要求　　B. 适应性要求
C. 统一性要求　　D. 效益性要求
E. 谨慎性要求

3.《会计法》对强化会计核算提出（　　）要求。

A. 确保会计资料的真实完整
B. 确立记账基本规则，保证会计核算依法进行
C. 确保建立健全内部会计监督制度
D. 确保财务会计报告真实、完整
E. 确保会计人员任职满三年

（三）判断题

1. 国家最高行政机关国务院制定的会计法律规范，如《企业财务会计报告条例》、《总会计师条例》和《注册会计师法》。(　　)

2.《会计法》第三十六条规定："国有的和国有资产占控股地位或者主导地位的大、中型企业必须设置总会计师。"（　　）

3. 会计工作组织是根据《会计法》和《企业会计准则》，通过设置会计机构、配备会计人员、制定会计制度、管理会计档案等来保证合理、有效地进行会计工作，实现会计目标的一系列活动。(　　)

（四）思考题

1.《会计法》规定，各单位应当建立健全本单位内部会计监督制度。应符合哪些要求?

2. 会计人员的主要职责和权力是什么?

3. 会计职业道德主要从哪两个方面影响会计人员的职业行为?

参考书目
References

1. Robert N. Anthony, James S. Reece, Julie H. Hertenstein. *Accounting Text and Cases* (*Ninth Edition*). Mcgraw – Hill Book Co. and Dongbei University of Finance & Economics Press, 1998

2. Charles T. Horngren, Gary L. Sundem, John A. Elliott, Donna R. Philbrick. *Introduction to Financial Accounting* (*Ninth Edition*). Pearson Education, 2005

3. 罗绍德，罗其安. 初级财务会计. 广州：暨南大学出版社，2004

4. 罗绍德，毛铮. 会计学原理. 北京：经济科学出版社，2006

5. 罗其安. 企业会计制度设计—理论与案例分析. 广州：暨南大学出版社，2005

6. 财政部会计司编写组. 企业会计准则讲解（2008）. 北京：人民出版社，2008